交通运输业会计系列教材

交通运输企业管理会计学

周国光／主编

立信会计出版社
LIXIN ACCOUNTING PUBLISHING HOUSE

图书在版编目(CIP)数据

交通运输企业管理会计学/周国光主编. —上海:立
信会计出版社,2014.1
ISBN 978-7-5429-4033-9

Ⅰ. ① 交… Ⅱ. ① 周… Ⅲ. ① 交通运输企业—管
理会计 Ⅳ. ① F540.5

中国版本图书馆 CIP 数据核字(2014)第 013274 号

责任编辑　黄成艮
封面设计　周崇文

交通运输企业管理会计学

出版发行	立信会计出版社			
地　　址	上海市中山西路 2230 号	邮政编码	200235	
电　　话	(021)64411389	传　　真	(021)64411325	
网　　址	www. lixinaph. com	电子邮箱	lxaph@sh163. net	
网上书店	www. shlx. net	电　　话	(021)64411071	
经　　销	各地新华书店			

印　　刷	常熟市梅李印刷有限公司			
开　　本	787 毫米×960 毫米	1/16		
印　　张	25	插　　页	1	
字　　数	486 千字			
版　　次	2014 年 1 月第 1 版			
印　　次	2014 年 1 月第 1 次			
印　　数	1—2 500			
书　　号	ISBN 978-7-5429-4033-9/F			
定　　价	42. 00 元			

如有印订差错,请与本社联系调换

交通运输业会计系列教材
编　委　会

总　序

　　《企业会计准则》(2006)与《企业财务通则》(2006)的颁布与实施，标志着我国经过二十多年的研究探索所追求的遵循国际惯例、会计准则与国际趋同、统一各类企业的会计核算标准与财务规范的目标已经基本实现。但不可否认，由于各类企业职能的不同以及生产经营与管理组织上的差异，在实施统一的企业会计准则与财务通则的过程中，依然需要对各类企业的特殊会计与财务问题进行研究并加以解决，以保证统一的企业会计准则与财务通则在各类企业的有效实施；况且，在当前竞争激烈的市场环境中，各类企业也需要探索与所属行业特征相符的现代会计与财务管理方法。

　　交通运输业是国民经济的基础产业，在社会经济发展中起着基础性、保障性和先导性的作用。交通运输业的发展历史表明，交通运输业的发展不仅取决于社会生产力的发展和科学技术的进步，而且取决于交通运输运行组织及其管理的科学化。交通运输业的职能是利用铁路、公路、航道、车站、港口、机场等交通运输设施，通过运用车辆、船舶、飞机等交通运输工具与装卸机械，实现被运送对象旅客、货物的位置转移。交通运输业的第三产业服务特性，决定国民经济发展水平的基础产业特性，对社会经济的外部效应特征以及对于空间、地域和时间所具有的极强依附性特征，反映出交通运输业的投融资以及生产经营活动的会计核算与财务管理不同于一般工商企业。

　　在实行计划经济体制时期，我国实行分行业的计划管理，各高等院校举办的会计专业大多为行业会计专业，各交通运输高等院校的会计专业拥有一批精通交通运输行业会计与财务管理的教师，按所属的行业编写有铁路、公路、水路、航空等交通运输行业会计与财务管理教材，为交通运输行业培养了大量熟悉交通运输行业会计与财务管理的人才。随着我国经济体制由计划经济向市场经济的转化以及经济逐步融入全球经济,会计准则与国际趋同,会计教育也随之发生变革,行业会计专业均改为通用的会计专业。但这一变革,并不意味着行业会计与财务问题不再需要研究,恰恰相反,对于投融资以及生产经营活动具有特殊性的行业会计与财务问题的研究亟待加强。对于交通运输这一特殊行业,需要依据国家统一的企业会计准则与财务通则,对会计核算与财务管理建立有据可依的规则。并且,在交通运输业的发展中投融资方式的不断创新,组织运行以及企业经营管理方式的变化,带来了一系列需要研究的会计与财务问题。遗憾的是,目前具有交通运输行业背景的高等院校会计专业从事交通运输行业会计与财务问题研究的教师屈指可数,系统论述交通运输行业会计核算与财务管理的教材难以寻觅,交通运输企业管理人员对交通运输会计与财务管理知识读本的呼唤得不到回应。自 2001 年开始,由中国交通会计学会、中国铁道财务会计学会、中国总会计师协会民航分会举办为期两年一届的中国交通运输业财务与会计学术研讨会,交流与研讨交通运输业财务与会计理论与实务问题的研究成果,对于提高交通运输业财务与会计问题研究水平、促进交通运输业的发展产生了重要的影响。已举办六届的中国交通运输业财务与会计学术研讨会的成果均由研讨会组委会编辑出版,但与会人员以及交通运输业的会计与财务工作者均希望能按照我国《企业会计准则》与《企业财务通则》的要求,结合交通运输业的实务发展与取得的研究成果编写新的交通运输业会计系列教材或知识读本。为此,由中国交通运输财务与会计学术研讨会学术委员会和来自有关高等院校的委员组成编委会,编写了本套系列教材,由立信会计出版社负责编辑出版。

本套系列教材计划由《交通运输企业财务会计学》、《交通运输企业成本会计学》、《交通运输企业管理会计学》与《交通运输企业财务管理学》四本构成。在编写的指导思想上,遵循《企业会计准则》与《企业财务通则》的要求,结合交通运输企业的实际,吸收近年来交通运输业会计与财务研究的成果,体现规范性、实用性与先进性;在编写的内容上,横跨铁路、公路、水路与航空四种运输方式,涵盖铁路运输企业、道路运输企业、公路经营企业、水路运输企业、港口经营企业、航空运输企业与机场经营企业等七类交通运输企业的会计与财务管理业务。

这样的编写指导思想与编写内容,是对编写者的一种挑战。特别是,我国长期以来铁路、公路、水路与航空四种运输方式分别属于原铁道部、交通部与民航总局管理,四种运输方式的市场化程度不同,四种运输方式的企业的组织运行与经营管理方式存在着较大差异而导致会计核算与财务管理上的差异,将属于四种运输方式的企业业务融合在一起系统阐述会计与财务管理理论与方法是一种新的尝试。我国交通运输业的改革仍在深化,会计与财务管理实务仍在发展,这种变化发展需要在教材的编写与未来的修订过程中予以注意并反映出来。在本系列教材出版之际,希望广大的读者提出意见,以完善本系列教材的内容,提高交通运输业的会计与财务管理水平。

骆瑞庆

2014 年 2 月于上海

前　　言

　　管理会计学是会计学改革与发展的产物。管理会计学诞生以来，在企业经营管理中发挥了重要的作用。经过广大理论工作者和实务工作者长期不懈的努力，其理论与方法体系也在不断发展与完善中。

　　管理会计学的理论与方法自20世纪80年代初期引入中国以来，受到了中国交通运输行业广大理论工作者和实务工作者的高度关注。他们多年以来所思考的一个重要的问题，就是如何结合交通运输行业的业务特点，用管理会计学的一般理论与方法来解决交通运输行业特定的企业管理问题。通过多年的努力，这方面的研究取得了初步成效。周国光、凌振伟、杨春祥编著的《管理会计学》(1989)、周国光主编的《公路运输管理会计学》(1996)、史慧如、邓奇予主编的《水运企业管理会计》(1997)以及铁路运输、公路运输、水路运输和航空运输行业的刑如其、邵瑞庆、余昌文、孙新宪等一大批学者和企业管理人员撰写的有关交通运输企业管理会计理论实务问题的学术论文，对这一问题进行了较深入的研究和探讨，取得的初步但可喜的研究成果，为本书的编著提供了重要的前期研究基础。

　　为了总结近30年来交通运输行业在这一重要领域的学术研究和企业管理实践取得的成果，由上海立信会计学院牵头组织成立的交通运输业会计系列教材编委会决定出版包括《交通运输企业管理会计学》在内的交通运输业会计系列教材，以满足交通运输行业进一步开展交通运输财会学术研究与教学的需要。

　　本书是根据经交通运输业会计系列教材编委会审定的编写大纲编写而成的。本书第一、第二、第三、第五、第六章由长安大学的周国光教授负责编写；第四章由石家庄铁道大学的刑如其教授负责编写；第七、第八章由上海海事大学的章雁副教授负责编写；第九、第十章由中国民航大学的卢丽娟负责编写。周国光教授负责拟定编写大纲，修改成稿,总纂成书。

　　本书的基本特点是：以现代管理会计学的基本理论与方法为基础,深入探讨管理会计学理论与方法在铁路运输企业、港口经营企业、水路运输企业、航空运输企业、道路运输企业、公路经营企业、机场经营企业的应用问题,试图为交通运输企业运用现代管理会计学的基本理论与方法在加强企业经营管理、提高企业经营效益方面提供必要的理论与方法支撑,使现代管理会计学能够为促进交通事业的可持续发展发挥更大的作用。

　　本书可作为有关高等学校交通运输企业管理会计学课程的主要教学参考书,也可作为交通运输行业财会人员继续教育的培训教材,还可作为交通行业从事管理会计学应用问题研究的参考书。

　　本书仓促成稿,有些具体理论与实务问题未能作仔细推敲;尽管各位编著者都尽了较大的努力,但难免会有缺点和错误,恳请诸位专家、学者与同仁指正。

周国光

2014 年 2 月于长安大学

目　　录

第一篇
管理会计学基本理论与方法

第一章　管理会计学概论

【本章概要】

　　管理会计与财务会计是现代会计的两大领域。管理会计使用财务会计提供的财务经济数据并进行必要的整理、加工、改制与延伸,以适应规划、决策、控制与考核的需要,为企业内部管理服务。管理会计侧重于提供未来的财务成本信息,为企业规划与控制生产过程服务,这是管理会计区别于财务会计的主要特征。

　　管理会计的目标是"通过编制内部管理会计报表为企业内部管理提供对经营决策有用的财务成本信息和其他信息";这对管理会计的职能和基本内容的界定有重要的影响。

　　管理会计具有计划、决策、控制与考核的职能。管理会计的职能是由会计的性质所决定的。管理会计具有上述职能,并非意味着会计人员拥有企业计划、决策、控制与考核的最终决定权。管理会计职能侧重于管理过程,并通过提供有用的财务成本信息,对经理的决定产生重要影响。

　　管理会计的基本内容由三部分构成:计划与决策会计、责任会计和经营分析会计。

第一节　管理会计的基本概念

一、企业管理与会计

　　管理是人类进行社会化生产的客观需要。凡是许多人在一起共同劳动,都必须进行管理。管理就是由一个或更多的人来协调他人活动,以便收到个人单独活动所不能收到的效果而进行的各种活动。

　　为了进一步搞清管理的概念,应注意到:①管理工作的中心是管理他人,其目的在于通过他人的努力以达到预期的工作效果;②管理工作是通过协调其他人的活动而进行的;③管理工作是通过对最优化的研究(运筹学)以及对他人的研究(行为科学)而进行的。因此,所谓管理,简单地说,就是一个人或一个组织,为了达到预期的目的所采取的最经济、最有效的措施。

根据目的的不同,管理又可划分为经济管理、行政管理、军事管理以及其他管理活动。

什么是经济管理?本书认为,经济管理就是在一定的生产方式下,人们为了达到预期的目的,依照某些原则、程序和方法,对社会生产总过程(包括生产、交换、分配、消费)的一切经济活动进行计划、组织、协调与监督,使有限的经济资源(包括自然资源、人力资源和社会产品)得以充分利用,从而最大限度地提高社会生产的经济效益的管理活动。随着现代科学技术的发展以及生产社会化程度的不断提高,在计划、组织、协调、监督的基础上,还被赋予了预测、决策、控制、分析、考核等职能。

管理是一个广泛的概念。有史以来,由于各方面人士的研究方向不同,因而对管理活动的看法存在着分歧。有人提出,管理就是控制。本书认为,控制是管理的基础,不能控制的事物是无法管理的,但管理并非只有控制一个职能。有人主张,管理就是决策①。本书认为,决策是企业进行目标规划的手段,没有决策,企业的经营管理活动就缺少努力的方向。但管理也不仅只有决策一个职能。

决策依赖于企业的经营预测,依赖于根据现有的数据资料采用一定的方法进行归纳与处理,对未来可能发生的经营活动变化所作出的科学的判断。决策方案的执行,企业奋斗目标的实现,需通过对经济活动进行控制、业绩评价与考核来保证。所以,企业的管理活动,从总体上可划分为计划与控制两部分。本书对管理会计的研究就是围绕着这两部分展开的。

改革开放以来的三十多年,我国对会计理论中的有关问题进行了积极的探讨。比较一致的意见是同意"会计管理"这一概念,明确了会计是经济管理的重要组成部分。但在会计的性质和职能上还存在着以下 4 种不同的看法:

(1) 认为会计是以货币为主要计量尺度,来连续、系统地反映与监督社会生产活动、管理经济的一个重要工具(管理工具观)。

(2) 认为会计是一个信息数据处理系统。它对会计的认识是:"会计是旨在提高企业和单位活动的经济效益,加强经济管理而建立的一个以提供财务信息为主的经济信息系统"(信息系统观)。这一观点的代表学者是余绪缨、葛家澍、唐予华、裘宗舜、郭道扬等教授。

(3) 认为会计是一门经济管理科学,是一门以研究生产关系和上层建筑为主,也研究社会生产力发展客观规律的社会科学。会计是会计工作与会计学的

① 这是美国著名管理学家、1978 年诺贝尔经济学奖获得者赫伯特·亚历山大·西蒙(Herbert Alexander Simon)提出的观点。

统一,理论与实践的统一(管理科学观)。

（4）认为会计是人们进行的以经济活动为对象的管理活动,它既为管理提供所需的财务成本数据资料,又直接履行管理的职能(管理活动观)。

本书认为,将会计视为一种经济管理活动是科学的,本书将以此认识为基础,来进行管理会计理论与方法的研究。

会计是经济管理的重要组成部分,会计过程实质上就是根据管理的需要,对社会再生产过程进行反映、核算、数据处理以便向用户提供用于决策、控制、业绩评价与考核所需的财务成本信息的过程。同样的数据资料,采取不同的专门处理方法,可获得不同的信息,以满足管理上的不同需要。例如,根据一个时期的总产量和总成本,可计算出产品的单位成本;而在成本习性分析的基础上,可得到产品边际成本的信息。这样,不同的信息能够导致不同的产销决策。因此,美国会计学会在 1966 年发表的《关于基础会计管理》的报告中指出:"会计是一个确认、测定、传达经济信息的过程,因而对其信息的利用者来说,可以据以作出判断和决策"。

由于用户对会计信息的需求不同,企业的会计工作可以分为两大类:一方面,会计根据一定的原则、制度与方法,通过记录、核算与编制财务报表来向企业外部的关系人提供企业的财务状况和经营业绩;另一方面,根据企业内部管理上的要求,为了做到合理投资经营,在总结与分析过去发生的经济活动的基础上,会计还应当能够提供企业未来的财务成本信息,以便用于对未来的投资决策和经营决策,为企业内部管理服务。这就是财务会计活动与管理会计活动。

总而言之,为适应企业内部管理的要求,采用一定的科学方法,对数据资料进行专门的收集、计算与处理,据以评价与考核现状,预测未来,并提供决策分析资料,即构成了管理会计活动的全过程。

二、管理会计的特点

(一) 侧重于为企业内部管理服务

管理会计侧重于为企业内部的经营管理服务,这是现代管理会计的一个主要特点,也是其不同于财务会计的一个根本区别。

(二) 侧重于提供未来的财务成本信息

管理会计不仅反映已发生的经济活动,更侧重于对未来活动进行规划与预测。管理会计的职能之一在于对未来活动进行规划与决策,这是现代管理会计的一个重要特点。规划离不开预测,而预测则是以历史数据资料为基础进行的。管理会计使用历史数据,绝非是简单地取而用之,还必须根据环境条件的变化,对历史数据进行必要的调整、加工与充实,这样才能使预测更为准确,规划更为科学。决策涉及对未来的经济活动方案进行可行性分析以及最优选择,有助于企业经营目标的实现。从侧重于反映过去到侧重于规划未来,这是现代会计工作出现的重大变化。

（三）以成本习性分析为理论基础

管理会计以成本习性分析为基础,采取灵活多样的方式进行数据的处理与信息的传递。管理会计学理论认为,成本习性反映了成本活动的内在规律性,只有在成本习性分析的基础上,才能够科学地进行盈亏临界点分析与成本—业务量—利润相互依存关系的分析;才能科学地进行成本预测与经营决策分析,向企业决策部门提供有用的财务成本信息;才能对企业的经营活动进行有效的控制与考核,等等。如何处理数据资料? 管理会计没有严格的会计程序,也不需遵循财务会计制度、会计准则或"公认的会计原则";现代经营管理科学中的任何方法,只要管理会计认为对内部管理有用,均可采用。所以,管理会计在现代企业经营管理中的作用,是传统会计所不能比拟的。

（四）提供对决策有用的财务成本信息

管理会计只针对经营管理中的特定问题,向企业管理部门提供对决策有用的财务成本信息。管理会计是服务于企业内部的一种会计管理活动,因此,它的工作主要在于解决企业在经营管理过程中遇到的各种问题。与内部管理无关的数据资料,管理会计认为没有必要花时间与精力去处理它们。例如,固定性间接费用与产量无关,所以没有必要在产品品种或单位产量中分摊;沉没成本与决策无关,则没有必要在决策分析中考虑;不可控制成本与责任者无关,不构成控制与考核的对象;而机会成本虽然并非实际发生的成本支出,但与决策之取舍有关,所以必须予以考虑,等等。管理会计也不同于一般的企业管理,它向企业管理部门提供的主要是财务成本信息。

（五）参与经营决策

管理会计通过进行决策分析,参与企业的经营决策。管理会计并非一个技术性的数据处理与信息输送系统,管理会计是站在生产资料所有者的立场上进行财务成本数据处理的。

在决策分析中,方案是否可行,哪一方案最优,如何进行选择,哪些因素影响方案的可行性与最优性,是着眼于企业还是着眼于社会,是考虑企业成本还是考虑社会成本,是以企业利益为追求目的还是以社会利益为追求目的,等等,诸如此类的问题,管理会计都必须在决策分析中予以回答。一句话,管理会计分析对决策人员的行为有着举足轻重的影响,因此,管理会计并非只在于计算、分析,而是直接参与了经营决策。

（六）建立责任会计制度体系

运用责任会计理论体系，控制与考核企业的生产经营活动。企业在一定时期内的奋斗目标，是管理会计通过预测与决策分析而确定并采用预算的形式来进一步落实与具体化的。但这还不够，还必须进行总体指标的分解，将责任落实到各责任中心，使各责任中心在完成企业总目标与任务的过程中，明确各自的目标与任务，实现局部与企业总体目标的统一。要做到这一点，就必须对日常工作和效果进行必要的控制、评价与考核。这样，控制与考核企业生产经营活动的责任会计，就在内部管理中发挥了重要作用。

（七）现代数学方法的广泛采用

现代化管理的目标之一，是为了解决经营管理中日益复杂的问题。科学地运用数学的原理和方法，向定量化的方向发展，用数学来武装管理会计，是现代管理会计的一大特征。运用数学方法进行数据资料的处理，有助于揭示会计对象之间的内在联系，使管理人员掌握其发展变化的内在规律；有助于企业管理人员消除判断上的主观随意性，使经营预测与决策建立在对客观对象进行科学分析和精确计算的基础上。

应当指出的是，虽然数学方法在管理会计中已被广泛应用，并且在一定程度上发挥了巨大的作用；但是管理会计学属于社会科学的范畴，想通过建立几个数学模型来反映复杂的社会经济现象间的内在规律性几乎是不可能的。因此，定量分析有助于企业的经营决策，但无法或者不应当替代定性分析。搞清这一点是非常重要的。

三、管理会计的分类

综观管理会计的发展史，管理会计是以成本会计为基础，并以现代科学管理中的有关规划、决策、控制等理论为依据而发展起来并为企业内部管理服务的。这就是说，管理会计是为了使企业搞好内部经营管理而建立的。而企业管理的内容主要在于计划与控制，所以管理会计也可以分为计划会计与控制会计两个组成部分。

（一）计划会计

计划会计可进一步划分为个别项目的计划会计与定期计划会计两个组成部分。

1. 个别项目计划会计

个别项目计划会计是就企业管理中的特定问题（例如不动产投资、设备购置与更新、新产品研制、产品定价、是否追加订货等）而进行的经营决策和投资决策分析。它的目的在于向管理部门提供决策上必要的财务成本信息，其主要内容是特殊成本分析。所以个别项目的计划会计又可称之为决策会计。

2. 定期计划会计

所谓定期计划是指在预测与决策的基础上将企业一定时期内的奋斗目标和具体实施步骤通过定期编制预算的形式确定下来。从事这项工作的会计,就是定期计划会计。

(二)控制会计

控制会计又可称之为责任会计,主要是通过标准成本制度以及责任会计制度的建立,对企业的各项经济活动进行控制与考核,使之符合计划的要求。这里,定期计划的各项数值是控制的依据,而定期计划与实际执行结果之间所产生的差异,是控制、业绩评价与考核的对象。定期计划会计与控制会计一起,构成了业绩管理会计。这样管理会计又可分为决策会计与业绩管理会计两大类。

四、管理会计的形成与发展

会计是经济管理的重要组成部分,是以货币为主要量度来反映、监督、控制与评价社会再生产过程的一种管理活动。管理会计学是第二次世界大战以后迅速发展起来的一门新兴管理学科。传统会计分化成为财务会计与管理会计两大既相互独立、又相互联系的会计领域,是社会生产力发展的必然结果,是现代企业会计的重要特征之一。

(一)管理会计的产生

管理会计从传统的、单一的会计系统中分离出来,成为与财务会计并列的独立学科,经历了一个逐步发展的过程。管理会计最早出现于 20 世纪初。20 世纪 20 年代末至 30 年代初,美国的少数学者提出了管理会计这个词,主张把会计工作的重心放在加强内部管理上。随着"科学管理之父"泰罗所提出的科学管理学说以及所制订的泰罗制在实践中的广泛实施,传统的会计在保持对外财务核算的同时,已开始注重于对内的成本核算、分析与控制。这是一个深刻的变化,它标志着会计科学在自身发展的过程中迈出了重要的一步。标准成本这一概念最早是美国成本会计学会于 1920 年召开的第一届年会上提出来的。虽然当时对如何实施标准成本意见不一,但会后即运用标准成本于管理的企业之多,速度之快,反映出标准成本的实施适应了当时社会生产力发展的要求。成本控制在 20 世纪 30 年代初开始引起人们的重视。当时的历史背景是:1929 年至 1933 年资本主义社会空前的经济危机,使美国百分之四十以上的企业资本无法周转,失去支付能力,以致破产倒闭。深刻的教训使人们认识到,对生产消耗与财务收支不进行有效的监督与控制,不重视经济效益,企业就无法在竞争中生存。于是有必要建立一整套与生产管理相适应的标准和明确的分工责任制度,对生产过程

实行监督与控制。这个时期的会计管理工作,主要是围绕着以下几方面展开的:

(1) 建立标准成本制度;

(2) 实行生产过程的监督与控制;

(3) 进行差异分析;

(4) 进行预算管理;

(5) 建立责任会计制度。

这就是管理会计的雏形。但当时管理会计的内容尚不完善,管理会计这一概念尚未得到会计界的重视,这些专门的技术方法还只是作为传统会计的一个附带部分存在,尚未形成一个相对独立的会计理论体系。主要原因在于当时的社会生产力发展水平还不具备现代管理会计的理论与实践赖以形成的基础和条件。特别是在第二次世界大战期间,由于民用物品奇缺,物价高涨,获利容易;而军用产品,则以保证供应为目的,价格从宽。并且为了鼓励多生产军火、生产高质量军火,其定价中的利润均高于民用产品,这样就使得企业忽视内部管理,以致阻碍了管理会计的形成与发展。

第二次世界大战后,特别是 20 世纪 50 年代以来,资本主义经济的发展出现了新的形势:一方面,现代科学技术突飞猛进并大规模地应用于生产,使生产力获得了十分迅速的发展;另一方面,世界市场扩大,国际大资本、跨国公司的形成,国际金融不稳定,生产经营日趋复杂,市场情况瞬息万变,资金利润率下降,通货膨胀,等等,都不断地扩大了矛盾,加剧了竞争,加深了危机。在新的形势下,企业的生产技术如果不发展,管理工作如果没有新的提高,就会被挤垮、淘汰。为了在竞争中求得生存,对于在企业管理中以提供财务成本信息为主的管理实践,就迫切要求进行理论总结以求不断提高,在新的基础上形成独立的会计管理领域。而现代科学技术的发展,使之成为可能。这样,为了适应企业内部管理的需要,为了促使企业管理部门重视预测与决策工作,加强对生产经营活动的控制与考核,服务于企业内部管理、以提供未来的财务成本信息为主的管理会计就正式从传统会计中独立出来,成为与财务会计(传统会计中对外服务部分)并驾齐驱的现代会计领域。传统会计管理活动划分为对外为主和对内为主两大部分,传统会计学分为财务会计学和管理会计学两大理论体系。

(二) 管理会计学的发展

20 世纪 50 年代初期至今的六十多年来,现代管理会计主要沿着 3 个方向发展:

1. 与财务会计密切结合

现代管理会计学以财务会计的资料为基础,并对其中的某些方面进行必要的加工、改制和延伸,使它能更有效地服务于现代企业的内部管理。

2. 与现代管理理念紧密结合

现代管理会计学吸收高等数学和行为科学的研究成果以及现代管理学的理论、方法和技术，使它在分析过去、控制现在、规划未来方面发挥更大的作用。

3. 战略管理会计的产生与发展

战略管理会计的概念是西蒙德斯（Simonds）于1981年在论文《战略管理会计》中首次提出的。他认为战略管理会计应侧重于本企业与竞争对手的对比，收集竞争对手关于市场份额、定价、成本、产量等方面的信息，服务于本企业制定战略决策的需要。战略管理会计已成为高层次管理会计研究的主要内容。

现代管理会计是在传统会计中的成本会计的基础上发展起来的。早期的成本会计侧重于成本的记录与计算，而现代成本会计则以成本计算为基础，但侧重于对成本概念的理解，向成本的规划、预测、决策、控制等方面发展。成本会计的作用从侧重于计算过去的成本信息向侧重于提供未来的成本信息，为企业内部管理服务的方面发展，这就使得成本会计与现代管理会计产生了密切的关系。原来从属于成本会计学的一部分内容如标准成本、预算控制、差异分析、成本习性分析、本量利分析，等等，已成为现代管理会计的重要组成部分。为了适应社会主义市场经济体制的建立与发展，我国财务会计改革的一项重大举措，就是将成本费用管理完全纳入企业内部管理。这意味着，现代成本会计已完全成为现代管理会计领域的一部分。应当指出的是，确定与损益有关的财务成本费用与确定产品的成本是两项完全不同的工作。前者需严格遵循会计准则及其有关规定，以保证据以编制的财务报表具有一致性和可比性；而后者则是完全为企业内部管理服务的。在管理会计中对产品成本的计算与反映，取决于企业内部成本规划、成本决策、成本控制以及业绩评价与考核的需要。在这一意义上，成本会计学在很大程度上是根据加强企业内部管理的需要来研究产品成本计算方法及其选择的；变动成本计算、标准成本计算、责任成本计算、制造成本计算等成本计算方法的产生及其运用，就是这一基本思路的具体体现。将材料采购过程中的非合理损耗从材料采购成本中剔除；将停工待料损失、生产人员闲置损失、非正常性废品损失等与生产人员责任无关的经济损失不列入产品成本，有利于对产品成本的有效控制与考核。而这些损失，则属于财务成本费用的组成部分。将成本会计学纳入管理会计学的范畴，是我国市场经济发展的客观需要，也是由管理会计的性质决定的。

第二节　管理会计的理论基础

本书所研讨的管理会计的理论基础，包括管理会计的对象、管理会计的职能、管理会计的目标以及管理会计的基本假设等内容。

一、管理会计和管理会计学的概念

（一）管理会计

美国会计学会（AAA）的管理会计委员会曾在 1958 年对管理会计定义如下："管理会计是运用适当的技术与概念来处理某个主体的历史的与预期的经济数据，帮助管理当局制订符合合理的经济目标的计划，并为实现这些目标作出明智的决策"。

又如国际会计师联合会（IFAC）曾将管理会计定义为："管理会计是对管理当局所应用的信息（财务的和经营的）进行鉴定、计量、积累、分析、处理、解释和传输的过程，以便在组织内部进行规划、评价和控制。保证其资源的利用并对它们承担经管责任"。

看来，上述两个权威机构是将管理会计定义为利用经济数据通过各种专门方法来帮助企业管理当局作出决策的各项具体工作。从我国三十多年管理会计实践来看，这似乎不够全面。

众所周知，管理会计是从传统的成本会计中逐渐派生出来的，距今已有多年的历史。它适应资本主义现代化大生产发展的需要，扩大了传统会计原有的事后反映与定期监督的职能，使现代会计科学具有广泛的实际应用价值和灵活的适应能力。因而管理会计正式出台以后，很快就在全世界不胫而走，并被誉为是实现管理现代化的重要手段，又是现代化管理的重要组成部分，确非虚语。结合中国的情况，尽管西方管理会计的引进是在 20 世纪 80 年代初，起步较晚；但许多大中型企业自从"零敲碎打"地采用了管理会计的一些预测分析、本量利分析、投资决策分析、责任会计等专门方法以后，在改进经营管理和提高经济效益方面发挥了重要的作用。中国的管理会计实践充分说明，管理会计不仅仅是用于管理的技术方法，而是一种谋求提高企业经济效益的管理活动；管理会计实务是受管理会计的基本理论指导、影响与规范的。这可以作为认识管理会计的基础和依据。

管理会计是一门新兴的学科，尚未形成一套完整的理论体系，也必然存在着对管理会计这一概念的不同定义或解释。尽管各种定义都难免具有一定的局限性，但只要能反映事物的本质特征，就是科学的。根据这一要求，本书将管理会计这一概念定义如下：

管理会计是指为适应企业内部管理包括规划、决策、控制、考核等的需要，科学地运用会计、统计和数学等专门方法，进行数据资料的收集、整理、计算、分析等处理，据以对企业再生产过程进行评价、考核、控制、预测并传递处理信息予决策部门，以求提高企业经济效益的一种会计管理活动。

这一定义综合地体现了以下几层含义：

1. 管理会计性质

从性质上来看,管理会计是服务于企业内部管理的一种会计管理活动。

2. 管理会计的对象

可以认为,管理会计的对象是企业内部的经济活动。

3. 管理会计的职能

管理会计的职能在于对未来进行规划与决策,对企业的生产经营过程进行有效控制与评价考核。

4. 管理会计的方法

管理会计的方法是对会计、统计和数学上的专门方法进行科学的运用,以适应企业内部管理的需要。

5. 管理会计的侧重点

管理会计的工作在于根据管理上的需要灵活地处理会计和统计所提供的数据资料,进行决策分析,据以对企业的再生产经营过程进行评价、控制、考核、预测与规划,向管理部门提供有用的管理信息。

6. 管理会计的目的

管理会计活动的目的是通过提供对决策有用的信息来协助企业管理当局作出科学决断,不断提高企业的经济效益。

（二）管理会计学

在管理会计活动中,存在着大量的如何处理数据资料,如何进行预测、规划、决策分析与评价,如何对再生产过程进行控制与考核等问题。研究这类问题形成的理论与方法体系,就是管理会计学。

二、管理会计的目标

（一）有关管理会计目标的讨论

管理会计目标是管理会计理论基础的重要内容。美国会计学会（AAA）的下属的"管理会计学科委员会"曾对此作过研究,认为确定管理会计的目标是建立管理会计理论结构的一项基础工作,并于 1972 年提出以下 4 项具体目标：

（1）管理会计应与管理人员的规划职能有关,它包括：①目标的确定；②资源最佳流动的规划及其计量。

（2）管理会计应与组织问题的领域有关,它包括：①将公司的结构与其目标联系起来；②设置并维持一套有效的传递系统与报告系统；③估量现有资源的应用情况,揭露异常的业绩,并查明造成这些异常的因素。

（3）管理会计应与管理当局的控制职能有关,它包括：①确定对达到公司全部目标有重要影响的相应的业绩范围的经济特征;②通过与目标有关的实际业绩信息的传递,来促进各个预期业绩的实现;③在可鉴别的业绩和责任范围内,衡量业绩并要强调指出目标的不一致程度。

(4) 管理会计与经营的系统管理有关,它包括:①计量相关成本的投入和(或)收回,或产出的统计上的计量;②及时地把适当的、具有基本经济特征的数据传递到与评价业绩有关的人员手中。

艾哈默德·贝尔考依教授在其《管理会计概念基础》(1980年版)专著中,还提出了管理会计的基本目标是帮助管理当局对资源的最优化使用作出决策。

结合我国的管理会计实践与会计改革要求,李天民教授提出,管理会计的总目标是:"协助管理当局作出有关改进经营管理、提高经济效益与社会效益的决策";并将其具体目标概括为以下4个方面:①确定各项经济目标;②合理使用经济资源;③调节控制经济活动;④评价考核经济业绩。

孙茂竹教授等认为,管理会计是适应企业加强内部经营管理、提高企业竞争能力的需要而产生和发展起来的,因此管理会计的最终目标应当是提高企业的经济效益。为实现提高经济效益的最终目标,管理会计应当实现以下两个分目标:①为管理和决策提供信息;②参与企业经营管理。

(二)管理会计目标的界定

结合以上讨论,本书认为,提高企业的经济效益应当属于企业管理的最终目标。作为企业管理活动的组成部分,管理会计应当具有与企业管理相一致的最终目标;但如果管理会计具有不同于一般企业管理的特点,则管理会计也应当具有有别于企业管理最终目标的具体目标。参照财务会计目标或财务报告目标的表述,本书主张,管理会计的目标应当取决于管理会计信息使用者的需要。进入21世纪以来,国内外学术界已经越来越多地倾向于采取"决策有用观"来界定现代会计的目标。鉴于这一趋势,并考虑到管理会计主要服务于企业内部管理的这一基本特征,本书主张将管理会计的目标定义为"通过编制内部管理会计报表为企业内部管理提供对决策有用的财务成本信息和其他信息"。

该界定表明了以下两层含义:

(1) 管理会计人员应通过提供对企业管理决策有用的信息来参与企业的经营管理决策。这些信息应当以财务成本信息为主,还包括与财务成本信息有关的对决策有用的其他信息。

(2) 管理会计人员是通过编制内部管理会计报告的方式提供对决策有用信息的。除此以外,管理会计人员(如总会计师、企业会计机构负责人等)还有可能作为管理人员来制定或参与企业经营管理决策。这也许有别于管理会计的决策职能。

三、管理会计的职能

会计职能,是会计理论研究中的一个带根本性的问题,也是会计理论基础中的一个核心问题,对于指导会计工作有着决定性的影响。进入 21 世纪以来,伴随着完善社会主义市场经济体制目标的确立以及与国际趋同为标志的企业财务会计改革的不断深入发展,管理会计在促进企业经营机制转换、改善经营管理和提高经济效益方面将发挥更重要的作用。会计的职能是会计固有的本质属性,管理会计的职能影响和制约着管理会计的目标以及作用的发挥。所以要研究管理会计理论就不能不研究管理会计的职能。

会计的职能是根据社会生产力发展和社会经济变革的需要产生的,并将随之日益发展而逐步扩大。长期以来,我国会计学界一般将"反映"与"监督"视为会计的两大基本职能,这实际上是指财务会计的基本职能;至于服务于企业内部管理的管理会计,其职能已远远超出了"反映"与"监督"的范围。《中华人民共和国会计法》对会计基本职能的表达是:会计核算与会计监督。将"反映"改成"核算"意味着会计并非只是为了反映而事后核算,还应当包括为预测、计划和决策而进行的事前核算以及根据控制再生产经营过程需要而进行的事中核算。"监督"也并非只是事后的行为,而应当与过程控制、业绩评价与考核紧密地结合起来。

不同的管理会计学书籍中对管理会计职能有不同的表述。李天民先生认为管理会计的职能有规划、组织、控制、和评价;而曹中先生等认为管理会计具有预测、决策、规划、控制和责任考评等 5 项基本职能。本书认为,从企业的内部管理的需要来看,管理会计的职能应当包括计划、决策、控制和业绩评价与考核 4 个方面。

（一）计划的职能

市场经济体制下企业生产经营的总目标是提高经济效益。确定目标并规定实现目标的措施、方法和步骤离不开科学、完善的计划过程。市场经济并不排斥计划管理。市场经济越发展,计划越重要。管理会计的计划（或规划）职能反映了在利用财务会计提供的财务信息和其他有关信息进行科学预测分析和决策分析的基础上,通过编制预算来明确目标以及为实现目标应采取的具体措施、方法和步骤,用于指导未来经济活动的管理过程。计划过程应实行目标管理,这意味着为保证总体目标实现还需要编制责任预算来确定各责任单位的具体目标,并通过管理会计人员提供的财务成本信息来协调关系,以保证总体目标与个体目标相一致。

计划应以科学预测为基础,通过预测来反映企业经过努力在未来可能达到的收入、成本和利润水平。未来科学技术发展、管理水平提高以及市场供求关系变动都会影响预测的结果,因此随着市场经济的发展,管理会计人员不能仅注重于企业内部,还应面向市场,注重市场信息的收集、处理与分析,使预测的结果更为科学合理,接近实际。科学预测的结果只能反映经过努力可能达到的水平而并非是应当达到的水平,所以不能根据预测的结果直接确定目标。计划过程一般由两部分构成:一是在本量利分析的基础上根据未来通过努力应当达到的销售水平和成本费用水平所进行的总体计划或定期计划;二是根据所预测的、执行不同行动方案的经济效益进行最优选择,又叫做个别项目的计划。综合这两部分工作,就可以科学地确定目标以及明确为实现目标应采取的具体措施。

管理会计人员通过编制预算来反映目标及实现目标的具体措施。财务预算不仅反映盈利目标,更重要的是反映有关现金收支的预算。现金管理是企业最重要的工作之一。在市场经济条件下盈利与保持足够的现金是完全不同的两件事。不少盈利企业由于计划不周而造成的现金短缺以致失败,应当引以为戒。因此,有必要使每位管理人员都清楚地认识到一方面的成功并不一定意味着另一方面的成功。

（二）决策的职能

如果将决策定义为"为达到一定的目标,运用现代科学理论与方法,从多种备选的可行性方案中,决定采纳最优方案并予以组织实施的管理活动",则可以认为会计的决策职能是计划职能的一部分,即个别项目的计划,或是计划职能的辅助职能。会计具有决策的职能并不意味着会计人员具有采纳最优方案的最后决定权,而在于:①管理会计师也许具有企业内部的部门决策权;②管理会计师也许可以通过提供科学有效的财务成本信息,去影响、甚至可以在一定程度上左右企业最高管理阶层的决定。如果把决策仅看作为最高管理阶层的工作而认为会计不能直接决策,那么管理会计的决策职能至少可以体现为"参与决策"。

管理会计人员所提供的大量信息都是用于决策的,而决策是计划过程的关键部分。有些决策是连续性的,例如确定购买或生产存货数量的决策;确定产品或劳务价格的决策;确定是否进行广告宣传的决策,等等,都需要借助于管理会计人员及时持续提供的财务成本信息。有些决策则属于非经常性的,例如,引进一条新的生产线;建造一家新的工厂或生产车间;对基础设施进行扩建或技术改造;等等,需要管理会计人员依据财务会计提供的有关资料进行专门的分析,并在此基础上进一步向管理当局提供对决策有用的财务成本信息。经济决策的结果直接影响到目标的确定以及实现目标的措施选择。

企业的决策过程中管理会计人员具有下列作用:①选择评价标准并通过决策分析确定不可行方案予以淘汰,在这方面管理会计人员拥有充分的决策权;②在诸多可供选择的可行方案中确定最优选择方案,供企业最高管理当局决策。市场经济条件下的企业以利润最大化或价值最大化为目标,这意味着决策越重要,决策对财务成本信息的依赖程度也就越大。如果财务成本信息是企业选择决策所需的唯一信息,则可以认为管理会计人员将在很大程度上影响或"左右"最高管理当局的决策。实际工作中也许并非如此,因为除了财务成本信息以外,还存在其他影响决策的各种因素;企业也许并非将营利作为经营的唯一目的。开发新产品对企业是重要的,而生产新产品也许在近期内并不获利;商誉对企业的生存与发展影响很大,而商誉的效益往往难以估量。现代管理要求会计人员在分析报告中对这些影响因素进行说明,以引起决策部门的重视。

(三)控制的职能

管理会计人员是通过制订标准成本和编制业绩报告来履行其控制职能的。管理会计人员通过将预期可能发生或实际发生的各种财务成本数据进行收集、整理、比较和分析,并在事前或日常经营过程中对各项生产经营活动进行有效控制,是为了保证预期目标的实现,或根据有关因素的变动或可能变动去调整目标。一般来说,管理会计人员并不能直接控制企业的生产经营活动,而是以编制经营业绩报告、提供财务成本信息等方式来影响企业管理当局的控制行为。由于现代企业规模在不断扩大,经营业务日趋繁多,而经理的时间和精力是有限的;现代管理要求企业经理应集中有限的时间与精力于管理工作的主要方面,而不是分散有限的时间与精力于管理工作的诸方面,即在管理中应遵循"例外管理的原则"。根据这一原则,经理们需要逐步地借助业绩报告来了解生产经营活动进程以替代对生产经营过程的亲自监督。

管理会计人员编制的业绩报告应能够提供用于控制和业绩评价与考核的财务成本信息。在业绩报告中反映计划或标准与实际结果之间的差异是重要的;但更为重要的是需通过分析来进一步说明为什么会出现差异;差异是否应引起经理们的高度注意;为消除差异应采取或可以采取哪些有效措施;等等。一份完善的业绩报告足以影响经理对生产经营活动的控制。从这一意义上可以认为管理会计具有控制的职能。

(四)业绩评价与考核的职能

可以认为,业绩评价与考核是与控制非常紧密地联系在一起的。由于业绩评价与考核是为控制服务的,所以可以认为业绩评价与考核是控制职能的一个辅助职能。在一个责任制比较健全与完善的现代企业内,任何层次的管理人员都只对有限的工作负责,即业绩评价与考核的对象只是所属较低层次的经理与管理人员。由于现代大型企业高层次的经理们已远离企业的日常经营活动,他们在很大程度上需要依赖于管理会计人员报告中关于下层经理或管理人员业绩的信息来了解情况。

要科学地评价与考核业绩,很重要的一项工作在于制定适当的业绩衡量标准或评价考核指标。标准或指标制定得科学与否,关键在于:①是否有利于使各责任中心的个体目标与企业的总体目标协调一致;②是否有利于调动责任者的工作积极性,促使责任者尽自身最大的主观努力来实现目标。片面地强调营业总收入指标有可能导致收入中心靠不适当地降低产品或劳务的价格来完成总收入任务从而难以顾及销售的产品和劳务是否盈利;片面考核成本水平有可能使成本中心忽略产品和劳务的质量,推迟或取消对固定资产的预防性保养或采取其他有可能危害企业长期经营的行动;等等,这些都不利于企业总体目标的实现。在市场经济条件下,由于产品更新换代速度的加快,产品市场价格的不断变化,各期产品成本之间已很难具有可比性。如果不适当地确定成本费用降低的考核指标,有可能使经理们感到成本难以控制而丧失为降低成本努力的信心,以至于考核失去了应有的作用。

管理会计人员是通过确定业绩衡量标准或评价考核指标以及编制业绩报告来履行其业绩评价与考核职能的。业绩报告中的有关财务成本信息对经理们的考核结果以及奖惩决定具有重要的影响。控制会计与业绩评价与考核会计结合在一起,形成了企业的责任会计。

综上所述,管理会计在企业的规划过程与控制过程中发挥着重要的作用。管理会计具有计划、决策、控制、业绩评价与考核的职能并非意味着管理会计人员具有上述工作的最终裁决权,而是管理会计人员提供的财务成本信息对经理的决定具有举足轻重的影响。管理会计的上述职能并非是谁"赋予的",而是由会计的性质所决定的。因此,在进一步深化适应社会主义市场经济发展的会计改革进程中,应注重对管理会计职能的研究。

四、管理会计的基本假设

(一)管理会计基本假设

文献检索的结果表明,我国在 20 世纪 90 年代对管理会计假设的探讨较多。这方面的代表人物是著名管理会计学家李天民教授。他认为可根据管理会计的目标、职能、目标和工作环境的要求确定以下 6 个管理会计的基本假设:

1. 会计主体

它的内容与财务会计大致相同[①],是对管理会计对象运行的空间范围的规

---

① 希望关注的是,尽管 2006 年 2 月 15 日财政部发布的《企业会计准则——基本准则》(财政部令第 33 号)中采取的是对"会计主体"概念的界定,但国际会计准则理事会于 2010 年 9 月 28 日发布的《财务报告概念框架 2010》(Conceptual Framework for Financial Reporting 2010)中采取了"报告主体"的表述。

定。但由于管理会计主要是向企业内部各级管理人员提供有选择、部分或特定的管理信息，因此管理会计的主体可以是整个企业，但更多的应当是企业内部各责任中心。

2. 会计分期

它的内涵与财务会计大致相同，是对管理会计对象运行的时间范围的规定，即把企业持续不断的生产经营活动和投资活动，划分为一定的期间，以便及时提供有用的财务成本信息。但是由于管理会计的工作重点是为企业内部各级管理人员服务，因此会计分期的时间跨度不能局限于对外报告的月、季、年，而应根据企业本身的具体情况和管理的需要，灵活进行分期（可以短到一天、一周、一旬，也可以长到10年、20年，或者跨越财务会计期间）来编制内部报告（或责任报告、业绩报告）用以控制和评价各责任单位的经济活动。

3. 持续经营

它的内涵应当与财务会计完全相同，是对管理会计对象运行的基本方式的规定，即企业或各级责任单位的生产经营和投资活动将无限期地延续下去，因为只有这样，才能保证管理会计的规划与决策、控制与业绩评价等各项工作所使用的专门方法保持稳定、有效。

4. 货币的时间价值

在现代管理会计中，由于规划、控制和考评企业经济活动时，除应用货币作为计量单位外，还要广泛采用其他非货币计量单位，例如标准实物计量单位、质量综合计量单位、创新程度、市场占有率，等等。另外，在长期筹资和投资决策中，不能假定货币价值不变，而必须以货币在不同时间的价值是不相等的为前提条件。因此，财务会计中的货币计量与币值不变都不能成为管理会计的基本假设；而货币时间价值恰恰应当成为企业长期投资决策的重要前提。因为只有这样，才能使决策的结论更加科学、更为合理。

货币的时间价值实质上是货币本身的增值。在市场经济条件下，货币在任何生产经营过程中都是不可缺少的重要因素，并能在生产经营过程中得到增值。当货币的所有者把其使用权让渡给货币使用者时，必然会按让渡时间的长短取得一定的报酬，即利息收入或投资收益；而货币的使用者也必须把货币增值的一部分按使用时间的长短支付给货币所有者，从而形成使用货币的成本，即付出利息、利润或股利。这样自然就形成了货币的时间价值。

5. 为不同的目的采用不同的成本概念

在管理会计中，为了适应企业经营管理的不同需要，有必要采用不同于财务会计的成本分类。譬如，为了规划和控制企业的经济活动，必须按成本的"可变性"或成本的"习性"把所有成本分为"变动成本"和"固定成本"两大类；为了进行短期经营决策与长期投资决策,必须根据成本的"相关性"把成本分为"相关成本"与"无关成本";为了控制和考评各级责任单位的经济活动,应根据成本的"可控性"把成本分为"可控成本"和"不可控成本",等等。因此,为不同的目的采用不同的成本概念就成为管理会计的基本前提之一。

6. 效益最大化

如前所述,管理会计的总目标就是为改善企业的经营管理、提高经济效益和社会效益服务,而提高效益的核心是在整个管理会计工作过程中,对任何一项经济业务的发生都必须按照"成本效益分析"的原理,想方设法使所得大于所费来提高投入产出的水平,提高投收益率。从这个意义来说,管理会计系统应倡导效益型的发展模式,走效益型的发展道路。为了达到这个目的,每个企业都必须结合自己的具体情况,实行各种形式的经济责任制,加强对经济活动的规划与控制,实现决策科学化。另外,在狠抓利润的同时,还要注意抓优质、低耗,适销对路,按照消费者的需要组织生产,要在微观经济效益服从社会效益的基础上,追求效益最大化。因为只有这样,企业在生产过程中的物化劳动与活劳动的一切消耗才能充分得到补偿,才能为国家创造出更多的财富。这实质上也就是说"效益最大化"不仅是对管理会计对象运行的目标的规定,也是加快我国国民经济与社会可持续发展的根本途径。

(二)有关管理会计基本假设的进一步讨论

有关管理会计基本假设的界定是在借鉴财务会计基本假设基础上设定的。《企业会计准则——基本准则》中对财务会计4个基本假设的设定,为管理会计基本假设的研究提供了前期基础。但本书注意到,国际会计准则理事会(IASB)对会计基本假设的设定,采取了不同的表述。1989年发布的《财务报表编制与列报框架》中只设定了"持续经营"和"应计制"两项会计假设;2010年9月28日发布的《财务报告概念框架2010》中,会计假设只剩下"持续经营"一项。

对此,有必要认真研究会计基本假设问题,以便为科学设定管理会计基本假设提供理论依据。

本书认为,假设是依据一定的事实在对相关事物进行研究中所作出的推测。据有关资料反映,会计假设这一概念最早是在1922年佩顿所编著的《会计理论》一书中出现的。1961年,美国学者坎宁在《会计的基本假设》一文中将会计基本假设表述为会计赖以存在的经济、政治和社会环境的基本前提或基本假设,这与目前对会计假设的看法基本上是一致的。美国的埃尔登·S·亨德里克森教授在他所著的《会计理论》(Accounting Theory)一书中提出会计假设的基本标准:①它必须与会计上的逻辑发展相关,那就是它们必须作为引出合乎逻辑的进一步建议的根据;②它们必须为参与讨论的人们所接受,并认为它真实或可供作会计逻辑上开拓假设的出发点。这也可为研究管理会计基本假设提供理论参考。

财务会计假设是构成财务报告的基础;同理,管理会计假设也应当是构成内部报告的基础。由于财务会计和管理会计依存的都是一个多变的社会经济环境,因此有必要以一定的假设为基础,来确认和计量会计要素,并提供一定假设下的财务成本信息。

假设是基于一定的事实提出的,但这并不意味着假设必须反映现实。正由于经济社会中存在多种环境状况,才有必要作出假设,并在一定假设前提下组织财务会计核算与管理会计活动。

1. 有关财务会计假设的讨论

按照以上讨论的结果,可以认为,目前《企业会计准则——基本准则》中设定的会计主体、持续经营、会计分期和货币计量 4 个假设。除了持续经营以外,其他 3 个都不符合假设的条件。

(1) 会计主体假设。按照会计主体假设的表述,企业核算的应当是自身发生的经济业务或事项。如果说会计主体属于一个假设,则意味着在现实中存在企业核算的业务或事项,不仅仅局限于自身发生的,还有可能包括其他主体发生的经济业务或事项。显然,这种表述不被会计准则认可。对此,会计主体应当是一项规定,而不是会计假设。

(2) 持续经营假设。只有持续经营符合"假设"的条件。因为在现实中,有些企业的经营活动是有规定期限的(例如采取特许经营投资建设与经营的高速公路,其最长经营时间取决于特许经营合同中的约定)。有明显证据表明当一家企业将停业或者破产清算,则不再适用于持续经营的假设。

(3) 会计分期假设。在会计实务中,只有将经营活动划分会计期间,才有可能确认经营损益并编制财务报告。对此,会计分期也只是一项规定,而不是一项假设。

(4) 货币计量假设。就财务会计而言,采用货币计量,是财务会计区别于其他经营管理活动的本质特征。不采取货币计量,就不是真正的会计。故货币计量也应当属于一项对会计核算行为的规定,而不是会计假设。

2. 有关管理会计假设的讨论

基于以上有关财务会计假设的讨论,管理会计的基本假设也就不应当包括会计主体和会计分期;而持续经营应当设定为一项管理会计假设也就无需进一步讨论。

需要进一步讨论的是有关货币时间价值、为不同的目的采用不同的成本概念和效益最大化 3 项会计基本假设。

（1）货币时间价值假设。除了李天民教授的观点以外，在一些讨论管理会计假设的文献中也提出了货币时间按价值的假设。除此以外，也有学者将其作为视为税务会计的基本假设。但本书认为，货币时间价值应当属于计量属性或计量基础的范畴，而不是会计假设。《企业会计准则——基本准则》中规定的计量属性，包括历史成本、重置成本、可变现净值、现值和公允价值，这意味着不仅是管理会计，即使是财务会计也有必要采用货币时间价值的理念来计量会计要素。

（2）为不同目的采用不同成本概念假设。本书认为，将其设定为管理会计的一项基本假设是必要的。这是因为，在管理会计中采用的成本概念，基本上都属于特殊成本概念，与财务成本概念有明显的区别。不应当将管理会计中的成本概念简单等同于财务会计中的成本概念，是管理会计理论与方法应用的一个基本前提条件。设定特殊成本概念的假设，意味着管理会计中的利润概念也不同于财务会计。例如，本量利分析中的利润，不是财务会计中的营业利润而只是由于营业活动提供的息税前利润；责任会计评价与考核中的利润，也不是营业利润或利润总额，而是责任利润；等等。对此，该项假设又可以简化为"特殊成本"假设。

（3）效益最大化假设。效益最大化是由管理会计的目标所决定的。从事管理会计活动就是为了追求效益，促使效益最大化。对此，对于特殊情况下不以效益最大化为目标的管理会计活动，有必要作出专门说明。

综上讨论，本书将管理会计的基本假设设定为"持续经营"、"特殊成本"和"效益最大化"3项。

第三节　管理会计的基本内容

管理会计是为谋求企业的效益最大化而服务于企业内部管理的一种经营管理活动。管理会计不满足于对已发生的经济活动作出科学的总结与分析，更侧重于对未来的经济活动进行科学的预测和规划，并通过对企业的经营活动进行有效的控制、业绩评价与考核，来促使既定目标的顺利实现。因此，管理会计活动是以"计划与决策会计"活动和"责任会计"活动为主体的，也就是说，管理会计活动的内容包括"计划"与"控制"两部分。在20世纪90年代中期，我国著名管理会计学家李天民教授就曾将管理会计的基本内容概括为"管理会计概述及其基本前提"、"规划与决策会计"和"控制与业绩评价会计"三部分。参照这一思路，本书将管理会计的基本内容概括为以下三方面。

一、计划与决策会计

科学规划未来的经营活动,是企业经营管理的首要环节。所谓规划或计划,就是确定企业未来的奋斗目标以及为实现目标而应当采取的具体措施。为了确定目标,必须根据企业的历史经营状况以及未来环境的可能变化对未来的经营状况进行科学的预测,并针对经营管理中的特定问题进行具体的决策分析,最后通过编制预算将经营目标与实施步骤确定下来,作为企业生产经营活动的行动准则。反映奋斗目标的指标有:目标利润、目标成本、目标销售量、目标收入等。

(一)经营预测与分析

预测是目标规划的基础和重要组成部分。预测会计以成本习性分析方法和本量利分析方法为基本方法,来测算企业在未来一定条件下所可能达到营业收入、营业成本和营业利润水平。

建立在成本习性分析基础上的成本预测,其成本水平主要体现在单位变动成本和固定成本上。由于单位成本中含有所分摊的固定成本,其高低受计划期业务量变动的影响。本量利分析是计划与决策分析的重要工具,其基本原理在企业经营管理中已得到了日益广泛的应用。

应当进一步指明的是,预测分析的结果一般只反映企业未来可能达到的收入、成本和利润水平,而不是应当达到的水平。因此,企业在进行目标规划时应以预测分析的经济数据为基础,结合企业计划期的奋斗目标以及经济、有效地使用有限资源的具体要求,对预测的数据作必要的调整,科学、有依据地确定企业计划期的目标收入、目标销售量、目标成本和目标利润。

(二)短期经营决策分析

社会经济资源是有限的,为了最有效地利用这些经济资源,必须在诸多的行动方案中作出选择。如何最有效地利用现有的经济资源,是短期经营决策的中心问题。分析的目的在于从理论与方法上寻求一条最有效的途径,使企业的经营目标建立在可靠的基础上。短期决策分析具体应用了决策中的特殊成本概念作为评价方案的重要工具,针对不同的决策问题采用不同的方法,站在降低成本、提高盈利的立场上追求企业的经济效益。短期决策分析是对建立短期经营目标的有力补充。

(三)投资决策分析

在短期经营中,利用现有的经济资源来取得最大的经济效益,这些行为不涉及对机器设备、车辆等动产,房屋建筑物等不动产的投资。为了保证企业长期目标的实现,对固定资产等进行投资以实现设备更新,并进一步扩大生产经营规模是必要的。问题在于,能筹集多少资金? 这些资金如何使用才算有效? 在诸多个投资方案中何种方案可行？哪一种方案最优？如何进行选择？这些问题，是长期决策所要解决的主要问题。从货币时间价值的概念入手，通过对现金流量的分析和评价标准的建立来进行长期投资决策分析，是该部分探讨的主要内容。这里，利润总额也将被净现值这个概念所代替，总资产报酬率这一静态指标则被内部收益率这一动态指标所取代。在此基础上，可进一步探讨固定资产经济寿命、租赁与购买等决策问题。

（四）经营预算

预算是经营决策的具体化，是计划的货币表现形式。企业所确定的一切奋斗目标都需要通过预算来落实，并检验是否可能真正实施。因此，预算是规划具体步骤的最终体现。它不仅能告诉我们该如何去实现目标，而且为对各责任部门（中心）的工作进行行业绩评价、控制和考核提供了基础和依据。

二、责任会计

为保证企业计划期目标的顺利实现，需采取一定手段对经济活动进行有效的控制。所谓控制，就生产过程而言，就是判别目标是否在顺利实现；如果发生了问题，应采取什么措施予以调节来保证既定目标的实现或根据情况的变动及时修正目标。责任会计的主要内容有：

（一）建立责任制度

建立责任会计制度，编制责任预算，制定标准，落实责任，是责任会计的一项重要工作。责任会计制度反映了责任会计工作应遵循的准则、方法与程序。通过建立责任会计制度，制定标准成本、标准收入、应收账款基准回收期、利润标准、基准投资收益率、剩余收益标准等各类标准，以责任中心为单位编制预算，有利于明确权限，落实责任，使各责任中心同心协力，共同为实现企业的总体目标而努力。同时，在此基础上，也有利于为评价、控制与考核责任中心业绩提供数量和金额依据。

（二）制定内部结转价格

企业内部各责任中心之间因生产经营所需有可能经常性地相互提供产品和劳务。责任会计制度要求把这种相互提供产品和劳务的行为视同销售业务。这就需要为这类销售制订相应的价格，即内部结转价格，以利于分清责任，正确评价各责任中心的业绩。内部结转价格一般有成本价格和市场价格两类，分别适用于非盈利性的成本中心以及盈利性的利润中心和投资中心。内部结转价格对责任中心的工作以及企业经营目标的实现具有重要的影响，这就使得制定内部结转价格成为责任会计的另一项重要工作。

（三）责任中心的控制、评价与考核

责任中心可以分为成本中心、费用中心、收入中心、利润中心和投资中心 5 类，也可以只划分为成本中心、利润中心与投资中心 3 类。如何科学划分取决于企业内部生产经营管理工作的需要。责任中心的控制、评价与考核工作一般包括标准或评价指标的确定；差异的计算与分析；责任中心业绩报告的编制；等等。在企业如何建立以责任制为中心的分工负责制度；如何建立适应不同类型企业生产经营特点的各类标准和考核指标；如何对生产经营过程实行有效控制以及科学评价与考核，是这一部分所涉及的另一重要事项。

三、经营分析会计

企业有必要针对历史上所发生的经济活动进行必要和科学的总结和分析，对所取得的成绩和存在的不足作出客观判断，以便提出改进工作的切实可行的办法和措施，作为规划未来的基础。这方面的工作属于经营分析，主要有基于财务报表的数据进行的分析以及基于生产经营过程或者企业内部报表进行的生产经营分析、成本分析、收入分析、利润分析等。总结过去也可以看作是事后控制工作。

财务报表分析通常作为财务会计的一部分，因为财务报表分析的依据是企业财务会计编制的财务报表，包括资产负债表、利润表、现金流量表和所有者权益变动表。严格地讲，这种归类也许并非妥当。市场经济体制的建立一方面要求会计工作更加标准化与规范化，另一方面要求会计人员更多地参与企业的经营管理与决策。财务报表的编制应严格受会计准则的规范，财务报表所提供的数据应尽可能地排除会计人员主观意志的影响而具有较强的客观性与可比性，而财务报表分析则完全服从于内部管理的需要。因此财务报表分析作为管理会计学的一部分也许更为合适。

虽然自 20 世纪 50 年代至今已有超过 60 年的发展史，但与财务会计学相比，管理会计学仍是一门新兴的学科，它的理论与方法尚在不断地完善发展中，还未真正形成完整、系统的理论体系和方法体系。但是，从它产生以来这短短的几十年发展过程来看，它在企业经营管理中体现出了巨大的生命力。如何结合中国特色和交通运输行业的特点使管理会计学的理论与方法在交通运输企业经营管理中发挥更大的作用，还有待于我们共同去努力探索。

第四节　现代管理会计学的发展

20 世纪 90 年代初以来，在原来规划会计与控制会计主体框架的基础上，管理会计学又增加了一些新的内容,包括作业成本计算法、战略管理会计、平衡计分卡、基于 EVA 的业绩评价与考核等。其中,作业成本计算法是作为向企业内部管理当局提供对决策有关成本信息的一种方法;战略管理会计属于管理会计理论与方法与企业战略管理相结合的产物;平衡计分卡和 EVA 理论与方法则属于业绩评价与考核的方法。这些内容已逐步体现在我国陆续出版的一些管理会计学书籍中。在本节中,主要概述这些内容,并在此基础上对其与管理会计学科的关系作出相应评价。

在本书的其他相关章节中,比较详细地介绍和讨论了这些方法的概念以及在不同类型的交通运输企业的具体应用事项。

一、作业成本计算法

(一)作业成本计算概念的提出

尽管有关作业成本计算法(activity-based costing)的概念最早在 20 世纪 70 年代初期就已经有人提出,但它作为一种完整的成本计算方法并逐步成为管理会计学的一部分,则是从 20 世纪 90 年代初期开始的。进入 21 世纪以来,在中国一些有较大影响力的管理会计学著作中,例如刘志远等编著的《管理会计》(2007)、孙茂竹等主编的《管理会计学》(2009)等,都包含了作业成本计算的内容。

作业成本计算法的提出主要源于以下动因:

(1)社会化大生产的发展、劳动成产率的提高以及市场竞争的日趋激烈,要求企业按照生产产品的不同作业环节来组织生产活动。

(2)伴随着自动化作业水平的不断提高,人工成本在产品成本中所占比重在不断降低,用于制造产品的设备价值在不断提升,需要分配的间接费用所占比重在不断提升。传统成本计算办法要求按照人工小时和机器小时分配间接费用不再具有合理性;按照作业分配间接费用已成为成本核算发展的必然趋势。

(二)作业成本计算的基本内容

1. 作业成本计算法的界定

作业成本计算法是把企业消耗的资源按照资源动因分配到作业,并把按作业归集的成本进一步按照作业动因分配到成本计算对象的一种成本核算办法。作业成本计算的理论基础是"成本驱动观";即生产导致作业的发生,作业消耗资源并导致成本发生,产品消耗作业。可以认为,按照作业归集成本,再按照消耗作业的产品分配成本,是作业成本计算法区别于其他成本计算方法的特点。

2. 作业成本计算法的基本原理

(1)将产品的生产制造过程划分为若干个作业环节,并按照不同的作业环节设立作业中心,承担该作业环节成本的归集、核算与管理。

(2) 将企业发生的需要计入产品成本的间接费用按照作业进行分配。

(3) 根据确定的作业成本分配率和产品所耗费作业的数量,将作业成本分配到各有关产品。

(三) 对作业成本计算理论与方法的评价

1. 作业成本计算应属于成本会计学的构成内容

在管理会计中用于成本规划与控制的计算方法,主要有变动成本计算法、标准成本计算法、责任成本计算法等。与这些成本计算法不同,虽然作业成本计算也有利于为成本管理提供所需的相关成本信息,但其主要功能应当是确定损益,而不是控制成本。对此,将作业成本计算归类于成本会计学,似乎比归类于管理会计学更具有合理性。

作业成本计算作为 20 世纪 90 年代新出现的一种成本计算方法,学术界对其热捧可以理解。但冷静思考,作业成本计算固然有其特点和优势,但毕竟只是计算产品成本的一种方法选择。中国在 1993 年财务会计制度改革以前,产品成本计算采取的主要方法是全部成本计算法。采取全部成本计算法,产品成本项目划分为直接人工、直接材料、制造费用和管理费用。1993 年 7 月 1 日开始采取制造成本计算法后,管理费用归类于期间费用,不再构成产品成本的一部分。制造成本法是与国际趋同的一种成本计算方法,但毋庸置疑,也是一种部分成本的计算方法。虽然期间费用不计入成本,但毕竟也需要通过收入的取得得以补偿。

作业成本计算法不是对制造成本计算法的替代,而是制造成本计算法下与产品法、分批法(订单法)、分步法等产品成本具体计算方法相提并论的成本计算方法。作业成本计算法固然有其无法替代的优势,这也是 20 世纪 90 年代以来越来越多的国内外学者热衷于研究作业成本计算法的主要原因;但有必要冷静认识到,作业成本计算法也有其特定的应用领域。与作业成本计算法相比,传统成本计算方法并非就失去了使用的价值。在劳动密集型行业,相对于生产产品种类或作业环节比较单一的产品制造和劳务提供过程,间接费用所占比重相对较低的行业等,也许传统成本计算法仍有优势。例如,欧洲空中客车工业公司从 20 世纪 90 年代中期至 21 世纪初为研制 A380 型大型客机花费的大约 110 亿欧元的研发费用,最终还是需要由销售的 A380 型大型客机分摊。这些费用,没有理由由其他机型,例如 A320 型、A330 型等欧洲空客公司销售的空客系列机型来分摊。

2. 作业成本计算法也许对交通运输企业内部成本管理缺乏实质意义

这仅代表一种学术观点。按此观点,不同成本计算方法对当期损益的影响,主要体现在分配给期末存货成本的不同构成。全部成本计算法下存货成本中包括分配的制造费用和管理费用,其对当期损益的影响要大于只考虑制造费用分配的制造成本法。

与制造业的情况不同,运输业不提供实务产品,不具有在产品、半成品和未销售的产成品等构成的存货,故无论采取何种计算方法,除了特殊情况外,所有的运输成本和费用,都需要计入当期损益。

为了适应市场供求关系变化以及市场竞争日趋激烈的需要,制造业有必要、也有可能将产品的制造过程划分为若干个作业环节,并按照作业归集直接成本,分配间接费用。与制造业不同,虽然运输成本的计算对象应当是完成的周转量,但运输成本的归集对象只能是运输工具(包括道路运营车辆、民用运输飞机、营运船舶等)。相对于制造业而言,运输生产基本不存在对自动化的需求,也没有大量产生的需要科学合理分配的运营间接费用;运输生产过程没有必要、也无法将运输生产过程划分为若干个相对独立的作业环节,故交通运输业务成本计算与控制使用作业成本法的意义不大。

公路、港口、码头与机场的货物装卸作业以及运输工具的维修作业等也属于交通运输企业的经营业务之一。这些业务的成本计算也许有必要采取作业成本计算法。在本书第九章所涉及的港口经营企业应用管理会计理论与方法的讨论和第十章所涉及的机场企业应用管理会计理论与方法的讨论,就涉及作业成本计算法的应用问题。

但也存在不同的学术观点。对此本书第五章和第六章中也分别讨论了民航运输企业和水路运输企业作业成本法的应用问题。

本书不同章节中涉及的有关作业成本法在交通运输企业应用问题的讨论,可供读者思考与选择。

二、战略管理会计

(一)战略管理会计概念的提出

本章在第一节中已经提出,战略管理会计的概念是西蒙德斯(Simonds)于1981年在论文《战略管理会计》中首次提出的。此后,尽管国内外不同的学者在研究中对战略管理会计提出了不同的概念界定和不同的内容构成,但在该领域进行较深入研究所形成的理论体系和方法体系无可置疑地成为了现代管理会计的重要组成部分。

(二)战略管理会计的基本内容

1. 战略管理会计的界定

可以认为,战略管理会计(strategic management accounting)是管理会计与

企业战略管理相结合的产物,是为企业战略管理提供财务成本信息的管理会计。战略管理会计概念的提出,扩展了管理会计的应用空间,提升了管理会计的地位。

2. 战略管理会计的特点

概括而言,与传统管理会计相比,战略管理会计也许具有以下特点:

(1) 突破单一会计主体的限制,注重企业外部环境和竞争对手。

(2) 以取得竞争优势为长远目标。

(3) 更加注重会计信息的相关性和及时性,提供更多与企业经营战略密切相关的非财务信息,使管理会计真正独立于财务会计。

(4) 更加注重对人力资源的有效利用。

3. 战略管理会计主要涉及的研究问题

概括有关学者在不同文献中对战略管理会计涉及问题的研究,本书认为,战略管理会计主要涉及以下事项的讨论:

(1) 战略目标规划。协助企业管理当局确定企业战略发展目标,是战略管理会计的首要任务,也是为企业战略管理提供各种信息的重要目标。

(2) 战略投资决策。投资决策是传统管理会计的一项重要内容。传统管理会计中的投资决策,主要涉及的是运用货币时间价值的理论与方法所进行的企业内部固定资产投资的决策分析。与此不同,战略管理会计中的战略投资决策将视野投放在了更广阔的领域。面对经济全球化背景下的国际市场,企业为了提高其市场竞争能力,除了考虑财务效益以外,有必要在决策分析中增加更多的影响因素,例如决策对产品和服务质量的影响,并进一步产生的对企业竞争力的影响;决策对顾客需求的反应和影响;决策对企业分布在全球不同地区事业部发展的影响等。战略管理会计中的战略投资决策问题,已经与战略财务管理中的战略投资决策问题非常接近了。

(3) 战略成本管理。战略成本管理是战略管理会计的重要组成部分。按照大多数学者的观点,战略成本管理一般由价值链分析、战略定位分析、成本动因分析、低成本战略分析、差别化战略分析等构成。有关这方面的详尽讨论,请参考相关的管理会计书籍和其他相关文献。

(4) 人力资源管理。重视人力资源管理是"以人为本"理念的重要体现。将人力资源管理置于战略管理会计的框架体系中,体现了部分学者的观点。与人力资源管理相关的会计领域是人力资源会计,具体涉及人力资源会计要素的确认、计量、核算与报告。人力资源会计究竟属于与战略管理会计的一部分,是与财务会计、管理会计并驾齐驱的专业会计领域,还是财务会计的一个分支,目前尚未有明确的研究结论。在此前提下,将人力资源会计纳入战略管理会计的范畴,不失为一种现实选择。

（5）战略性绩效评价。传统管理会计中的绩效评价主要依赖的是责任中心提供的业绩报告及其他相关资料。与此不同,一些学者提出,战略管理会计中的绩效评价,其依据应当由企业内部向企业外部延伸,更多地关注来自于顾客、供应商、政府部门、税务机关以及其他外部关系人对企业管理的评价信息。这有助于在更广阔的领域实现企业战略发展的目标。

（三）对战略管理会计理论与方法的评价

现代企业管理会计学理论与方法本身就具有灵活多样的特点,不同版本的管理会计学著作有不同的内容和侧重点。战略管理会计的理论与方法更进一步突出了这一特点。

一个重要的问题值得关注,这就是当传统管理会计逐步向战略管理会计延伸的过程中,管理会计的内部性在削弱,外在性在增强;战略管理会计的一些理论与方法已经在同战略财务管理发生趋同。这是管理会计学科向高层次发展的必然趋势,还是管理会计理论研究中出现的误区,目前还尚无明确的结论。

三、平衡计分卡

平衡计分卡（balanced score card）最早是美国哈佛商学院教授卡普兰（Robert S. Kaplan）和诺朗-诺顿研究所所长诺顿（David P. Norton）共同倡导和提出的。他们于1992年在《哈佛商业评论》发表的题目为《平衡计分卡:驱动绩效的量度》一文中提出了平衡计分卡的概念,并认为平衡计分卡作为一种全新的绩效管理模式,可用于解决很多公司面临的绩效考核问题。1998年卡普兰教授等编著的《高级管理会计（第3版）》中,将平衡计分卡作为业绩评价与考核的主要手段。随后,我国出版的管理会计著作中,例如,刘志远等编著的《管理会计》（2007）、刘运国编著的《管理会计学》（2011）等,也开始逐步将平衡计分卡作为管理会计学体系的组成部分。

有关平衡计分卡的理论与方法,详见本书第七章中的相关内容。

四、基于EVA的业绩评价与考核

（一）EVA概念的提出

EVA是经济增加值（Economic Value Added）的缩写。经济增加值是美国斯腾斯特咨询公司于1982年提出并予以实施的一套以经济增加值理念为基础的财务管理系统、决策机制及激励报酬制度。但从其理论渊源来看,EVA出自于诺贝尔奖经济学家默顿·米勒和弗兰科·莫迪利亚尼1958年至1961年关于公司价值的经济模型的一系列论文。

EVA 是一种理念,体现了现代企业对超额利润的追求。对此从最基本的意义上讲,经济增加值是公司业绩度量指标。与大多数其他度量指标不同之处在于:EVA 考虑了带来企业利润的所有资金成本。

西方经济学中具有经济成本的概念。经济成本包括财务成本和资本成本。对此,完全竞争状态下达到的动态平衡点,是经济收益相当于经济成本的业务量点。对此也可以认为,西方经济学中的经济成本概念是 EVA 指标的理论基础。

(二)EVA 的基本内容

对经济增加值(EVA)的一般解释为:

经济增加值(EVA)=净利润-资本成本=净利润-净资产总额×基准收益率

资本成本实际上反映的是企业占用资本的机会成本。

在管理会计中,具有对投资中心评价与考核中提出的剩余收益的概念。在深圳蛇口工业区的管理实务中,也曾经于 20 世纪 90 年代初期出现过剩余收益制的改革探索;但只不过是昙花一现。

伴随着社会主义市场经济体制的建立,每股收益、净资产收益率等逐步成为评价企业、特别是上市公司财务效益状况的主要财务指标。

2009 年 12 月 28 日国务院国有资产监督管理委员会发布的《中央企业负责人经营业绩考核暂行办法》(国资委令第 22 号)中将利润总额和经济增加值指标作为年度经营业绩考核的基本指标。

按照该办法提出的经济增加值的计算公式:

经济增加值=税后净营业利润-资本成本=税后净营业利润-调整后资本×平均资本成本率

税后净营业利润=净利润+(利息支出+研究开发费用调整项-非经常性收益调整项×50%)×(1-25%)

调整后资本=平均所有者权益+平均负债合计-平均无息流动负债-平均在建工程

这意味着,税后净营业利润指标反映的是企业利用全部资本(包括所有者权益和债务资金)获取的经营收益(包括债权人获得的税后利息收益)。

用 EVA 作为主要考核指标意味着投资者对企业盈利目标的基本要求是:在保证最低收益率(基准收益率)的前提下努力增加利润总额。

本书认为,国务院国资委设置该项考核指标参考的是管理会计中投资中心评价与考核的理论与方法。设置经济增加值考核指标的初衷是:

(1)考核国有资企业占用国有资本的使用效率,避免国有资本闲置导致的经济损失(机会成本损失);

（2）鼓励企业在保证最低收益率（基准收益率）的基础上，通过加大投资力度来增加企业的净利润。

对于国有企业来说，由于在现行体制下适应市场变化的灵活机制并不健全，存在人员闲置、资产闲置等风险。

但对于一个投资主体多元化的企业、特别是上市公司，经济增加值并非是一个理想的考核指标。不可否认，一个市场化的上市公司的股东对企业获利能力的追求，也许具有不同于国资委的规定的要求。

（三）对 EVA 理论与方法的评价

按照管理会计学的相关理论，用 EVA 作为企业业绩的考核指标的主要目的是在保证基准收益率的前提下，通过积极投资来增加利润总额。对此，增加 EVA 应当属于企业内部投资中心、而不是利润中心或者成本中心的职责。

站在公司集团的角度，子公司无疑属于投资中心。站在总公司的角度，下属分公司是否属于投资中心，取决于企业内部管理体制的设置。

在总投资不变的前提下通过增加营业收入，降低营业成本，无疑既可以增加利润总额，也可以有效地增加 EVA。

用 EVA 作为考核指标鼓励企业追求超过基准收益率的投资项目，但没有考虑财务杠杆的作用。故企业是利用资本投资，还是利用债务资金投资，结果是完全一样的。

阅读文献

［1］邵瑞庆主编：会计学原理［M］，立信会计出版社 2007 年 7 月第 2 版第 2 页。

［2］葛家澍等主编：中级财务会计学（上）［M］，中国人民大学出版社 2007 年 9 月第 3 版第 6 页。

［3］杨纪琬：关于"会计管理"概念的再认识［J］，《会计研究》1984 年第 6 期。

［4］刘运国、梁德荣、黄婷晖编著：管理会计前沿［M］，清华大学出版社 2003 年 12 月第 1 版第 39 页。

［5］李天民著：管理会计研究［M］，立信会计出版社 1994 年第 1 版第 59 页。

［6］孙茂竹、文光伟、杨万贵：管理会计学［M］，中国人民大学出版社 2009 年 7 月第 2 版第 12 页。

［7］李天民编著：现代管理会计学［M］，立信会计出版社 2006 年 1 月版第 17-18 页。

［8］曹中主编：管理会计学［M］，立信会计出版社 2007 年 5 月第 1 版第 4 页。

［9］李天民著：管理会计研究［M］，立信出版社 1994 年 10 月第 1 版第 69-71 页。

［10］盖地编著：税务会计与税务筹划［M］，中国人民大学出版社 2008 年 3 月第 4 版第 13 页。

［11］李天民编著：现代管理会计学［M］，立信会计出版社 1996 年 1 月第 1 版第 20-21 页。

[12] 孙茂竹等主编:管理会计学[M],中国人民大学出版社 2009 年 7 月第 2 版第 339-340 页。

复习思考题

1. 什么是管理会计? 什么是管理会计学? 两者有何区别与联系?

2. 管理会计的基本特点是什么? 管理会计是否只提供用于企业规划与控制的财务成本信息? 为什么?

3. 管理会计的产生与发展说明了什么? 如何认识市场经济条件下管理会计与成本会计的关系?

4. 管理会计具有哪些职能? 如何正确认识管理会计的职能?

5. 什么是管理会计的目标? 管理会计的目标与职能有何关系?

6. 什么是管理会计假设? 与财务会计假设相比较,管理会计假设有何侧重点?

7. 管理会计的基本内容有哪些? 规划与控制的关系如何? 为什么说经营分析会计是管理会计的一部分?

8. 为什么管理会计方法和内容具有灵活性多样性的特点?

9. 你认为管理会计与财务会计的区别与联系主要体现在哪些方面?

10. 如何将管理会计的理论与方法与交通运输行业的生产经营活动相结合,以发挥提高经济效益的作用?

第二章 管理会计学的基本方法(一)
——规划会计的基本方法

【本章概要】

　　管理会计学的基本方法取决于需解决的具体问题,但成本习性分析方法则是管理会计学的出发点和理论基础;解决各种具体问题都会直接或间接地涉及成本习性分析方法。成本习性分析的主要内容是将总成本按其习性划分为固定成本和变动成本两大类;但现实中的大多数成本都表现为混合成本,这就需要进一步研究直接分解法、高低点法、分布图法、回归分析法等混合成本分解方法。

　　除了成本习性分析法以外,规划会计的其他基本方法一般有本量利分析法、变动成本计算法、短期决策分析法、现值法等。本量利分析是目标规划的基本方法;变动成本计算法是编制预算的基本方法,在短期决策分析中也有着重要的作用;短期决策分析的基本方法包括差量分析法、本量利分析法、边际分析法等;投资决策分析要考虑货币的时间价值,所以主要采用现值法,具体涉及净现值、投资回收期、内部收益率等投资决策分析方法。

第一节　成本习性分析法

　　作为财务会计与企业经营管理的有机统一,管理会计方法具有灵活多样的特点。针对不同的目的和特定的需要处理的问题,采用的方法也各异;即使针对的同一目的处理的同一问题,但如果分析角度或掌握资料或分析条件不同,处理方法也可能有较大的差异。根据具体的情况条件,灵活地运用适当的方法,来满足解决具体问题的特殊要求,是管理会计的基本特点之一。因此在学习管理会计时,应防止把方法看成一成不变的要求,更不能把书上介绍的方法看成是金科玉律。不同版本的管理会计学,在内容和方法上往往有较大的差别,正是本学科内容和方法上灵活性的具体表现。

　　虽然管理会计的方法、尤其是解决具体问题的具体方法具有灵活多样的特点,但它的基本方法应当是相对一致的。这里所说的"基本"有 2 个层次的含义:其一是指一般条件或者说常规条件下运用的方法;其二是方法的共性。基本方法体现出来的主要是原理和规律,揭示的是经济现象的本质特征。建立基本方法的主要手段是理论抽象。

本节讨论的成本习性分析,是管理会计学的出发点和理论基础。

一、成本习性概述

现代企业财务会计学中需要严格区分计入资产的成本与计入当期损益的费用的概念。与此不同,在管理会计中,并不严格区分成本与费用。除了编制预算需要区别营业成本和期间费用以便与财务会计保持一致以外,在某种意义上可以认为,管理会计中的成本与费用为同义词。这样,成本习性也可以表述为费用习性。

成本可采取不同的分类标准进行分类。财务会计中最常用的分类标准是成本性质(nature)和成本功能(function)。成本功能有时也叫做"经济用途"。管理会计中对成本分类的基本标准是成本习性。

所谓成本习性、成本特性或成本性态都属于对英文词"cost behavior"的翻译,是指成本总额与业务量之间的依存关系。业务量的具体形式取决于成本总额的构成内容。例如与销售成本总额相对应的业务量是商品销售量;与生产成本总额相对应的业务量是产品的生产数量;与运输成本总额相对应的业务量是运输工具的运行里程和完成的周转量;等等。

财务会计主要是从价值耗费补偿的角度来分析业务成本的,具体的分析处理方法也就是成本的核算方法,核算的结果体现为按照各种业务量归集的成本。从管理角度来看,这一分类的主要局限性是没有揭示成本总额与业务量之间的依存关系,难以满足企业内部经营管理的需要。例如,某企业生产某种类产品的单位成本为 100 元,则习惯认为,当产量分别为 1 000 单位和 10 000 单位时相应的生产成本总额应当为 10 万元和 100 万元;如果没有生产任何产品,发生的生产成本总额应当为零。

但事实并非如此。企业的实际生产成本数据表明,在其他条件不变的情况下,随着产品生产数量的增加,单位产品成本呈现下降趋势;当企业不生产任何产品时,企业仍然会发生一定的生产成本。按照财务会计的理论无法对这一现象给予科学的解释;管理会计理论则有助于揭示导致这一现象产生的具体原因。管理会计理论认为,成本总额与相对应的业务量之间客观上存在着一定的内在联系,有些成本的发生取决于业务量的多少;有些成本的发生则取决于时间或其他相关因素,与业务量多少没有直接联系。研究成本总额与相对应业务量之间的依存关系,对于企业内部经营管理是非常重要的。

在理解成本习性时,还需要特别关注以下几点:

1. 成本总额的界定

成本习性的研究对象是成本总额,而不局限于财务会计理论和规范中的营业成本总额,一般还包括相应的行政管理费用、销售费用等期间费用。例如,在分析生产成本总额、销售成本总额的习性时,分析的对象并不局限于财务会计体系核算的制造成本和销售成本,而是指生产产品、销售产品所发生的全部价值耗费。

2. 成本总额与业务量的依存关系

成本习性是以成本总额与相应业务量之间的依存关系为基础加以界定的,并不注重成本总额的具体构成内容。特定的成本项目往往因采取不同的核算方法而呈现不同的成本习性。例如,企业为租赁某设备发生的应计入产品成本的租赁费,若按完成的作业量计入成本,租赁费应当界定为变动成本;若按租用的时间计入当期损益,则属于固定成本。这与财务会计中成本费用归类采取相对固定的处理方法有明显的区别。

3. 成本总额构成内容的多样性

成本总额的构成内容往往因分析问题的不同需要作出不同的选择,即这一概念的外延有一定的选择性。例如,在进行本量利分析时,既可将制造成本总额作为成本总额,也可将包括行政管理费用和销售费用在内的全部生产经营成本费用作为成本总额。选择不同内容的成本总额进行习性分析,具有不同的意义。

二、成本按其习性的分类

成本习性理论,是管理会计学的基础理论,也是管理会计对成本进行分类的基本标准。按照这一标准,可将成本总额划分为固定成本与变动成本两大类。

(一)固定成本

固定成本是指在一定期间和一定的业务量范围内不受同期完成业务量变动的影响而保持相对稳定的成本总额。

固定成本函数图如图2-1所示。

固定成本一般包括:采取平均年限法计提的固定资产折旧成本;按照租用时间长短核算的场地租赁费和建筑物租赁费;按照工作时间确认的员工工资和岗位津贴;企业生产管理部门和行政管理部门发生的与业务量无关的办公费、水电费、差旅费、职工培训费、房屋建筑物的修缮费;等等。

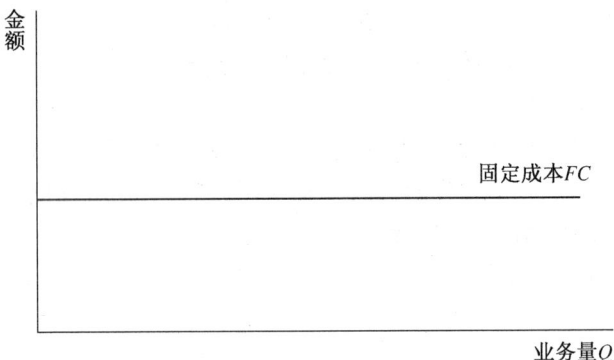

图 2-1 固定成本图(1)

例如,某道路运输企业租用某地作停车场,租用的场地费需要按照租用的时间支付或者确认,标准为每月 500 万元。这样在一个月内,无论该企业是否在该场地停放了车辆,也不管运营车辆完成多少周转量,取得多少营业收入,都必须支付 500 万元的停车场租用费。

在这一示例中,以下各点特别重要:①500 万元的场地租用费是按照租用一个月时间而支付或确认的。也就是该期间是固定的。如果该期间发生了变化,例如租赁时间变更为两个月,则确认的租赁费为 1 000 万元。②是否停放车辆、这些车辆完成了多少周转量或取得多少收入都是以一个月为限,也就是说完成业务量的计算期限必须与成本总额的计算期限保持一致。这两点是理解固定成本概念的关键点,前者称之为"期间的确定性",后者称为"业务量的同期性"。

固定成本具有以下特点:

1. 固定成本属于维持企业现有生产经营能力发生的成本

企业要从事生产经营活动,首先必须具备一定的生产经营能力;而要维持一定的生产经营能力,就必然会发生相应的资源耗费。这些资源耗费,成为企业固定成本的主要构成。无论企业是否实际从事了生产经营活动或是否取得了经营收益,这些资源耗费都必须发生并且不受相关业务量变动的影响。体现企业生产经营能力相对应的资产,一般表现为固定资产;一些特殊行业的企业(例如公路经营企业)还有可能体现为特许经营权、专利权等无形资产。在管理会计中,侧重讨论由固定资产体现的生产经营能力。

需要进一步说明的是,在财务管理中,体现企业生产经营能力的资产还应当包括对外投资。但管理会计侧重于内部管理,不讨论对外投资、对外筹资等事项。这也是管理会计与财务管理的主要区别之一。

企业一般需要按照时间的长短从企业外部租赁设备用于企业内部生产经营

活动,并且按照设备提供的业务量(例如,作业台班)计入业务成本;但这并不意味租赁费不属于固定成本。这是因为,如果按照实际租赁成本进行分配计入业务成本,则完成的业务量多,单位业务量分配的租赁费也就越少;完成的业务量少,单位业务量分配的租赁费也就越多;固定时间分配计入业务成本的租赁费是不变的。如果按照标准或预定租赁成本进行分配计入业务成本,则当实际业务量低于预期业务量时,无法分配计入业务成本的租赁费将作为设备闲置损失直接计入当期损益。管理会计中的成本总额概念包括期间费用,这意味着固定期间计入成本总额的租赁费仍是固定的。

2. 固定成本属于体现企业规模的成本

在相关的技术经济条件不变时,一定时期内企业的固定成本总额大小取决于企业的规模大小。这一特点可称为固定成本的规模习性。

生产经营能力,是企业规模最形象的体现。维持企业生产经营能力的资源耗费与企业的规模有必然的联系。但要从量上确定它们之间的关系却又非常困难。首先,企业的规模往往有多个参数,如人员数量、设备数量、占地面积、营业额、资产总额,等等,很难用其中一两个参数来完整描述企业的规模;其次,不同行业的企业技术构成往往不同,有的是劳动密集型,有的是资本密集型,有的是技术密集型。除此以外,在经营管理上各有不同的特征。尽管如此,仍然可以得出企业固定成本具有规模习性的结论。

3. 固定成本属于成本总额

固定成本的固定性,是针对固定成本总额而言的。正因为总额固定,所以按照业务量分摊的固定成本,叫做单位固定成本或平均固定成本(AFC),其高低则呈现与业务量多少反比例变动的特征。即完成的业务量越多,AFC越低;完成的业务量越少,AFC则越高。

平均固定成本的计算公式如下:

$$AFC = FC/Q$$

如果某企业的固定资产为 100 万元,则当业务量在相关范围内变动时单位固定成本的变动情况如表 2 - 1 所示。

表 2 - 1 　　　　　　　　　　单位固定成本变化分析表

单位:元

Q	2 000	2 500	2 800	3 000	3 200	3 400	3 600
AFC	500	400	357	333	313	294	278

平均固定成本函数图形如图 2 - 2 所示。

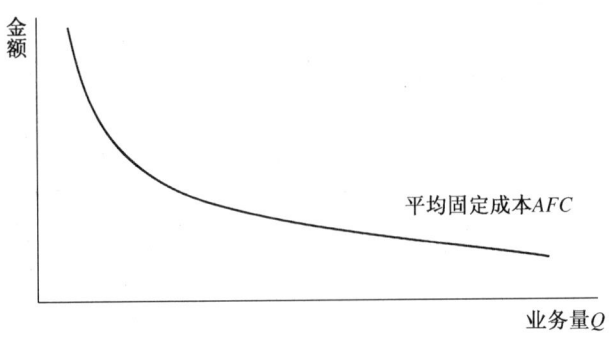

图 2-2 固定成本图(2)

4. 固定成本属于期间成本

固定成本总额与计算成本的期间长短成正比,因此固定成本又称为期间费用。这一特点可称之为固定成本的期间习性。

5. 固定成本具有相关性

所谓相关性是指一定时期内企业的固定成本总额相对稳定内含着企业现有生产经营能力或者现有生产经营规模条件不变的假设。企业生产经营能力的变化将导致固定成本总额发生相应的变动。这从固定成本的主要内容和规模习性中可以得到解释。决定企业一定时期内固定成本总额水平的生产经营能力或规模又称为该数额水平上固定成本的相关范围。根据固定成本的习性和相关性,容易得出这样的结论,单位时间内成本总额不受同期完成的业务量变动影响而保持相对固定的假设只能在相关范围内成立。

6. 固定成本的变动具有跳跃性

企业的生产经营规模一般呈跳跃性变动。扩展时,从一定的规模跃升为更大的规模,两个规模之间一般不存在连续的过程。新建一幢厂房,兼并某个公司,新的固定资产投资项目竣工验收交付使用,购置一批不需要安装的设备,等等,都会使得企业的生产经营规模呈现跳跃式扩展,因此相应的维持成本也呈现出跳跃性上升。从现实情况来看,企业萎缩时,缩减生产经营规模的现象较少发生,而主要表现为现有规模上具体业务量的减少。因此分析企业萎缩时生产经营规模变动规律的现实意义并不大,如果变动,也主要是呈阶梯形下降,固定成本下降也会呈现相应的突变性。

7. 一定时期内固定成本总额具有相对稳定性

相对稳定性有两个层次的含义:

(1)相对性是指一定时期内的固定成本总额不变是相对于同期完成的业务量而言的。固定成本本身还是有可能发生一些增减变动,但这些增减变动与业务量的变动无关。

(2)固定成本还具有一定的波动性,即各期间内的固定成本总额在相关范围内并非绝对相等,而只是在某一值的水平上波动,时而高一些,时而低一些,而且总趋势一般在上升。

固定成本总额的波动性主要受到季节性及其他一些偶然因素影响,例如在年度终了有可能发放的员工奖金;节假日加班增加的加班工资;会计核算的某些惯例引发的各会计期间固定成本总额的不一致;等等。总体趋势上升主要是生产经营条件的改善和物价变动所致。生产经营条件的改善,是社会发展的一般规律,它使得企业在相同的规模上发生更多的固定耗费。而物价上涨,是经济发展过程中普遍存在的现象。它使得企业在相同的物质耗费情况下的成本总额呈现上升趋势。

固定成本上述 7 个特点,是多角度分析固定成本的结果,这些特点对于全面理解固定成本是非常重要的。各个特点并不是孤立存在,而具有一定的内在联系。其中固定成本的主要内容,是它的本质特征,决定着其他各个特点。但应当注意的是,管理会计在界定固定成本时,并不是按它的内容来分析的,而是按它与业务量之间的数量关系等来确定的。在实际运用中必须加以注意。

(二)变动成本

变动成本是指在一定的生产经营条件下,与所完成的相关业务量成正比例变动的成本总额。其特性函数如下:

$$VC = AVC \times Q$$

式中,VC 为变动成本总额;AVC 为单位变动成本;Q 为业务量。

相关范围内的变动成本函数图形如图 2-3 所示。

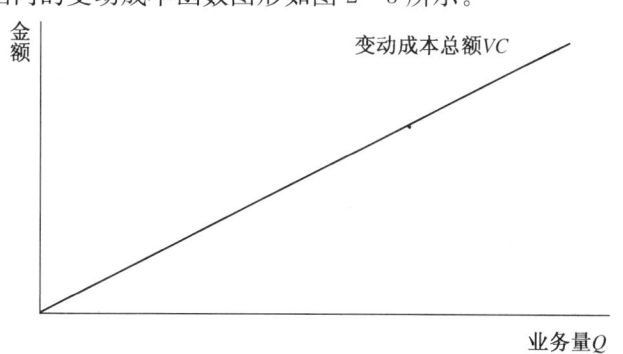

图 2-3　变动成本图(1)

例如,每生产一个单位的产品消耗 100 元的原材料,生产 100 单位为 10 000元;1 000 单位则为 100 000 元。变动成本总额函数为 $VC = AVC \times Q$。AVC 的几何意义是变动成本总额线的斜率,经济意义为单位变动成本或平均变动成本(AVC)。

变动成本具有以下特点:

1. 变动成本是随业务量变动的成本总额

变动成本的变动性,主要体现在其成本总额上。变动成本总额的主要构成内容是与完成业务量相关的资源耗费,例如,制造产品过程中发生的可直接按照产品归集的直接材料和直接人工;施工过程中发生的可直接按照施工业务归集的直接材料、直接人工、机械使用费和其他直接费;交通运输过程中发生的可直接按运输工具归集的燃料费、按照行驶里程支付的驾驶人员工资、运输工具的维护费用等,都属于变动成本的构成内容。这些成本的一个基本特征,就是伴随着业务量的变动,其成本总额也将呈现相应的变动。

2. 单位变动成本在相关范围内呈现相对稳定

由于变动成本总额随业务量呈正比例变动,所以单位变动成本,或者平均变动成本则呈现相对稳定性。相关范围内的单位变动成本函数图形如图 2-4 所示。

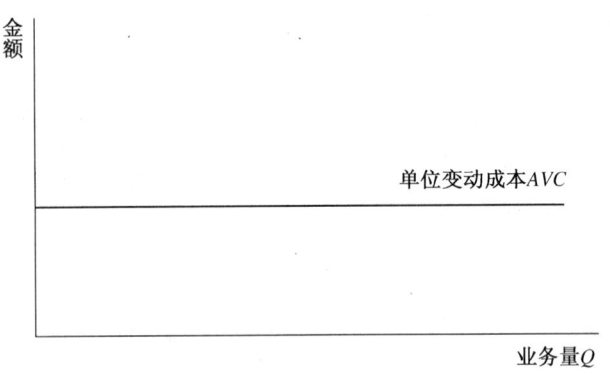

图 2-4　变动成本图(2)

单位变动成本不随业务量的变动而变化,并不意味着单位变动成本本身不会发生变动。可以认为,单位变动成本水平决定着变动成本总额直线的斜率。

单位变动成本的高低,取决于相应的生产经营条件与管理水平。可以认为,生产过程的技术装备、工艺流程、操作技术、所消耗原材料的质量、性能及业务量本身的设计等因素综合影响着单位变动成本的水平。当这些影响因素不变时,单位变动成本是稳定的;当这些因素发生变化时,单位变动成本水平也会发生相应的变化,在变动成本总额图中,体现为变动成本总额直线斜率的变化;在单位变动成本图中,体现为水平直线位置的变化。

3. 变动成本具有相关范围

任何设备都有极限加工能力或最大加工能力。如果在单位时间内要求完成的业务量超过了现有设备正常加工能力时,就会导致增加耗费的情况发生,设备损耗也会加剧,从而使得单位变动成本出现变化。但如果设备的加工能力未利用到一定程度时,单位变动成本一般也会升高,这是由于大多数设备从起动转入正常运行会有一些额外消耗,操作人员从开工进入正常发挥也有一定的熟悉过程。例如,在正常情况下,一辆载货车辆在高速公路上行驶,车日行程一般为1 000千米;如果由于专门任务的下达要求该车辆每日完成1 300千米的行程,则意味着车辆超强度使用,油耗将相应增加,车辆磨损加剧,驾驶员出现驾驶疲劳,行车事故发生的可能性增大。若长期如此,单位变动成本会出现明显上升。这一例子试图说明,如果按照每日行驶1 000千米的正常业务量来观察单位变动成本,单位变动成本则在正常的水平上波动,而按照每日行驶1 300千米来观察时,则会明显的上升,但若每日行驶低于一定里程时,单位变动成本也会比正常行驶里程数高,特别是在冬季,车辆预热需要增加能耗。

归纳以上分析可以看出,单位变动成本的相关范围是指一定的生产技术、工艺条件下单位时间内完成业务量的正常范围。高于或低于这一范围,单位变动成本都会发生异常的变化。

当单位变动成本发生异常变化时,变动成本总额与相应业务量之间的函数特征值则会发生改变。这说明变动成本也有相关范围。但要确定变动成本相关范围是比较困难的。对此,管理会计中一般是在相关范围内进行成本习性分析。

（三）混合成本

将总成本按其习性划分为固定成本和变动成本两大类,并在此基础上加以科学运用,是管理会计的基本特点。财务会计在进行成本核算时,并不是按照成本习性行进行分类和明细核算的。因此财务会计提供的成本资料一般都兼有固定成本和变动成本特征,也即混合成本。

对此可以认为,所谓混合成本,是指同时兼有固定成本习性和变动成本习性的成本总额。

混合成本的习性函数为:

$$TC=FC+AVC\times Q$$

混合成本函数图形如图2-5所示。

混合成本按其构成的特点,可分为以下3类:

1. 机械混合型

机械混合型混合成本的成本习性是由明确的固定成本和变动成本组合在一起构成的混合成本。也就是说这一类混合成本中,可以明确地辨析出哪些属于

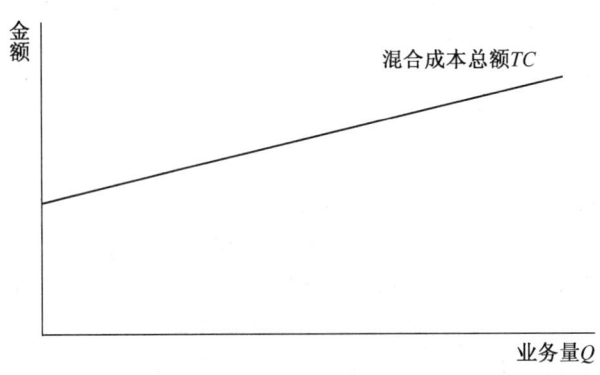

图 2 - 5 混合成本图

固定成本,哪些属变动成本。

从严格意义上说,这属于总成本的构成,而不是混合成本;但总成本在图形上的体现和混合成本是一致的。

2. 性质混合型

性质混合型混合成本,是指在习性上同时包含有固定成本和变动成本但又无法直接辨析其具体构成的混合成本。例如,一个企业支付的电费,一般包含有生产用电、办公用电、公共照明用电等,在核算时并不把它们逐一区别开来。但生产用电成本也许可归属于变动成本;办公、公共照明用电成本也许属于固定成本。这两类成本混合在一起,无法从量上将它们加以区别,构成了典型意义上的混合成本。这类混合成本应当是混合成本中的主体。

3. 复合混合型

复合混合型混合成本是由机械混合型和性质混合型两类成本组成的混合成本。

在管理会计中,混合成本不能直接运用于企业管理,需要按其习性分解成固定成本和变动成本。

三、混合成本分解方法

在经营管理过程中,企业尽可能掌握一定时期内发生的固定成本数额和单位变动成本水平,是非常重要的。从某种意义上说,这两个参数,是企业最重要的成本参数,不论是用于规划未来还是解决当前的经营管理问题,如本量利分析、目标指标的测算、业绩考核、成本控制及预测、制定营销价格策略、促销手段的选择、制订竞争的对策,等等,都要用到这 2 个重要参数。正因如此,这两个参数亦成为各企业、尤其是同行企业高度重视的商业机密。要确定这两个参数值,首先要解决混合成本的划分问题,即需将混合成本分解为固定成本和变动成本,然后再根据相应的业务量确定单位变动成本。

根据使用目的的不同,需要划分的混合成本包括已发生混合成本和将要发生的混合成本。通过已发生的混合成本来确定本企业混合成本习性上的结构规律,再根据确定的成本习性来划分将要发生的混合成本,是划分将要发生的混合成本最常用的手段。正因如此,除采用个别方法直接划分部分将要发生的混合成本外,不论部门于何种使用目的,划分混合成本主要表现为划分已发生的混合成本。有时可直接运用划分的结果;而更多情况下,只是以确定的规律去规划未来的混合成本。划分混合成本的主要方法有直接分解法、工程法、高低点法、分布图法、线性回归分析法。

（一）直接分解法

直接分解法又叫做科目分析法。由于财务会计中是按照成本项目设置明细科目进行明细核算的,故可以根据财务会计提供的有关成本项目的相关资料,并通过分析各成本项目的习性,将各会计明细科目归集的成本项目直接确认或分解为固定成本或变动成本。

工业企业的制造成本项目一般包括直接材料、直接人工和制造费用;制造费用还可进一步划分为间接材料、间接人工、设备折旧与维修、车间管理费、工厂管理费等生产管理费明细成本项目。

期间费用由行政管理费用和销售费用两部分构成①。销售费用可进一步划分为销售人员工资或佣金、包装材料费、广告费、销售机构的固定资产折旧与维修等成本项目。

采用直接分解法,制造成本中的直接材料和直接人工一般可归类于变动成本;制造费用中的一部分构成变动成本,另一部分形成固定成本;销售费用中的包装材料和销售人员佣金具有较明显的变动性,而广告费、行政管理费用也许划分为固定成本更适当些。成本项目划分得越细,直接分解法的结果就越确切。

直接分解法的优点是简便,易于操作。而且在划分时,充分考虑了成本内容与业务量之间的内在联系及核算的特点,划分依据比较科学。但这种方法也有明显的局限性。其一,由于财务会计核算成本费用时,并不考虑成本费用的习性,因此不论是按类划分还是按项划分,纯粹的变动成本或固定成本并不多,使得直接分解结果的准确性不高;其二,存在着较大的性质混合型或复合混合型成本项目,直接分解法只能按其主要构成部分进行判断划分,但无法保证划分的科学合理性;其三,直接分解法容易忽略由于财务会计核算规范或方法的改变而使

---

① 由于财务费用与对外筹资有关,不属于内部经营管理事项,故管理会计中一般不考虑财务费用。

成本习性改变的因素,尤其是难于处理经过若干次分配的成本。

虽然直接分解法在划分成本时存在一定的局限性,但它的运用仍然比较广泛,特别适用于将习性明确的成本直接进行归类与分解。对于不便用直接分解法处理的费用再按其他方法进行划分,是分解混合成本最常用、也是应该采用的基本思路。

(二)工程法

工程法,又称为技术测定法,是指采用一定的技术方法来测定混合成本中变动成本和固定成本的方法。这种方法在划分混合型工程成本时,被普遍采用。工程成本中,变动成本主要是按定额进行计算的。以工程量和相应的定额可求出工程费用中的变动成本;总成本扣除变动成本后则为固定成本。对于其他类型的混合成本,例如水电费,也可采用这种方法进行分解。一般做法是,先通过一定的技术手段来测定生产或销售每单位产品或完成单位作业量所需的水电耗量,然后乘以水电单价,求出单位业务量所需的水电费,再根据实际完成的业务量乘以单位业务量的水电费,即可求出水电成本中的变动部分,最后得到固定成本的金额。

【例 2-1】 某企业锅炉房同时为职工供应开水、浴室用水和为电解铜车间供应生产用蒸汽。某月该锅炉用电、用工、用煤及维修保养共发生费用 500 000元。经技术测定,每供应 $1m^3$ 蒸汽需费用 30 元,当月为电解车间供应蒸汽12 000m^3。电解每公斤粗铜需用蒸汽 $2m^3$。当月电解铜车间共电解粗铜 6 000公斤。这样锅炉房当月发生的 500 000 元成本中,变动成本为 360 000(6 000×2×30),固定成本则为 140 000 元。

【例 2-2】 某公路养护工程当月共发生工程成本 100 万元。该月内挖土方 1 000m^3,夯实路基 500m^2。按定额计算,挖土方的定额费为 100 元/m^3,打路基的定额费为 40 元/m^2。则该企业当月进行该工程发生的工程成本中,变动成本为 15 万元(1 000×100+1250×40),固定成本为 85 万元。

工程法的最大优点是同时考虑了费用的经济内容和数量表现,并采用一定的技术或定额来测定单位业务量变动成本。相对而言,划分结果准确可靠。其不足是运用起来比较麻烦,适用性不够强。

与直接分解法不同,工程法的特点是以成本总额与业务量之间存在数量上的依存关系为依据分解混合成本。其理论基础是成本习性结构的一般规律,即:

$$混合成本总额(TC)=固定成本(FC)+变动成本(VC)$$
$$=固定成本(FC)+单位变动成本(AVC)×业务量(Q)$$

这种结构规律是在成本习性分析的基础上建立起来的,又称为成本习性结构函数。由一般的数学知识可知,成本习性函数是一个线性函数,当函数中的两个参数 FC 和 AVC 确定后,即可确定具体的成本习性结构函数。以特定条件(具体企业)下已发生的成本总额与相应业务量的资料来确定成本习性函数的参数值,来建立具体条件下的成本习性结构函数,是数量分析法的共同思路。各种方法的差别只在于确定参数的具体方法不同而已。确定参数的常用方法有高低点法、分布图法、回归分析法。

(三)高低点法

高低点法是指根据历史成本中业务量最高时和业务量最低时的成本数据,求出成本中的变动部分和固定部分,并以此来近似地代表成本习性的一种混合成本的分解方法。具体方法如下:

第一步:根据所搜集的资料选择高点(H 点)和低点(L 点);

第二步:利用 H、L 两点来确定成本函数的斜率,即单位变动成本 AVC;

单位变动成本=(高点成本总额一低点成本总额)÷(高点业务量一低点业务量)

第三步:利用高点或低点和已求的单位变动成本计算固定成本,即成本习性结构函数纵坐标上的截距;

固定成本(FC)=高点成本总额(TC_2)一单位变动成本×高点业务量(Q_2)

或: =低点成本总额(TC_1)一单位变动成本×低点业务量(Q_1)

第四步:经过上述步骤后,成本习性结构函数中的两个参数已确定,由此即可建立起特定条件下成本习性结构的具体函数:

成本总额=固定成本+单位变动成本×业务量

所确定的具体函数反映了特定条件下成本习性结构的具体规律,运用这一具体函数即可将相同条件下已经或将要发生的成本划分为固定成本或变动成本。

【例 2-3】 表 2-2 中反映了桐梓山实业发展有限公司下设基本生产车间的历史成本资料:

表 2-2 某基本生产车间间接成本数据一览表

人工小时	间接费用(元)	人工小时	间接费用(元)
12 000	1 219 000	10 000	1 090 000
11 000	1 150 000	9 500	1 058 000
10 500	1 125 000	11 500	1 200 000
12 500	1 250 000	10 000	1 100 000

该基本生产车间的成本习性分析如下:

因为:低点业务量 $Q1$=9 500(人工小时),低点成本 $TC1$=1 058 000(元),

高点业务量 $Q2=12\ 500$(人工小时),高点成本 $TC2=1\ 250\ 000$(元),所以,

　　$AVC=(1\ 250\ 000-1\ 058\ 000)\div(12\ 500-9\ 500)=64$(元/人工小时)

　　$FC=1250\ 000-64\times12\ 500=450\ 000$(元)

在高低点法预测分析中,也可以用营业额来代替业务量,分析所得出的结果分别为固定成本和变动成本率。变动成本率反映了每元营业收入中变动成本所占的比重。

应用高低点进行成本习性分析的基本假定是高低两点所确定的直线能够代表两点间的成本习性,但事实上也许并非如此。高点与低点也许不在同一相关范围内;高低两点间的成本习性也许不是线性而是非线性的;高低两点的成本也许会受其他因素的影响而不能反映两点间的成本习性。这样高低点法虽然计算简单,便于应用,但实际情况与假定条件不一致时,在分析中有可能造成较大的误差。如何解决这一问题呢? 可以设想,如果能直观地感知到高低两点的成本数据不能代表两点间的成本习性时,还可以采用其他更恰当的两点作为分析的代表,但问题在于哪两点最为恰当呢? 这一问题可借助成本分布图来解决。

（四）分布图法

由于业务量的不同,其成本总额也会随之变化,但在相关范围内与业务量呈现相同方向而非同比例变化的成本,属于混合成本。在平面直角坐标图中,如果横轴表示业务量,纵轴反映成本,则将不同业务量下的成本数据相对应地绘制在平面直角坐标图上,就构成了一幅成本分布图。根据各成本点的分布情况,用目测的方法选择一条直线来近似地反映相关范围内的成本习性,这种混合成本分解方法,就是分布图法。

当然,各成本点不可能都落到这条直线上。但希望通过目测而建立的这条成本函数线达到这样的要求,即各点至直线的距离要尽可能短一些。

根据所绘制的分布图,可采用以下方法进行混合成本分解:

(1) 如果有两个或两个以上的成本点落在所目测确定的直线上,从中可任选两点并根据数学上"两点式"的基本原理求出成本函数。

(2) 目测直线的纵截距即为固定成本。然后选择某一落在目测直线或最靠近目测直线的成本点求出平均变动成本。例如:假定目测直线的纵截距为450 000 元,选择某一落在目测直线上的点(9 500,1058 000),则:

　　$AVC=(1\ 058\ 000-450\ 000)\div9\ 500=64$(元/人工小时)

由于高低两点均在目测直线上,所以采用高低点法和分布图法对混合成本进行分解的结果是一致的,也说明了高低两点能够代表两点间的成本习性。

分布图的特点是一目了然,便于应用;但绘图描点必须准确。描点准确是比较困难的,并且当取点较多且分布也不均衡时,靠目测来确定成本函数线仍是难

以满足要求的。所以,有必要采用一种新的方法来提高分析的精确程度。

在实际应用中,分布图的主要作用并非是靠目测来确定成本函数线,而是根据成本点的分布来判断成本函数线的类型(直线型、二次曲线型、指数型、对数型等),为采用回归分析法确定成本函数奠定基础。

(五)回归分析法

一条怎样的直线才能使各点至直线的距离最小呢? 显然,目测确定的直线满足不了这一要求。但可以根据数理统计中"偏差平方和最小"原理,运用最小二乘法来确定最能代表成本习性的直线——回归直线,来作为确定成本总额中固定成本与变动成本的依据。

回归分析法的特点,在于用数学方法来确定回归方程中常数项以及各变量的系数,它能保证各成本坐标点至作为预测成本函数线的回归线的垂直距离最小,使预测成本函数能够较好地反映成本习性。运用回归分析法进行成本习性分析准确与否,很重要的一点在于成本函数模型的正确选择。成本也许只与某一业务量的变动有关,也许受多个业务量变动的综合影响;也许与业务量呈现正比例变化,也许与业务量呈现同方向但非比例变化;等等。所以,作为预测成本函数的回归方程也许是一元一次型的(一元回归直线),也许是多元一次型的(多元回归直线);回归方程也许是线性的,也许是非线性的。采用什么形式的函数模型,主要看成本的发生与哪些业务量有关以及成本点的分布图形。

在相关范围内,假定成本总额只受某种业务量的变动影响,则成本函数为:

$$TC = FC + AVC \times Q$$

在历史成本数据中,实际成本与估计数之间的差异为:

$$TC_i - TC(Q_i) = TC_i - FC - AVC \times Q_i$$

根据最小二乘法原理,当

$$\min \sum_{t=1}^{n} (TC_i - FC - AVC \times Q_i)^2$$

时,根据所确定的常数 FC、AVC 来建立的估计成本函数是最优的。求导并解方程组得:

$$AVC = \frac{n \sum Q_i \cdot TC_i - \sum Q_i \cdot \sum TC_i}{n \sum Q_i^2 - (\sum Q_i)^2}$$

$$FC = \frac{\sum TC_i - AVC \cdot \sum Q_i}{n}$$

以表 2-2 中的资料为例进行回归分析,得到的相关数据如表 2-3 所示。

表 2-3   回归分析相关数据表

序时 n	工时 Q	费用 TC	Q^2	$Q \times TC$	TC^2	估计费用	差异率%
1	120	1 220	14 400	146 400	1 488 400	1 220	0
2	110	1 150	12 100	126 500	1 322 500	1 160	−0.87
3	105	1 130	11 025	118 650	1 276 900	1 130	0
4	125	1 250	15 625	156 250	1 562 500	1 250	0
5	100	1 090	10 000	109 000	1 188 100	1 090	0
6	95	1 060	9 025	100 700	1 123 600	1 060	0
7	115	1 200	13 225	138 000	1 440 000	1 190	0.83
8	100	1 000	10 000	110 000	1 200 000	1 090	0.91
合计	870	9 200	95 400	1 005 500	10 612 000	9 190	0.11

所以,这个基本生产车间的成本函数模型为:

$$TC = 459\,00 + 63.5Q$$

回归分析是以企业的历史成本资料为基础进行的。在分析中,假定在相关范围内固定成本保持相对稳定,并且成本归集是符合权责发生制的。但实际上,由于材料消耗定额与费用开支标准在不断地调整,企业的短期经营决策在变动,或由于没有严格地按照权责发生制归集成本,造成会计报表中的有关数据和实际各期发生额不相一致。以这样的数据作为成本习性分析与预测的基础,就难免出现误差。为了提高回归分析结果的准确度,有必要在分析之前根据情况的变更对有关成本数据进行适当的调整。

第二节　本量利分析法

盈利水平是企业进行经营决策分析的一项重要的评价尺度。在制定与选择决策方案时,应充分考虑如何达到或超过一定的盈利目标,以保证生产技术水平的不断发展和经营效率的不断提高。企业的利润与生产经营成本、业务量之间存在着密切的关系,业务量的增减、平均变动成本的高低对企业的利润具有直接的影响。为了按照不同的业务量和成本水平进行利润规划,通常采取本量利分析。

利润是一项综合性很强的反映企业经济效益的指标。企业在一定时期内的产销量、能量利用率、燃材料消耗、财务收支以及管理水平,最终都会反映在利润这一指标上。企业的利润计划是经营计划的重要组成部分之一。企业管理部门对利润的预测，是以市场预测为基础，并结合企业过去和现在的生产经营情况、成本水平以及未来可能发生的变化来进行的。为了有利于利润预测，必须研究影响企业利润水平的本量利关系。

本量利分析的特点之一在于它侧重于用公式和图表来反映本量利之间的相互关系以及实现目标的主要途径；它有助于企业的管理人员了解事实的真相以及事物的主要矛盾而不像财务报表那样往往使非会计人员在数据面前束手无策或陷入繁杂的细节中而忽视了问题的关键。本量利分析是建立在成本习性分析的基础上的，它有助于科学进行利润规划，并分析当业务量和成本变动时对企业利润所造成的影响。

一、保本分析

保本分析是本量利分析的重要组成部分。保本预测是为了反映在一定条件下企业实现保本的相对可能性。所谓保本，是指所取得的收入与成本总额相等，利润为零。保本分析是根据成本总额与业务量之间的依存关系，根据业务量、成本和收入变动对利润的影响，来预测分析实现保本所需的业务量和收入。进行保本分析并非只着眼于盈亏平衡，因为只有在保本的基础上才有可能获得利润；企业固然不希望亏本，但它所期望的是获取尽可能多的利润。

（一）生产单一产品的保本分析

1. 保本业务量

如果企业只生产或销售单一产品或提供单一劳务，则保本业务量的确定非常简单。特定时期的保本业务量是指使经营结果达到盈亏平衡时的业务量，也就是说，当业务数量为保本业务量时，企业总收入与总成本相等，利润为零。

保本业务量可分析如下：

企业利润是指企业总收入补偿全部成本后的余额。在相关范围内，企业营业收入可表现为业务量与价格或单位收入的乘积；营业成本根据成本习性可划分为固定成本与变动成本两大类，其中变动成本总额可进一步表现为业务量与单位变动成本的乘积。则营业利润的计算公式可表现为：

> 利润＝收入－成本[①]
>
> 　　＝收入－变动成本－固定成本
>
> 　　＝业务量×单位收入－业务量×单位变动成本－固定成本
>
> 　　＝业务量×（单位收入－单位变动成本）－固定成本

---

① 现行税制下销售货物需要缴纳的增值税属于价外税。不考虑生产特定的消费品需要缴纳的消费税。

当企业处于保本状态时,利润为零,即:

保本业务量×(单位收入－单位变动成本)－固定成本＝0

则保本业务量的计算公式可确定如下:

保本业务量 ＝ 固定成本÷(单位收入－单位变动成本)

【例2-4】 某企业生产甲产品,单位产品销售价格为150元,变动成本为每单位100元,月固定成本总额为500 000元。则:

保本销售量＝500 000÷(150－100)＝10 000(单位)

计算结果表明,企业要实现保本,每月应至少销售甲产品10 000单位。

2. 贡献毛利与贡献毛利率

(1)贡献毛利。由于总成本可以划分为固定成本与变动成本两大类,在相关范围内固定成本总额不随业务量变动而保持相对稳定;变动成本总额随业务量呈正比例变动;所以只要单位收入超过了单位变动成本,企业每销售单位产品或提供单位劳务,都能够产生收入高于变动成本的余额,为企业补偿固定成本或增加利润作出贡献。这一余额在管理会计中称为贡献毛利[①]。贡献毛利的计算公式如下:

贡献毛利＝总收入－变动成本总额

单位贡献毛利＝单位收入－单位变动成本

或:　　贡献毛利＝总收入－变动成本总额－营业税

＝总收入×(1－税率)－变动成本总额

单位贡献毛利＝单位收入×(1－税率)－单位变动成本

引入贡献毛利的概念后,利润和保本业务量的公式可改写如下:

利润＝贡献毛利－固定成本

＝单位贡献毛利×业务量－固定成本

保本业务量＝固定成本÷单位贡献毛利

即:　　固定成本＝保本业务量×单位贡献毛利

所以:　　利润＝业务量×单位贡献毛利－保本业务量×单位贡献毛利

＝(业务量－保本业务量)×单位贡献毛利

贡献毛利的概念在企业利润规划中具有重要意义。首先,企业销售产品只有提供贡献毛利才有可能获利;能否提供贡献毛利成为能否盈利的关键。其次,在市场经济条件下,产品价格与产品成本均在不断地变动,产品价格与产品成本之间存在一定的关系:产品价格提高的部分原因也许是由于产品成本在不断上

---

① 贡献毛利的英文是contribution margin。在不同的管理会计学书籍中,这一术语也有被翻译为创利额、边际贡献、贡献毛益等称谓。

涨;而上游产品或劳务价格的提高进一步导致了下游产品或劳务成本的进一步上涨。对此,企业更为关心的是生产与销售产品能否提供贡献毛利;至于产品价格与成本的高低也许并非至关重要。

(2)贡献毛利率。贡献毛利率是指每元收入所提供的贡献毛利。贡献毛利率的计算公式如下:

$$贡献毛利率=贡献毛利÷总收入=(总收入-变动成本总额)÷总收入$$
$$=1-变动成本率$$

现行税制下企业取得的营业税应税劳务收入中含有营业税,所以贡献毛利率的计算公式可改写如下:

$$贡献毛利率=贡献毛利÷总收入=[总收入×(1-税率)-变动成本总额]$$
$$÷总收入=1-税率-变动成本率$$

引入贡献毛利率的概念后,利润的计算公式可改写如下:

$$营业利润=收入总额-变动成本-固定成本-营业税$$
$$=贡献毛利-固定成本$$
$$=收入总额×贡献毛利率-固定成本$$

3. 保本收入

保本收入是指使生产经营结果达到盈亏平衡时的总收入。保本收入可以反映为保本业务量与单位收入的乘积,但企业要确定保本收入往往是由于保本业务量难以计算或对企业经营无关紧要。这就涉及贡献毛利率概念的运用。

当企业处于保本状态时,利润为零,即

$$保本收入×贡献毛利率-固定成本=0$$

则保本收入的计算公式可确定如下:

$$保本收入=固定成本÷贡献毛利率$$

根据保本收入的计算公式,可确定固定成本与贡献毛利率的关系为:

$$固定成本=保本收入×贡献毛利率$$

所以:　　　　$$营业利润=收入总额×贡献毛利率-固定成本$$
$$=收入总额×贡献毛利率-保本收入×贡献毛利率$$
$$=(收入总额-保本收入)×贡献毛利率$$

【例2-5】　振华实业有限公司提供劳务取得的收入需要依法缴纳营业税。不考虑相关的城市维护建设税、教育费附加和地方教育附加等,计划年度该公司的贡献毛利率可依据下列公式计算:

$$贡献毛利率=(贡献毛利÷总收入)=(单位贡献毛利÷单位收入)=[单位$$
$$收入×(1-税率)-单位变动成本]÷单位收入$$

如果振华公司提供单位劳务的收入为500元,适用营业税率为5%,测算的

单位变动成本为 425 元,公司月固定成本总额 100 万元,则:

贡献毛利率＝[500×(1−5％)−425]÷500＝0.1

所以:　　　保本收入＝固定成本÷贡献毛利率＝100÷0.1＝1 000(万元)

经销小五金百货的商业流通企业一般关心的不是销售数量而是营业额;这是因为各种小五金百货尽管各自的单位贡献毛利可能相差很大,但一般具有大致相同的贡献毛利率。如果某百货公司的小五金百货具有相等的销售毛利率,为售价的 20％;商品销售费用和管理费用全部属于固定成本,月计划数为400 000元,那么意味着该企业小五金百货的贡献毛利率为 20％;则该企业的保本收入为:

保本收入＝固定成本÷贡献毛利率

＝400 000÷20％＝2 000 000(元)

这意味着,该企业要实现保本,每月需完成的营业额为 200 万元。至于销售哪些小五金百货也许并不重要。

(二) 生产多种产品的保本分析

如果企业生产经营多种产品或提供多种劳务,则存在着由多种产品形成的销售结构或多种劳务形成的业务结构。在这种情况下,需借助于加权平均贡献毛利率进行保本分析。

【例 2-6】 华新商贸有限公司经营甲、乙、丙三种商品,有关数据如表 2-4所示。

表 2-4　　　　　　　　多种产品保本分析表(一)

商品种类	甲商品	乙商品	丙商品
销售价格(元)	100	200	150
平均变动成本(元)	40	100	90
平均贡献毛利(元)	60	100	60
贡献毛利率(％)	60	50	40
销售比重(％)	30	20	50

根据表 2-4 的有关资料,可编制当总收入为 300 000 元时的保本分析表(二)和保本分析表(三)。

表 2-5　　　　　　　　保本分析表(二)

单位:元

商品种类	甲商品	乙商品	丙商品	合计
总收入	90 000	60 000	150 000	300 000(100％)

（续表）

商品种类	甲商品	乙商品	丙商品	合计
变动成本总额	36 000	30 000	90 000	156 000(52%)
贡献毛利	54 000	30 000	60 000	144 000(48%)

表2-6　　　　　　　　　　　　保本分析表(三)

单位:元

商品种类	甲商品	乙商品	丙商品	合计
销售比重(%)	30	20	50	100
贡献毛利率(%)	60	50	40	—
加权平均贡献毛利率(%)	18	10	20	48

表2-5和表2-6反映了华新商贸公司的加权平均贡献毛利率为48%;加权平均变动成本率为52%。如果该百货公司的月固定成本总额为240万元,则保本计算如下:

全公司的保本收入=2 400 000÷48%=5 000 000(元)

其中:甲商品保本收入=5 000 000×30%=1 500 000(元)

乙商品保本收入=5 000 000×20%=1 000 000(元)

丙商品保本收入=5 000 000×50%=2 500 000(元)

一般来说,生产经营多种商品的企业都具有用收入体现的销售结构或经营结构。在这种情况下,可根据下列公式计算保本点:

加权平均贡献毛利率$=\sum$贡献毛利$\div\sum$总收入$\times100\%$

或:　　　　　　　　　$=\sum$（某种产品的贡献毛利率×产品销售比重）

则:全企业的保本收入=固定成本总额÷加权平均贡献毛利率

某种产品的保本收入=全企业的保本收入×产品销售比重

在某些情况下企业的各种产品或经营业务可形成数量结构,则可通过计算加权平均贡献毛利额确定保本业务量。

【例2-7】　如果某企业制造与销售三种型号的写字台,有关数据如表2-7所示。

表2-7　　　　　　　　　　　　保本分析表(四)

单位:元

型号	A产品	B产品	C产品
销售价格	3 000	1 800	1 000

（续表）

型号	A产品	B产品	C产品
平均变动成本	1 200	1 100	600
平均贡献毛利	1 800	700	400

根据表2-7中的有关数据,可编制一定数量结构下的保本分析表(五)。

表2-8　　　　　　　　　　　**保本分析表(五)**

单位:元

摘要	A	B	C	合计	平均
销售结构(单位)	1	3	6	10	—
总收入(元)	3 000	5 400	6 000	14 400	1 440
变动成本(元)	1 200	3 300	3 600	8 100	810
贡献毛利额(元)	1 800	2 100	2 400	6 300	630

表2-8反映了该企业的加权平均贡献毛利额为每单位630元。如果企业月固定成本总额为1 260 000元,则保本计算如下:

全企业保本销售量＝1 260 000÷630＝2 000(单位)

其中:　　A型号写字台保本销售量＝2 000×10％＝200(单位)

B型号写字台保本销售量＝2 000×30％＝600(单位)

C型号写字台保本销售量＝2 000×60％＝1 200(单位)

二、本量利分析

本量利分析法研究成本、数量和利润3者之间的相互关系及其规律,是目标规划的基本方法,也广泛运用于决策、控制与业绩评价诸方面。

(一)线性本量利分析法

1. 线性本量利分析的一般原理

如果收入函数与成本函数均为线性函数,则有下列关系式成立:

总收入＝单位收入×业务量

总成本＝固定成本＋单位变动成本×业务量

利润＝总收入－总成本

＝(单位收入－单位变动成本)×业务量－固定成本

这一表达式显示了业务量、成本与利润3者之间的依存关系,是基本分析式。由于这一基本分析式是一个线性函数,运用这一分析进行本量利分析又称为线性本量利分析。对于线性本量利分析的基本关系式可图解如下:

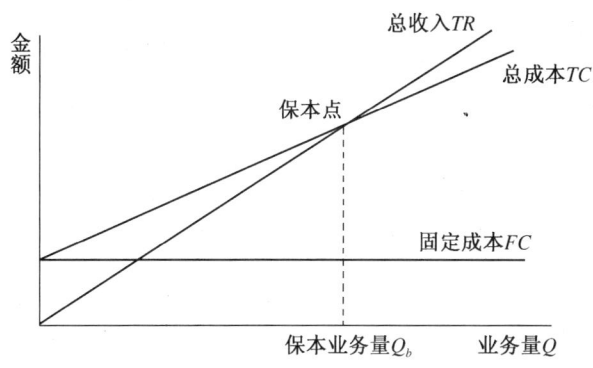

图 2-6　线性本量利分析图

当企业固定成本、单位变动成本和单位收入已知时,采用本量利分析法可测算完成不同业务量可能获得的利润。

2.目标利润预测

在市场经济条件下,利润可认为是企业生产经营活动所取得的经济效益的综合体现。为了保证企业目标利润的实现,可运用本量利分析。

(1)目标销售量。当企业的目标利润确定下来以后,首先需要研究的问题是在平均收入、平均变动成本和固定成本不变的条件下为实现利润目标应销售多少产品? 这一目标的数量界限就是目标销售量。目标销售量明确了企业销售部门的岗位职责,也是编制销售预算、生产预算等的基础。

某企业目标销售量的计算公式如下:

目标销售量=(固定成本+目标利润)÷(平均收入-平均变动成本)

=(固定成本+目标利润)÷平均贡献毛利

【例 2-8】　振华实业有限公司计划年度固定成本预算数为 4 000 万元,按照市场预测,A 商品销售价格为每单位 400 元,单位变动成本 360 元,目标利润 1 000 万元。那么,企业应完成多少销售量才能达到目标?

根据目标销售量的计算公式可得到:

目标销售量=(40 000 000+10 000 000)÷(400-360)

=1 250 000(单位)

(2)目标成本。在进行目标利润规划时还需要研究目标成本的制定。企业在一定时期所完成的销售量除了取决于企业现有的生产经营能力、服务质量和管理水平以外,产业布局、生产力和科技发展水平、人民群众的消费能力与水平等条件对销售量的实现也有一定的影响和制约作用。此外,在市场经济条件下,各个企业之间为争夺市场而展开的激烈竞争,也会影响目标销售量的顺利完成。在这种状况下,从降低产品成本入手,确定出保证企业目标利润实现的目标成本,就显得非常重要。

所谓目标成本,是指为了保证企业目标利润的实现,其成本控制应达到的水平。目标成本反映了企业成本管理工作的奋斗目标。确定目标成本的理论依据是:

$$目标成本＝预计收入－目标利润$$

目标成本包括目标单位变动成本和目标固定成本。目标单位变动成本的计算公式如下:

$$目标单位变动成本＝单位收入－(固定成本＋目标利润)÷预计销售量$$

如果[例2-8]中振华实业有限公司根据市场测算和企业现有的制造能力,企业预算年度只能完成600 000单位的销售量,那么在其他条件不变的情况下目标单位变动成本应控制在什么范围内才能保证完成目标利润?

根据计算公式:

$$目标单位变动成本＝400－(40\ 000\ 000＋10\ 000\ 000)÷600\ 000＝316.67(元)$$

即要保证完成1000万元的目标利润,单位变动成本的最高限度为316.67元。

企业成本费用中的制造费用和期间费用中的管理费用是企业固定成本的主要组成部分。确定目标固定成本是为了有效地控制制造费用与管理费用。目标固定成本的计算公式为:

$$目标固定成本＝预计销售量×预计平均贡献毛利－目标利润$$

如果[例2-8]中的振华实业有限公司预算年度的目标单位变动成本为316.67元,但根据成本预测的结果进行分析,通过努力,单位变动成本可能达到的水平为326.67元。即单位贡献毛利为73.33元。则要保证目标利润实现,对固定成本控制的要求为:

$$目标固定成本＝600\ 000×73.33－10\ 000\ 000＝33\ 998\ 000(元)$$

即要求固定成本在原先预算的基础上降低20%,一般来说这一目标也是难以实现的。因为在固定性费用开支中,只能在不影响企业短期内的管理工作和企业长期内生产经营发展的条件下控制办公费、差旅费、会议费、水电费、修理费、广告宣传费、职工业务培训费等项开支,而固定资产折旧则是不可控制的;基本生产人员与管理人员的固定工资一般不仅不会下降,而且将随工资的逐步调整而呈上升趋势。这意味着,固定成本的控制也有限度。

(3)目标收入。目标收入有两层涵义:第一,从事多种经营业务的企业如果不具有数量结构,则无法确定目标销售量,只能预测目标收入。在这种情况下目标收入的计算公式如下:

目标收入＝(固定成本＋目标利润)÷加权平均贡献毛利率

第二,反映为保证目标利润完成单位收入或平均收入应达到的水平。目标单位收入的计算公式如下:

目标单位收入＝(固定成本＋目标利润)÷预计周转量＋单位变动成本

如果[例2-8]中振华实业有限公司预算年度固定成本总额通过努力可能达到的水平为3560万元,则为完成1000万元目标利润对单位收入水平的要求为:

目标单位收入＝(35 600 000＋10 000 000)÷600 000＋326.67＝402.67 (元)

即只要单位收入在402.67元以上,可保证实际1000万元的利润目标。

(4)目标利润。目标利润应当在科学利润预测的基础上确定。目标利润应当是企业从事生产经营活动在财务成果方面通过努力能够达到的奋斗目标,所以目标利润应当反映本量利分析的结果。一般来说,目标利润的计算公式为:

目标利润＝预计销售量×预计平均贡献毛利－固定成本

经过本量利分析与市场调查考虑到充分挖潜节支可能做到的努力,振华实业有限公司预算年度预计完成销售量600 000单位,单位收入为400元,单位变动成本326.67元,固定成本总额控制在3560万元范围以内。根据以上数据所确定的目标利润为:

$$目标利润＝600\ 000×(400－326.67)－3\ 560\ 000$$
$$＝8\ 398\ 000(元)$$

所谓本量利分析的过程就是通过分析成本、业务量、利润3者之间的相互关系来明确计划期的奋斗目标以及实现这一目标应采取的具体措施的过程。

对有些企业来说,也可以采用下列公式确定目标利润:

目标利润＝总收入×加权平均贡献毛利率－固定成本

在必要时,也可以根据预计收入利润率、预计总资产报酬率以及其他有关指标来预测目标利润。

(二)非线性本量利分析法

如果产品的价格随业务量的变化而变化,产品的单位变动成本也随业务量的变动而变动,则收入函数和成本函数将表现为非线性函数,利润函数同样也表现为非线性函数。非线性本量利分析具有不同于线性本量利分析的特点,主要表现在:

(1)线性本量利分析主要是单位收入与单位变动成本的比较;而非线性本量利分析主要是边际收入与边际成本的比较。

(2)线性本量利图中存在唯一的保本点;而非线性本量利图中有可能存在2

个或 2 个以上的保本点。

（3）线性本量利分析中，一定条件下企业完成的业务量越多，利润越高，不存在最大利润点；非线性本量利分析中存在使利润达到最大值的业务量；进一步增加或减少业务量都会减少利润。

非线性本量利分析一般属于经济学研究的范畴，本书中不进行深入讨论。

第三节　变动成本计算法

成本计算方法的选择对确定计划期的营业利润具有重要的影响。对于制造加工业而言，除非存货稳定，否则对存货成本水平的不同评价将导致不同的营业利润。在完全成本计算法下，一个非常难以解决的问题就是合理、科学地将固定成本分摊到在产品、半成品、产成品与销售产品中去。因此，要充分发挥管理会计的规划、决策、控制与业绩考核的作用可采用变动成本计算法。

应当明确的是，变动成本计算法是衡量收益的一种会计方法，不应与将总成本划分为固定成本与变动成本以提供经营决策所需数据的行为混为一谈。成本按其习性进行划分是必要的，但并非一定要采用变动成本计算法。

一、变动成本计算与完全成本计算

（一）变动成本计算

变动成本计算法是成本计算的一种特殊形式，是相对于完全成本计算而言的，是一种部分成本的计算方法。变动成本计算法被广泛地应用于企业内部管理的规划、决策、控制与业绩考核，是管理会计的重要工具之一。

变动成本计算又可称为直接成本计算，但就其含义来说，并非是指直接成本的核算。"直接成本法是指首先将制造成本明确地划分为两部分，然后将主要成本及变动性间接费用列入销货成本和存货成本中，将固定成本作为期间成本处理的一种成本计算方法"。可见，直接成本计算重在成本习性的划分，就其内容而言，是一种变动成本的计算方法。

直接成本反映了能直接归属到产品上的成本。例如，构成产品实体的主要材料、能够直接按产品归集的辅助材料以及直接生产人员的工资和其他直接费用，这些组成了生产过程的主要成本。在交通运输企业的运输生产过程中所发生的耗费是借助于营运工具来归集的，那些能够直接按营运工具进行归集的人员工资、燃料、维修材料、运输工具折旧与修缮等费用，构成了交通运输成本中的直接成本。间接费用反映了需通过分摊才能按成本计算对象进行归集的车间经费或制造费用。很明显，在制造加工企业，直接成本主要是变动成本，而间接费用中则包括固定成本和变动成本,因此有人主张直接成本的概念也应当包括变动间接费用,以便与直接成本计算法相一致;但这样做又难免引起概念上的混淆。目前,大多数学者已对直接成本计算法的提法不感兴趣,而认为采用变动成本计算法比较妥当。

变动成本计算又可称为边际成本计算。这是由于变动成本随产品数量而变动,而边际成本则表现为生产单位产品所追加的成本。在相关范围内成本函数呈线性变化,这意味着相关范围内的边际成本与变动成本是一致的。在企业经营实务中,边际成本被解释为所有随产量变化的总成本也就是变动成本。在说明变动成本总额(因为它们涉及总产量)的时候,就要涉及边际成本总额。严格地说,边际成本与变动成本并非完全一致。当业务量的活动超出相关范围的时候,不仅变动成本而且固定成本也会相应地增加。

所谓变动成本计算,就是只将一定时期所发生的变动性制造成本视为产品成本,据以计算本期的销货成本和存货成本,并减去变动性销售及行政管理费用计算出本期的贡献毛利;而将固定性制造成本与销售及行政管理费用一起作为期间成本处理,直接列入本期利润表中,作为本期利润的扣除部分。

(二) 完全成本计算

完全成本计算法要求把一定时期里发生的全部制造成本,包括固定成本和变动成本,都按成本计算对象进行归集,即将全部制造成本都包括在产品成本中据以计算本期的销货成本和存货成本,而将销售费用和行政管理费用作为期间成本处理,直接冲减本期的利润。采用完全成本计算法,本期的固定性制造费用要由销售产品、库存产成品、半成品与在产品来分摊,这意味着计入本期利润表中的固定成本只是销售产品所负担的那一部分。这样,在完全成本计算法下,产品的单位销货成本不仅受单耗的影响,而且受生产量以及存货水平变动的影响,而变动成本计算法下的单位成本即单位变动成本,只受单耗的影响。

二、变动成本计算法与完全成本计算法的比较

变动成本计算法是用一种特殊方式考虑成本确认的方法。它把随产品变动的成本和具有固定性质的成本相区分。按照这种分类方法,就能对由于产量变化造成的实际成本、贡献毛利以及销售利润可能变化的结果进行评价。

(一) 变动成本计算法的特点

变动成本计算法的特点可归结为以下 5 点。

1. 变动成本计算以成本习性分类为基础

变动成本计算法的基础是成本习性分类。按照成本习性,将总成本划分为固定成本和变动成本两大类,是变动成本计算法的基础。产品成本由变动成本

构成,不包括固定成本。在实际工作中,一般将可以直接按产品归集的主要材料和辅助材料耗费、支付给直接生产人员的工资以及变动性制造费用视为变动成本计算法下产品成本的组成部分;而将固定性制造费用视为期间成本直接计入当期损益,作为企业利润的扣除部分。

2. 分段反映企业的损益

在变动成本计算法下,企业营业利润可分两段进行反映:第一步,从营业收入中扣除变动成本(产品成本)得出贡献毛利;第二步,从贡献毛利中扣除固定成本(期间成本)得到企业的营业利润。

3. 变动成本计算法下的产品成本不受业务量变动的影响

在变动成本计算法下,产品的单位成本水平是由材料价格、材料耗量、直接生产人员的工资率与劳动生产率所决定的,基本上不受产品数量变动的影响。这意味着,除了材料价格因素以外,产品的成本属于生产部门的可控成本,而生产部门的业绩可直观地通过产品的单位成本体现出来。

4. 变动成本法是一种有效的成本计算方法

变动成本计算法自创立发展至今,已成为企业内部管理中一种有效的内部成本计算方法,在我国已有许多企业在内部管理中采用了变动成本计算法,并取得了相应的成效,相关理论也在不断完善中。在一些企业内部管理制度中,成本项目已开始根据成本习性正式划分为固定成本与变动成本,并可以通过设置专门账户归集有关成本进行会计处理。

5. 变动成本计算法是一种内部成本计算法

到目前为止,变动成本计算法主要运用于企业的内部管理,它的核算资料尚未得到外界的正式承认。因此,这些资料如果要作为对外编制财务报表的依据时,必须进行调整。

(二)变动成本计算法与完全成本计算法的主要区别

1. 存货的计价基础不同

采用完全成本计算法,产品成本中包括固定成本。在计算产品成本时,需将固定成本在产成品、半成品和在产品之间进行分配,在各种不同种类的产品之间进行分配。这意味着,库存产成品、在产品、半成品的成本中均包含了一定数量的固定成本。

采用变动成本计算法,产品成本只是变动成本,不包括固定成本。这意味着库存产成品、半成品与在产品成本中只含有变动成本,其估价必然会低于完全成本计算法下存货的估价。

【例2-9】 华润汽车配件制造有限公司生产 A 型配件。本期销售了 6 000单位,期末存货 4 000 单位(在产品与半成品按约当产量计算。下同),期初无存货。则本期产品成本的数据见表2-9。

表2-9 华润汽车配件制造有限公司产品成本分析表

单位:元

成本项目	变动成本计算	完全成本计算
变动成本		
直接材料	300 000	300 000
直接人工	200 000	200 000
直接费用	200 000	200 000
合计	700 000	700 000
固定成本		300 000
产品成本	700 000	1 000 000
期末存货成本	280 000	400 000
单位成本(元/单位)	70	100

由于变动成本计算法下产品的单位成本实际上只是单位变动成本,而完全成本计算法下产品的单位成本包括分摊的固定成本,所以同样数量的存货在不同的成本计算法下存货价值是不同的:变动成本计算法下存货的价值为280 000元(4 000×70),而完全成本计算法下存货的价值为400 000元(4 000×100)。

在[例2-9]中,假定期末存货成本水平是由本期生产来决定的,因为期初无存货。如果期初有存货,那么关于期末存货成本的分析将略为复杂一些。

2 利润表的结构不同

在完全成本计算法下,总成本划分为制造成本、管理费用与销售费用两部分,这样企业的损益情况可以通过销售毛利和销售利润两段来反映。在变动成本计算法下,总成本划分为固定成本和变动成本两大类,企业的损益情况可以通过贡献毛利和销售利润来反映。表2-10和表2-11分别反映了按变动成本计算法和完全成本计算法编制的华润汽车配件制造有限公司的利润表。

表2-10 华润汽车配件制造有限公司利润表

单位:元

(变动成本计算)		
销售收入(6 000×160)		960 000
变动成本		
销售成本		
期初存货	0	

（续表）

生产成本(10 000×70)	700 000	
可供销售商品的成本	700 000	
减:期末存货(4 000×70)	280 000	
变动性销售成本合计	420 000	
销售与管理费用(6 000×10)	60 000	
变动成本合计		480 000
贡献毛利		480 000
固定成本		
生产成本	300 000	
销售与管理费用	200 000	
固定成本合计		500 000
销售利润		−20 000

表 2-11　　　　　　华润汽车配件制造有限公司利润表

单位:元

（完全动成本计算）		
销售收入(6 000×160)		960 000
销售成本		
期初存货	0	
生产成本		
固定成本	300 000	
变动成本(10 000×70)	700 000	
可供销售商品的成本	1 000 000	
减:期末存货(4 000×100)	400 000	
销售成本合计		600 000
销售毛利		360 000
销售与管理费用		
变动费用(6 000×10)	60 000	
固定费用	200 000	
合计		260 000
销售利润		100 000

采用变动成本计算法,其成本是按其习性来分类的。从表2-9中可以看到,在变动成本计算法下,产品成本中只包括变动性制造成本,不包括变动性销售及管理费用;尽管销售收入也必须扣除变动性销售及管理费用后才能得到本期贡献毛利。这是由于,变动性销售与管理费用一般只随销售量变动,与产品的生产无关,因而不应作为存货成本的组成部分。随销售量变动的主要是销售费用,而管理费用中也可能包括一部分变动成本,但问题是要搞清变动的因素是什么? 在企业实务中,有时需要将全部管理费用都作为固定成本处理。

采用完全成本计算法,成本是按其职能或经济用途来分类的。从表2-11中可以看到,在完全成本计算法下,产品成本是由全部制造成本(包括变动成本和固定成本)所构成,本期内发生的全部制造成本除以本期生产的单位数得到本期产品的单位成本,并据以决定本期存货的价值。该厂20×2年共生产配件10 000单位,制造总成本1 000 000元,这意味着每单位成本为100元;期末存货4 000 单位,则期末存货负担的成本为400 000元(4 000×100)。

销售费用与产品的生产无关,自然不应作为存货成本的组成部分。管理费用则不同。当研究管理费用时,问题在于决定这些费用中究竟哪部分可以"增值",哪部分不能"增值",即哪些费用属于制造方面的而哪些费用属于非制造方面的。如果可以明确划分,则属于制造这部分费用可以和车间经费一起作为制造费用的组成部分包括在存货的估价之内,而非制造方面的费用则作为期间费用处理。

3. 分期计算盈亏不同

两种成本计算法对各期盈亏的影响可以分以下3种情况。为了便于分析比较,将销售及管理费用略去不计。

(1)生产量大于销售量。在假定期初存货为零的基础上进行以下的研究。如果该公司本期制造了10 000 单位汽车配件,销售了8 000 单位,本期单位变动成本为70元,固定成本为300 000 元,产品售价为每单位160 元,根据上述数据编制的利润表如表2-12所示。

表2-12　　　　　**华润汽车配件制造有限公司利润分析表(一)**

单位:元

摘要	完全成本计算		变动成本计算	
销售收入(8 000×160)		1 280 000		1 280 000
销售成本				
期初存货成本	0		0	

（续表）

摘要	完全成本计算		变动成本计算	
本期生产成本	1 000 000		700 000	
期末存货成本	200 000		140 000	
合计		800 000		560 000
贡献毛利				720 000
固定成本				300 000
利润		480 000		420 000

从表 2-12 中可以看到,当采用完全成本计算法时,单位成本中所分摊的固定成本为 30 元(300 000÷10 000);由于期末存货为 2 000 单位,存货成本中包括分摊的固定成本 60 000 元(2 000×30),这就决定了完全成本计算法下本期的利润比变动成本计算法下本期的利润多 6 000 元。

(2) 生产量与销售量一致。如果该公司第二年制造配件 10 000 单位,销售了 10 000 单位,其他数据均不变,其损益计算结果如表 2-13 所示。

表 2-13　　　　华润汽车配件制造有限公司利润分析表(二)

单位:元

摘要	完全成本计算		变动成本计算	
销售收入(10 000×160)		1 600 000		1 600 000
销售成本				
期初存货成本	200 000		140 000	
本期生产成本	1 000 000		700 000	
期末存货成本	200 000		140 000	
合计		1 000 000		700 000
贡献毛利				900 000
固定成本				300 000
利润		600 000		600 000

可以看到,在变动成本计算法下,利润取决于销售。由于销售单位产品可获贡献毛利 90 元,因此当销售量增加了 2 000 单位(10 000-8 000),利润可增加 180 000 元(2 000×90)。

在完全成本计算法下,由于存货量尚未增加,因此存货中分摊的固定成本也未增加,本期固定成本完全分摊到销售产品上。在这种条件下,完全成本计算法下的利润与变动成本计算法下的利润是完全一致的。

(3) 销售量大于生产量。如果该公司第三年制造配件 10 000 单位,销售了 12 000 单位,其他数据均不变,其损益情况如表 2 - 14 所示。

表 2 - 14　　　　　华润汽车配件制造有限公司利润分析表(三)

单位:元

摘要	完全成本计算		变动成本计算	
销售收入(12 000×160)		1 920 000		1 920 000
销售成本				
期初存货成本	200 000		140 000	
本期生产成本	1 000 000		700 000	
期末存货成本	0		0	
合计		1 200 000		840 000
贡献毛利				1 080 000
固定成本				300 000
利润		720 000		780 000

当销售量大于生产量时,必然要动用一部分存货,而完全成本计算法下存货中所包括的固定成本则是上期发生的。这样,完全成本计算法下本期的销售成本就高于变动成本计算法下的销售产品成本与期间成本之和,因此利润也较小。

所以可得出下列结论:

(1) 如果各期产品售价、单位变动成本与固定成本不变,生产量不变,则单位固定成本为一常数,两种成本计算法下利润的差额等于存货变动量与单位固定成本的乘积;当生产量大于销售量,完全成本计算法下的利润大于变动成本计算法下的盈利;当生产量等于销售量时,两种成本计算法下的利润是一致的;当销售量大于生产量时,变动成本计算法下的盈利大于完全成本计算法下的利润。

(2) 一般来说,两种成本计算法下利润的差额可以按下列公式确定:

差异=期初(期末)存货成本中的固定成本一期末(期初)存货成本中的固定成本

在变动成本计算法下,产量的高低与存货的增减对利润无任何影响。如果售价、单位变动成本与固定成本不变,影响利润的因素只有销售量。

交通运输生产的结果不会产生任何脱离生产过程而独立存在的实体产品,即不存在由在产品、半成品与产成品所构成的存货。这样,无论是采用完全成本计算法还是变动成本计算法,都不会影响企业的利润。

第四节　短期决策分析法

一、特殊成本概述

特殊成本概念的特殊性是相对于财务会计中的成本概念而言的。它们与财务成本概念的不同主要体现在 2 个方面:一是内容上的特殊性,一般不是成本对象完整的资源耗费,有的甚至不属于资源耗费;二是形式上的特殊性,一般无需在会计账簿上作专门的记录核算,而只是在决策分析过程中使用。但这些特殊的成本概念,对决策分析来说是非常重要的。

(一)机会成本

在经济学中有一个重要的基本概念,叫稀缺性。由于物品稀缺使人们必须在一系列的选择中作出取舍。而各种选择之间又往往是互相排斥的,选择了这种可能性,就意味着排斥了另一种可能性。例如,一笔现金可以投资于某工程项目以获取利润,也可以存入银行或者购买国债以获取稳定的利息。现金是有限的,只能在这些选择中作出取舍。选择了投资这一方案后就意味着排斥了取得利息收入的可能性。在选择中所排斥的可能取得的最大利益,就构成了所选择方案的机会成本。因此机会成本又称作"择机代价"或"机会损失"。

从机会成本的定义可知,在不考虑其他因素的情况下,获取的利润大于机会成本的方案才是可行方案。这就是机会成本概念的决策功能。

资源的机会成本是与资源的稀缺性紧密相关的。不稀缺、或闲置经济资源的机会成本为零。

机会成本概念是决策分析中的一个重要理念,它的意义在于使有限资源得到最佳的配合运用,以求取得最佳经济效益。因此对于每一决策方案都应认真计算其机会成本。

(二)付现成本与沉没成本

付现成本是指一定时期内执行某行动方案需要用现金支付的成本。现金,是企业生产经营的"血液",保持适量的现金数额,是企业理财的难点,从某种意义上说还是焦点。因此在同等条件下,付现成本低的方案为优。当企业的现金不足时,决策者更应该以付现成本高低,而不是总成本的高低来选择方案。总成本相对较低、效益较好、但付现成本很高的方案,未必优于总成本相对较高、效益相对较差(必须有正效益)但付现成本很低的方案。总之,付现成本是决策分析时必须重视的因素之一。

沉没成本,也称作"沉入成本"或"旁置成本",是指那些过去已支付,与未来决策无关的成本。最典型的沉没成本是已建好的房屋建筑物以及已购置的机械设备的折旧。决策分析时,沉没成本应不予考虑。

(三)历史成本与重置成本

历史成本是指资产购建形成时所发生的实际成本,亦称"实际成本",与财务会计中的历史成本概念是一致的。历史成本是对一切资产项目进行财务记录的依据,与当前各种决策分析无关,一般不予考虑。

重置成本,亦称"现时成本",是指目前购建同质同量的资产所需要支付的经济代价。它是决策分析中确定资产价值的依据,尤其是商品定价决策的依据。

(四)差量成本与边际成本

差量成本通常有广义和狭义之分。广义的差量成本是指一个备选方案的预期成本与另一个备选方案的预期成本之间的差异数,亦称"差别成本"或"差额成本"。在以成本作为决策主要依据的情况下,不同方案的经济效益,一般可通过差量成本的计算明显地反映出来。因此,计算不同方案的差量成本有助于进行科学决策分析,确定最优方案。譬如,若自制甲零件的预期单位成本为 120 元;如向市场采购,其预期的单位购价为 100 元,则外购方案较自制方案优越,因为它们有差量成本 20 元。但在实际的经济问题中,大多数都是以利润为决策分析因素的。在这种情况下,需要计算不同方案的差量收入,并以差量收入大于差量成本、及差量利润大于零为准则来择优。

至于狭义的差量成本则是指由于生产能量利用程度的不同(增加或减少产量)而形成的成本差别。西方也把此类成本称为"增支成本",或"增量成本"。增量成本一般需要与相应的增量收入结合起来运用,并以增量收入大于增量成本为准则来判断增量后的方案是否可行。增量增支是为了更多的增收,才有可能增益。在相关范围内,增量成本主要是变动成本。超出相关范围时,则有可能包含固定成本。

边际成本是指在生产能量的相关范围内,每增加或减少一个单位的产量所引起的成本变动。很明显,管理会计中的单位变动成本和差量成本都是边际成本理念的具体表现形式。

(五)可避免成本与不可避免成本

可避免成本是指决策可改变其数额的成本,如培训费、广告费等就属于此类成本。另外,凡与某一备选方案有直接联系的变动成本,例如自制某种零件需要支付的直接材料、直接人工的成本,当决定舍弃不用该方案,改为向市场购买时,那么上述的直接材料和直接人工的成本就不会发生,因而也属于可避免成本。可避免成本是分析决策方案效益的基本因素。

不可避免成本是指决策不能改变其数额的成本,如固定资产折旧费、管理人员工资等,以及原来制造产品的各项变动成本都属于此类。不可避免的成本与新的备选方案的取舍没有直接联系,决策分析时通常不予考虑。

（六）可选择成本与不可选择成本

可选择成本是指拟订方案时允许决策者选择的成本。例如要建造一幢办公楼,为了更美观,准备花费一定数额的辅助性开支;为了更舒适,拟装配风扇或空调等。可选择成本的最主要特征是即使这些成本不发生,也不会影响方案应具有的功效。用通俗的表述,它属于"锦上添花"意义上的开支。在相关资源条件比较宽松的情况下,以尽可能完美的条件来拟订方案是常规的事情;但当经营环境比较紧张、获利机会较少时,就应该尽可能压缩方案开支,以寻求更多的获利机会。

不可选择成本也称为"不可压缩成本",是指要保证方案实施后达到预期的基本功用而必须开支的成本,也可以说是执行方案时不允许决策者有任何选择余地而必须要支付的成本。例如车辆运行时的燃料、配件、轮胎的消耗,只要车辆运行,就必然会发生。不可选择成本是决策分析时确认方案成本支出的最低限。

（七）专属成本与共同成本

专属成本是指可以明确归属于某种、某批或某个部门的成本,亦称"特定成本"。例如为专门生产某种零件或某批产品而专用购置机床的折旧费、保险费、直接人工、直接材料费等都是专属成本。决策分析时,专属成本是确定方案专属效益的基本因素。

共同成本是指那些需由几种、几批或有关部门共同分担的成本,例如企业的管理人员工资、车间照明费、间接人员工资、间接材料费以及应由各联产品共同负担的联合成本等。决策分析时,共同成本是否应该考虑取决于该共同成本是相关成本还是无关成本。是前者则应考虑,否则不予考虑。

（八）相关成本与无关成本

相关成本是指与决策有关的成本,也就是进行决策分析时必须认真加以考虑的各种形式的未来成本。例如付现成本、重置成本、边际成本、差量成本、机会成本、可避免成本、专属成本等都属于这一类。

无关成本是指过去已经发生、或虽未发生但对未来决策没有影响的成本,也就是在决策分析时,可以舍弃、无需加以考虑的成本。例如:沉没成本、历史成本、不可避免成本等都属于这一类。另外在各个备选方案中项目相同、金额相等的未来成本,在比较它们的效益时也属于无关成本。

二、短期决策分析的基本方法

短期决策分析的重点是确定型决策问题,即可以根据确定的客观状况以及估计或计算出来的损益状况对行动方案进行分析和选择。事实上,除了个别情况以外,大多数决策问题都含有风险因素或非确定因素。但当风险因素和非确定因素对方案的损益影响较小时可忽略不计,将一般决策问题都视为确定型决策问题进行分析。

确定型决策问题分析的专门方法,因决策问题的具体内容而异。比较常用的方法有 3 种:差量分析法、本量利分析法和边际分析法。

(一) 差量分析法

在企业经营分析决策分析中一般将不同行动方案之间的数量差别称为差量,利用差量的概念对行动方案进行最优选择的方法,就是差量分析法。

差量的内容包括差量收入、差量成本和差量利润。差量收入反映了采用不同的行动方案所导致预计营业收入上的差额;差量成本则是指采用不同行动方案所可能发生的成本差额。

计算差量有两种方法:①将不同行动方案的总量进行比较以计算出其差量;②只将不同行动方案的不同部分进行比较以计算出其差量。后一种计算差量的方法优点是明显的。首先表现在将各方案均发生的、即与决策无关的项目省略不计,可以减少核算手续;其次剔除与方案选择无关的影响因素可以减少或避免决策的失误。当然,如果判断不准确,将不应剔除的项目剔除掉,将不应保留的项目保留下来,对决策也是不利的。如果不考虑相关税费对决策的影响,则差量收入与差量成本的差额就是差量利润。差量利润是企业决策中评价能否使利润增长的重要标准之一。

在短期经营决策中如何正确地运用差量分析法? 一般来说,可遵循以下判别规则:

(1) 属于确定型的决策问题,并且各行动方案的业务量是确定的,可采用差量分析法进行决策分析;

(2) 一般来说,变动成本属于由不同业务量所构成的不同行动方案的差量成本,因此可以近似地将全部变动成本作为差量成本进行分析;

(3) 在将变动成本视为差量成本进行分析时应注意效率指标变动的影响。与决策无关的项目都应当予以剔除;

(4) 由于方案选择所引起的固定成本变动额应当视为差量成本的组成部分。例如,行动方案中所需固定资产的购置成本、预计的使用成本与维修成本、职工的固定工资变动额、管理费用变动,等等。但是绝不能将全部固定成本视为差量成本；

（5）在差量分析中应当考虑的是与决策有关的未来成本与收入，包括营业收入的变动、固定资产的变价收入、选择性成本、机会成本等等。而历史成本与收入决策无关，不应当列入差量项目中进行考虑。

（6）差量收入大于差量成本的方案属于可行方案；

（7）可行方案中差量利润最大的方案为最优方案。

（二）本量利分析法

如果不同行动方案之间成本、收入及利润的差量是由同一类型的业务量变动所引起的，可采用本量利法分析进行决策分析。

本量利法具有以下特点：

（1）本量利分析法是差量分析法的一种特殊形式。差量分析法是根据总体差量进行决策分析的，而本量利分析法是根据边际差量进行决策分析的。

（2）采用差量分析法时，对于各行动方案未来的活动总量是明确的；如果各行动方案的活动总量无法唯一确定，而只能预计在某一范围内变动时，应采用本量利分析法。

（3）本量利分析可以借助于图示和公式求解的方法来显示寻找最优选择的途径，使人一目了然。

【例 2-10】 为了适应工农业生产发展的需要，需将由 A 地至 B 地的全长 100 公里的三级公路进行扩建改造。有以下两个行动方案可供选择：

A 方案：每公里投资 3000 万元，改建成双向四车道一级公路。预计建成后，每年每公里日常养护费用为 40 000 元，平均车公里运行成本 6 元；

B 方案：每公里投资 800 万元，改建成两车道二级公路。预计建成后每年每公里日常养护费用 10 000 元，平均车公里运行成本 6.50 元。

如果按照 20 年的经济寿命进行测算，不考虑残值问题，采纳何方案可以使年平均总成本最低？

通过分析该例可以看到：①年平均总成本包括投资成本、保修成本和运行成本；②年平均总成本并不明确，其高低取决于车流量。因此，应采用本量利法进行决策分析。

对于两个行动方案而言，每年摊销的投资成本和保修成本为固定成本，而运行成本则属于变动成本，随车流量变动。如果令车流量为 Q，则 A 方案的年平均总成本函数 TC_A 和 B 方案的年平均总成本函数 TC_B 将分别为：

$$TC_A = 154\ 000\ 000 + 600Q$$

$$TC_B = 41\ 000\ 000 + 650Q$$

将两个方案的成本函数绘制在平面坐标图上（图 2-7），就可以看到存在使

两个方案总成本相等的业务量 Q_0 ,使:

$$154\ 000\ 000+600Q_0=41\ 000\ 000+650Q_0$$

解得: Q_0 =2 260 000(辆次/年)

　　　=6 192(辆次/日)

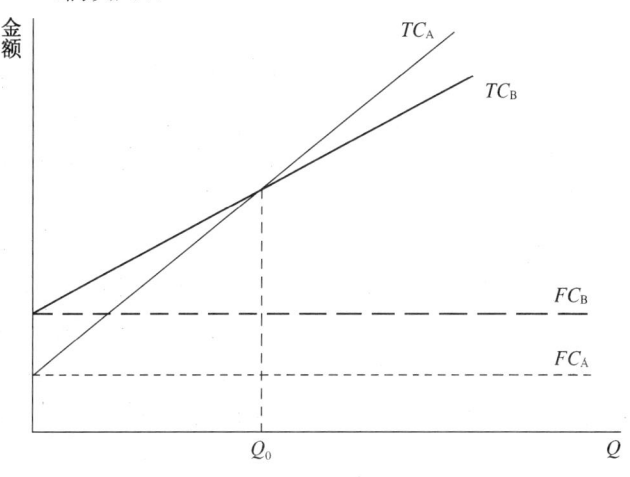

图 2-7　本量利决策分析图

　　通过上述分析,合理的决策分析应当是这样的:如果预计改建公路后平均日车流量达到 6 192 辆次以上,就采纳 B 方案;否则,应采纳 A 方案。

　　在上述分析中忽略了以下事实:使用资金应具有机会成本;日常养护费用有可能随车流量变动;公路在经济寿命期内有可能需要进行大修与路面改造;公路经济寿命终了应具有残值。

　　此外,公路改建后除了降低运行成本外,还具有提高车速、提高运输质量、减少在途时间等效益。在进行公路建设的可行性研究时对上述影响因素必须全面考虑;但这里侧重于探讨本量利分析法的运用。为了便于计算,上述各方面的影响因素忽略不计。

　　一般来说,运用本量利分析法解决的短期决策问题属于成本决策问题或数量成本决策问题。这类决策问题的基本特征是:收入与决策无关;方案优劣取决于方案总成本的高低。如果某两个方案具有这样的经济特性: $FC_A>FC_B$ 且 $AVC_A<AVC_B$,或: $FC_A<FC_B$ 且 $AVC_A>AVC_B$,数量就成为影响总成本高低的关键因素。在这类决策问题中,总存在使两方案总成本相等的平衡点业务量 Q_0 ;计算平衡量业务量是这类问题决策分析的关键环节。

　　数量成本决策分析所涉及的短期决策问题有:车型选择或设备选择的决策分析;购买与租赁的决策分析;自制与外购的决策分析;设备维修或更新的决策

分析;等等。

需要进一步说明的是:如果从设备经济寿命的角度分析问题,则意味着决策的影响将长达一年以上,这样以上的决策问题将由短期决策问题转变为长期决策问题。

(三) 边际分析法

边际分析法常用于确定产品最优价格的决策分析。众所周知,市场经济条件下产品售价对销售量的影响,销售量变动对销售成本的影响以及产品价格变动对销售利润的影响,完全可以体现在"边际收入"、"边际成本"以及"边际利润"的相互关系上。由于降低产品价格才能扩大销路,所以平均收入与边际收入将随销售量的增加而下降;另一方面,在短期内由于一般不改变生产能力,所以固定成本总额不变,平均固定成本随销售量的增加而下降;但变动成本则有可能在销售量增加超过一定范围后随其增长而上升从而导致边际成本上升和平均成本上升。由此可见,产品价格过高或过低都有可能影响企业的利润。边际分析的基本概念告诉我们,当边际收入等于边际成本时,企业将获得最大利润。那么,最优价格 P_m 应当为: $P_m = \dfrac{TR_m}{Q_m}$。其中, $TR_m = \displaystyle\int_0^{Q_m} P(Q) dQ$

【例 2 - 11】 某公司在现有状况下生产并销售 A 商品的市场价格为每件1000 元。据分析,销售每增加 200 件,价格将下降 40 元;该商品的单位变动成本为每件 700 元,由于资源条件的限制,每增加生产 200 件其单位变动成本将上升 20 元。

分析这一决策问题,可将 200 件视为一个计量单位,这样目前销售一个单位的收入为 200 000 元,每增加产销一个单位 A 商品价格将下降 8 000 元;目前销售一个单位变动成本为 140 000 元,每增加生产一个单位 A 商品成本将上升4000 元。根据核算资料编制分析表如表 2 - 15 所示。

表 2-15　　　　　　　　　　　动态最优价格决策分析表

单位:元

销售量(单位)	边际收入	边际成本	总收入	总成本	销售利润
1	200 000	140 000	200 000	140 000	60 000
2	184 000	148 000	384 000	288 000	96 000
3	168 000	156 000	552 000	444 000	108 000
4	152 000	164 000	704 000	608 000	96 000
...	...	...	...	...	...

分析表明:

(1) A 商品最优销售单价为每单位 168 000 元,即每件 840 元。只要以每件 840 元的价格销售,企业即可获最大利润。表中还显示,由于销售第 3 个单位的 A 商品,边际收入(168 000 元)与边际成本(156 000 元)最接近,所以销售 3 个单位 A 商品可获得最大利润。

(2) 该企业销售 A 商品可能获得的最大利益为 108 000 元。

(3) A 商品最佳销量为 3 个计量单位即 600 件。

(4) 与最佳销量相比,不论是少销一个单位还是多销一个单位的 A 商品,获利额都为 96 000 元,比最大可能获利额少 12 000 元。

在运用边际分析法进行最优动态价格决策分析时,应把握价格变动的趋势性,不应受价格偶然波动的影响。此外还应充分考虑其他因素变动对价格的影响。

第五节　现值分析法

现值法是长期投资决策分析的基本方法。由于长期投资决策的影响长达数年甚至几十年,因而有必要运用货币时间价值的概念和方法,将投资所导致的未来收入和未来成本费用根据一定的折现率折合为现值,在同一时点上比较收入与成本,以正确地衡量投资的经济效益。由于财务收入和财务成本是在权责发生制的基础上核算的,而长期投资决策分析不仅考虑收入与支出的数量,更重视收入与支出的时间分布,这样现金流量就替代了收入和成本而成为投资决策中考虑的主要因素。

一、货币时间价值概述

(一)货币时间价值的基本原理

货币本身是没有时间价值的。将货币贮存起来,或用来购买消费品,其价值不会有任何增值;但是如果将货币作为资本投入社会再生产活动中,经过一段时间以后,劳动所创造的利润将导致货币出现增值。对此可以认为,货币时间价值是指货币随着时间的推移而产生的增值现象。

货币时间价值是市场经济发展的必然产物。可以认为,货币在生产经营过程中的增值现象是货币资本在价值运动中形成的一种客观属性。在市场经济体制下,货币时间价值的作用对企业长期投资决策具有重要的影响。因此在企业投资决策分析中,应当利用货币时间价值的基本原理,寻求资金最佳投放。

不可否认,货币本身是无法随着时间的推延而增值的。根据马克思主义的劳动价值学说,价值的增值只能是生产经营过程中劳动者劳动的结果,只能来源于生产资料同劳动力的有机结合。资本是生产资料价值的货币表现,资本同劳动力相结合,才能创造出新的价值。因此,货币时间价值是劳动者的劳动所创造的剩余产品,是作为生产资料的资本同劳动力相结合的结果。任何货币,如果不投入生产经营过程,不与劳动力相结合,是不会实现价值增值的。货币时间价值理论以上述资本增值过程为依据,是为了使整个社会重视货币资金的有效使用,解决资本的稀缺性与经济目标众多的矛盾,使有限的资本产生最大经济效益。在投资决策分析中,根据货币的增值程度,即货币的机会成本,检验、考核资本的运用效果。企业在一定的时期占用资本,必须付出一定代价。只有其收益大于其所付出的占用资本代价,才是真正的获利。反之,则是一种损失。投资决策分析就是要利用货币时间价值理论,衡量资本投资效果,作出最佳投资决策。

(二) 货币时间价值涉及的相关概念

由于货币时间价值的存在,同样数额的货币在不同时间的投入或产出价值是不一样的;不能简单地直接将投入与产出进行运算,比较其大小;而必须按照一定的方式先进行转化,使其具有可比性,然后再比较其大小,确定投资方案的优劣。资本由不可比转化为可比,是根据货币时间价值理论,通过一定利率将不同时点的货币转化为同一时点的货币,然后在该时点上进行比较。

1. 单利与复利

所谓单利,是指只计算本金利息的一种利息计算方法。通常单利只适用于短期投资以及不超过一年期限的借款。如果采取到期一次还本付息,则这种计息方式属于单利。

单利计算的基本公式为:

$$单利 = 本金 \times 利率 \times 期数$$

$$本利和 = 本金 \times (1 + 利率 \times 期数)$$

所谓复利,是指不仅计算本金的利息,而且也计算利息的利息的一种计息方法。由于投资所得到的报酬可以继续用于投资以获得更多的报酬,使资本不断积累是经济生活中的客观现实,所以投资决策分析中研究不同时间、不同形态流入、流出的现金价值,必须采用复利方法。复利计算的基本公式为:

$$所得利息 = 本金 \times (1 + 利率)^{期数} - 本金$$

$$本利和 = 本金 \times (1 + 利率)^{期数}$$

2. 名义利率和实际利率

多长时间计算一次利息,对存款者在一定时间里所获得的利息总额有一定的影响。如果年利率为6%、一年计算一次复利时,存款1 000元,一年后得利息60元(1 000×6%);如果年利率不变,一月计算一次复利,则月利率为0.5%,一年后可得利息 61.68 元[1 000×(1+0.5%)¹²−1 000]。

管理会计中一般将年利率称为名义利率;把一次复利期间的利率称为实际利率。名义利率、实际利率和每年计算利息次数之间具有以下关系:

实际利率=名义利率÷年复利次数

复利计算期数=年复利次数×计息年限

如果某企业持有的债券为 1 000 元,年利率为 10%,一年复利两次,期限为 5 年,则该债券 5 年后到期的本息和可计算如下:

债券到期本利和=1 000×(1+10%÷2)²×⁵=1628.89(元)

在投资决策分析中,投资方案的收益率一般是按年计算的,收益的再投资一般也假定一年进行一次。所以在投资决策分析中,运用复利计算方法时,一般假定名义利率等于实际利率。

3. 复利终值与复利现值

如果在现在得到 1 000 元与 3 年后得到 1 200 元之间作出选择,由于货币时间价值的存在,必须将发生在不同时点的货币转化为同一时点的货币,即需要将未来所取得的收入或发生的支出折算为现在的价值;或将现在所取得的收入或发生的支出换算为将来价值。换言之就是通过一定的利率,进行复利终值或复利现值的计算,使不同时点的货币转化为同一时点的货币。

(1) 复利终值(FV)。复利终值就是以复利的计息方式,按照一定利率,将现在的货币价值换算为将来某一时点的价值。复利终值的一般计算公式为:

复利终值=本金×(1+利率)期数

或: $FV = P \cdot (1+K)^n$

为了简化计算过程,可以将 $(1+K)^n$ 作为复利终值系数,用符号$(F/P, K, n)$表示,并以此编制复利终值系数表,这样就可以借助查表的方式来反映不同期数和不同利率下一元货币的复利终值。

(2) 复利现值(PV)。复利现值就是以复利的计息方式,按照一定折现率,将未来的货币价值折算为现在的价值。复利现值的一般计算公式为:

复利现值=某货币的终值÷(1+利率)期数

或: $PV = \dfrac{S}{(1+K)^n} = \dfrac{FV}{(1+K)^n} = FV \cdot (1+K)^{-n}$

同样,为了简化复利现值计算过程,可以将 $(1+K)^{-n}$ 作为复利现值系数,用符号$(P/F, K, n)$表示,并以此编制复利现值表,于是可以借助该表反映不同期数和不同利率下一元货币的复利现值。

4. 年金终值与年金现值

(1) 年金的概念。年金是指在一定时期内,每间隔固定的时间支付或收入等额款项的系列现金。年金可用 A 表示。在投资决策分析中,年金是一个重要的概念。因为许多借款的偿还、租金的收支以及投资的回收、成本的比较等都可以采取年金的形式;借助查表计算,可大大简化计算过程。在计算年金时一般假定利率是固定的,每一间隔期内复利一次,这样收支款的间隔期间与复利期间是相等的。

年金有多种形式,包括普通年金、期初年金、递延年金、永续年金等。

收支款项均发生在期末的年金,叫做普通年金;

收支款项均发生在期初的年金,叫做期初年金或预付年金;

收支款项发生在若干期以后的年金,叫做递延年金;

从第一期开始持续发生的年金,叫做永续年金。

(2) 年金终值(FV_A)。年金终值是指某年金系列现金流量在未来某一时点的价值。普通年金终值的一般计算公式如下:

$$FV_A = A \cdot (1+K)^0 + A \cdot (1+K)^1 + A \cdot (1+K)^2 + \cdots + A \cdot (1+K)^{n-1}$$
$$= \sum_{t=0}^{n-1} A \cdot (1+K)^t$$

【例 2-12】 某企业将一项资产对外出租,租赁期限为 10 年,每年年末收取的租金为 10 000 元,按照 6% 的利率计算,由于收取租金形成年金在第 10 年末的终值可计算如下:

年金终值 $= 10\,000 \times (1+6\%)^9 + 10\,000 \times (1+6\%)^8 + 10\,000 \times (1+6\%)^7 + \cdots + 10\,000 \times (1+6\%)^1 + 10\,000 \times (1+6\%)^0 = 131\,800$(元)

为了简化计算过程,将普通年金终值计算公式中的 $\sum (1+K)^t$ 作为年金终值系数,用符号 $(F/A, K, n)$ 表示,并编制年金终值系数表。这样,就可借助该表来反映不同利率在不同期数下一元货币的普通年金终值。

在[例 2-12]中,年金终值的计算公式可以改写为:

年金终值 $= 10\,000 \times (F/A, 6\%, 10)$

查表:$(F/A, 6\%, 10) = 13.180$

故:年金终值 $= 10\,000 \times (F/A, 6\%, 10) = 10\,000 \times 13.18 = 131\,800$(元)

如果现金收支非期末发生,就不能直接查表计算,而需要作出相应调整。

在[例 2-12]中,如果租金改为每年年初收取,则由于收取租金形成的现金流动系列在第 10 年末的年金终值需要改写如下:

年金终值 $= 10\,000 \times (1+6\%)^{10} + 10\,000 \times (1+6\%)^9 + 10\,000 \times (1+6\%)^8 + \cdots + 10\,000 \times (1+6\%)^2 + 10\,000 \times (1+6\%)^1$

这不属于普通年金终值,需要调整为普通年金终值才能够过查表计算。调整的基本思路为:

$$\sum_{t=1}^{n} A \cdot (1+K)^t = A \cdot \left[\sum_{t=0}^{n}(1+K)^t - (1+K)^0\right] = A \cdot \left[(F/A,K,n)-1\right]$$

按照[例2-12]中调整的数据,租金形成的年金终值可计算如下:
$$年金终值 = 10\,000 \times [(F/A,6\%,11)-1]$$
$$= 10\,000 \times (14.791-1) = 137\,910(元)$$

(3)年金现值(PV_A)。年金现值是指某现金流动系列形成的年金的现值。普通年金现值的一般计算公式如下:

$$PV_A = A \cdot (1+K)^{-1} + A \cdot (1+K)^{-2} + A \cdot (1+K)^{-3} + \cdots + A \cdot (1+K)^{-n}$$
$$= \sum_{t=1}^{n} A \cdot (1+K)^{-t}$$

【例2-13】 某企业打算采取融资租赁方式租入一项资产,租赁期限为10年,每年年末支付租金25 000元。按照8%的利率计算,由于支付租金形成年金流量系列的年金现值可计算如下:

年金现值$= 25\,000 \times (1+8\%)^{-1} + 25\,000 \times (1+8\%)^{-2} + 25\,000 \times (1+8\%)^{-3} + \cdots + 25\,000 \times (1+8\%)^{-9} + 25\,000 \times (1+8\%)^{-10} = 167\,750(元)$

为了简化计算过程,将普通年金现值计算公式中的 $\sum(1+K)^{-t}$ 作为年金现值系数用符号$(P/A,K,n)$表示,并编制年金现值系数表,这样就可借助该表反映不同利率在不同期数下一元货币的普通年金现值。

在[例2-13]中,年金现值的计算公式可以改写为:
$$年金现值 = 25\,000 \times (P/A,8\%,10)$$

查表:$(P/A,8\%,10) = 6.71$

故:年金现值$= 25\,000 \times (P/A,8\%,10) = 25\,000 \times 6.71 = 167\,750(元)$

如果现金收支非期末发生,就不能直接查表计算,需进行适当调整。

在[例2-13]中,如果租金改为每年年初支付,则由于支付租金形成年金流量系列的年金现值需要改写如下:

年金现值$= 25\,000 \times (1+8\%)^0 + 25\,000 \times (1+6\%)^{-1} + 25\,000 \times (1+8\%)^{-2} \cdots + 25\,000 \times (1+8\%)^{-8} + 25\,000 \times (1+6\%)^{-9}$

这不属于普通年金现值,需要调整为普通年金现值才能够过查表计算。调整的基本思路为:

$$\sum_{t=0}^{n-1} A \cdot (1+K)^{-t} = A \cdot \left[\sum_{t=1}^{n-1}(1+K)^{-t} + (1+K)^0\right] = A \cdot [(P/A,K,n-1)+1]$$

按照[例2-13]中调整的数据,支付租金形成的年金现值可计算如下:

$$年金现值 = 25\,000 \times [(P/A, 8\%, 9) + 1]$$
$$= 25\,000 \times (6.247 + 1) = 181\,175(元)$$

二、现值分析的基本方法

可采取不同的方法进行投资决策方案的现值分析。其中,比较重要的方法有净现值法、投资回收期法和内部收益率法。

(一)净现值法

1. 净现值概述

投资项目的净现值(NPV)是指项目所导致的未来现金流入量的现值超过现金流出量现值的余额;或者反映了项目未来投资收入现值超过投资现值的余额。净现值的一般计算公式如下:

$$NPV = NCF_0 + NCF_1 + NCF_2 + \cdots + NCF_n = \sum_{t=0}^{n} NCF_t \cdot (1+K)^{-t}$$

式中,NPV 为净现值;NCF_t 为第 t 期的现金净流入量;K 为计算现值选择的财务折现率;n 为投资项目的经济寿命,包括建设期限和经营期限。

如果项目为一次性投资,不存在建设期,且经营期内各期的现金净流入量相等,则净现值的计算公式可简化如下:

$$NPV = \sum_{t=1}^{n} NCF \cdot (1+K)^{-t} - I$$

式中,I 为投资总额。

【例 2-14】 某企业计划投资 100 万元,购买某不需要安装的专用设备一台。经测算,该设备的经济寿命为 10 年,使用该设备预期每年可获得利润 10 万元。如果该设备采取平均年限法折旧,不考虑期末残值,则使用该设备每年可获得现金净流入 20 万元。

如果采取 10% 的折现率,投资购买该设备的净现值可计算如下:

$$净现值 = 200\,000 \times (P/A, 10\%, 10) - 1\,000\,000$$
$$= 200\,000 \times 6.145 - 1\,000\,000$$
$$= 229\,000(元)$$

2. 净现值分析

一般来说,净现值计算结果有下列 3 种情况:

(1)当净现值大于零为正值时,说明投资项目不仅能够达到折现率所体现的获利水平,而且还有剩余收益。此时的净现值反映的是超过折现率获利水平的剩余收益的现值,因而投资项目是可行的。

(2)当净现值等于零时,说明投资项目具有达到折现率的获利水平,项目属于边缘性可行项目,是否采纳还取决于其他条件和衡量标准。

(3)当净现值小于零为负值时,说明投资项目未达到折现率所体现的获利水平,因而项目是不可行的。

3. 折现率选择对项目净现值的影响

可以认为,由于净现值是折现计算的结果,故计算净现值所选折现率的高低,对项目的净现值具有非常重要的影响。

【例2－15】　某投资项目具有A、B两个备选方案,这两个方案预期的现金流动情况如表2－16所示。

表2－16　　　　　　　　备选方案现金流量分析表

单位:万元

方案	初始投资	经营期间现金净流入量			
		1	2	3	4
A	300	150	150	150	—
B	300	120	120	120	120

由于这两个项目经营期间的现金流动都呈现年金形式,可查表计算;选择12%的折现率,这两个备选方案的NPV可计算如下:

$$NPV_A = 150 \times (P/A,12\%,3) - 300 = 150 \times 2.402 - 300 = 60.3(万元)$$

$$NPV_B = 120 \times (P/A,12\%,4) - 300 = 120 \times 3.037 - 300 = 64.44(万元)$$

如果折现率改为20%,这两个备选方案的NPV可重新计算如下:

$$NPV_A = 150 \times (P/A,20\%,3) - 300 = 150 \times 2.106 - 300 = 15.9(万元)$$

$$NPV_B = 120 \times (P/A,20\%,4) - 300 = 120 \times 2.589 - 300 = 10.68(万元)$$

可见,选择不同的折现率,对项目净现值的计算结果以及比较结果有明显的影响。

(二)投资回收期法

投资回收期是指收回全部投资所需的时间。根据计算投资回收期过程中是否考虑货币时间价值的因素,投资回收期可划分为静态投资回收期和动态投资回收期。

1. 静态投资回收期

静态投资回收期只考虑投资本金的回收,没有考虑货币时间价值因素对投资回收期计算的影响。故从严格意义上说,静态投资回收期不应当属于现值分析的基本方法之一。

但现代管理会计学书籍中仍广泛讨论了静态投资收回期这一投资决策的基本方法,在一定程度上反映了这一方法得到了较广泛的认可。

静态投资回收期的一般计算公式如下：

$$NCF_0 + NCF_1 + NCF_2 + \cdots + NCF_{PBP} = \sum_{t=0}^{PBP} NCF_t = 0$$

式中，PBP 为投资回收期。

如果项目为一次性投资，不存在建设期，且经营期内各期的现金净流入相等，则静态投资回收期的计算公式可简化如下：

静态投资回收期＝投资总额÷年投资回收额

按照例 2－14 中提供的数据，购买该设备的静态投资回收期可计算如下：

静态投资回收期＝1 000 000÷200 000＝5(年)

2．动态投资回收期

动态投资回收期不仅追求投资本金的回收，还对投资利息(即投资货币时间价值)的回收也提出了要求。

动态投资回收期的一般计算公式如下：

$$\sum_{t=0}^{PBP} NCF_t \cdot (1+K)^{-t} = 0$$

如果项目为一次性投资，不存在建设期，且经营期内各期的现金净流入相等，则动态投资回收期的计算公式可简化如下：

$$\sum_{t=1}^{PBP} NCF \cdot (1+K)^{-t} - I = 0$$

可进一步推算出，动态投资回收期的计算公式如下：

$$PBP = \frac{\ln NCF - \ln(NCF - I \cdot K)}{\ln(1+K)}$$

[例 2－14]中投资项目的动态投资回收期为：

$$PBP = \frac{\ln 200\,000 - \ln(200\,000 - 1\,000\,000 \times 10\%)}{\ln(1+10\%)}$$

$$=0.693\,1 \div 0.095\,3 = 7.27(年)$$

尽管一些文献中也在讨论动态投资回收期问题，但许多管理会计著作中有关长期投资决策分析方法的讨论中却很少涉及动态投资回收期，体现了一定的局限性。

(三) 内部收益率法

1．内部收益率法概述

投资项目的内部收益率(IRR)是指使得项目净现值为零时的财务折现率；反映了投资项目在全部经济寿命期内所获得的真实收益率。

内部收益率的一般计算公式如下：

$$NCF_0 \cdot (1+IRR)^0 + NCF_1 \cdot (1+IRR)^{-1} + NCF_2 \cdot (1+IRR)^{-2} + \cdots +$$

$$NCF_n \cdot (1+IRR)^{-n} = \sum_{t=0}^{n} NCF_t \cdot (1+IRR)^{-t} = 0$$

式中，IRR 为内部收益率。

如果项目为一次性投资，不存在建设期，且经营期内各期的现金净流入相等，则内部收益率的计算公式可简化如下：

$$\sum_{t=1}^{n} NCF \cdot (1+IRR)^{-t} - I = 0$$

式中，I 为投资总额。

按照［例 2-14］中提供的数据，购买该设备的内部收益率可计算如下：

$$200\,000 \times (P/A, IRR, 10) - 1\,000\,000 = 0$$

即：

$$(P/A, IRR, 10) = 1\,000\,000 \div 200\,000 = 5$$

$$IRR = 5.03\%$$

2. 内部收益率与净现值之间的关系

内部收益率与净现值之间存在以下关系：

（1）内部收益率表现为使得项目净现值为零时的财务折现率。这意味着，计算净现值选择的折现率如果低于内部收益率，则项目净现值大于零；如果选择的折现率高于内部收益率，则项目净现值小于零。

（2）从另一方面来看，如果项目净现值大于零，意味着项目的内部收益率大于用折现率体现的基准收益率，该项目是可行的；如果项目净现值小于零，意味着项目的内部收益率低于用折现率体现的基准收益率，该项目不可行。

（3）如果两个可供选择的投资项目具有不同的内部收益率，且具有项目现金净流入量大的项目内部收益率相对较低、项目现金净流入量小的项目内部收益率相对较高的特点，则存在使得两个项目净现值相等的折现率，使得不同的折现率下具有不同的项目选择的思路。

内部收益率与净现值之间的关系如图 2-8 所示。

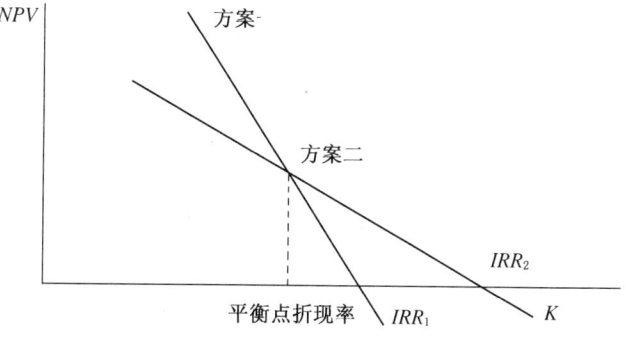

图 2-8　内部收益率与净现值关系图

3. 投资项目内部收益率的确定

要计算确定内部收益率,可采取以下两种方法进行:

(1) 利用计算机软件计算确定。借助于 Excel 等软件,很容易计算出该项目的内部收益率为 15.03%。

(2) 采取内插法计算确定。内插法的基本原理是:在较小的区域范围内,将净现值曲线近似地视为一条直线,利用相似三角形对应边成比例的数学原理,推算出内部收益率的近似值。

在[例 2 - 14]中,当 K 为 15% 时,NPV 为 3 800 元;当 K 为 16% 时,NPV 为 $-33 400$ 元。故该项目的内部的收益率可计算如下:

$$IRR = (33\ 400 \times 15\% + 3\ 800 \times 16\%) \div (3\ 800 + 33\ 400)$$
$$= 15.10\%$$

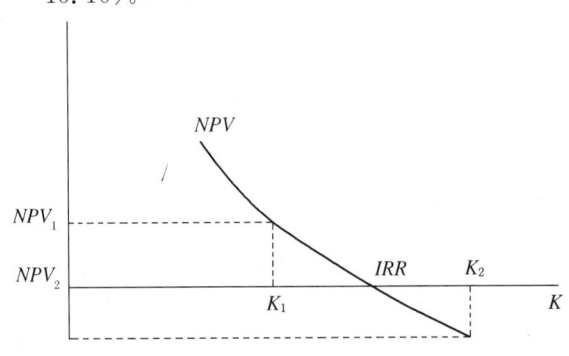

图 2 - 9　内插法基本原理分析图(1)

内插法同理可以应用于动态投资回收期的计算。在[例 2 - 14]中,当 n 为 7 时,$NPV = -26\ 320$ 元;当 n 为 8 时,$NPV = 66\ 980$ 元。所以:

$$PBP = (66\ 980 \times 7 + 26\ 320 \times 8) \div (26\ 320 + 66\ 980)$$
$$= 7.28(年)$$

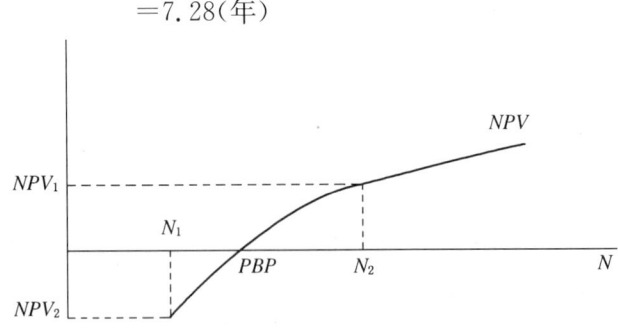

图 2 - 10　内插法基本原理分析图(2)

（四）现值分析基本方法的比较

除了净现值、投资回收期和内部收益率 3 种方法以外,在一些管理会计书籍中还分别讨论了现值指数法、净现值指数法、净现值率以及外部收益率①等其他现值分析的方法。这些方法可参考有关管理会计书籍中的表述。

可以认为,在这 3 种方法中,最适用的方法应当是内部收益率法。内部收益率体现了投资项目实际获得的收益率,在资源短缺、特别是资金短缺的状况下,努力提高每元投资的效益,是绝大多数企业努力争取的奋斗目标。

净现值法是在资源可能出现闲置的状况下为了有利于提高总收益所采取的一种现值分析基本方法。与单纯追求总收益不同,净现值的优势在于满足了企业对最低投资收益率的追求;净现值衡量的是企业在满足最低投资收益率(即财务折现率)的基础上,对提高总收益的追求。2009 年 12 月国务院国资委下达的对中央企业经济增加值(EVA)考核的要求②,在一定程度上体现了净现值指标的重要性。

投资回收期指标在特定情况下具有重要的意义。例如,企业也许是通过发行期限为 10 年的中期票据筹措项目投资所需资金的。尽管该项目可在长达 20 年的期限内为企业带来投资收益,但企业决策者更为关心的问题是,在中期票据到期时,是否能够收回全部投资本息以满足偿还中期票据本息的需要? 在这样的情况下,投资回收期指标就显得更为重要。如果某项目具有明显的未来投资效益,但满足不了到期偿还中期票据的需要,这样的投资项目,也许只能被界定为不可行。

对此,进行长期投资决策分析的一项重要任务,就是针对不同的状况合理选择适用的现值分析基本方法。

阅读文献

[1] 周国光主编:公路运输管理会计学[M],人民交通出版社 1996 年 5 月第 1 版第 29 页。

[2] 李增荣著:管理会计[M],五南图书出版公司中华民国 68 年 2 月初版第 169 页。

[3] 王国付:战略管理会计师视角下企业亏损产品决策分析[J],财会月刊(综合)2008 年第 12 期第 45 页。

[4] 周国光主编:公路运输管理会计学[M],人民交通出版社 1996 年 5 月第 1 版第 99—

---

① 郭晓梅主编:高级管理会计理论与实务[M],中国财政经济出版社 2005 年 5 月第 1 版第 194 页。

② 国资委令第 22 号:中央企业负责人经营业绩考核暂行办法,2009 年 12 月 28 日发布。

106 页。

[5] [英]杰·白蒂著,陈炳权译:高级成本会计学[M],轻工业出版社 1983 年 11 月第 1 版第 282 页。

[6] 曹中主编:管理会计学[M],立信会计出版社 2007 年 5 月第 1 版第 163 页。

[7] 季中文:动态投资回收期计算方法探讨[J],生物技术世界 2012 年第 6 期。

[8] 李天民编著:管理会计学[M],立信会计出版社 2006 年 1 月第 368-370 页。

复习思考题

1. 什么是成本习性? 管理会计中为什么要将业务成本按其习性进行分类?

2. 什么是固定成本和变动成本? 固定成本和变动成本各有何特点?

3. 什么是混合成本? 为什么要分解混合成本? 分解混合成本一般可采取哪些方法?

4. 什么是变动成本计算法?

5. "变动成本计算法未考虑固定成本补偿问题"。试分析这一观点是否合理。

6. 你认为交通运输企业采用变动成本计算法有何意义?

7. 什么是本量利分析法? 在什么条件下增加销售量可以增加销售利润?

8. 什么是机会成本? 财务会计中为什么不核算机会成本?

9. 具备怎样的条件需要采用本量利法进行短期决策分析?

10. 什么是现值法? 预期可以获利的投资项目是否净现值一定大于零? 为什么?

第三章　管理会计学的基本方法(二)
——控制会计的基本方法

【本章概要】

标准成本法是管理会计的重要方法之一。标准成本法的主要作用是成本控制。当将实际成本与预定的标准成本进行比较时,任何超出常规的成本,都会引起管理人员的注意。因此标准成本法在现代管理会计中占有重要的地位。从企业的内部管理来看,成本控制比单纯的成本计算更为重要,而实现成本的控制,关键不在于事后如何计算或确定产品的实际成本,而在于如何将成本的事前控制、成本的日常控制、实际产品成本的计算与成本的事后控制有效地结合起来。采用标准成本法,有助于这一目标的实现。

企业经理依赖于包括标准成本在内的财务会计信息来控制经营业务以求达到预期的目标;责任会计通过提供各责任单位、各责任层次的财务成本信息在企业控制活动中发挥重要的作用。在这一意义上,责任会计是为企业经营管理服务的内部控制会计。责任会计在很大程度上是通过建立责任会计制度来履行其控制与业绩考核职能的。

第一节　标准成本法

一、标准成本概述

标准成本法是为了适应企业成本控制的需要而产生的一种成本会计制度。标准成本会计制度涉及标准成本的制定与修订、标准成本会计核算、实际成本数据的收集与归纳、标准成本与实际成本的比较以及成本差异分析、编制标准成本基础的成本报表和利润表并向管理部门提供用于成本控制的经济信息等内容。标准成本法是企业成本控制的基本方法。

标准成本法的运用也是以固定成本与变动成本的划分为基础的。成本习性不同,制定标准成本的依据、内容和方法亦不相同。标准成本会计制度的账务处理以及差异分析与成本习性的理论紧密联系在一起。

（一）标准成本的概念

标准成本法的出现，对成本会计系统的工作程序如何满足企业高管的需要，提供了良好的榜样。自 1880 年开始，泰罗与爱姆森在研究用"科学管理"提高生产效率的同时，也促进了事前确定成本工作的开展。首先把这项工作应用在会计上的是美籍英国会计师哈里森，他在撰写的著作中第一次使用标准成本这一名词。当对这些原理和目的还有争论的时候，一些与哈里森使用同样概念的著作在 1908 年至 1930 年间陆续出版。

有些会计学者只对预算控制进行探讨，而不深入地研究标准成本的有关问题。但成本与管理会计师协会的成员和管理会计师们仍把标准成本放在一个显著的地位。起初有许多人把标准成本计算法看成是估计成本的形式，这主要是由于对标准成本这一概念缺乏了解。实践证明，标准成本计算法初步应用于 1925 年前后。但直至 1935 年前后，在使用标准成本时仍有误解出现。

最早的观点是强调采用估计成本，也就是说，宁可回顾过去，也不去考虑未来。其观点是，在确定实际成本前，标准成本到底说明什么。现在的观点则是更多地强调在相应生产效率水平上应获得的效果，同时在确定标准成本以前，必须力争达到这个目标。可以看到，标准成本法涉及改进生产效率的问题。在这方面虽然还需要有许多其他工作，但比较起来标准成本更为重要。标准成本法属于产品成本管理体系，根据这一认识，它所研究的成本问题，应包括企业的生产、供应、销售等各个环节。

在现代企业中，需要事前编制计划，然后据以衡量效果，并反映计划成本是否在执行过程中发生了重大的偏差。简单地说，就是必须借助于标准的制定对再生产过程进行规划与控制。

（二）标准成本与预算

企业的标准成本，是根据企业生产经营过程中各种经济资源的数量耗费标准和价格标准核算的成本。具体地说，标准成本是以业务量为基础的弹性预算的单位反映。显然，标准成本是编制预算的基础，但标准成本比弹性预算更有利于对成本指标和工作成果进行控制、分析与考核，使用标准成本要比弹性预算更精确、更有效。在制造业，一般按照直接人工、直接材料和制造费用制定标准成本；对行政管理费用和销售费用则采取编制责任预算来进行控制。

（三）标准成本的种类

西方国家的企业在实务中采用的标准成本有多种，各种书籍的提法也不尽相同，一般可分为以下两类：一是按标准成本的适用期分类，包括现行标准成本和基本标准成本；二是按标准成本所依据的生产技术和经营水平分类，包括现实标准成本、正常标准成本和理想标准成本。

1. 现行标准成本

现行标准成本是指在现有的生产技术条件下,通过有效经营与改善管理能够达到的一种标准成本。综合反映了高水平的生产效率,大多数人需通过努力才能达到。因此,用这种标准成本来控制业务并考核企业员工的工作,能够说明工作的成效与不足,能够确定员工的责任,能有效地调动员工工作达标的积极性。但应注意,它既然是现行的,那就应当经常修订,以适应生产技术和经营条件的变化。例如,如果国际原油价格变动引发了国内市场成品油价格的不断变动,汽油、柴油等成品油的价格标准就应经常予以修订。

2. 基本标准成本

基本标准成本是一经制定,只要生产技术和经营条件无重大变化,就不再变动、可以长期使用的一种标准成本。它一般用来作为衡量各期成本变动的尺度,因而也称为固定标准成本或尺度标准成本。这种标准成本只有在机械设备的技术状况发生重大改变,如汽油发动机改造为柴油发动机,普通客车改造为空调客车等;或者通货膨胀率较大,致使物价上涨太多;或者工资改革、调整太大等情况下,才需修订,否则就不应变动。正是由于它不按各期实际情况进行修订,因而与实际成本相比较计算出的差异,不能用来直接评价当期工作的业绩,所以实际工作中很少单独使用,而与现行标准成本同时采用。

3. 现实标准成本

现实标准成本是根据适用期预计的耗费量、耗费价格和费率以及预计的经营能力利用程度等条件制定的、切合适用期实际情况的一种标准成本。它包含一部分理论上不应该发生、但实际上还不能完全避免的成本或损失。由于这种标准成本比较接近于实际成本,所以不仅可以用于成本管理,还可以视同实际成本用于存货成本和销售成本的计价。目前一些企业财务会计工作中对原材料采购成本采用的计划价格,可认为就是一种可达到的标准价格。应该说明的是,这种标准成本与现行标准成本是相同的,只是分类角度不同,因而名称不同。

4. 正常标准成本

正常标准成本是根据正常的工作效率,正常的经营能力利用程度和正常价格等条件制定的标准成本。这里所说的正常,一般是指过去较长时期的实际数据的统计平均值,是指较长时间内所达到的平均水平。因此,用它来评价各个时期的业绩,往往不符合实际,用它来控制成本也不够积极。它一般只用来估计未来的成本变动趋势。

5. 理想标准成本

理想标准成本是现有的经营条件下所能达到的最优水平的成本。它是根据最少的耗费量、最低的耗费价格和可能实现的最高经营能力利用程度等条件制定的。显然,理想标准成本一般是无法达到的。它反映了人们对未来的期望,一般作为调动企业员工生产经营积极性的最高目标。但由于要求过高,不够客观,不够现实,往往不但不能激发员工的生产经营积极性和责任感,反而使职工感到难以达到而丧失信心,因而实际上很少被采用。

从上述可以看出,采用现行标准成本或者现实标准成本,对企业的成本控制和业绩考评比较有利,因为这两种标准成本反映的目标大多数人都可以达到,不至于丧失信心,同时要达到目标又必须经过艰苦的努力,因而体现了其先进性。以下的讨论,主要是以这两种标准成本为基础来展开的。

(四)制定标准成本的目的和作用

以标准成本的制定为基础的标准成本计算法应用,主要是围绕以下各项工作而展开的:

(1)事前制订产品的各项消耗定额和标准价格,在此基础上确定产品的标准成本,作为控制生产耗费的标准;

(2)确定生产能力,同时了解计划与控制的前后关系;

(3)确定业绩考核的标准;

(4)用标准成本作为事先规划企业未来的经济活动、制定有关决策、编制弹性预算的依据;

(5)将标准成本与预计成本进行比较,事先揭示一部分差异,采取措施排除不合理的预计成本,实行成本的事先控制。例如,机械设备的维修,管理工程师有必要确定必要的维修规划中所需要的组成部分(如换油、调整发动机、更换零件等)的标准时间和标准费用。如果估计维修人员由于平均技术水平不高而难以达到标准时,应及时进行事前的成本控制,如进行必要的员工技能培训,而不是等到出现实际成本脱离标准的差异后再做;

(6)在日常成本管理工作中,密切注意再生产过程的进行,对出现的成本差异及时进行分析与控制;

(7)根据实际成本脱离标准成本的差异,进行成本差异分析。一方面,明确有关责任方应承担的责任,评价成本控制工作的功过;另一方面,在必要时调整标准,修订目标;

(8)针对可消除的差异部分,采取措施,改进工作。

二、标准成本制定

在制定成本标准时,必须对生产方法和生产程序进行全面的研究和考察。这种关键性的考察对于制定有意义的标准和进行有效的差异分析是非常必要的。

（一）标准成本的构成

不同行业的成本构成有较大的区别。制造企业产品成本的组成要素包括直接人工、直接材料和制造费用；不包括行政管理费用和销售费用。交通运输企业运输成本的组成要素包括直接人工、直接材料、其他直接费用和营运间接费用，同样也不包括企业的管理费用。因此，标准成本一般分为材料标准成本、工资标准成本和费用标准成本3类。

（二）制定标准成本的一般方法

标准成本制定的基本方法，是以数量标准乘以价格标准而得，分别根据直接材料、直接人工的标准用量，材料价格标准、人工工资率标准和费用分配率标准进行具体计算，制定出材料标准成本、工资标准成本和费用标准成本。其中，数量标准主要由生产经营技术部门研究确定；价格标准由会计部门会同有关责任部门（如采购部门、人力资源管理部门等）研究确定，同时还要尽量吸收负责执行标准的员工参与各项标准的制定。

（三）材料标准成本制定

在制定直接材料的标准成本时，应考虑决定标准成本的两个要素：材料用量标准与材料价格标准。其中，材料用量标准是指在现有生产经营技术条件下生产单位产品或者提供单位劳务耗用直接材料的限额，包括生产经营过程耗费的燃材料、备品配件、周转材料、低值易耗品等，应以技术分析为基础正确地确定，按生产经营过程耗用的各种直接材料分别计算。价格标准就是事先确定的购买直接材料应付的标准价格，包括购价、运杂费和其他应当归集为采购成本的费用，按各种材料分别计算。

制定材料用量标准，并不只是和会计人员有关，还包括企业管理人员、工程技术人员、生产人员、价值分析人员等。除考虑达到目标所需要的适当材料用量外，还应考虑材料的采购与储存等环节，考虑满足生产一定数量的产品所需材料的类型、质量、成本、可靠性等因素。有时对不同的产品或作业采用通用件或一般材料也是有利的。

材料用量标准一般可采用以下方法确定。

1. 根据过去已实现的数据确定

例如，某道路客运企业的大型客车由B地返回A地，空驶运行耗汽油最低纪录为百车公里36升，则这一数据可以作为该车型燃料用量标准制定的依据。

2. 作业考察

管理人员可以研究原材料的式样和形状，所需的切割与修整方法，然后确定单位产品所需的原材料数量。必要的废弃材料与正常的废品应包括在材料的标准用量中,而非正常损耗只能通过差异分析反映。

3. 根据数学模式确定

严格地说,相对于生产一件产品的材料用量而言,大批量生产耗费的材料并不简单地表现为产品数量与材料单耗的乘积。这意味着,材料用量与产品数量之间的关系也许不是线性关系而是非线性关系。如果剔除运输条件和装货载客与否的影响,假定当运距为2 000公里时某机型的百公里油耗为1 800升;如果运距达到2 800公里时,平均百公里油耗可能会下降到1 700升;当运距超过4 000公里时,由于飞机驾驶员无法长期地保持旺盛的精力,平均百公里油耗也许会上升至1 850升。生产人员一般不能决定计划期产品数量,这样标准的选择应当与生产规模一致。

4. 技术评价确定

价值分析对产品标准用量的确定是至关重要的。应根据对产品功能的要求,以及功能与成本的比值来选择材料的种类与型号,并决定其标准耗用量。另外,技术评价还能指出哪些耗费是不必要和可以避免的,使得标准更为科学并体现其先进性。

材料的价格标准反映了材料采购成本的最高限额。其中包括:支付的采购价格、材料的运杂费和采购过程中的合理损耗。购价是其中的主要组成部分,购价受市场供求关系的影响往往会出现大的波动。价格的变动企业是无法控制的,但有可能预测出其变动趋势,所以有可能通过主观努力去尽量减少价格变动所造成的损失。如果大批量购买材料或现款购买材料,可能获得一定数量的折扣。如果购买数量已在经济合同中确定,或者是执行长期合同,那么获得的价格折扣便可预计,因而应从标准价格中扣除。

材料的运杂费中不应包括临时加班费、突击运杂费、意外损失等非正常性的成本开支。如果把它们包括在内,标准就会被歪曲。只有那些不可避免的或正常的运杂费,才能包括在价格标准中。

$$某产品的直接材料标准成本=材料用量标准×材料价格标准$$

(四)工资标准成本的制定

在制定直接生产人员的工资成本标准时,要考虑以下两个因素:①业务量标准即生产或维修工作中所耗费的工时标准;②工资率标准。

这里的业务量实际上就是工作时间,业务量标准实际上就是时间标准。制定时间标准最好的方法是能够掌握技术要领。因此,必须明确两个目的。

1. 确定最适合的操作方法

这种分析涉及的范围很广,例如对机器、设备、工作条件的观察,物资传递方法,对直接生产人员和间接人员执行工作的场地布置、工序安排等。

2. 确定作业时间

对每一种操作或工序规定标准作业时间,总的概念是在确定标准作业时间以前,必须确定最好的作业方法。例如,在运输站场的货物装卸工作中,可将装卸工人驾驶叉车将托盘上的货物装车或从运输工具上卸下的整个作业所必需的动作进行分解,每个动作都分别计时,则完成整个任务所必需的全部时间,就是作业的标准时间。在计时之前,必须确定货物堆放地点、车辆停放点以及最佳运行路线。

在确定标准时间时,还应考虑以下问题:

(1)适当等级的有经验的生产人员在正常时间内所应当达到的目标是什么?

(2)经过一定的努力能够达到的生产效率有多高?

(3)那些不可避免的损失和停工时间有多少? 有无必要核定限额?

(4)在标准时间内,是否应考虑包括必要的间歇时间?

应当明确指出,一切在经济或技术上不合理的以及任何属于非正常的时间损失都不该包括在标准时间内。并且,在标准时间确定以后,对所有生产人员进行岗位技术培训,才能够真正减少或消灭时间损失,保证达到规定的生产效率。

将企业各车间、各工序分别计算的标准时间进行汇总,就构成了生产某种单位产品或维修单位设备所应当耗费的人工小时。进一步说,业务量标准反映了一定时期内生产人员应当完成的产品数量。

工资率一般表示单位人工小时所支付的工资额。标准工资率的计算方法如下:

$$工资率标准=直接生产人员浮动工资总额÷标准总工时$$

单位产品的标准工资成本为变动成本,随产品数量的变动而变动。其计算公式为:

$$工资标准成本=工时标准×工资率标准$$
$$=直接生产人员浮动工资总额÷标准总产量$$

(五)费用标准成本制定

制造费用的发生与产品的生产具有密切的联系,但这种联系并非是直接的而是间接的,通过人工小时或机器小时与产品数量发生关系。正由于制造费用不同于直接成本,它与产品或加工工序都没有明确的关系,它是以成本中心为基础发生的,因此在研究制造费用标准时,应当把标准成本与预算控制紧密地结合起来。

制定制造费用标准,其中的数量标准为生产加工产品或维修设备所需的人工小时或机器小时;"价格"标准是指制造费用的标准工时分配率,其中包括变动费用标准工时分配率与固定费用标准工时分配率。分配标准的确定取决于下列因素：

1. 预算总工时

可根据正常作业水平或实际生产能量来预算计划期的总工时。正常的作业水平反映了近期以来的平均数，它消除了可能出现的异常情况，可用于预测未来的作业水平。实际生产能量是指在考虑了生产过程中发生的正常问题（例如设备检修）后，在理想状态下的最高作业量。在确定生产能量时应排除设备的非正常维修、材料大量短缺、停电等非正常性事故造成的影响，因此，实际生产能量反映了企业在能生产多少就生产多少的情况下可以达到的作业量。两种标准各有利弊。本章以后部分将以实际生产能量为标准进行研究。

2. 标准总工时

标准总工时反映了一定作业量下按单位作业量的工时标准计算的应耗工时总量的标准。标准总工时剔除了业务量因素变动的影响，因而当业务量变动时标准总工时也会相应地变动。

3. 变动制造费用预算数

按照其习性，制造费用需要划分为变动费用和固定费用。变动费用应按不同的作业量分别确定其总耗费，用"弹性预算"的形式反映。

4. 固定制造费用预算数

固定费用由若干成本项目构成，如设备的折旧、维修、管理工资、动力等。在可以控制这些费用的部门，每一项都单独预算，每项成本的预算数就是其标准数。

在此基础上，可以算出制造费用的标准工时分配率：

变动费用标准工时分配率＝变动费用预算数÷标准（预算）总工时

固定费用标准工时分配率＝固定费用预算数÷预算总工时

则：单位作业量的间接费用标准成本＝标准工时×标准工时分配率

【例3-1】 振华实业有限公司下设的某辅助生产车间计划期固定费用预算数为240万元，产能总工时24万人工小时；按产能总工时预算的变动制造费用160万元，则：

变动费用标准工时分配率＝1 600 000÷240 000 ＝ 6.67(元/工时)

固定费用标准工时分配率＝2 400 000÷240 000 ＝ 10(元/工时)

（六）标准的修订

制定标准成本以后，不可避免地会存在标准成本要使用多长时间的问题。一般标准成本在下列情况下必须修改：

（1）当生产方法、使用的材料、工资率或其他因素发生根本变化时；

(2) 当标准成本不能反映现实情况和条件时;

(3) 由于价格是制定标准成本的基础,当发生价格变动时,就应立即修改标准;

(4) 当企业的经营决策的改变而影响标准成本时;例如,当企业经理为保证企业设备的维修作业可以按计划正常进行,决定维修车间停止对外提供维修服务,则就有可能出现设备作业能力闲置的差异;当管理部门决定提高浮动工资总额所占比重时,将引起工资率的变动。

在实际工作中,标准往往需要一年修订一次;也可以根据需要半年或一季度调整一次。基本原则是既要满足管理的需要,又要尽可能使修订标准的问题减少到最低的程度。应当注意的是:标准是否应当修订,取决于标准设定所根据的条件是否不再存在或发生了变化,而不是根据工作是超过标准或低于标准。对进步给予鼓励是必要的,但进步不一定达到了标准。

三、成本差异计算与分析

(一)成本差异及其分类

成本差异反映了产品的标准成本与计划期内所发生的可比较的产品实际成本之间的差额。通常分别按直接材料、直接工资和间接费用进行计算与分析。在实际工作中,如果会计人员已将单独计算各种成本差异作为正常工作的一部分,就可以通过这种方式提前分析和报告成本差异。如果事先能估算出可能发生的成本,就能在损失发生以前显示差异的存在。如果有必要,就应当自动寻找产生差异的原因,以便进行控制。成本差异是管理人员对成本中心进行控制与考核的重要反馈信息,进行成本差异的计算与分析是标准成本会计的主要内容。

当实际成本大于标准成本时,成本差异为正数,表示属于对企业不利的差异(逆差);当实际成本小于标准成本时,成本差异为负数,表示对企业有利的差异(顺差)。

标准成本的3个成本项目(直接材料、直接工资和变动间接费用)都可以表现为用量标准与价格标准的乘积,因此可对成本差异进行下列的分解:

成本差异=实际成本－标准成本

　　　　=实际用量×实际价格－标准用量×标准价格

　　　　=(实际用量－标准用量)×标准价格+(实际价格－标准价格)×实际用量

其中:

　　　　数量差异=(实际用量－标准用量)×标准价格

　　　　价格差异=(实际价格－标准价格)×实际用量

在制造成本差异中,属于数量差异的有材料用量差异、人工效率差异和费用效率差异;属于价格差异的有材料用量差异、工资率差异和费用分配率差异。

人工效率差异反映了完成单位作业量所耗用人工小时的差异;费用效率差异反映了完成单位作业量所耗用人工小时或机器小时的差异,这取决于费用的标准分配率是按人工小时还是机器小时确定的;工资率差异反映了浮动工资的变动,而平均工资差异则反映了固定工资的变动;变动费用分配率的变动反映了单位工时的平均耗费变动,所以其差异又可以称之为耗费差异。

固定间接费用不随业务量的变动而变动。在完全成本计算法下,单位产品所应当负担的固定费用,与业务量的增减成反比例变动。为了合理地制定包括固定间接费用在内的产品标准成本,需要将固定费用的分配比率人为地进行固定。因为单位产品所负担的固定费用等于生产单位产品所耗用的标准工时与固定费用标准分配率的乘积,则只要将固定费用分配率人为地固定,单位产品所负担的固定成本也为一常数。

本章是采用实际生产能量来确定预算总工时并作为计算标准分配率的依据的。在实际生产活动中,由于实际工时、标准工时与预算工时可能不一致,固定间接费用的预算额与实际发生额之间也会产生一定的偏差,因此,导致了成本差异的发生。

固定间接费用的差异一般有三种:

(1) 效率差异:反映了实际工时脱离标准工时而产生的差异;

(2) 耗费差异:反映了固定费用的实际发生额脱离固定费用的预算而产生的差异,所以又称预算差异;

(3) 能量差异:反映了企业的实际生产能量由于闲置或超负荷使用而产生的差异,所以又称之为作业差异。

(二) 价格差异的计算与分析

这里的价格概念是一种广义上的理解,它包括材料的采购成本、变动间接费用的分配率、工资率、平均工资等。价格的变动,客观的原因主要有:

(1) 现行体制下国家有计划地调整石油产品、电力价格以及铁路运价;

(2) 由于市场供求关系所造成的原材料、备品配件,周转材料、低值易耗品等价格的变动;

(3) 受用工市场变动的影响所导致的企业员工工资出现的明显变动;

(4) 国家有计划地调整高速公路通行费标准;等等。

价格的变动,管理上的原因主要有:

(1) 由于在材料的采购批量、交货方式、运输工具、材料品种、材料质量、购料折扣、购货地点等方面脱离计划所造成的材料采购成本脱离标准的差异;

(2) 材料在运输、检验、入库过程中的耗费超过标准所产生的差异;

(3) 将高工资的技术熟练工人安排在不需较高技术工作岗位上而造成的平均工资率超过标准的差异;

(4) 变动间接费用分配率的变动,可能是由于生产人员技术上的、责任上的原因以及管理人员工作上的失误造成的。费率的变动,可能是由于燃材料价格的变动造成的,也可能包括一部分数量变动的因素。从理论上也许有必要进一步划分,但实际工作中要进行这样细致的分析或许无必要并且难以做到。在进行差异分析时,必须遵循这一原则:要在经济上合理,进行分析所可能得到的节约,必须大于由于分析而追加的费用开支。

在实行浮动工资制下,工资率的提高也许属于管理上的一项英明决策。当生产人员通过主观努力提高了生产技术,加强了生产责任心,使得生产单位产品所耗时间低于标准时,管理人员应通过提高工资率给予鼓励,使员工的劳动贡献与个人的物质利益相结合,这有利于调动员工的生产积极性,也符合社会主义按劳分配的基本原则。在实行计件工资的条件下,如果单位产品的工资含量是固定的,则每小时的实际工资率将随劳动生产率的提高而提高。在固定工资制下,工资率相对固定,社会平均劳动生产率的提高、物价指数上升、用工市场供求关系变动有可能导致员工工资出现较大变动,但这与劳动者个人的劳动生产率的变动也许无关。

价格差异的一般计算公式为:

材料价格差异＝(实际价格－标准价格)×实际用量

工资率差异＝(实际工资率－标准工资率)×实际工时

平均工资差异＝(实际平均工资－标准平均工资)×实际人数

变动费用的耗费差异＝(实际分配率－标准分配率)×实际工时

计算价格变动所产生的差异,是为了进一步分析造成差异的主要原因,分清各职能部门之间的经济责任。例如,哪些差异是由于客观因素变动造成的? 客观原因造成的差异只需要计算,无需作为控制与考核的依据;哪些差异的出现应由采购供应部门负责;哪些差异是由生产部门的责任造成的;哪些差异的出现反映了管理部门工作中的失误;哪些差异是可控的;哪些是不可控的,等等。这样就可以针对具体情况制定消除差异的措施,对成本进行有效的控制。

(三) 数量差异的计算分析

数量差异反映了由于数量的变动所造成的实际成本脱离标准成本的差异。它的一般计算公式为:

数量差异 ＝(实际用量－标准用量)×标准价格

在标准成本系统中,能够用数量反映的物资消耗与人工消耗都可以归入"用量"的范畴。如材料用量、工时用量、员工定员等。材料用量变动涉及构成产品实体的主要材料和其他辅助直接材料;道路运输生产中的燃料、轮胎、维修材料、随车工具等有关成本项目;工时用量变动则涉及按人工小时或产品数量支付的员工工资,车间制造费用中的变动费用;员工定员变动涉及直接人工中的固定开支以及维修或其他间接人工中的固定工资费用。产生数量差异的原因主要有以下几个方面:

(1) 由于使用了技术水平较低的生产人员而造成了材料用量或工时用量超标;

(2) 由于直接生产人员粗心大意或责任心不强所造成的材料用量超标或劳动生产率下降;

(3) 由于采购部门所采购的燃材料质量低劣而造成用量过多、废品率上升或加工工时耗用过多;

(4) 由于缺乏标准件而使用代用品所造成的材料用量超标;

(5) 由于生产工艺上的问题所造成的浪费和损失;

(6) 由于材料供应中断、停水、停电等所造成的停工损失;

(7) 由于情况的变更而改变工艺流程所造成的实际耗用工时脱离标准;

(8) 由于管理上的失误所造成的实际生产人员超定编;

(9) 由于管理不善而造成的材料或半成品遗失;

(10) 用量标准制定得不够合理。

数量差异的计算公式是:

材料用量差异＝(实际用量－标准用量)×标准价格

人工效率差异＝(实际工时－标准工时)×标准工资率

费用效率差异＝(实际工时－标准工时)×变动费用标准分配率

定员差异＝(实际人数－标准人数)×平均工资标准

通过上述分析,产生数量差异的原因固然有外部因素的影响,但主要还在于企业内部管理造成的。因此数量差异是成本控制和重点。数量因素与价格因素具有一定的内在联系,在一定条件下价格的变动会引起数量的变动。例如,购买高质量的材料用量较少,但却必须支付较高的购买价格。此外,还必须考虑材料对产品质量的影响。所以无法绝对地将实际成本大于标准成本的差异一律视为不利差异,而将实际成本小于标准成本的差异一律视为有利差异。应当具体问题具体分析。例如,提高生产人员的工资率是由于劳动生产率的提高;降低生产人员的工资率是由于材料或工时用量没有达到标准。虽然工资率的提高反映为不利差异,但管理的结果是好的;工资率的下降尽管反映为有利差异,但却是管理部门所采取的迫不得已的措施。

（四）固定间接费用成本差异的计算与分析

固定间接费用成本差异反映了固定费用实际发生额与一定作业量下的标准分配数之间的差额，其计算公式如下：

固定费用差异＝实际发生额－标准总工时×固定费用标准工时分配率

固定间接费用差异可进一步分解为：

固定费用差异＝耗费差异＋效率差异＋能量差异

其中：

耗费差异＝实际发生额－预算额

效率差异＝（实际总工时－标准总工时）×标准分配率

能量差异＝（预算总工时－实际总工时）×标准分配率

固定间接费用差异反映了固定间接费用实际发生额脱离固定费用标准成本的数额。由于标准成本总额必须与实际作业量联系起来而不是发生多少就分配多少，因此固定间接费用标准分配总额是通过实际作业量的标准总工时与固定费用标准分配率的乘积来反映的。

固定费用的耗费差异反映了固定费用的实际发生额与固定费用预算之间的差额。企业基本生产车间和辅助生产车间的固定间接费用，包括车间管理人员的工资、办公费、差旅费、劳保费、修理费以及按年限计提的固定资产折旧费等。

下述情况的发生都有可能产生耗费差异：

（1）由于现行价格发生变动使得实际发生额脱离预算。例如，由于燃材料价格上涨、住宿及住勤补助提高所造成的办公费、差旅费、劳保费以及固定资产的维修费用实际支出超预算标准。

（2）由于对员工的工资调整所造成的实际支出脱离预算标准。严格地说，这种差异只是反映了工资成本的意外变动。如果工资的调整在事前可以预计，应通过预算反映出来。这种差异虽然反映在工资成本项目上是不利差异，但却有利于费用总额出现有利差异。

（3）对固定资产进行重新估价或缩短固定资产的使用年限都将提高期间的折旧成本。

（4）企业短期经营决策的变动将影响选择性成本的实际开支。例如，购买一台复印机对加强核算与管理是必要的，但随之产生的对复印纸的需要将造成办公费的实际开支超过预算标准。

（5）由于害怕企业管理部门削减下一期的预算而突击花钱。

对于实际支出脱离预算而产生的任何差异，包括有利差异与不利差异，都必须进行具体的分析，采取对策，进行控制。一般来说，实际支出超预算标准对企业是不利的。不过企业经营决策的改变虽然导致费用的增加，但短期决策主要是侧重于未来的经济效益,并非一定不利。例如,增加广告费、对外提供维修服务,是为了充分发挥车间闲置生产能力的作用,但这一效益也许到下一期才能真正体现。同样,实际发生额低于预算标准时,一般对企业是有利的;但如果费用的降低是以牺牲未来的经济效益为代价的,就很难被认为是合理的了。例如,为了降低本期费用,人为地削减办公开支与广告费,人为地减少正常的设备保养与检修工作,实为一种杀鸡取蛋式的不明智做法。如果未来状况未发生明显变动,如果预算确定地科学合理,那么任何实际支出超出预算标准或低于预算标准的差异,都应引起管理人员的关注。

企业基本生产车间和辅助生产车间的能量差异,本身不能说明是超标还是节约,它只是反映了车间实际生产能量的利用程度。由于是按照实际生产能量进行总工时的预算,因此一般情况下实际总工时应当小于或等于预算总工时,不会出现有利的能量差异。当然,不利的差异应当越小越好,即作业能力利用程度越高越好。产生不利差异的原因一般有以下几种:

(1) 企业设备管理部门对本企业生产设备的利用没有进行合理的计划与安排,使维生产间时而空闲,时而工作紧张;

(2) 没有根据生产车间按预算总工时大于计划总工时的具体情况及时地扩大对外服务,以充分利用现有的作业能力,从而造成作业能力的闲置;

(3) 市场总的作业能力大于同期的社会需求量,企业没有及时地调整投资方向;

(4) 设备的完好率低于规定的指标。

能量差异有时也会出现有利差异,这是由于:

(1) 对企业实际生产能量估计得不够准确而使得预算总工时小于产能总工时;

(2) 设备的完好率高于规定的指标;

(3) 实际作业量超过了生产能力许可的范围。例如,靠员工加班加点提高作业量而不是靠技术进步来超产;靠人为地减少设备的维修次数或超负荷地使用设备;等等。这样,虽然在能量利用上出现了有利差异,但却会造成其他方面的不利差异。

四、成本控制

(一) 成本控制的定义、作用和特点

企业的生产经营过程是资源的耗费过程和成本的形成过程。产品成本(含劳务成本,下同)的高低,决定于人们对生产工具的利用程度和对各项耗费的控制水平。在其他条件相同的情况下,生产工具的利用程度高,各项耗费少,成本

就低,企业的盈利水平就高;反之,如果生产工具的利用程度低,各项耗费大,成本就高,企业的盈利水平就低,甚至亏损。为了获得较好的经济效益,在企业生产经营过程中,必须对产品成本进行有效控制。企业成本控制就是根据责任会计的原则,在产品成本的形成过程中,按照企业的利润规划,预先确定成本控制标准,建立起企业各成本(费用)中心的业绩考核和评价体系,对劳动工具的使用和各种耗费实施监督和控制,从而实现目标成本的方法。其目的就是保证企业目标成本和目标利润的实现。

产品成本是衡量企业生产管理水平和经济效益的一项重要指标。进行产品成本控制,是企业生产经营活动的中心环节和重要内容。它具有以下作用:

(1) 进行产品成本控制,可改变长期以来产品成本管理的被动状况

21世纪以来,我国企业的成本管理,已经在逐步跟上国际发展的步伐。企业成本管理一般包括成本预测、成本决策、成本控制、成本核算、成本分析、成本考核等环节的管理内容,有效改进了以往的成本计划、成本核算和成本分析三环节的管理,成本控制工作已取得初步成效。

(2) 进行成本控制,有利于建立起科学的经济责任制,调动全体员工的工作积极性,降低成本,提高效益

进行产品成本控制,根据可控性原则,可制定出各成本中心、各责任者的目标成本,据以考核其工作业绩,实施业绩评价和奖罚制度,可建立适合实际的科学的经济责任制,提高企业的经营管理水平。

(3) 进行成本控制,有利于全面提高企业各部门和全体员工的工作质量

企业产品成本的形成,牵涉企业的物资供应、生产经营组织、设备维护、生产安全管理、生产经营管理等生产经营各方面的工作和全体员工。进行产品成本控制,可考核与评价企业各方面工作情况和全体员工的工作情况,促进企业各方面和全体员工全面提高工作质量和水平。

(4) 进行成本控制,有利于降低消耗,实现既定的成本目标,提高盈利水平

进行成本控制,建立全企业成本管理责任制,可促使各成本中心和全体人员控制好自身职责范围内的成本和工作效率,从而实现企业既定的成本目标,不断提高盈利水平。

(二) 成本控制的内容

企业成本控制的内容是指对成本控制对象实施控制的各个方面。包括对直接计入产品成本的直接人工、直接材料和其他直接费用的控制,以及分配计入产品成本的各项间接费用的控制。企业的期间费用控制,也是成本控制的内容之一。

1. 直接人工的控制

企业的直接人工是指直接从事生产人员的工资、福利费、奖金、津贴、补贴等。从 2006 年开始,按照与国际会计准则趋同的要求,财务会计中将与人员有关的支出表述为"职工薪酬"。

2. 直接材料的控制

企业在生产过程中耗用的直接材料,是指能够直接按照成本计算对象归集的材料消耗。不同行业的直接材料,具有不同的构成内容。制造企业和施工企业的直接材料,表现为构成产品或工程实体的主要材料,以及有助于产品或工程形成的辅助材料。交通运输企业的直接材料耗费,主要表现为运输工具(道路运营车辆、铁路机车、民用航空飞机、运输船舶等)在运行过程中产生的燃料以及为维护交通工具发生的材料等耗费。

3. 其他直接费用的控制

施工企业的其他直接费用,一般表现为机械使用费和其他直接费;交通运输企业的其他直接费用,是指企业在运输生产过程中发生的可以按照运输工具直接归集的折旧费、修理费、租赁费等。

4. 间接费用的控制

企业在生产经营过程中发生的房屋、建筑物和其他经营用固定资产的折旧费、修理费、租赁费(不含融资租赁费)、取暖费、水电费、办公费、差旅费、保险费、设计制图费、试验检验费、劳动保护费、职工福利费等支出,构成了计入产品成本的间接费用。

5. 期间费用的控制

管理会计角度考虑的企业期间费用,包括销售部门发生的销售费用以及行政管理部门为管理和组织运输生产活动而发生的管理费用。作为期间费用,不计入产品成本。但期间费用的控制,也属于成本控制的范畴。必须采用一定的方法对期间费用进行控制,以利于分清经济责任,达到降低成本费用,提高盈利水平的目的。

(1)销售费用。企业的销售费用,包括为推销产品发生的广告宣传费用、销售机构的固定资产折旧费、销售人员工资以及其他销售费用。

(2)管理费用。企业的管理费用,包括公司经费、工会经费、职工教育经费、劳动保险费、待业保险费、董事会费、咨询费、审计费、诉讼费、排污费、绿化费、税金、土地使用费、土地损失补偿费、技术转让费、技术开发费、无形资产摊销、开办费摊销、业务招待费、广告费、展览费、坏账损失、存货盘亏(减盘盈)、毁损和报废损失以及其他管理费用。

（三）成本控制的一般方法

企业在进行成本控制之前，必须做好各项准备工作：①根据企业的具体情况，确定各个成本中心的责、权、利关系；②制定健全的用人制度，使每个工作岗位都有称职的人选；③培训所有员工，使每人都能胜任自己的工作；④制订各种用量标准、价格标准、质量标准和效率标准；⑤向企业所有员工宣传各种成本限额和考核指标；⑥建立责权利相结合的奖罚制度。

准备工作做好后，就可以着手实施成本控制了。现代企业的成本控制工作，可分3个步骤进行：

1. 确定成本控制标准

成本控制标准是材料等物资消耗、设备使用效率和费用开支所规定的数量界限。包括直接材料、直接人工、其他直接费用的标准成本，以及间接费用、期间费用的预算、定额和设备使用效率等。它们是成本控制的依据。在实际工作中，还要根据成本习性把所有成本、费用分为变动成本和固定成本两大类，然后再针对不同类型的成本采用不同的办法进行控制。直接人工、直接材料和其他直接费用可以划分为变动费用；间接费用和期间费用一般属于固定费用。

对于直接人工和直接材料，一般制定标准成本；对于其他直接费用，一般编制预算或弹性预算进行控制。这是因为直接材料和直接人工在企业的单位产品成本中所占比重较大，金额易于分割，利用标准成本控制很方便。而其他直接费用通常由许多成本明细项目所组成，比较零星分散，故以编制预算或弹性预算进行控制较为适宜。另外，标准成本的每个成本项目都采用单独的价格标准和数量标准进行核算，有利于更好地分清经济责任。例如原材料的采购决策与价格标准有关，应由采购部门负责；而使用原材料的决策与数量标准有关，则由生产部门负责。因此，对于采购和耗用这两类决策的执行情况应分别加以考核和评价，这才符合责任会计的原则。

对于间接费用和期间费用，可分两种情况进行控制。对于选择性固定成本部分，如职工培训费、技术开发费、广告费等，因其共同特点是可根据企业不同时期的财务承担能力来确定，伸缩性较大，故大多是制定出一个总金额，作为成本控制的依据。对于约束性固定成本，如折旧费、税金、保险费等，可根据长期投资决策所确定的资本支出预算来制定它们分项目的固定预算，并据以进行控制。

2. 监督产品成本的形成

在产品生产过程中，按照一定的原则，对产品成本各项目进行日常记录，计算和积累有关数据，并在规定时间编制业绩报告，据此按事先制定的成本标准、费用预算和定额等，监督和调节产品成本的发生。

3. 查明原因,纠正不利成本差异

企业在日常经济活动中,往往由于种种原因,导致实际发生的成本数额与预定的标准成本和责任预算发生差异。应对此进行计算,并及时分析产生差异的原因,采取有效措施,消除不利差异,巩固成绩。这一步重点在于严格按照确定的成本标准进行把关,并根据计算出来的成本差异来指导和调控当前的实际行为。这部分工作称为事后控制,也称为反馈控制。

产品成本控制主要是通过对各种成本差异进行分析研究,从中发现问题,挖掘降低成本的潜力,提出改进工作和纠正缺点的具体措施。但实际上出现的成本差异往往很多。为了提高成本控制的工作效率,管理人员不应把精力和时间分散在全部成本差异上,而是突出重点,把注意力集中用在那些属于不正常的、不符合常规的关键性差异上,对它们追根求源,查明发生的原因,并及时反馈给有关成本中心,迅速采取措施予以解决。对其他的差异则不必花太大的精力。例外管理的原则在企业成本控制中具有重要的作用。

第二节 责任会计法

一、责任会计与责任会计制度

(一) 责任会计

责任会计是管理会计的重要组成部分。管理会计的职能之一,在于对企业的生产经营过程进行有效的控制与考核。责任会计就是指这方面的管理过程。责任会计在生产过程中的控制特别是业绩考核方面发挥着重要的作用,它处理资料的传递以便于业务的控制和业绩的考核。责任会计是会计人员根据一定的会计理论和会计方法来确定责任工作的目标和准则,并通过传递财务成本信息来对责任者一定时期内的工作进行反映、控制、评价与考核的管理活动。西方国家的责任会计是企业为了适应生产力发展和激烈的市场竞争来加强经营管理的产物;中国的责任会计则与经济责任制密切相关。

责任会计的工作一般可归结为:

1. 确定对工作负责的责任者,是责任会计工作的基础

以道路运输企业为例,责任者可以是实行内部独立核算的分公司、客运站、运输场、修理厂,也可以是不实行内部独立核算的货运站、车队、车辆维修车间等等。确定的基本原则是各责任者所承担的经济责任可以同其他责任者所承担的经济责任划分开。

2. 为责任者确定一个可以计量的目标或标准

确定目标或准则应遵循的基本原则为:

(1) 对责任者工作成绩的考核标准能够影响人们的行为,产生较高的经济效益;

(2) 责任者知道对于这样的目标或准则自己做得如何,以便于随时调整自己的行动;

(3) 责任者只对自己权限范围内的工作完全负责。

3. 建立责任会计制度

通过责任会计制度,应当能够提供完备的日常记录、计算和积累有关责任成本数据并反映工作成果。

4. 业绩评价与考核

根据责任会计制度的要求对责任者的工作进行评价与考核,分析实际与预算、实际与标准之间产生差异的原因,明确责任者的功过是非并予以奖惩,提出新的改进方案,采取行之有效的措施来控制业务,提高企业的生产经营效益。

(二)责任会计制度

1. 责任会计以及建立责任会计制度的目的

责任会计制度反映了责任会计工作应遵循的准则、方法和程序。建立责任会计制度的主要作用是:

(1) 有利于贯彻企业内部的经济责任制,使每个责任层次能够明确自己的责任,能够按照制度的要求有效地控制和管理好自己的责任工作,促使经济效益的提高。

(2) 责任会计制度明确了各责任层次与企业总体之间的有机联系,责任会计制度确定了各责任层次的经营目标与总体目标的一致性,这样就能够保证各责任层次在为各自的经营目标奋斗的同时,也在为企业的总体经济效益的提高而努力。

2. 责任会计制度的特点和要求

在设计和建立责任会计制度时,应当考虑以下特点和要求:

(1) 明确规定每项费用的责任归属,即明确各责任层次对各自权责范围内发生的费用应承担的责任。这就要求在成本习性分析的基础上还应当将成本进一步划分为可控与不可控两部分,以便于确定每项成本的责任。对于间接费用,若无法明确所属责任时最好不向下分摊。将固定制造费用和管理费用视为期间成本处理的方法,符合责任成本归属的原则。

(2) 在制定考核责任者工作的标准时,要考虑到能够调动责任者的工作积极性,启发和鼓励企业全体员工为完成共同目标而努力奋斗。这样,不仅需用预算或标准成本来反映总目标,还需有一套完整的记录、计算和控制预算和成本的会计制度,借以揭示差异,分析原因,落实责任,提出改进的措施。对责任工作的评价,不能孤立地进行,而应当与企业整体或企业内部其他部门有机地联系在一起。例如,某一部门出现的有利差异,只有在不影响企业整体利益或其他部门利益的前提下才能认为是成绩,否则应当通过责任成本的转账来承担责任,重新予以评价。

(3) 要建立系统的责任报告,使得管理人员能够根据各项考核标准,随时掌握各责任层次的执行情况,借以控制并调整他们的经济活动。

(4) 各责任层次的责任报告中只包括责任预算或责任成本的执行情况。此外,按例外管理的原则意味着管理人员关心的是发生问题的区域,即实际脱离标准或预算的部分。因此,责任报告中的重点内容应当是对可能出现差异的计算与分析。

(5) 建立必要的奖惩制度。实行责任会计制度,需要在坚持做好思想政治工作、运用行为科学的基础上,根据各层次的工作业绩和应承担的经济责任,使奖惩手段明确化、制度化,将员工的经济利益与企业的总体经济效益结合起来,才能真正落实经济责任,调动员工干好本职工作的积极性和主动性,真正实现责任会计提高经济效益的目的。

二、责任中心

(一)责任中心的概念

所谓责任中心,就是在企业内部,由一名主管人员负责,承担着规定责任并具有相应的经济权利的内部责任单位。作为一个责任中心,必须有十分明确的、由责任单位所控制的责任区域或行动范围。划分责任中心在于明确责任者各自应尽的经济职责,以利于业绩评价与考核,调动职工的生产积极性,提高企业的生产经营效益。

每一个责任中心,都应包括 3 个有内在联系的功能:

(1) 要有一个十分明确的计划与目标,这个计划的完成程度和目标的实现程度,对某个责任中心来说是完全可控的;

(2) 要有准确的计量工具和完整的经济信息系统,对实际行为、实际活动以及实际完成情况进行测定;

(3) 要有反馈控制系统,定期考核计划的完成程度和目标的实现程度,并建立管理会计报告进行绩效衡量。

建立责任中心的作用在于通过各责任中心将企业的经济活动组成一个有机的整体,使各层次、各环节围绕企业的总目标,互相配合,互相制约;通过分层次责任中心的信息反馈,使决策部门可以随时掌握情况;并通过分析、比较、取舍、归纳,及时地解决经济活动中的问题和矛盾,以求各项工作协调一致。

责任中心根据其控制区域以及责任范围的大小,可划分为成本中心、费用中心、收入中心、利润中心和投资中心五类。

(二)成本中心

1. 成本中心的概念和特点

成本中心是企业内部单位最普遍的一种组织形式,任何只对成本负责的内部单位都可以视为成本中心进行管理。成本中心的特点为:

(1)责任区域内只发生成本,不产生收入因此也不产生利润。这并不意味着成本中心没有收入,而只是责任者不承担控制收入的职责。任何只对一定区域内所发生的成本承担经济责任的内部单位都属于成本中心。

(2)成本中心能够提供可计量的物质产品或劳务,这意味着责任区域内所发生的一切费用均可以按成本计算对象进行归集、计算、控制与考核。

(3)成本中心的规模可大可小。一个成本中心可以由若干个较小的成本中心构成。例如,道路运输企业所属分公司、修理厂可以按成本中心进行组织,而分公司可以由车队、保修车间等成本中心构成,大修理厂可以由车间、工段、班组等成本中心构成。

(4)成本中心发生的不是实际成本,而是责任成本或可控成本。产品的实际成本是以产品为对象归集的,而责任成本以责任中心为对象归集的。

2. 责任成本

某成本中心的责任成本反映了各项可控成本的总和。要计算成本中心的责任成本,首先应当把该中心所发生的全部耗费划分为可控成本与不可控成本两部分。一般来说,可控成本应当符合三个条件:

(1)责任者能够明确发生了什么耗费;

(2)责任者能够计量所发生的耗费;

(3)责任者能够在发生实际脱离标准或预算的差异时控制与调节耗费。

符合这三个条件的成本,属于可控成本。对于不可控成本,应及时结转有关成本中心。一般来说,变动成本大多属于可控成本,而固定成本大多属于不可控成本。各成本中心直接发生的成本属于直接成本,大多是可控的;凡由其他责任中心分配的成本属于间接成本,一般是不可控的。但变动成本有时也是不可控的,而固定成本有时却是可控的;直接成本有时也可能不可控,而间接成本有时却具有可控性。因此有必要针对实际情况进行具体分析。例如,在道路运输企业,营运车辆的维修费用是车队的变动费用,但不属于车队的可控费用。驾驶人员工资成本属于固定成本,但在一定条件下车队可以控制这些成本。车间所使用固定资产的折旧或租赁费是直接成本,但往往是不可控的,因为车间无权决定固定资产是购买还是租赁,从何方租赁,折旧率多少等等。辅助生产车间提供的服务可以选择,那么所分配的服务成本则自然是可控的。

应当指出,一个成本中心的不可控成本,往往是另一成本中心的可控成本;下级成本中心的不可控成本,往往是上级成本中心的可控成本。例如,基本生产车间无权决定通过购入新的设备以替代目前租赁的设备,因此租赁费是基本生产车间的不可控成本;而公司经理则有权作出租赁与购买的决策,或有权根据不同的条件选择租出方,这样,公司经理是可以控制租赁费用的。

一项成本可以控制,是指责任者通过自身的努力可以或应当有效地控制实际支出脱离标准的差异,至于责任者是否有权制定或修改标准并不重要。原材料计划成本的制定并非是直接生产人员的责任,但直接生产人员可以通过主观的努力控制实际材料费用脱离标准的差异,因此材料费用是可控的。生产设备的技术性能与环境条件在一定程度上决定着材料的消耗水平,这是基本生产车间无法左右的;但不同设备在不同环境条件下加工产品具有不同的消耗标准,而车间应当对实际耗用量超标准的部分负责,也就是说材料成本应当是基本生产车间的可控成本。

可控性与经营期的长短也有一定的联系。一项短期内无法控制的成本从长期来看也许是可控的。例如,固定资产的大修成本从短期来看是不可控的,因为除了在发生时一次性计入成本或损益外,大多数情况下是按照预先设定的提取标准或摊销标准计入成本或损益的。但从长期来看,由于有可能出现固定资产的实际大修间隔脱离标准的差异从而造成大修理费的节约或浪费,这则是生产人员可控的,因此也应当对出现的差异负责。轮胎成本也是如此。如果根据轮胎使用里程计算轮胎成本,在轮胎的经济寿命期内,轮胎成本的高低只与车辆行驶里程有关而与驾驶人员的责任无关,尽管可能由于驾驶人员操作上粗心大意使轮胎经济寿命缩短从而使平均轮胎成本上升。驾驶人员的功过只有在轮胎报废时才能真正体现出来。当然,也可以采取一些技术方法,例如定期检查轮胎的磨损程度以便于及时揭示差异并实行有效的控制。

(三)费用中心

费用中心可以被认为是一种广义上的成本中心。但费用中心与一般的成本中心又有不同之处,它的工作不在于提供可计量的物质产品或劳务,而是为企业内部的生产经营活动提供一定的专业性服务。例如企业的财会机构、人力资源机构、后勤服务机构、计划统计机构的工作正是如此。这些机构的工作成果一般是无法计量的,因为这些机构的工作并不能直接提供生产经营成果而只是为生产经营活动服务。这些机构所发生的费用一般不随业务量变动而保持相对稳定,所以无法根据业务量的多少来判断费用支出是否合理,而只能根据一定时期的工作任务、目标和效果制定费用预算,实行预算控制。这样,就形成了费用中心。

(四)收入中心

企业销售部门的主要工作,在于组织产品的销售并组织营业款的收取。销售是企业再生产活动的一个关键环节,只有销售了产品才能真正实现其价值和利润,否则只是废品。只有在扩大产品推销的基础上,才有利于扩大企业的再生产活动。此外,商业信用是商品经济发展的必然趋势,并随商品经济的发展而发展。在当今世界上,产品销售主要表现为赊账销售而不是直接收款销售,这样,如何有效地回收营业款,缩短应收账款的平均回收期,成了企业经营管理中的一项重要工作。在交通运输企业销售工作也有重要的地位。一些发达国家的交通运输企业例如 TNT 公司、灰狗公司等都独立设置了专门的销售部门负责运输劳务的推销和售后服务,使之成为与管理部门和生产部门并驾齐驱的企业 3 大支柱之一。中国道路运输企业的货运站、客运站或地段营业所,是组织客货运输业务并负责收取营业款的基层单位。他们从事的是企业销售部门的工作。在这些单位和部门,主要发生的是收取并上缴营业款的业务活动,同时也发生车站、所管理费用。为了加强营收管理,有必要在这些单位建立收入责任中心以对其业务进行控制与考核。

(五)利润中心

1. 利润中心的概念

与成本中心不同,利润中心不仅控制成本,同时也对收入负责,并通过责任收入与责任成本的配比,反映责任利润。责任利润是评价与考核利润中心业绩的主要经济指标。

利润中心属于企业内部较高的责任层次。一个利润中心可以由若干个成本中心、收入中心和费用中心组成,利润中心应当具有独立的、可控的收入来源,能够相对独立地从事生产经营活动并独立核算盈亏。对于条件成熟的企业内部生产单位,若采用建立利润中心的方法进行管理,将比按成本中心管理更为优越,这是由于责任利润能综合地反映责任中心在提高产品质量、增加产品数量、降低产品成本方面所取得的成效,使个体目标与企业的总体目标更好地协调一致。

利润中心属于能够提供可计量的物质产品与劳务的责任中心。利润中心的成本也应当与收入配比,才能正确地计算营业损益,正确地反映、评价与考核经济效益。但是利润中心责任区域里所发生的是责任收入而不是实际收入,尽管责任收入有可能与实际收入保持一致;因此其责任成本也应当是可以与责任收入相配比的成本。那些不能与责任收入相配比的责任成本,尽管是可控的,也应当在评价与考核利润中心工作成绩时予以剔除。例如,作为利润中心管理的货车队的责任收入可以表现为标准运价与实际周转量的乘积,而所完成的周转量中可能包括长途货物周转量、短途货物周转量、重驶方向货物周转量以及回程货物周转量等。不同的运输量具有不同的运价和成本水平。如果责任收入按平均的运价计算,责任成本却是由较高的短途货物运输成本构成,则两者的差额将不能完全反映责任者的工作业绩。

2. 自然的利润中心和人为的利润中心

利润中心有自然的利润中心和人为的利润中心两种形式。自然的利润中心可以独立地对外提供产品和劳务以取得营业收入;而人为的利润中心主要是在企业内部各责任中心之间相互提供产品和劳务,并根据内部结转价格确认责任收入。人为的利润中心有时也对外提供一部分产品或劳务以取得营业收入,但这只不过是主要业务活动的附带部分。自然利润中心的责任利润一般表现为已实现的利润,而人为的利润中心的责任利润则有可能为未实现的利润。实行内部独立核算的分公司、运输场、修理厂等单位,可以建立自然利润中心;而企业内部的基本生产车间与辅助生产车间、分厂等单位,一般是按照人为的利润中心进行组织的。例如,道路运输企业内部的车辆维修车间的主要工作在于向车队提供营运车辆的保修服务。如果根据内部结算价格进行相互间的结算,形成责任收入,则维修车间就属于一个人为的利润中心。大多数成本中心都可以按利润中心进行组织,因为总可以通过制定合理的内部结转价格来提供产品和劳务。

(六) 投资中心

投资中心不仅可控制收入和成本,也可以控制投资。拥有投资决策权的内部单位可建立投资中心。投资中心的负责人比其他责任中心的负责人具有更多的经济权力和更广泛的经济责任。由于结合了投资效果的考核,使得投资中心的业绩考核具有更大程度的可靠性。

一个企业可以由一级投资中心所构成,这时投资活动是由公司的最高管理层统一决策,集中管理。而所属内部单位只能负责经营,并不能从事投资决策活动,即只能成为利润中心。企业也可以由二级投资中心所构成,即形成投资中心的企业内部单位有权决定固定资产的购置与建造、租赁或处理,有权在一定范围内决定改变现有的生产规模与投资方向以寻求提高投资效果的途径。与此同时,投资中心的负责人有权获取投资所需资金。至于投资按规定可以从企业外部筹集,还是只能从企业内部得到,这属于财务管理研究的课题。

管理会计是为企业的内部管理服务的,所以本书研究的侧重点也将放在由企业内部单位所形成的投资中心上。

三、责任中心的控制与考核

（一）成本（费用）中心控制与考核

1. 成本中心控制与考核

任何不直接对外提供产品和劳务的内部生产单位,例如公司制企业下设的工厂、基本生产车间、辅助生产车间、工段、运输队等单位,都可确认为成本中心来评价与考核其业绩。由于成本中心只负责成本,不控制收入,所以评价与考核的重点是其责任成本,是实际成本脱离标准成本的差异。

任何成本中心,无论责任区域大小,也无论其内部是否形成若干层次,都应当具有单独的生产责任预算,能够将其实际发生的材料消耗与工资费用控制在定额标准内,能够根据间接费用预算控制实际费用开支。无论收入水平如何,只要能够达到降低成本的要求,就能为企业增加利润或减少亏损作出贡献。

成本中心一般无权决定产品的数量。业绩报告中的预算数实际反映的是按实际产量计算的标准总成本。如果成本水平不高,则完成的数量越多,成本差异越大,因此不能由于 A 成本中心的成本逆差为 10 000 元而 B 成本中心的成本逆差为 2 000 元而评价 B 成本中心的工作成绩优于 A 成本中心。必要时在业绩报告中还应列举单位成本资料。但由此产生了一个新的问题:单位成本按变动成本法计算还是按完全成本法计算? 在完全成本计算法下产量越高单位成本越低,这只有当成本中心具有决定产品数量的权力时才具有评价与考核的意义。

有必要根据不同的成本中心,明确相关人员应享有的权利和应承担的成本控制责任,为业绩考核奠定基础。

2. 费用中心控制与考核

费用中心由于不提供可计算的产品与劳务,所以对其业绩的评价与考核,主要取决于费用预算的编制和实际执行情况。费用预算的编制过程也就是对费用实行事前控制的过程。一般来说,管理费用开支涉及企业的整体效益和长期效益,因此管理费用预算如果编制的科学合理,即如果未来客观状况未发生明显变化,实际支出应当与预算保持一致。超支一般是不合理的,而节约也有可能不合理,因为有可能影响企业的整体利润与长远利益。公司行政管理费用预算的编制工作一般是由行政管理部门(行政科、办公室等)完成的,因此行政管理部门应对以下工作负责:

（1）在编制预算时,要尽可能做到在对各项业务进行成本效益分析的基础上进行;

（2）固定费用预算采用固定预算的形式而变动费用预算采用弹性预算的形式,以利于预算控制;

（3）要以既能节约开支、又能调动员工与管理人员的工作积极性为准则；

（4）防止片面追求经费节约而使企业短期行为合规化；

（5）控制不必要的费用开支；

（6）努力完成企业的费用控制目标。

各职能科室以及费用预算的执行单位的经济责任，在于完成本职工作的同时，应在预算范围内，保证预算指标的顺利完成。

财会部门的经济责任，在于向行政管理部门提供可用于编制预算的财务成本信息，监督预算的执行，确保预算目标的完成。同时，还应及时计算实际支出脱离预算的差异，以便于分析原因，提出改进措施，及时进行控制。当由于工作任务完成得比较出色而造成费用超支，应分析是否必要，以便根据情况的变更随时修正预算；对于工作完成较差所造成的费用节约，并不能一概认为是费用控制工作所取得的成绩。

3. 成本（费用）中心的业绩报告

（1）编制业绩报告的意义和作用。编制成本中心业绩报告有着重要的意义。第一，成本中心业绩报告是对成本中心经营成果的总括反映。编制成本中心业绩报告，是责任会计管理的一种专门方法，也是责任会计工作中的一项必不可少的重要内容。第二，编制成本中心业绩报告，可供企业管理部门了解责任中心目标的实现情况，进而掌握其对整个企业成本目标完成的影响程度。第三，编制成本中心业绩报告，可供管理人员对成本中心一定时期内的工作业绩进行考核，落实经济责任。第四，根据业绩报告计算成本差异，分析差异原因，借以发现存在的问题，总结经验，巩固成绩，纠正偏差，提出改进工作的有效措施和建议，确保成本目标实现。第五，为修订标准成本和规划未来提供依据。

（2）编制业绩报告的方法。人们习惯于用成本的计划数与实际数进行比较以反映成本差异，似乎这是天经地义的。事实上，这种方法存在严重的缺陷。由于责任成本的大部分属于变动成本，因此当业务量增加时变动成本增加是正常和无可指责的。需控制的是单位变动成本。因此，只有用按实际业务量调整的成本（费用）预算数与实际数进行比较，其差异数才能如实地反映成本中心的业绩。这样，编制业绩报告的正确方法应当有两种：第一种是用按实际业务量调整的预算数（即弹性预算数）与实际数比较以反映差异；表3-1就是采用这种方法编制的业绩报告。第二种是在业绩报告上列举成本（费用）的计划数和实际数，而差异数不是实际数与计划数之差，而是实际数与按实际业务量调整的预算数之差。采用这种方法，最好在业绩报告中列举计划业务量与实际业务量。与第一种方法相比，这种方法比较容易为人们接受，但差异难以被人们理解。相似的例子是，如果人们只知道按当期价格计算的各期国民生产总值时，一般难以理解按不变价格计算的国民经济增长率是如何得出的。

(3)业绩报告的内容。成本中心的业绩报告是计算分析成本差异、考核评价成本中心业绩的依据。它是以表格、文字说明等形式,反映成本中心在一定时期内责任成本的预算数和实际发生数,以及二者之间差异的书面报告。由于成本中心只负责成本,不控制收入,所以评价与考核的重点是其责任成本,是实际成本脱离标准成本的差异。在成本中心编制的业绩报告中,只需要根据责任预算中的各项可控成本项目,列出实际支出、标准支出及其差异。对于不可控成本,只进行结转。为了便于上级管理部门及时了解成本中心在一定时期内的全部消耗,也可以在业绩报告中列出属于本成本中心不可控而又已发生的成本。列示不可控成本,只是为反映,而不是为了评价与考核。

在成本中心的业绩报告中还应列示"差异原因分析"一栏,反映差异分析的结果,提出改进工作应采取何种措施的建议,供上级管理部门考虑。成本中心的业绩报告格式和内容如表3-1所示。

表3-1　　　　　　　　　　　××成本中心业绩报告

单位:元

项目	预算成本	实际成本	成本差异
可控成本			
直接材料	180 000	188 000	8 000
直接人工	270 000	280 000	18 000
维修	12 000	12 000	0
动力	10 000	10 000	0
管理工资	80 000	80 000	0
其他	150 000	120 000	−30 000
责任成本合计	702 000	698 000	−4 000
不可控成本			
设备折旧	—	18 000	—
厂房折旧与维修	—	25 000	—
其他	—	8 000	—
合计	—	51 000	—
总计		749 000	

（二）收入中心控制与考核

1. 收入中心考核指标的设定

收入中心考核的重点是各项营收指标,同时也对责任中心费用预算执行情况进行考核。

考核指标的选择应当因收入中心的权责范围而异。如果某制造企业下设的收入中心具有决定产品销售价格的权利,则其主要工作在于组织开拓市场,扩大销售业务,同时负责组织销售款项的及时回收。

（1）应考核的第一项指标是预算总收入。完成预算总收入的关键在于有效地组织产品销售,不能只把眼光放在原有的市场上,而应当积极去挖掘新市场以便于扩大业务保证收入目标的实现。21世纪以来,伴随着经济全球化的发展,市场竞争日趋激烈。企业如果希望在激烈竞争的市场中取胜,除了定价决策上应采取薄利多销以外,更重要的在于改善服务方式,提高服务质量,尽可能地方便客户,满足他们的各项要求。这些都是收入中心员工与管理人员应尽的职责。

（2）如果收入中心负责人和销售人员拥有一定范围内的定价权,则考核平均收入指标也具有重要意义。要有效防范有可能出现的靠片面降低价格来增加销售量以完成目标总收入的不明智做法。

（3）随着市场经济的发展,商业信用的优越性将越来越明显地体现出来,从而使商业信用活动越来越为人们所重视。这意味着,赊销占总销售额的比重将呈上升趋势。收入中心工作的重点之一,是组织回收应收营业款、缩短应收营业款的平均回收期。这一指标的计算公式如下:

应收账款平均回收期(天)=(平均应收账款余额÷营业总收入)×365

应收账款平均回收期这一指标可对未回收的营业款的平均时间(天数)提供一个粗略的估计,将回收期与规定的销售赊账期限相比较,可对收入中心对应收款项的管理效率提供一项评价与考核的尺度。如果收入中心不尽力去收账,或不及时注销坏账就会导致应收款项占用过多的资金。

（4）权责发生制下的营业收入是应计收入而不是现金收入。由此产生的问题是:应计收入中有多少可能收回?针对这一问题,有必要设置第四项指标:收入回收率。其计算公式为:

收入回收率=[(赊销总收入-坏账损失)÷赊销总收入]×100%

=1-坏账损失率

显然,回收率越高,或坏账损失率越低,收入中心业绩越好。

2. 总收入控制与分析

收入中心的主要任务在于保证收入预算的顺利完成。一定时期收入中心所完成的总收入的高低,受业务量和平均收入两个因素的影响。其计算公式为:

业务量差异＝(实际业务量－计划业务量)×计划平均收入

平均收入差异＝(实际平均收入－计划平均收入)×实际业务量

如果收入中心无权控制价格,则增加业务量就成为完成预算收入的主要途径。企业收入中心要增加销售量,可采取以下途径:

(1)通过各种渠道、利用各种手段做好广告宣传工作,努力提高本企业在社会上的知名度。

(2)努力提高销售产品的质量和服务质量,靠质优在竞争中取胜,不断扩大市场占有率。收入中心一般可以对服务质量负责,但难以控制产品质量。收入中心的工作职责在于通过市场调查与客户访问,把客户对产品质量上的意见以及改进工作的建议及时反馈到成本中心,以促使产品质量的不断提高。

(3)将收入预算指标适当分解落实到每一位业务推销员,通过责权利相结合以调动业务推销员的工作积极性,增强其责任感,保证预算目标的顺利实现。

3.平均收入的控制与分析

如果企业仅从事单一产品经营业务,则产品价格就形成了单位收入或平均收入;如果企业经营多种业务,则平均收入高低不仅取决于价格,也与业务结构有关。平均收入的计算公式为:

$$平均收入＝(\sum 业务量×价格)÷(\sum 业务量)$$

$$＝\sum 某种业务价格×该业务收入占总收入的百分比$$

结构变动和价格变动对总收入影响的计算公式为:

(1)结构变动对收入的影响＝$\sum$实际业务数量×计划价格－计划收入总额×业务数量计划完成的百分比

(2)价格变动对收入的影响＝$\sum$实际业务数量×(实际价格－计划价格)

在市场经济条件下,受市场供求规律的影响,价格越低市场需求量越大,企业所能完成的业务量将越多。在一定的条件下,降价有可能增加总收入,因此降价往往成为收入中心完成预算收入的主要措施之一。商业折扣政策的广泛采用,是这一措施的具体体现。问题在于,降价应有一定的限度,不可能无止境地下降,否则无法保证企业经营获得必要的利润,实现预期的利润目标。经济理论证明,价格下降的最低限度应当使边际收入等于边际成本,即边际利润为零。如果企业的收入中心有权决定价格,那么在考核总收入指标的同时有必要规定产品销售价格的最低限度,防止由于价格偏低使企业蒙受损失。

4.应收账款和坏账损失的控制与分析

采用权责发生制,当确认收入实现、但尚未收到现金时,就存在着占用在应收账款上的资金。资金占用量越多,占用时间越长,企业的资金机会成本就越高,出现坏账损失的可能性就越大。这就是商业信用的风险。但是,在商品经济条件下,商业信用是不可避免的;提供商业信用有助于增加收入,提高盈利水平。所以,收入中心面临着这样的矛盾:采取较严的赊销标准,有助于缩短应收账款回收期,减少坏账损失,但不利于扩大销售,增加利润;采取较松的赊销标准虽然有助于增加营业收入和利润,但有可能导致在应收账款上占用过多的资金,并且使坏账损失率上升。一般来说,正确的决策是建立在增量收益与增量成本的比较上的。只要边际收入大于边际成本,适当地放松赊销标准往往对企业是有利的。

在一定的赊销标准前提下,通过收入中心员工的主观努力,也可以有效地缩短应收账款回收期,降低坏账损失率。但有一定的限度。例如,当赊销标准为(2/10,30/n)时,如果客户不打算取得现金折扣,那么理想的回收期标准应为30天。收入中心员工的主观努力只能尽量控制客户拖欠账款的行为,但无法要求客户在规定期限范围内早日付款。所以在确定考核标准时应充分考虑到这一事实。坏账损失虽然在商品经济条件下难以避免,但收入中心有责任严格控制坏账损失,使之降至可能的最低限度。

5. 收入中心的业绩报告

收入中心的业绩报告应当主要反映预算总收入的实际完成情况,也需要反映平均收入、应收账款平均回收期以及坏账损失率等考核指标的执行情况。另外需列示的一项主要内容是收入中心经费支出预算的执行情况。经费支出一般应严格控制在预算范围以内。在完成既定任务的前提下,经费支出得以严格控制,则意味着为企业增加利润或减少亏损作出了贡献。

差异分析与说明是业绩报告必不可少的组成部分。差异分析与说明应反映造成差异的主客观原因。实际总收入超预算是可喜的,但分析结果说明总收入增加主要是提高价格造成的。扣除价格上涨因素,收入不仅没有完成预算,而且比上期也有所减少。经费支出低于预算一般是有利的;但片面追求经费控制而减少必要的广告宣传支出有可能影响以后的营业收入。差异分析与说明为管理部门评价与考核收入中心的业绩奠定了基础。

收入中心的业绩报告格式和内容如表3-2所示。

表3-2　　　　　　　　　　　××收入中心业绩报告

单位:元

项目	预算收入	实际收入	收入差异
营业总收入(元)	4 800 000	5 250 000	450 000
平均收入(元/单位)	400	420	20

(续表)

项目	预算收入	实际收入	收入差异
经费支出	250 000	235 000	−15 000
期初应收账款		4 560 000	
期末应收账款		5 590 000	
平均回收期(天)	28	29	1
坏账损失率(%)	0.5	0.8	0.3

(三)利润中心控制与考核

1. 利润中心的意义和适用范围

利润中心是指既对成本、费用负责,又对收入和利润负责的责任单位。它既要控制各项成本、费用的发生,也要对应取得的收入和收益进行控制。

利润中心适用于企业管理中具有独立收入来源的较高阶层。具体来说,利润中心必须同时满足两个条件:

(1)能够相对独立地从事生产经营活动并独立核算盈亏。这是指利润中心的活动不取决于其他部门,它有相对的独立性和自主权,不受其他责任单位经营管理和市场经营决策变化的影响。

(2)具有独立的、可控的收入来源。这是指利润中心主管人员的决策能够影响它的利润,而且便于计划、考核。企业下设的分公司、工厂、制造车间、修理车间等,都可以通过实行内部独立核算成为利润中心。在英美等发达国家,目前有很多条件成熟的生产车间或部门,建成利润中心,借以扩大企业的经营范围,朝着分散经营、跨行业经营的方向发展。

由此可见,利润中心可分为自然形成的与人为划分的两种。自然形成的利润中心可以在外界市场上进行"销售"业务,有单独的收入来源,就像一个独立的企业一样。至于人为划分的利润中心,主要就是在企业内部责任中心之间进行销售或提供劳务,并按照"内部结转价格"实行等价交换。实际上,工业企业大多数的成本中心都可以转成人为的内部利润中心,只要它的产品(零部件)能制定出合适的内部转移价格就行。

目前,我国正在按照中国共产党第十八次全国代表大会的要求,进一步深化体制改革,努力建成社会主义市场经济体制。在此新形势下,对于企业内部能相对独立经营的单位,如采用建立内部利润中心的办法,引进市场竞争机制,一定能充分调动他们节约使用资源、扩大盈利范围、提高经济效益的积极性。

2. 利润中心考核指标的确定

衡量利润中心工作成绩的是责任预算利润,实际责任利润脱离预算的差异能直观地反映出利润中心的工作成绩或失误。为了反映责任利润,利润中心也需计算其责任收入和责任成本,也需汇总反映所属收入中心与成本中心的可控收入与成本,但一般不采用收入与成本来考核利润中心的业绩。如果较低的平均收入能导致较低的平均成本从而使利润增加,这只能说明利润中心负责人的决策是明智的。片面地追求成本控制也许会影响利润中心的利润目标从而进一步影响企业的总体目标利润。利润中心的业绩报告如表 3 - 3 所示。

还可以利用单位利润、成本利润率、收入利润率等指标来评价与考核利润中心的工作成绩,这些指标反映了盈利的相对水平。在评价业绩时可以采用比较的方法,但纵向比较的结果只能反映与历史水平相比利润中心的工作是否有进步。也可以采用横向比较的方法。但各利润中心由于生产规模、产品结构、市场条件等方面有可能不一致而使得横向之间缺乏可比性。与预算比较则相对合理,它反映利润中心的实际业绩是否达到了预期的目标。如果预算本身不合理,那么评价与考核的结果有可能导致更大的失误。

与相对盈利水平相比,利润总额也许更为重要。一项薄利多销的政策有可能使相对盈利指标低于预期的标准,但利润总额则可能出现更大的有利差异,这一结果对企业是有利的。因此不少利润中心往往把反映相对盈利水平的考核指标放在次要位置上,或仅仅用来考虑成本控制的成果,甚至不使用相对盈利的考核指标。

3. 利润中心的业绩报告

利润中心的业绩报告应主要反映预算利润的实际完成情况以及各项利润率指标的执行结果。由于利润中心能够控制收入和成本费用,所以应列举责任收入与责任成本的预算数与实际数,以及反映利润的产生以及出现差异的原因。利润中心业绩报告的格式与内容如表 3 - 3 所示。

表 3 - 3　　　　　　　　　　××利润中心业绩报告

单位:万元

项目	预算	实际	差异
销售量(万单位)	400	460	60
营业收入	4 000	5 050	1 050
减:变动成本	3 200	4 094	894
贡献毛利	800	956	156
减:固定成本	300	320	20
营业利润	500	636	136

（四）投资中心控制与考核

1. 投资中心的意义和适用范围

投资中心实质上也是利润中心，但它的控制区域和职权范围中心比利润中心还要大。投资中心是既对成本、收入、利润负责，又对投入的全部资产(包括固定资产和流动资产)的使用效果负责的责任单位。

如何评价一个投资中心的业绩？一个投资中心往往具有较大的经营自主权，几乎可以作为一个独立的法人企业看待。一个投资中心不仅对收入、成本、费用和利润负责，也有权控制投资。通过编制投资预算，送交企业最高管理层批准后执行。内部单位一般不能进行长期投资的资金筹措，这一工作一般是由企业最高管理层集中管理的。当企业将有限资金进行分配时，究竟给哪一个投资中心比较有利？这就提出了如何评价投资中心业绩或资金利用效果的问题。

2. 投资中心考核指标的确定

为了全面评价与考核投资中心各项经营与投资活动的成果，便于同一企业不同投资中心之间、或者同一行业不同企业之间进行比较，从而作出最优投资决策；同时又能克服投资中心的本位主义思想，使它们不会拒绝对整个企业有利的投资项目，也不会接受对整个企业不利的投资项目，促使它们从整体利益出发，乐于接受比较有利的投资，努力多创造营业利润，使各投资中心的目标和整个企业的总目标趋于一致，对投资中心的考核和评价重点应当确定为"投资收益率"与"剩余收益"。

(1) 投资收益率(ROI)。投资收益率指标反映了投资中心所占用资金的平均获利能力，其一般计算公式为：

$$投资收益率＝(营业净收益÷平均资金占用额)×100\%$$

(2) 剩余收益(RI)。剩余收益反映了企业或投资中心的营业净收益超过按基准收益率计算的内部投资收益，也可以认为是一种超额收益。它的一般计算公式如下：

$$剩余收益＝营业净收益－平均资金占用额×基准收益率$$

以上计算公式中，营业净收益是指息税前利润，即投资中心的税前营业利润加利息支出。基准收益率反映了企业对投资收益率的最低要求，相当于资金的机会成本或用于投资的资金成本。

3. 投资收益率的控制与分析

投资收益率是投资中心业绩衡量中最常用的标准。采用这一标准时，需确定在计算中应包括或剔除的成本、收入与投资。责任中心业绩考核中所采用的净收益，应是其责任区域的利润；所采用的投资，应是投资中心负责人所能够控制的投资。若干区域共同发生的固定成本不应用来计算某投资中心的区域利润。另一方面,决定资金筹措方法的责任在企业的最高管理层,由他们根据企业的全面需要来决定资金来源的构成,不应当把采取特定的筹集资金方法与一定的资产投资联系起来。这意味着,与债务资金有关的利息支出不属于内部投资中心经理的责任,也不应当扣除借款利息来计算区域利润。这样,营业净收益就相当于投资中心的税前利润加利息费用。

在正常情况下,归属于某一特定投资中心的资金属于该投资中心的可控资金,但也不可避免地存在一部分直接由企业最高管理层控制的资金。例如房屋、大型设备、对外长期投资、无形资产,等等。属于各投资中心共同使用的资产也只能由企业最高管理层直接控制。表3-4显示,要使企业的投资收益率达到10%,所属各投资中心的投资收益率必须大于10%,这是由于企业存在着一部分无法分配的成本或无法归属的资金。很显然,未分配的成本或归属的资金越多,投资中心的投资收益率与企业投资收益率的差距也就越大,这就是为什么企业管理部门总是希望尽可能地将成本进行分配或将资金归属于各所属投资中心的原因。但人为地分配或归属将使得所属投资中心无法直接控制这些成本或投资从而有可能降低为提高收益率而努力的积极性。

表3-4　　　　企业投资收益率与所属投资中心投资收益率的比较

单位:万元

责任项目	投资中心			共同部分	合计
	A	B	C		
平均资金占用	1 000	850	1 550	400	3 800
销售收入	3 200	2 000	5 000	—	10 200
变动成本	1 960	1 500	2 450	—	5 910
贡献毛利	1 240	500	2 550	—	5 400
固定成本	1 020	400	2 170	320	3 910
营业利润	220	100	380	—	380
投资收益率(%)	22	11.76	24.52	—	10

同投资收益率计算有关的一个问题是经营资金应如何计价才能更好地反映实际状况。经营资金是由流动资金与固定资金所构成的,流动资产的计价一般不存在问题,而固定资产则存在着按原始成本、账面价值(净值)还是固定资产的现行重置成本计价的争论。

主张采用原值的人认为,由于固定资产净值是与累计折旧联系而逐年递减的,如果按净值计算投资收益率,年经营利润不变或略为下降,也会表现为投资收益率逐年提高。这种提高完全是纸上的东西,并不能如实地反映投资中心工作的好坏。在表3-5中,原始投资额为2 000 000元,其中流动资金为400 000元,固定资产经济寿命为10年,按直线法计提折旧,不考虑残值。如果按净值计算,能否由于第二年的投资收益率高于第一年而认为第一年的工作不如第二年?此外,如果按净值计算,不同的折旧方法会导致不同的折旧额、利润额和账面资产净值,这将造成经营成果完全相同的两个投资中心反映出不同的投资收益率,何况采用何种折旧方法往往是投资中心的负责人无法控制的。

表3-5　　　　　**不同价值标准计算投资收益率的比较**

单位:元

年限	年利润	资产原值	利润率(%)	资产净值	利润率(%)
1	200 000	2 000 000	10	1 920 000	10.41
2	200 000	2 000 000	10	1 760 000	11.36
3	200 000	2 000 000	10	1 600 000	12.50
4	200 000	2 000 000	10	1 440 000	13.89
5	200 000	2 000 000	10	1 280 000	15.63
6	200 000	2 000 000	10	1 120 000	17.86
7	200 000	2 000 000	10	960 000	20.83
8	200 000	2 000 000	10	800 000	25.00
9	200 000	2 000 000	10	640 000	31.25
10	200 000	2 000 000	10	480 000	41.67

　　主张采用净值的人认为:固定资产的净值如实地反映了生产过程中所实际占用资金,只有按实际占用的资金来衡量投资的效率,才能如实地反映投资中心的业绩。固定资产的净值将随折旧的产生而减少,但同时固定资产的生产能力与经济效益也将随实体的磨损而下降。因此不能指望一台已使用了10年的设备可以和一台新设备一样有效。价格的变动也将使得比较变得无效。同样的设备3年前为210 000元一台,现在可能提高到了每台350 000元,那么按较低投资计算的收益率一定会高于同样但较贵的设备收益率。

　　采用按现行重置成本(或资产的公允价值,下同)来确定资产价值、以进行业绩衡量可以消除不同折旧方法和价格变动的影响。实际上,现行重置成本才真正如实地反映了生产过程实际占用资金。换句话说,现行重置成本反映了如果企业不需用该固定资产而将此出售将能获得的收益。现行重置成本也可以根据要取得与现在使用的固定资产具有同等生产能力的固定资产所需支付的代价来确定,那么评价的结果将消除仅仅由于固定资产年龄不同所造成的影响。但是,经常对固定资产逐一确定现行重置成本将非常困难,这使得这一方法具有很大的局限性。

我国不少专家主张采用按固定资产原值来计算投资收益率。早在 20 世纪 80 年代李天民教授就提出:"营业资产的计价也要建立在可比的基础上,特别是固定资产必须按原始价值计算。否则如采用账面折余价值,就会使投资报酬率出现虚增的假象"。刘志远等人也认为有必要按照固定资产原值计算投资收益率;但同时中指出,在固定资产使用效率逐年递减的情况下,也许采用固定资产账面净值要更好一些。郭晓梅博士也对此问题进行了讨论,但没有提出明确的观点。

不可否认,如果按照固定资产原值计算投资收益率,伴随着固定资产的实体磨损而出现的生产能力下降与生产成本上升,将使得提高投资收益率甚至维持原来的投资收益率变得越来越困难。但这种现象投资中心经理并非无法控制。当固定资产的经济效益明显下降时,则意味着应当被淘汰、更新而不是继续使用。为了追求所谓的节约而人为地延长固定资产的使用寿命的任何做法,都将导致更大的浪费。投资中心的负责人应当对固定资产经济寿命的确定负责,如果根据固定资产的经济寿命来安排其使用期,那么将可以有效地避免经济效益明显下降这一现象的出现。可以认为固定资产经济寿命期内具有大致相同的生产能力和成本水平。至于各期内之间的差别还可以通过管理上的措施予以调解。

将投资收益率的公式进行适当的改变,可以帮助分析业务成果和改进工作。投资收益率的展开公式如下:

$$投资收益率 = (营业净收益 \div 销售收入) \times (销售收入 \div 平均资金占用额)$$
$$= 销售利润率 \times 资金周转率$$

从上式中可以看到,要提高投资收益率,可以靠加速资金周转速度(实行薄利多销、减少资金占用等),也可以靠销售利润率的提高(主要通过降低消耗)。增加销售收入本身并不能提高投资收益率,只有当销售利润率不变时才具有意义,因为这时营业净收益提高了。

当其他因素不变时,增加产品与劳务的销售数量具有双重意义,一方面由于产品成本中包括一部分固定成本,所以增加销售将提高利润率。另一方面由于资金占用额保持相对稳定,增加收入意味着资金周转率的提高。但是,企业在竞争激烈的市场上要增加销售产品的数量,往往需要降低产品价格,靠薄利多销取胜。这样,增加销售收入不一定销售利润率也提高,甚至销售利润率有可能随收入的增加而下降。这时增加收入的主要目的在于加速资金周转以提高投资收益率。

除了增加收入以外,降低成本与控制资金占用都可以有效地提高投资收益率。表3-6反映了收入、成本与资金占用变动对销售利润率、资金周转率以及投资收益率的影响。在表3-6中,假定计划期总收入为100万元,变动成本总额60万元,固定成本25万元,平均资金占用额50万元。

为了提高投资收益率,投资中心可以针对不同的状况采取不同的策略。如果受市场需求限制而难以扩大销售量时,应当注意力放在销售利润率的提高上;如果降低价格可以增加销售量,那么薄利多销的政策更容易提高投资收益率。相比较下,一定的生产力发展水平决定了成本降低的幅度是有限的,但合理的定价决策却可以使营业收入成倍增长,何况,企业对社会提供的产品和劳务越多,则意味着对整个社会的贡献越大。靠提高产品价格来提高销售利润率,并不会增加对社会的贡献而只是在改变国民收入的分配比例。

表3-6　　　　收入、成本与资金占用变动对相关指标的影响分析表

摘　　要	收入利润率(%)	资金周转率(%)	投资收益率(%)
计划期	10	200	20
收入增加10%	12.27	220	27
变动成本减少10%	16	200	32
资金占用减少10%	10	222.2	22.22

4. 剩余收益的控制与分析

投资收益率反映了每元投资所获得的收益,较高的投资收益率反映了较好的投资效益。投资收益率对企业固然是重要的,但净收益总额对整个企业更为重要。如果企业的资金来源是有限的,则在充分利用全部可能筹集到的资金的条件下,投资收益率越高,则净收益总额越大。如果企业在筹集资金上没有任何限制,或企业有可能出现金闲置,则只要投资的收益率大于资金的机会成本,进行投资就会比不投资更有利,尽管投资的预计收益率也许低于企业所希望达到的投资收益率。为了鼓励投资中心负责人接受对企业整体有利的投资,使个体目标与总体目标协调一致,有必要建立"剩余收益"考核指标。

用剩余收益指标考核投资中心的业绩,将促使投资中心经理把注意力集中在如何提高剩余收益而不是投资收益率上。要提高剩余收益首先必须达到基准收益率标准,因此剩余收益指标既考虑了相对盈利水平,又考核了净收益总额。这一指标的优越性是非常明显的。例如,某投资中心现拥有资产500 000元,年净收益100 000元,年投资收益率为20%;某新项目需投资500 000元,预计年净收益80 000元,投资收益率为16%。如果用投资收益率指标考核,投资中心

将放弃这一选择,因为接受此项目将使投资收益率降至18%;如果企业考虑资金成本后将基准收益率定为15%,用剩余收益率指标考核,那么投资中心将乐意接受。这一项目的投资收益率大于企业规定的投资收益率,接受此项目将使投资中心的剩余收益增加5 000元。

基准收益率的确定对各投资中心业绩的比较具有一定的影响。一般来说,当企业规定的基准收益率较低时,比较结果对投资额较大、但平均投资收益率较低的投资中心有利,这在于鼓励投资中心吸收报酬率较低的投资以增加企业的净收益总额。在表3-7中,A投资中心的投资较小,但收益率较高,达30%;B投资中心的投资较大,但平均收益率只有22%。这样,当企业的最低投资收益率为25%时,比较结果则变成对A中心有利。一般来说,当某投资中心投资额较少但收益率较高、另一投资中心投资额较多但收益率较低时必然存在某一投资收益率,使两个投资中心的剩余收益相等。这就是平衡点或无差别点投资收益率。本例中无差别点收益率为20%,大于20%的任何比率都将导致对A中心有利的评价结果。

表3-7　　　　　　　**基准投资收益率的确定对业绩考核的影响**

单位:万元

基准收益率	15%		20%		25%	
投资中心	A	B	A	B	A	B
总投资	1 000	5 000	1 000	5 000	1 000	5 000
净收益	300	1 100	300	1 100	300	1 100
基准收益	150	750	200	1 000	250	1 250
剩余收益	150	350	100	100	50	—150

5. 投资中心的业绩报告

投资中心业绩报告的内容与利润中心业绩报告相比,侧重于投资收益情况的反映与分析。投资中心业绩报告的格式与内容如表3-8所示。

表3-8　　　　　　**永新股份有限公司制造部(投资中心)业绩报告**

单位:万元

项目	预算数	实际数	差异	说明
责任收入	25 200	26 800	1 600	
责任成本	21 160	22 200	1 040	
毛利	4 040	4 600	560	

（续表）

项目	预算数	实际数	差异	说明
减:责任费用	1 200	1 250	50	
责任资产平均数	14 200	15 230	1 030	不包括投资中心拥有的不可控资产
基准收益(15%)	2 130	2 280	150	即资金成本
剩余收益	710	1 070	360	
投资收益率(%)	20	22	2	

四、内部结转价格

一个企业的各内部单位之间可能经常需要相互提供产品和劳务。分清责任,正确地评价各责任中心的工作成果,正确地确定内部结转价格,是一项非常重要的工作。各责任中心之间相互提供产品和劳务需通过内部结转价格进行结算,这样内部结转价格制定的合理与否,将直接影响责任中心的工作积极性,也有可能导致部门责任者采取与总体利益不相一致的行动。

（一）成本中心内部结转价格的制定

成本中心对内提供产品和劳务是以成本作为内部结转价格来进行结算的。一个成本中心从其他成本中心那里获得了产品和劳务,因此也理所当然地负担为提供这些产品和劳务所发生的成本。作为责任中心的负责人,他对所分配来的任何成本应当是可以控制的。

有许多方法可用于制定内部结转价格。下面通过一个例子来说明并讨论这些方法。

某实业有限公司拥有3个基本生产车间和1个以维修为主的辅助生产车间。该公司采取垂直结构进行管理,即公司一级为投资中心和利润中心,所属单位均为成本中心,费用中心或收入中心。基本生产车间和维修车间的有关数据资料如表3-9和3-10所示。维修车间主要向基本生产车间提供设备维修服务。下面探讨4种维修成本结转、或制定内部结转价格的方法。

表3-9　　　　　　　　　　　辅助生产车间的成本资料

摘要	预算	标准	实际
固定成本总额(元)	630 000	570 000	600 000
变动成本总额(元)	1 470 000	1 330 000	1 300 000
总工时(人工小时)	21 000	19 000	20 000

方法 1:按实际维修成本进行结转。由于维修车间的实际成本为 1 900 000 元,提供了 20 000 人工小时的维修服务,因此实际工时分配率为每人工小时 95 元;那么根据各基本生产车间实际耗用的人工小时数,可将全部成本分配给各基本生产车间。

表 3-10　　　　　　　　　　　**基本生产车间所需维修工时计算**

单位:人工小时

基本生产车间	预算	标准	实际
1	7 000	6 000	6 500
2	7 000	6 000	6 200
3	7 000	7 000	7 300
合计	21 000	19 000	20 000

方法 2:按标准成本进行结转。首先,根据费用和工时的预算数确定费用的标准工时分配率,本例中为每人工小时 100 元,然后根据实际作业量的标准总工时将费用分配给各基本生产车间。实际成本与标准成本之间的差异不再分配,属于维修车间的责任成本。在本例中,实际工时超标准造成 100 000 元不利差异,能量利用上具有 30 000 元的不利差异,而耗费上产生了 130 000 元的有利差异,所以成本差异总额为零。

方法 3:固定费用根据预算数平均分摊,平均每基本生产车间负担 210 000 元,这是考虑到 3 个基本生产车间的预算工时数是一致的;变动费用根据标准工时分配率每人工小时 70 元和标准总工时分配。这样,维修车间只对实际支出的固定费用与预算的差异负责,而不必考虑固定费用的效率差异与能量差异。

方法 4:变动费用按标准成本结转,固定费用不再分配,这样,各基本生产车间负担的只是部分维修成本而不是全部维修成本。

维修成本的四种分配结果如表 3-11 所示。

表 3-11　　　　　　　　　　　**维修成本分配计算表**

单位:元

责任中心	责任成本			
	Ⅰ	Ⅱ	Ⅲ	Ⅳ
第一基本生产车间	617 500	600 000	630 000	20 000
第一基本生产车间	589 000	600 000	630 000	420 000
第一基本生产车间	693 500	700 000	700 000	490 000

（续表）

责任中心	责任成本			
	Ⅰ	Ⅱ	Ⅲ	Ⅳ
维修车间	0	(60 000)	570 000	
合计	1 900 000	1 900 000	1 900 000	1 900 000

哪一种分配方法较为合理？一般来说,基本生产车间不愿意接受按实际成本制定的内部结转价格。如果按实际成本结转,则意味着维修车间低效率生产的结果都将由基本生产车间负担,而这部分成本基本生产车间是无法控制的。按实际成本进行分配,成本无论是高于预算或低于预算都将全部分配给基本生产车间,维修车间不对任何成本负责,这不利于调动维修车间经理与生产人员为降低成本而努力的积极性。

按标准成本进行结转,单位劳务成本是根据预算的水平确定的,各基本生产车间所分配的劳务成本取决于所需劳务的数量,因此是可以控制的。至于实际成本脱离预算或标准的差异则不进行分配,属于维修车间的责任成本,反映了维修车间成本控制工作的成绩或失误。在本例中,维修车间的责任成本为零,这是由于实际成本与标准成本完全一致,而不是发生多少则分配多少。但是,按照标准工时分配率结转劳务成本,维修车间有可能要负担由于能量利用率偏低所造成的损失。如果维修车间只对企业内部提供劳务,则无法控制能量利用率。

方法3不是根据劳务的标准数量而是根据各基本生产车间所需要劳务数量的百分比来分配固定成本的。这样,可能保证全部预算固定成本分配给各基本生产车间,维修车间只对实际支出脱离预算的差异负责。至于能量利用上的差异,由维修生产部门负责,这有利于鼓励基本生产车间在能量范围内增加使用劳务的数量,避免人为地减少必需的设备维修工作的短期行为。

最后一种方法分配的实际上是变动成本计算法下的劳务成本。至于固定成本则不再分配,将预算固定成本直接结合企业管理部门,直接列入当期损益,而实际支出与预算的差额则作为维修车间的责任成本以评价与考核其工作成绩。

除了方法1具有严重的缺点以外,其他3种方法各具有其特点,采用何种方法取决于不同企业的生产经营特点、经营管理水平以及企业管理部门的经营决策。

（二）利润（投资）中心内部结构结转价格的制定

利润（投资）中心对内提供产品和劳务时,由于考虑到要盈利,因此不能只按成本结转,而需要采取市场价格、协商价格、成本加成等方法来制定内部结转价格。

1. 按市场价格进行结转

利润(投资)中心提供的产品和劳务,如果具有市场价格,都应当按市场价格进行结转。以市场价格作为内部结转价格,具有一个明显的优点,它可以使购销双方都立足于独立自主的基础上,有权在企业内部和外界的购销中进行选择。如果内部结转价格高于市场价格,那么购入方将舍弃内部产品或劳务而转向从外部购买,供应方也就不可能从内部单位获得比外部更高的收入。这样评价与考核的结果,才能真正反映责任中心的经营成果,而责任中心也只能靠改善经营管理,降低成本,扩大销售,来增加其盈利。

2. 按协商价格进行结转

按市场价格进行结转有时会遭到购入方的反对,因为市场价格虽然存在但缺乏代表性。首先,内部之间的交易数量一般较大,而现行市场价格也许反映的是较小数量的交易,大批量购买理应获得低价或回扣;其次,内部交易一般手续简便,相对来说销售费用较低。如果按现行市场价格交易,购入方将无法分享费用降低的好处。如果购入方放弃内部产品或劳务而转向外部市场,企业的整体利益也将受到损害。如果各责任中心拥有足够的生产能力,而且市场价格又高于边际成本,那么适当降低价格,或按边际成本制定内部结转价格,对购销双方以及企业整体利益的提高均有好处。根据双方商讨的结果制定内部结价格将有助于解决上述问题,一般来说,市场价格是协商价格的上限。

3. 按实际成本加成的价格进行结转

一些半成品和内部劳务没有现成的市场价格以供参考,责任中心又要盈利,就需要采取成本加成的方法,即在成本的基础上附加一定的成本利润率,用于制定内部结转价格。按实际成本加成来制定内部结转价格可以保证提供服务的部门获得稳定的利润,但不利于成本控制,使该部门丧失降低成本的动力。如果按实际成本加成进行结转,不仅出售单位的低效率结果将完全结转,而且效率越低,成本越高,出售单位所获利润将越大。这对企业整体利益是不利的,购买单位也会拒绝这种定价方法。

4. 按标准成本加成的价格进行结转

按照这种方法制定内部结转价格,只要标准成本与加成比率不变,价格将是稳定的。这种方法保证了供应部门在实际成本不超过标准的前提下可以获得稳定的利润,同时只要降低成本,就可以增加利润,因此有利于局部目标与企业整体目标协调一致。按标准成本加成这一方法所可能产生的问题在于难以科学地确定标准成本和加成比率。如果制定得过高,将使企业生产部门的负责人认为进行设备维修不如报废更新合算,尽管设备提前报废有损于企业的整体利益。

根据表3-9和3-10中的数据资料,假定维修车间按标准成本加成20%计算维修工时费,维修材料费按实际成本结算,那么该企业的责任利润完成情况如表 3 - 12 所示。

表 3 - 12   责任利润计算表

单位:元

项目	基本生产车间	维修车间	其他	合计
销售收入	5 820 000	228 000		5 820 000
销售成本				
直接材料	2 957 400	38400		2 995 800
直接人工	380 000	85500		465 500
间接费用	228 000	58000		58 000
其他	582 000	8100		590 100
合计	4 147 400	190000		4 109 400
管理费用	132 000	0	820 000	952 000
成本费用合计	4 479 400	190 000	820 000	5 061 400
利润	1 340 600	38 000	—820 000	558 600

企业作为一个整体,其责任利润相当于所属利润中心的责任利润之和扣除企业行政管理费后的余额。虽然维修车间的责任利润是人为的,但如果基本生产车间不存在期初期末存货,这样维修车间增加多少利润,基本生产车间将减少同样的利润(相对于按实际成本结转)。当维修车间对外界提供产品和劳务时,上述关系仍然成立,但企业的总成本并非相当于各责任中心的责任成本之和,因为其中包括维修车间结转基本生产车间的 228 000 元转移费用,这一部分在计算企业总成本时必须剔除。

阅读文献

[1] [英]杰·白蒂著,陈炳权译:高级成本会计学[M],轻工业出版社 1983 年 11 月第 1 版第 198 页。

[2] 李晓林:中外责任会计产生与发展探索[J],北京工商大学学报(社会科学版)2006 年第 1 期第 70-74 页。

[3] 李天民编著:管理会计学[M],中央广播电视大学出版社 1984 年 7 月第 1 版。

[4] 刘志远等编著:管理会计[M],北京大学出版社 2007 年 9 月第 1 版第 326～327 页。

[5] 郭晓梅主编:高级管理会计理论与实务[M],中国财政经济出版社 2005 年第 1 版 273— 274 页。

复习思考题

1. 什么是成本控制？为什么要控制成本？

2. 什么是标准成本？为什么要制定标准成本？

3. 什么是成本差异？为什么把成本差异划分为数量差异与价格差异？

4. "采购部门负责材料价格差异；生产部门负责材料用量差异"。这是否合理？为什么？

5. 什么是责任会计制度？建立责任会计制度需要哪些基本条件？

6. 什么是责任预算？责任预算在企业预算体系中的地位和作用是什么？

7. 什么是责任中心？建立责任中心有何作用？你认为责任中心划分为哪几类较为合理？它们之间有何区别？

8. 责任利润与业务利润有何关系？各责任中心的责任利润之和是否一定等于全企业的利润总额？为什么？

9. 如何计算投资收益率？提高投资收益率和剩余收益有何有效途径？

10. "如果产品和劳务具有市场价格，那么按市场价格制订内部结转价格最为理想"。你是否同意这一见解？为什么？

第二篇
管理会计学在交通运输企业的应用

第四章　管理会计学在铁路运输企业的应用

【本章概要】

　　铁路运输生产需由各站段、各路局协作、联动才能完成,除局管内运输外,一个企业不能独立完成一个完整运输产品的生产。所以,其业务除了具有交通运输企业的共同业务特点外,还有独特的技术特性和管理特性。在运输管理上实行政企合一的管理体制和资产经营责任制;在生产组织上实行高度集中、统一指挥;在财务管理上,实行高度集中、计划控制,"收支两条线";运输产品成本中,间接成本所占比重很大,成本支出主要集中在机务部门、车辆部门,成本管理的重点是站段的成本管理。这些特点,不仅决定了铁路运输财务管理体制、收入和成本性质及其构成,也决定了应用管理会计理论和方法的性质和范围。铁路运输企业结合自身业务特点,在业绩评价、预算管理等方面的应用与实践,极大地丰富了管理会计的内容和方法,对管理会计理论发展和方法创新作出了积极贡献;同时,也使得一些管理会计方法的应用受到局限。铁路运输实施多元化发展战略,为战略管理会计理论和方法的应用提供了广阔空间。

第一节　铁路运输企业及其业务特点

一、铁路运输企业

　　铁路运输企业是从事铁路运输生产活动,以运输服务满足社会需要,实行自主经营、独立核算、依法设立的一种盈利性的经济组织。

　　铁路运输有广义和狭义之分,广义的铁路运输包括磁悬浮列车、缆车、索道等并非使用车轮形式,但仍然沿特定轨道运行的运输方式,通称轨道运输或轨道交通;而在狭义上通常是指一种以具有轮对的车辆沿铁路轨道运行,以达到运送旅客或货物目的的陆上运输方式。本章所称铁路运输为狭义的铁路运输,是指利用铁路设施、设备运送旅客和货物的一种运输方式,在国际货运中的地位仅次于海洋运输。铁路运输与海洋运输相比,一般不易受气候条件的影响,可保障全年的正常运行,具有高度的连续性。铁路运输还具有载运量较大、运行速度较快、运费较低廉、运输准确、遭受风险较小的优点。但铁路运输也存在缺陷,如运输受轨道的限制、不能直接跨洋过海、铁路建设投资大等这些使得其应用在一定的程度上受到限制。

二、铁路运输的业务特点

(一)铁路运输的自然特点

1. 各种运输方式共性的特点

交通运输作为服务性行业,它的生产不改变运输对象的属性或形态,只是改变对象的空间位置,并且生产过程和消费过程同时进行。它的产品不能作为独立的实体存在于生产过程之外,既不能调拨、预制,又不能存储,基础设施不能移动,生产受气候影响较大,需求季节波动性强。

(1)运输企业资本密集、沉没成本巨大。运输业所需投资额度极大,其中又以基础设施的投资额最大,具有资本密集的特点,资本的有机构成比一般产业要高,不论是交通路线的修建还是交通设备的购置,一旦投资,其设施就很难转作他用,其残值极低。

(2)公共性与强管制性。运输是为生产和人民生活提供的一种必不可少的服务,运输基础设施具有公共特性,运输企业就不能像一般工商企业那样,单纯地以获得最大盈利为目标进行生产;交通运输的公共性必然导致政府对它进行有一定强度的管制,特别是对运价的管制。一旦运价受到最高价格的限制,就将对运输的均衡起调节作用。除了价格管制之外,还受到国家其他方面的管制(如航空运输的空中管制等)。

(3)产业内部的弱替代性。在铁路、公路、水运、航运和管道 5 种运输方式之间,既不是完全异功能的协同关系,也不是完全同功能的竞争关系,而是在某些区间为同功能,某些区间又为异功能的弱可替代性关系。5 种运输方式相互之间既有竞争、又有协同。

2. 铁路运输的特点

铁路运输的特点,主要体现在运输生产路权专用、车路一体、组成车群、动力电化、能源经济、污染轻微、行车平稳、收益递增、资本密集、沉没成本等方面。

(1)铁路运输的优点。从技术性能上看,一是铁路运输运行速度快,时速一般在 80～120 公里;高速列车时速则达到 300 公里以上。二是运输能力大。一般每列客车可载旅客 1 800 人左右,一列货车可装 2 000～3 500 吨货物,重载列车可装 20 000 多吨货物;单线单向年最大货物运输能力达 1 800 万吨,复线达 5 500万吨;运行组织较好的国家,单线单向年最大货物运输能力达 4 000 万吨, 复线单向年最大货物运输能力超过 1 亿吨。以大秦重载铁路为例,从运量来看, 一列运煤专列可以拉两万吨电煤,从大同到秦皇岛港只需要 10 多个小时;同样 数量的煤至少需要 400 辆载重 50 吨的汽车,在不堵塞的情况下,也得走上 20 多 个小时。2012 年太原铁路局称,大秦铁路完成日运量 131.17 万吨,再次刷新由 它保持的单日运量世界最高纪录。这条由原设计能力 1 亿吨,今年运量目标4.5 亿吨的铁路线,形成了具有中国自主知识产权的重载运输技术体系,以其安全高 效的特质,不断创造着世界铁路重载运输的奇迹。三是铁路运输过程受自然条 件限制较小,连续性强,能保证全年运行;四是铁路运输通用性能好,既可运客又 可运各类不同的货物;五是火车客货运输到发时间准确性较高;六是火车运行比 较平稳,安全可靠;七是铁路运输平均运距分别为公路运输的 25 倍,为管道运输 的 1.15 倍,但不足水路运输的一半,不到民航运输的 1/3;八是从经济和环保角 度看,按照大秦铁路年运量 4 亿吨计算,年耗电量为 34.3 亿千瓦时(度),折合费 用 22.6 亿元,碳排放量 105 万吨;同等运量,换作公路运输,将消耗柴油 1 645 万吨,折合费用 1 046 亿元,碳排放量 5 974 万吨,其能耗成本是大秦铁路的 46 倍,碳排放量是大秦铁路的 57 倍。

　　从经济效果看,一是铁路运输成本较低,1981 我国铁路运输成本分别是汽 车运输成本的 1/11~1/17,民航运输成本的 1/97~1/267。表 4-1 为单位运输 量四种运输方式的成本比较。

表 4-1　　　　　　　　四种运输方式单位运输量的成本比较

运输方式	铁路	公路	沿海水云	沿海港口
单价	分/吨公里	分/吨公里	分/吨公里	分/吨
普通货物	0.4602	8.2231	0.4897	86.35
怕湿货物	0.5996	10.7140	0.6381	163.00
轻泡货物	0.4654	8.3161	0.4593	141.47
易损货物	0.5358	9.5739	0.5702	226.80
鲜活货物	0.9990	17.8510	1.0631	167.64
贵重货物	0.6084	10.8713	0.6474	183.20
液体货物	0.4893	8.7431	0.5207	23.19
其他货物	0.4818	8.6091	0.5127	130.34

　　注:表中数据摘自《北方交通大学学报》1993 年第 17 卷第 1 期,赵一平,胡安洲.铁路、水

运和公路运输技术经济指标的可比性研究。

二是能耗较低,每千吨公里耗标准燃料为汽车运输的 1/11～1/15,为民航运输的 1/174,但是这两种指标都高于沿海和内河运输。

(2) 铁路运输的缺点。首先,铁路运输的投资太高,普通单线铁路每公里造价为 100 万～300 万元之间,复线造价在 400 万～500 万元之间;宜万铁路每公里造价达到了 6 000 万元。高速铁路则需几千万元,甚至上亿元。京津城际,每公里 1.8 亿元,成灌快铁,每公里 2 亿元,京沪高铁,每公里 1.67 亿元,沪宁城际,1.3 亿元。其次,铁路建设周期长,一条干线要建设 5～10 年,而且,占地较多,随着人口的增长,将给社会增加更多的负担。

(二) 铁路运输的管理特点

1. 铁路运输的管理体制

铁路是国家的重要基础设施、国民经济的大动脉和大众化的交通工具,铁路在追求经济效益的同时,还要承担社会的公益性职能。铁路国有企业按照产权清晰,权责明确,政企分开,管理科学的要求深化改革,建立与社会主义市场经济相适应的国有资产营运、监管体系,落实国有资产保值增值责任,实行资产经营责任制,目的是通过理顺产权关系和明确铁路国有资产出资人和铁路企业法人的权责,促进转变政府职能,实现政企分开,转换企业经营机制,提高企业经营管理水平,实现国有资产的保值增值。资产经营责任制考核指标有:

$$国有资产保值增值率 = \frac{期末国家所有者权益}{期初国家所有者权益} \times 100\%$$

亏损企业可用减亏额作为保值增值考核指标的基础。

$$投资收益上交率 = \frac{收益上交额}{实收资本} \times 100\%$$

$$经营性资产收益率 = \frac{净利润}{经营性资产} \times 100\%$$

经营性资产 = 总资产 - 非经营性资产(准经营性资产指由国家所有者权益形成的福利性和社会公益性等资产的价值)

实行资产经营责任制,国家铁路局与中国铁路总公司的经济关系,由原铁道部直接经营管理企业转变为行业监管。政府的调控手段,由主要运用行政手段转向更多地运用经济手段、法律手段。企业经营导向,由数量增加型转向质量效益型。

2. 铁路运输的生产组织

铁路运输生产是利用铁路线路、站场、机车、车辆和通信信号等技术设备,将旅客和货以列车方式从一个地点运至另一个地点。铁路运输旅客和货物,一般要经过始发站的发送作业、运送途中的中转作业和终到站的到达作业等一系列作业过程。

《铁路运输生产管理考核暂行办法》规定：铁路运输行业特点决定铁路运输生产必须坚持实行集中统一指挥。在强化运输生产经营过程中，各级运输企业必须严格遵守运输纪律，维护集中统一指挥，实现运力资源最优配置，争取运输市场最大份额，取得运输经营的最大效益。运输生产经营指标按月下达。铁道部根据各局货源调查情况和运输能力，编制运输生产经营计划，把生产经营指标按月份配下达到各铁路局（集团公司）和运输主管部门，形成明确具体的经营目标。

全国铁路在铁道部集中领导下，设铁路局、站、段（车务段、机务段、客运段、车辆段、工务段、电务段、供电段等）。在日常运输组织指挥上，实行集中领导、统一指挥。

铁道部运输局组织编制年度、月度运输计划和全路性的列车运行图、列车编组计划，并监督执行。负责客货服务质量监督。集中统一管理全国铁路运输调度指挥，负责国家铁路军事运输、专项运输、特种运输工作，指导运输安全工作。

铁路局运输处负责铁路局管内的货流、车流组织和车流调整，按阶段均衡地完成铁道部下达的车流调整计划。铁路局车流组织的主要工作是：及时、准确地掌握现在车数及其分布情况，编制铁路局调度日（班）计划，并组织站段完成。按铁道部批准的日计划装车去向别和限制口的装车要求，审批各站段日装卸车计划，组织各站段按日计划完成装卸车任务。铁路局日计划内容包括：货运工作计划（各站的卸车和装车计划）；列车工作计划（列车到发及运行计划等）；机车工作计划等。铁路局的调度日计划是铁路日常运输生产的基本依据，是保证铁路各工种、各生产环节相互衔接有序运作的根本保证。

铁路局运输处必须严格执行各项规章、安全管理制度和安全卡控措施，遵守和维护调度纪律，正确发布调度命令，及时处理影响行车安全的有关情况，确保调度指挥安全。组织铁路局管内各运输生产单位密切配合、协同动作，经济合理地使用机车车辆，充分利用运输能力，挖掘运输潜力，压缩运输成本，提高运输效率和效益，完成运输生产经营任务。负责编制和下达铁路局调度日（班）计划，并组织各站段落实，提高计划完成率。

伴随着铁路管理体制改革的逐步深入，以上管理要求正在出现新的变化。

3. 铁路运输的财务管理

与上述管理体制、生产组织相适应，铁路财务管理实行高度集中、计划控制、"收支两条线"。其主要内容是：各铁路运输企业从市场中取得的运输进款收入全部上缴铁路总公司，由总公司统一纳税后再对各运输企业进行再分配。各运输企业的成本费用必须在铁道部的控制下，严格按照上级下达的费用支出计划执行;各运输企业的大修、更新改造等维持简单再生产的支出要由上级部门统一安排,按计划使用;新线建设、既有线的大规模改造等扩大再生产资金要由总公司积累和投资。

铁路运输生产的特点也决定了铁路运输企业成本的特点。一是没有实物的产品,决定了铁路运输企业生产和销售合二为一,决定了铁路运输企业没有在产品,没有在产品成本,所发生的成本都会直接影响本期的利润。二是铁路运输企业的运输生产是各站段、各局协作、联动完成的,生产中发生的成本对运输产品来说,间接成本所占比重很大。需要采取合理的方法进行分配。间接成本分配的准确与否直接关系到运输产品成本的准确性。三是铁路运输企业各个站段大部分属于成本中心,只有车务段、车站、客运段既是成本中心、又是收入中心,铁路局是利润中心。成本支出主要集中在机务部门、车辆部门,成本管理的重点是站段的成本管理。铁路局要想实现利润最大化,必须抓好站段成本管理。四是从铁路运输企业成本的构成来看,物化劳动的耗费占很大比重,而活劳动的耗费所占比重很小,所以铁路运输企业各站段成本管理的重点是控制和降低物化劳动的耗费。

铁路运输的上述特点,常被概括为"高、大、半"(高:高度集中;大:大联动机、大力协作;半:半军事化)。随着铁路现代化进程的加快和高铁的运营,人们又对"高、大、半"赋予了新意,有文献称,中国铁路,告别了速度最慢、条件最差、价格最便宜的"牛车"时代,已昂首跨入高铁时代,创造出新一代铁路"高大半"的辉煌。

"高"标准。随着铁路快速发展带来的变化,高铁建设和管理有着更高的标准。高铁在投资建设过程中,一直遵循严格的流程,从招投标到施工,从验收到使用,都按照规定程序、手续办事,从研制开发到运营管理,始终遵循技术标准、作业标准和管理标准。"铁姐"在选拔任用上也是严格把关,优中选优,使任用条件上已超出了"空姐"的选拔条件,为旅客在候车、乘车旅途中提供更优质的服务,让旅客享受航空一样的待遇。中国自主研发的高铁时速有 200 公里/小时、300 公里/小时、350 公里/小时,最高可达 400 公里/小时,给旅客带来了便利,提供更高的出行效率。

"大"众化。早些时期,人们出门不会把火车作为首选的出行工具,是因为那时的乘车环境和速度,难以让人承受,夏季车厢闷热,冬季车厢寒冷,速度慢还要耽误行程,让人们很苦恼和无奈。如今的城际高铁,较曾经的"绿皮车"时代速度要高出很多,是出差和旅游的首选工具,更加安全、舒适。苏州到上海的高铁最快的只要 20 几分钟,让更多的"钟摆族"往返于两地,方便快捷,比起乘坐汽车要快很多。而且,高铁列车在购票、候车、乘车上也方便很多。铁路还推出网上购票、手机购票、电话订票、实行实名制乘车等便民利民措施,火车已是大众化出行工具。"空铁联运"更进一步方便旅客的出行,下飞机上高铁、下高铁上飞机,自由转换、来去自如。

"半"小时经济圈。城际高铁的投入使用,缩短了城市之间的运行时间,为城市之间提供了半小时经济圈的便利,缩短了城市间的距离,让更多的人在城市之间流动,促进了地方经济的发展和劳动力人口的流动。比如,京津城际高铁专线的开通,方便了很多打工族、商人,甚至包括学生等在北京和天津之间流动,早出晚归,什么事情也不耽误。合蚌高铁的开通,使合肥至淮南、蚌埠只有半小时。这足以说明,高铁的开通,开启了城市之间半小时经济圈,带动了城市之间经济发展。

新"高、大、半"不只是给人们的出行带来了快捷、舒适、方便,创造了新一代铁路的辉煌,更为重要的是,它使得铁路运输资产的构成,以至于铁路运输企业的财务状况发生了重大变化。一是铁路运输资产的规模飞速扩张,2012 年全国铁路完成铁路基建投资全年基本建设投资为 5 185.06 亿元,总资产超过 4 万亿元。二是资产负债率不断攀升,到 2013 年 3 月底,铁路资产负债率为 62.31%。按照预计,到 2013 年底铁路系统的资产负债率将达到 67.41%。三是运输成本的构成发生了变化,由于借债规模和固定资产的增加,运输成本中固定成本的比例在不断攀升。所有这些新变化对管理会计在铁路运输企业的应用将产生重大影响。到 2013 年 8 月底,铁路完成投资 3133 亿元,增长 15.4。

第二节 铁路客货运输业务的特点对管理 会计应用的影响

铁路运输的业务特点,不仅决定了铁路运输的财务管理体制以及铁路运输企业的收入和运输成本性质及其构成,而且也决定了铁路运输企业应用管理会计理论和方法的性质和范围。铁路运输企业结合自身业务特点,在业绩评价、预算管理等方面的应用与实践,极大地丰富了管理会计的内容和方法,对管理会计理论发展和方法创新作出了积极的贡献;但对传统管理会计方法的应用也有局限。

一、应用范围

由于铁路运输的业务特点以及铁路运输资产的特性,传统管理会计规划决策技术和方法的应用受到了一定程度的限制,管理会计短期经营决策的生产某种产品、亏损产品是否停产、联产品的进一步加工、本量利分析法、差量分析法等决策方法很少应用,但传统管理会计中的边际分析法(函数极值法)、贡献毛利法,尤其是业绩评价、预算管理应用较多,战略管理会计也有一定的应用。又由于铁路新线都是由铁道部代表国家进行建设,尽管在具体的线路建设中,也委托铁路运输企业进行管理,建设资金的拨付和管理由铁路运输企业实施,但铁路运输企业也只是受托单位,不是投资主体,也不是企业自身资产的建设和购置,因此,铁路运输企业也不进行或很少进行长期投资决策。

在铁路运输企业应用管理会计较多的有以下几个方面:

(一) 企业经营业绩评价

由于铁路运输长期以来实行政企合一的管理体制,原铁道部对铁路局的评价,从铁路大包干开始,一直实行资产经营责任制考核。1998 年 2 月 9 日,原铁道部发布《铁路国有企业资产经营责任制暂行办法》和《关于加强铁路企业国有资产监督管理的若干规定》,明确铁路局资产经营责任制是铁道部作为国家铁路国有资产出资人代表,对铁路局实施的以明确企业法人财产权为基础,以落实国有资产保值增值责任为核心,以提高国有资产经营效益为目的的一种资产管理方式。原铁道部每年都要发布《铁路局资产经营责任制实施办法》,与各铁路运输企业(铁路局)签订资产经营责任协议,明确铁路运输企业的具体责任。如1998 年《关于呼和浩特、南昌、柳州、昆明铁路局试行资产经营责任制的通知》,规定的资产经营责任考核指标:呼和浩特铁路局,国有资产保值增值率为95.724%,经营性资产收益率为-5.616%,投资收益上缴率为 0。南昌铁路局,国有资产保值增值率为 100.002%,经营性资产收益率为 0.005%,投资收益上缴率为 0。

另一方面,1999 年 6 月,财政部、国家经济贸易委员会、人事部、国家发展计划委员会联合发布的《国有资本金效绩评价规则》和《国有资本金效绩评价操作细则》(包括以后年度发布的有关企业评价的规范性文件),并未将原铁道部所属铁路运输企业纳入评价范围,铁路运输企业的经营绩效如何评价,设置什么样的指标体系进行评价等,都是需要研究的问题。

受上述两个方面因素的影响,一些学者,特别是铁路系统的学者和实务工作者对铁路运输企业经营业绩评价进行了大量的研究和探索,管理会计中的评价理论和方法得到了广泛的应用,本书在中国期刊网收集到了三十几篇探讨铁路运输企业业绩评价的文章,主要讨论铁路运输企业业绩评价方法和评价指标体系。

(二) 预算管理

原铁道部 2002 年 4 月 6 日,以铁财函〔2002〕94 号发布《关于印发〈铁路企业实行全面预算管理试行办法〉的通知》,通知要求 2002 年内,各铁路企业要在本办法的指导下,制定出贯彻本办法的推进计划,建立起企业各级的全面预算管理体系,编制本级预算;建立或明确全面预算组织机构;确定全面预算编制的内容,具体包括:运量预算、收入预算、成本预算、费用预算、利润预算、大修预算、更新改造预算、现金流量预算,各项预算既包括铁路局本级预算,也包括分解到下属各个层次的预算;构建责任预算体系,铁道部试点铁路局按照铁路局作为利润中心、铁路分局和客运公司作为利润分中心、基层站段作为成本费用中心来确定预算的责任主体,以目标利润为起点,将各项指标分解落实到各个责任中心,目标明确,责权利相统一;成本费用中心责任预算只限于可控成本,为了便于控制和考评,需要在财务会计核算的同时进行责任会计的核算。《铁路企业实行全面预算管理试行办法》对全面预算管理的组织,全面预算的编制,全面预算的分解、执行与报告,全面预算的调整,全面预算的考评,以及全面预算管理的配套措施等作了较为详细的规定。从此,拉开了铁路运输企业实施全面预算管理的序幕,尤其是应用预算管理控制成本,有助于落实资产经营责任制的考核指标落实,全面预算管理受到铁路运输企业领导的重视和支持,预算管理在铁路运输企业开展的热火朝天。有关的学者,特别是从事铁路运输的实务工作者积极参与预算管理的研究和探讨,发表了一些具有一定学术价值和实用意义的研究成果。如果打开因特网的任何一个搜索引擎,有关研究铁路运输企业预算管理的文献,比比皆是。维普中文科技期刊全文数据库所收录的专门讨论铁路运输企业预算管理的文章就有上百余篇,对铁路运输企业实施全面预算管理的研究是全方位的。

（三）责任成本管理

1993 年全路运输盈利 126 644 万元,在其后的 5 年连续亏损,当时铁路运输扭亏为盈迫在眉睫,于是,铁道部制定、颁布了《铁路运输企业成本费用管理核算规程》《铁路工业企业成本费用管理办法》和《铁路施工企业成本费用管理办法》3 项规范文件,于 1993 年 6 月 9 日以《铁道部关于发布铁路运输、工业、施工企业成本费用管理办法的通知》形式发布,《通知》明确了企业成本费用管理的基本任务是:通过成本费用预测、决策、计划、控制、核算、分析和考核,正确反映企业经营成果;不断降低成本费用,提高盈利水平,保护投资者权益。企业成本费用管理的主要内容是:建立、健全成本费用管理责任制;加强成本费用管理的基础工作;进行成本预测和决策,确定目标成本,编制成本费用计划;严格遵守成本和费用开支范围;实行严格的成本费用控制;按财务、会计制度和成本费用核算办法及时正确核算成本和费用;分析、考核成本、费用指标的完成情况。为切实贯彻执行《通知》精神和上述 3 项规范文件规定,铁道部财务司分别在阳泉和石家庄召开铁路施工系统、铁路工业系统学邯钢经验,推行责任成本管理现场会,提出用 3 年时间实现全行业扭亏目标。管理会计责任成本理论和方法在铁路施工系统和工业系统已广泛推广应用。

(四) 发展战略

自改革开放以来,我国运输市场的竞争日趋激烈。1990 年,铁路客运周转量在我国整个运输市场的份额,由 1978 年的 62.72％强降至 46.42％,和公路客运的 46.56％奇虎相当;从 1995 年又降至 39.39％,一直至今仍然在逐渐减少;铁路货运周转量在我国整个运输市场的份额,由 1978 年的 54.38％强降至 40.53％,已经低于水运的 44.23％,到 2006 年已降至货运周转量的 1/4。人们心目中的"铁老大"已成为过去时,在我国运输市场,龙头老大地位客运让位于公路运输,货运让位于水路运输。在市场经济条件下,无论是国有企业还是其他企业,生存是第一位的,优胜劣汰是市场竞争的基本法则,企业要生存,求发展,就必须加强战略研究,应用战略管理会计理论和方法进行战略管理。铁路运输企业应用战略管理理论主要在市场的开拓和成本管理方面,如品牌战略、成本领先战略等。

二、应用案例

(一) 铁路运输组织

1. 应用背景

一直以来,铁路运输始终是制约国民经济发展的瓶颈,尽管近些年进行了大规模的铁路建设,运输能力仍然不能满足国民经济发展和人们出行的需要。而就铁路企业而言,由于运价等因素的影响,铁路运输效益依然不能尽如人意,铁路运输企业的经营形势十分严峻。而且,20×× 年铁道部对运输企业实施盈亏总额考核,在综合考虑新线建设贷款利息、重大自然灾害损失和复旧支出、设备折旧周期延长带来的成本变动、新线投产时间推迟减少的预期收入等因素的基础上,严格按照有关办法进行考核,实施奖惩。

某铁路局面对 20×× 年主要运输经营指标起点高的严峻形势,以及货源波动、运力阶段不足、春运临客加开及施工占用货运能力等不利因素,努力加强经营管理,坚持"安全第一"的工作导向不移位,强化列车运行调整,严把列车进路关,确保行车安全,特别是高铁的绝对安全,采取一系列措施:加强施工协调、卸车组织、装车组织、列车编发质量和列车运行调整。但由于运力阶段性不足,车流不均衡、临客加开等因素影响,部分局界口、枢纽阶段性"堵塞"问题较为突出。针对上述问题,该局提出优化运输组织,推进集约运输提升运输效率设想。

2. 样本选取

(1) 选定区间。JS 线 SHG—BJ 区段,货车为:SHG—XZM 区段;客车为:SHG—BJ 区段。

入选理由是:该区段客货市场运量充足,JS 客运专线投入运营后,运输能力仍接近饱和,随着全路货运任务增加,近两年该局分界口交接列车增幅达 8.95%,作为路网干线的车流密度明显加大,SHG—DYJ 区段成了进一步提高 JS 线运输能力的瓶颈,客货争能问题,影响着该局装车任务的提升。因此,对该区段客货列车开行组织有重要意义。

(2) SHG—BJ 区段能力利用情况。图定列车 147 对,2011 年上行欠 0.5 列、下行欠 4.5 列;2012 年 1~2 月份上行超图 5.7 列、下行超 1.1 列,SHG—XZM 间通过能力已饱和,造成管内车流的运行线在列车运行图中无法铺画。实际开行时,列车等线、保留情况突出,既影响中间站装车,又影响临界口接车。目前又新增加 1 对客车,临界口再继续上量难度很大。

表 4-2 SHG—XZM 能力利用情况

	客车	行包	货车	单机	合计	比图定
图定能力	63	4	80		147	
2012 年上行	64.6	3.9	76.8	1.3	146.5	欠 0.5
2012 年下行	64.8	3.9	70.0	3.9	142.5	欠 4.5
2013 年 1—2 月上行	71.5	2.7	77.0	1.7	152.7	超 5.7
2013 年 1—2 月下行	71.5	2.6	70.7	3.5	148.1	超 1.1

(3) 2012 年主要参数指标如下:

货运:SHG—XZM 区段里程 118 公里;平均占用线路时间:123.5 分钟。

客运:SHG—BJ 区段里程 124 公里;允许技术速度 120KM,机型 DF4D 或 HXD3,平均占用线路时间 78.5 分钟。

客车等级有:直达列车(Z)1 对、特快列车(T)14 对、快速列车(K)41 对、普通旅客列车 3 对、临客 4 对。

2012 年货物列车平均旅行速度:33.32 公里/小时。

3. 测算前提

(1) 客货列车开行效益评价体系着眼于实现整条运输通道的效益最优,因此,在收入分析时选取的是运输收入指标,而非衡量整个铁路运输企业收益的运输营业收入指标。

(2) 假设线路运用饱和,客流、货源充足,客货列车开行方案的调整不影响旅客列车上座率和货运装车。

（3）考虑客货运输季节性差异，选取 2012 年全年实际完成数作为分析数据，以此为效益评价参考值，测算客货运输优化调整方案。

（4）为了便于研究，假设客运均为满员。

（5）鉴于客运中，硬座车、硬卧车、软卧车定员不同，但不同车辆的总收入相差不大，均按硬座车厢的票价和载客量处理。

（6）由于内燃机车运用成本远高于电力机车，且局管内铁路干线均为电气化线路，内燃机车牵引比重很小，因此在进行客货运效益分析时假设牵引机型均为电力机车。

（7）边际支出（边际成本或单位成本）的计算仅考虑和工作量相关的变动成本支出，不考虑固定成本支出。

（8）电力机车牵引单位成本根据部定本局机车牵引费清算单价确定。动车组运行单位成本根据部定动车组接触网使用费单价加动车组运用整备等支出确定。

（9）基础项目单位成本根据本局工务、电务通信、供水供电、车站等部门的直接成本支出情况测算确定。

（10）由于货车车辆配属不统计在铁路局，因此货车车辆的单位成本根据部定货车使用费单价加单位辆日运营负担的货车修理支出测算确定。

（11）考虑支出基础数据收集困难，以本局成本支出数据为基础。

4. 单位产品贡献测算

由于在 SHG—BJ 区段有客运（包括动车、直达客车、特别快车等）、货运多种运输产品，根据边际分析法的基本思想，只有不同运输产品的边际收入与边际支出相等时，才能获得最大收益（用经济学的语言说，就是达到投入要素之间的均衡），即有：

$$\frac{\text{一列直达客运列车边际收入}}{\text{一列直达客运列车边际支出}} = \frac{\text{一列特快客运列车边际收入}}{\text{一列特快客运列车边际支出}} = \cdots$$

$$= \frac{\text{一列货运列车边际收入}}{\text{一列货运列车边际支出}}$$ 时，才有整体运输的经济效益最优。

基于上述思想，必须按运输产品车别分别计算其边际收入和边际支出。

（1）基础数据。在按运输产品类别分别计算其边际收入和边际支出时，由于运输产品的成本结构不同，需要不同运输产品成本的项目基础数据，根据研究前提（假设）（7）～（11），选取 2012 年的基础数据作为计算运输产品边际收入和边际支出的依据。2012 年收入和支出基础数据如表 4-3 和 4-4。

表 4-3 　　　　　　　　　　 收入计算模型基础数据

序号	项目	单位	2012 年实际完成
一	客运项目		
1	人公里收入率		
	其中:D 动车组	元/人公里	0.324
	T 特快列车	元/人公里	0.162
	Z 直达列车	元/人公里	0.234
	K 快速列车	元/人公里	0.154
	P 普通列车	元/人公里	0.114
	L 临时客车	元/人公里	0.079
	Y 旅游列车	元/人公里	0.195
2	SHG—BJ 区段里程	公里	124
3	区段运输密度		5 805
4	区段客运周转量	万人公里	719 820
5	图定开行对数	对	63
6	实际开行对数	对	64.7
二	货运项目		
1	JS 线吨公里收入率	元/吨公里	0.094
2	区段货运周转量	万吨公里	1 284 931.7
3	图定开行对数	对	80
4	实际开行对数	对	73.4

表 4-4 　　　　　　　　　 成本支出计算模型基础数据

序号	项目	单位	2011 年实际完成
一	客运项目		
1	机车牵引支出单位成本	元/万吨公里	电力机车 282.45 动车组 310
2	基础支出单位成本	元/列车公里	4 421.15
3	车辆支出单位成本	元/千辆公里	客车 1057 动车组 5149

（续表）

序号	项目	单位	2011 年实际完成
4	客运服务支出单位成本	元/千辆公里	客车 161 动车组 290
5	区段客运周转量	万人公里	719 820.00
6	区段内客运机车牵引总重	万吨公里	571 108.10
7	区段内客运通过总重(不含内燃机车牵引、动车组)	万吨公里	625 303.70
8	千辆公里		49 781.47
二	货运项目		
1	机车牵引支出单位成本	元/万吨公里	152.54
2	基础支出单位成本	元/列车公里	3 097.62
3	平均旅速	公里/小时	33.32
4	平均编组辆数	辆	53
5	区段货运周转量	万吨公里	1 284 931.70
6	区段内货运机车牵引总重	万吨公里	2 259 282.90
7	区段内货运通过总重(不含内燃机车牵引)	万吨公里	2 454 373.80

（2）运输效益测算如下：

客运、货运按车别分别计算边际收入、边际成本和边际贡献。

客运：

  边际收入＝定员×单位公里收入率×里程×2

  边际支出＝机车牵引成本＋基础项目成本＋车辆成本＋客运服务成本

     ＝机车牵引总重×客运电力机车单位成本＋列车公里×单位

    成本＋千辆公里×单位成本＋千辆公里×单位成本

  边际贡献＝边际收入－边际成本

货运：

  边际收入＝全线吨公里收入率×区段周转量

  边际支出＝机车牵引成本＋基础项目成本＋车辆成本

其中：

  机车牵引成本＝机车通过总重×货运电力机车单位成本

  基础项目成本＝列车公里×单位成本

  车辆成本＝（区段里程÷旅行速度）÷24×平均编组辆数×2×单价

根据表4-3和4-4,与上述公式计算得出各列车的边际收入、边际成本和边际贡献、单位成本产出如表4-5。

表4-5　　　　　　　　　　　列车边际贡献

车型	边际收入	边际支出	边际贡献	单位成本产出(元/元)
Z 直达列车	102 716.6	19 933.34	82 783.3	5.15
Y 旅游列车	85 597.2	19 933.34	65 663.86	4.29
D 动车组	89 351.42	30 736.31	58 615.11	2.91
货运	79 862.4	21 740.78	58 121.62	3.67
T 特快列车	71 111.52	19 933.34	51 178.18	3.57
K 快速列车	67 599.84	19 933.34	47 666.5	3.39
P 普通列车	50 041.44	19 933.34	30 108.1	2.51
L 临时客车	34 677.84	19 933.34	14 744.5	1.74

5. 调整方案

从理论上说,在货源充足的情况下,按最大运输能力计算,可以考虑以下几种调整方案(下列计算按天考虑):

第一种调整方案:既定客运不变,现在的客运与货运合在一起并没有达到线路图定饱和(图定饱和状态:客车63对,货运80对),实际开行客车47对,距饱和还差16对,实际开行货车73.4,距饱和还差6对。保持现有客运不变,剩余生产能力增开货运38对。按照上述计算的边际贡献,增开38对货车可增加利润2 208 621.65元。

第二种调整方案:考虑到旅游资源,可以增开旅游列车,每增加1对旅游列车,可以增加利润65 663.86元,除了增开3对旅游列车外,剩余能力还可以增开32对货车,32对货车增加利润1 859 891.92元。增开的3对旅游列车与32对货车共增加利润2 056 883.50元。

(二)战略规划

铁路运输企业应用战略管理会计主要在品牌、成本、财务、大客户,以及运输发展SWOT分析等方面。

按照初步规划,2013年一批重要的铁路线路将开通运营,包括:津秦客专、宁杭客专、杭甬客专、厦深铁路、武汉黄冈城际、武咸城际等,其中大部分铁路为每小时200公里的城际间线路。预计2013年建成通车里程将会超过6 000公里以上,其中,高速铁路里程3 000多公里,普通铁路里程3 300公里。2013年至2015年间,将有一批新的铁路重大项目开工建设,开工建设时速200公里以上高速铁路 4 500 公里,预计总投资将达 5 000 亿元。但也应看到,在运营方面货运赚钱,客运赔钱;煤运赚大钱,高铁赔大钱,运输效益始终是铁路运输企业"老大难",而且我国运输市场的竞争也日趋激烈。因此,铁路运输既面临机遇,又面临挑战,应用 SWOT 分析工具,分析铁路的优势和劣势,对于铁路运输企业制定发展战略具有重要意义。

1. 铁路运输外部机会和威胁

(1)外部机会。在经济方面,国民经济持续快速增长,给运输市场带来了兴旺。西部大开发战略的全面实施,作为大陆型国家,给铁路提供了十分难得的发展机遇。国家对环境保护、能源消耗等提出了很高要求,铁路运输可在资源节约型和环境保护型的现代化交通运输体系中扮演骨干角色。

在社会文化方面,假日经济和旅游热的兴起带来了运输市场新的增量。至 2015 年,我国将达到城市人口占总人口 50% 以上的城市化标准,城市间的旅客运输需求量会有大的增长。

在政治法律方面,由于我国加入了世贸组织,铁路企业可以在一个更加稳定、平等、公开、开放的市场环境中寻求更大的发展。

(2)外部威胁。在竞争方面,近年来高速公路和民航事业的长足发展,对铁路运输业构成了严重威胁。

在政治法律方面,加入世贸组织所承诺的铁路货运市场的逐步全面开放,将会给处于转轨时期的中国铁路行业带来很大冲击,尤其是铁路集装箱、冷藏、快运、特货等起步较晚的专业运输领域。

在经济方面,国家加大了调整国民经济布局和推进国有企业战略性改组的力度,煤炭、冶金、石化、纺织、建材、电力等和铁路运输关联度较高的行业纷纷实行限产压库政策,直接影响了铁路货运量的增长。

2. 内部优势和劣势分析

(1)内部优势。在生产领域,铁路是一种安全、舒适、便利、经济、环保的运输方式。铁路货运的能源利用效率高、污染小,比较适合大宗货物运输,以及中、长距离的一般货物运输。铁路客运和城市轨道交通系统具有污染小、能源利用率高、占地少、输送和集散能力强、速度快以及价格适宜等优点,是适于大众出行的交通工具;高速铁路则适于客流量大的城市间的旅客运输。

在营销领域,近年来推出的一批旅游列车、行包专列和"五定"班列等,已成为深受社会欢迎的品牌。另外,一些铁路运输企业正在积极探索建立以大客户战略、大联运通道、大营销网络,以客户为中心的货运营销体系,在谋求客户利益最大化的同时,全力拓展铁路货运市场。

(2)内部劣势。在管理领域,政企不分的体制性弊端依然存在,组织和业务结构不合理,内部按生产功能设置机构,公益性与经营性业务、路网基础设施与客货运输业务交织在一起,使企业难以自主经营、自负盈亏。

在财务领域,资本结构不合理,国有资本比重过大,投资主体单一,难以解决铁路资金短缺的问题,也不利于铁路运输企业调整产权结构。现有的运输财务清算办法无法反映客、货、网的收、支、利结果,使运输企业难以做到自主经营、自负盈亏。

在营销领域,现有客、货运产品还不能满足市场需求,服务质量低,市场意识差,营销水平低。

3. 战略选择

根据 SWOT 方法"依靠内部优势,克服内部劣势,利用外部机会,回避外部威胁"的战略制定原则,可以用 SWOT 矩阵将上述内外部分析结果组合成 SO、WO、ST、WT 等 4 类战略,如表 4-6 和 4-7。

表4-6 我国铁路运输企业的内外部分析

外部机会(O)	内部优势(S)
O1 经济发展、可持续发展 O2 假日经济,旅游热,城市化加快 O3 加入世贸组织	S1 安全、舒适、便利、经济、环保 S2 正在进行运输管理体制的改革 S3 拥有一批受欢迎的品牌列车
外部威胁(T)	内部劣势(W)
T1 运输市场多元竞争 T2 货运市场全面开放 T3 调整经济布局、国企改革	W1 政企不分、不合理的结构、冗员过多 W2 资本结构和财务清算力、法不合理 W3 路网结构不合理,整体运能不足 W4 研发水平较低 W5 产品结构不合理、服务及营销差

表4-7 SWOT 矩阵

	内部优势(S)	内部劣势(W)
外部机会(O)	SO 战略(发挥优势、利用机会) SO1 战略:加快铁路建设,构筑四通八达、方便快捷的铁路运输网络 (S1 与 O1、O2、O3 匹配) SO2 战略:"走出去",参与国际运输市场竞争 (S1、S2 与 O3 匹配)	WO 战略(利用机会、克服劣势) WO1 战略:提速调图,进一步拓展铁路既有线运能 (W3、W5 和机会 O1、O2、O3 匹配) WO2 战略:科技兴路、快速式发展 (W4 与 O1、O2、O3 匹配)

（续表）

	内部优势(S)	内部劣势(W)
	ST 战略（利用优势、回避威胁）	WT 战略（减少劣势、回避威胁）
外部威胁（T）	ST1 战略:新产品定位 （S1、S3 与 T1、T2 匹配） ST2 战略:培育发展核心竞争力 （S1、S3 与 T1、T2、T3 匹配） ST3 战略:发展集装箱及联运市场 （S1 与 T2 匹配）	WT1 战略:政企分开、企业重组 （W1 与 T1、T2 匹配） WT2 战略:新的运输财务清算办法 （W1、W2 和 T1、T2、T3 匹配） WT3 战略:调整产品结构 （W5 与 T1、T2 匹配） WT4 战略:调整服务质量 （W5 与 T1、T2 匹配） WT5 战略:减员分流,加强培训 （W1、W5 与 T1、T2 匹配）

在上述战略中,政企分开作为首要战略,是走出困境的当务之急;企业重组作为基础战略,是企业再造的目标模式;减员分流是关键战略,需要有壮士断腕的勇气;质量是生存战略,必须动员全体员工精心打造;提速调图是特色战略,应当紧贴市场需求,灵活应用;科技兴路是导向战略,是铁路今后发展的支撑力和推动力;其他战略也各有其独特的地位和作用,需要依据核心竞争力理论综合运用,发挥其综合效应。

铁路运输企业的战略成本管理,主要是可以运用的战略选择和实施。一些学者通过铁路运输企业成本的 SWOT 分析,提出可运用的成本战略主要有:成本领先、差异领先、目标集聚和产品生命周期战略。这里只列出战略取向,不再进行具体的分析。

对于成本领先战略,铁路运输企业应在成本领先战略指导下,把目标确立为客户提供运输行业中的低成本服务,也就是在提供的客货运服务数量、质量、长短距离差别不大的条件下,努力降低成本来取得竞争优势,从而获取优于平均水平的经营业绩。成本领先战略的逻辑要求铁路企业就是成本领先者,而不是竞争这一地位的几个企业之一。

对于差异领先战略,铁路运输企业运用差异领先战略,要密切注视客户的特殊要求,从而在运输行业内独树一帜,或在成本差距难以进一步扩大的情况下,提供比竞争对手速度更快、质量更优、服务更好的客货运输服务,占领差异领先地位,得到价格溢价报酬。

对于目标集聚战略,铁路运输企业能够集中有限的资源以更高的效率、更好的效果为某一狭窄的战略客户服务,积极寻求在目标市场上的成本优势或者差异优势,从而超过其他竞争对手。

对于产品生命周期战略,铁路运输企业运用产品生命周期战略可以在新铁路线路的导入期和成长期,采取发展战略,以提高市场份额为战略目标,加大投入,重视差异领先,甚至不惜牺牲短期收益和现金流量;在成熟期,可采取固守战略,以巩固现有市场份额和维持现有竞争地位为目标,重视和保持成本领先,尽可能延长本期间;在衰退期,可采取收获与撤退战略,以预期收益和现金流量最大化为战略目标,主动退出市场份额。

（三）预算管理

自原铁道部 2002 年 4 月 6 日发布《关于印发〈铁路企业实行全面预算管理试行办法〉的通知》开始,铁路运输企业开始试点全面预算管理,2003—2005 年全面推行、推进,目前已转入深化、提高阶段。我国铁路运输企业在深化体制改革、提升技术装备、提高经营质量、扩大建设规模等方面均取得了长足发展,尤其是高速铁路的陆续建成投产运营,铁路运输企业的经营管理工作也发生了深刻的变化,同时也出现了新的矛盾和问题,由于铁路运输企业目前仍旧政企不分、产权关系不清、权责利不明等,全面预算管理在深入推进过程中遇到诸多问题。所以,现行铁路运输企业的预算管理模式,基本是在既有体制下对费用预算的管理。

需要说明的是,本部分只阐述铁路运输企业预算管理独具特色的内容,预算管理的一般理论,如预算的编制和考核等,不再述及。

1. 铁路运输企业特点

（1）运输市场占有率波动幅度不大,企业发展比较平稳,运输收入大多能够增长。

（2）在收入相对稳定或增长的情况下,成本的有效控制成为谋求利润的重要手段。

（3）资金需求量比较稳定。随着对行业内资金的有效调度和集中管理,虽然个别企业可能存在资金短缺的现象,但总体上能满足日常运输生产的需要。因此,对现金流量的控制尚不是重点。

（4）对外的资本投资量相对较小,尚不是经营重点。

（5）传统的计划任务指标管理理念和方法、程序比较根深蒂固。

2. 全面预算管理模式

现行铁路管理体制将所有的预算按照权责对等的原则,由铁道部、铁路局、站段分级分别管理,各级经营管理的责任不同,预算管理的重点也不同。

铁道部负责全路资源的统筹配置,是预算管理工作的最高组织机构。在全面预算管理中负责确定全路客、货运输生产任务预算,全路主要运输设备的运用和配置,全路经营目标和财务收支目标总量预算,作为铁路运输企业出资者要考虑投入产出、所有资产保值增值问题。

铁路局作为企业法人,是铁路运输企业的利润中心,承担着铁路运输生产经营的责任,是完成铁道部对铁路局经营业绩考核指标,实现运输增盈目标的中心和主线。铁路局既是预算的编制主体,又是预算执行的责任主体,需根据本局的实际情况,将铁道部下达的预算指标细化分解,落实到具体责任部门和所属单位。

基层站段作为铁路局所属非法人独立核算单位,是铁路局经营预算指标的具体落实者,需严格按照铁路局批准后的预算执行。

3. 预算管理组织机构

铁路局按照全面预算管理的要求,首先建立预算管理机构、预算监督机构、预算编制机构和预算执行机构。铁路局的预算管理机构是路局全面预算管理委员会,预算监督机构是路局预算审计监督处,预算编制机构是路局预算部,预算执行机构是经过整合后的路局机关各职能部门、各站段以及改革成立的相对独立的各种公司。

铁路局遵循权责明确、权责相当、目标一致、责任可控、高效运行的原则,按照全面预算管理理论对组织机构的要求,对路局现行的各职能处室进行重新整合,并界定其在全面预算管理中的相关职责,以保证各预算组织机构的权威性和高效性,确保全面预算工作有序开展。同时,还要合理确定铁路局内部的成本中心、利润中心、投资中心等责任中心。

4. 预算的主要内容

铁路运输企业的全面预算包括财务预算、生产预算、固定资产投资预算、人力资源和劳动工资预算。

(1) 财务预算。财务预算围绕企业的战略目标和发展规划,以生产预算、资本预算为基础,以经营利润为目标,以现金流量为核心进行编制,并主要以财务报表形式予以反映。其预算包括利润目标预算、运营收支预算、其他经营业务收支预算、资金预算。

利润目标预算按照铁道部下达的各项预算目标,结合铁路局实际确定。

运营收支预算一般由铁路局在保证实现铁道部下达的经营目标的基础上编制。根据运输生产预算、固定资产投资预算、人力资源、劳动工资预算及影响经营收支相关变化因素等综合平衡后编制,包括运输总收入预算、运输营业收入预算、运输总支出预算。

运输总收入预算中主要指标包括旅客票价收入、货物运费收入、电气化附加收入、保价收入、客货运其他收入、铁路建设基金,以及客货收入的相关收入率等。运输营业收入预算是对预算年度运输营业收入目标进行统筹规划的预算。

主要指标包括《铁路运输进款清算办法》规定的各项清算项目和运输企业间委托运输管理的清算收入;运输总支出预算是反映与预算期运输安全生产工作量相匹配的运输总支出需求的预算,根据运输生产规模、运输生产预算、营业收入预算、经营业绩考核目标、各项支出标准等统筹考虑后进行编制。运输总支出预算主要指标包括人工成本、折旧、大修、机车能耗、各项设备运用和修理等直接支出、间接生产费、管理费、财务费用、营业外支出、付费支出等以及各项支出定额和单位变动支出。

其他经营业务收支预算应在业务清晰、规范的基础上,根据业务量预算和保证利润目标的原则编制其他业务收支、多种经营收支和投资收益等预算。

资金预算根据上述各项经营收支预算、固定资产投资预算和资本、资金市场情况,并充分考虑企业财务结构状况和风险承受能力编制。包括经营性资金和投资性资金流入、流出总量、资金筹集总量、筹集方式、时间以及资金运用中发生的资金成本。

(2)生产预算。生产预算由生产运输管理部门负责编制,反映预算期内企业发生的生产计划。主要包括运输工作量预算、设备运用预算、设备修理预算。

运输工作量预算根据企业发展规划、市场需求调查情况和预算期固定资产投入、运输组织优化和设备效率提高等因素,并统筹考虑各地区的具体情况确定。运输工作量包括旅客发送量、旅客平均行程、客运周转量、图定客车开行方案(对数、等级、编组、径路)、临客开行方案、旅客列车上座率、货物发送量(按品类、重点企业)、货物平均运程、货物周转量,换算周转量等。

设备运用预算根据运输工作量预算有关指标、既有和新投入设备情况、效率提高要求和生产力布局调整等因素确定。主要包括机车、客车(含动车组)和货车运用型号、数量、完成工作量、运用效率和消耗。

设备修理预算根据既有、新增和减少的设备数量和状态、技术政策、运用情况,按照修程修制规定、修理能力以及同期更新改造、基建等投入统筹安排。主要包括运输生产中运用的各项移动设备和固定设备的修理工作量、施修方式、完成时间等。

(3)固定资产投资预算。固定资产投资预算是企业在预期内进行资本性投资活动的预算。主要是更新改造投资预算。是企业在预算期内构建、改扩建、更新固定资产而进行资本投资的预算。预算应根据运输生产要求、既有设备运用情况和技术政策,并结合基建、大修预算安排,按照轻重缓急程度确定。

(4)人力资源和劳动工资预算。人力资源和劳动工资预算是企业在预算期内的人员需求和工资报酬预算。主要包括:用工总量、运输业劳动生产率、劳动用工报酬总量、人均工资和职工工资增长幅度等。根据运输生产预算、固定资产投资预算有关指标、国家和铁道部工资分配政策,综合考虑劳动组织改革和劳动生产率提高要求、员工素质和数量变化等情况,以及劳动用工报酬待遇要求和企业承受能力确定。

5. 铁路运输企业支出预算指标体系设计

铁路运输企业的主营业务成本是铁路运输成本。铁路运输支出总额包括铁路运输成本、期间费用(包括管理费用、财务费用)和营业外支出。其中,铁路运输成本又分为按费用要素反映的工资、折旧、大修及直接生产费用和间接生产费用。铁路运输企业支出预算是按运输支出科目、分要素确定。从成本习性上分析,在编制预算时,一般认为,铁路运输支出总额中,工资、折旧、大修、期间费用、营业外支出及基础设施的运行检修费用是相对间接的,其支出指标相对简单;而总支出中的材料、燃料、电力和其他要素支出几乎都与运营生产直接相关,是相对直接的,并随着运营工作量的变化而明显变化,具体编制预算时,又按照运输服务支出、移动设备运用支出和移动设备检修支出进行分类,设计相应的支出预算指标。

(1) 相对间接支出的预算指标。对于相对间接的支出,由于在短期内其运营环境相对稳定,可以以上年的支出为基础,考虑预算年度的变化进行综合确定。

反映运输服务维修人员工资及附加费的预算指标:平均人数、万换算吨公里工资含量。

反映设备折旧与大修费的预算指标:配属各种设备设施固定资产数量及单价、各设备的折旧率、各设备定检率。

反映工务设备运用及检修支出的预算指标:工务道岔组数、工务道口处数、工务线路延长公里、桥隧千换算米、机械养路公里。

反映电务设备运用及检修支出的预算指标:闭塞公里、换算道岔组数。

反映供水供电设备运用及检修支出的预算指标:供电接触网公里、电力线路公里、用电度数、用水吨数。

反映房屋建筑物维修支出的预算指标:房屋建筑千换算平方米。

反映运输生产的期间费用及营业外支出(不含工资、折旧、大修)预算指标:平均人数、每一职工的支出定额或费用开支标准、工作处所或业务部门数、每一处所或业务部门的费用支出定额及国家规定的标准等。

(2)相对直接支出的预算指标。相对直接支出的预算指标,是以反映运输服务支出的预算指标——客货运输量为起点,继而以设计反映为完成相应客货运输生产任务而发生的机车车辆运用消耗、检修支出的预算指标。

反映运输服务业务支出的预算指标包括。①旅客运输服务:旅客发送人数、旅客运送人数。②货物运输服务：货物发送吨数、货物运送吨数、货物中转吨数、有调作业辆数、无调作业辆数、加冰加盐车辆数。③行包运输服务：行包中转件数、行包发送件数、行包专列发送件数。④旅客列车服务：旅客列车车辆公里。

反映移动设备运用及消耗的预算指标包括：①反映机车整备、运转油脂消耗的预算指标：机车走行公里。②反映机车调车消耗的预算指标：调车小时。③反映机车牵引运行消耗的预算指标：机车总重吨公里、蒸汽机车运行用煤换算吨、内燃机车运行用柴油吨、电力机车运行用电度数。④反映机车技术措施支出的预算指标：支配机车台数。⑤反映空调车运行及消耗的预算指标：空调车运行车辆公里、空调车运行用柴油吨、空调车运行用电度数。

反映移动设备检修的预算指标包括：①反映机车检修支出的预算指标：配属机车台数、机车小修台数、机车中修台数、机车大修台数。②反映配属渡船运用及维修的预算指标：配属渡船艘。③反映客车检修支出的预算指标：客车配属辆数、客车段修及辅修辆数、客车大修辆数。④反映行李车检修支出的预算指标：行李车配属辆数、行李车段修及辅修辆数、行李车大修辆数。⑤反映货车检修的预算指标：货车现在车辆数、货车段修及辅修辆数、货车大修辆数。⑥反映机械保温车维修支出的预算指标：机械保温车配属辆数。

（3）铁路运输企业支出预算指标的类型。铁路运输企业支出预算指标，从性质上划分为数量指标和质量指标两类。数量指标反映铁路运输生产数量及规模，一般用绝对数表示；质量指标反映铁路运输生产经营效果和水平，一般用相对数和平均数表示。用于编制铁路运输企业支出预算的指标主要是数量指标，其计算确定是以相应的质量指标已知数值作为基础的。质量指标的确定可以采用统计分析法，即根据其历史水平及主要主、客观因素对质量指标变化的影响，进行综合考虑，确定一个先进合理标准。铁路运输企业支出预算的主要质量指标和数量指标见表 4-8 和 4-9。

（4）铁路运输企业支出预算指标的确定。铁路运输企业支出预算指标分为数量指标和质量指标两类，如表 4-8。

表 4-8　　　　　　　　铁路运输企业支出预算的主要质量指标

序号	质量指标分类	质量指标
1	运输服务业务	货物平均运程、旅客平均行程
2	移动设备运用及消耗	装车净载重、接运重车动载重、空车率、运行吨公里占总重吨公里比例、列车平均总重、货运机车辅助走行率、货运机车日车公里、货运机车预备率、旅客列车总重、客运机车辅助走行率、机车全周转时间

(续表)

序号	质量指标分类	质量指标
3	移动设备检修	定检公里、机车大修率、机车中修率、货车段修及辅修定检率、各车种客车大修定检率、行李车大修定检率、行李车段修及辅修定检率

表 4-9 　　　　　　　铁路运输企业支出预算的主要数量指标

序号	质量指标分类	质量指标
1	运输服务业务	货物发送量、货物周转量(运行吨公里)、旅客发送量、旅客周转量
2	移动设备运用及消耗	货车工作量、货车现在车辆数、货车运用车辆公里、管界内区段客车公里、配属客车公里、货车总重(牵引)吨公里、列车公里、货运机车走行公里、货运机车台数、客运列车公里、客运总吨公里、客运机车走行公里、客运机车台数、机车总重吨公里、机车总行走公里
3	移动设备检修	机车大修台数、机车中修台数、机车小修台数、货车大修辆数、货车段修及辅修辆数、各车种别客车大修辆数、行李车大修辆数、行李车段修及辅修辆数

6. 全面预算管理存在的主要问题和技术关键

(1) 存在的主要问题。存在的主要问题可概括为以下方面:

对全面预算管理的认识不统一。有人认为全面预算管理仅仅是将原来计划经济时代的计划管理改称为全面预算管理,换汤不换药;也有人认为全面预算管理是企业管理的一剂良药;总之,对全面预算管理还需要进一步研究,看其是否能提升铁路企业整体管理水平,为铁路运输的改革与发展提供良好的管理模式。

全面预算管理模式所涉及的组织结构调整难度大。推行全面预算管理就需要有一定的组织保证,结合铁路企业当前"主副分离"的实际对现行组织结构重新整合,以利于铁路企业管理与发展,这必将触动一部分人的既得利益。因此,面临的困难和阻力是可想而知的。

全面预算管理应用软件急需统一、完善到位。虽然铁道部对推行全面预算管理非常重视,也在广铁集团、客运公司等单位开发了各自的全面预算管理应用软件,但存在很多问题,一是水平不一,造成标准不一;二是重复开发造成资源浪费;三是形不成合力,影响整体优势的发挥。因此,全面预算管理应用软件急需统一和完善。

（2）技术关键。主要涉及以下内容：

铁路运输核算是收支两条线。客、货、网三分后，一方面，收入的统计与确定是关键；另一方面，如何将生产业务信息畅通及时地转化为财务信息，是提高经营管理水平的关键。

推行全面预算管理所需的成本定额及绩效考评体系不准确、不完整。因此，建立一套切实可行、准确完备、科学规范的成本定额及绩效考评体系，对推行全面预算管理来说迫在眉睫。

推行全面预算管理所需的信息网络系统亟待建立。全面预算管理需要对大量的业务流、信息流、资金流、人力资源流的信息和数据进行收集、整理、分析和评价。同时，对预算的执行情况要进行实时全程监控，需要有快捷高效的网络信息系统支持。因此，通过信息系统建设，将生产作业信息及时转化为财务信息，实现生产、经营、办公等业务管理与财务系统的一体化连接，以达到实时查询和实时控制的目的。

7. 主要成效

铁路运输企业通过实施预算管理 10 年的探索，取得了令人瞩目的成效，以乌鲁木齐铁路局为例，取得的成效主要体现在管理和财务两个方面：

（1）管理成效。乌局紧紧围绕全面预算管理工作总体部署，按照重点突破、层层深入、以点带面的工作思路，探索出了具有乌局特色的全面预算管理工作模式，并且为推行全面预算管理进行的科研课题获得路局 2004 年度科学进步一等奖。其主要成效有：一是促进了企业由生产型向经营管理型的转变，真正确立了全面预算管理的经营理念；二是运输经营预算指标体系基本确立，各项预算编制工作逐步规范，预算管理流程日渐科学合理；三是定额核查工作在全局各单位迅速展开，各项物资消耗定额开始细化和修订，定额体系逐步得到健全和完善；四是业务流程设计与再造工作推进有序，运输生产与经济核算工作逐渐融合，技术革新和流程优化工作不断加强；五是权责利制衡机制不断健全，各项考核办法日趋完善；六是信息化系统整合工作初战告捷，基层站段基本实现了预算系统与财会管理信息系统的有机结合，达到了对各项经济事项的实时监控；七是成本控制力度进一步加强，基础管理水平显著提高，财务管理模式日趋科学、合理。

（2）经济效益。全面预算管理的实施，为经营业绩考核目标的全面完成提供了管理保证，主要表现在：一是全年客货发送量和运输收入实现历史性突破；二是运输效率提高显著，车辆周转速度明显加快，运用车不足、机力紧张等困难得到缓解；三是技术改造、业务流程优化工作推行有力，节支降耗效果显著；四是生产力布局调整合理，运输生产和设备检修能力优化重组效果明显。通过开展全面预算管理，促进了检修体制向专业化、规模化转变。对机车检修采取大、中、小三级修程,取消辅修修程,对部分机车采用"一中一大"修制,减少了一次中修,仅 2005 年修理费支出节约 3 800 万元;五是物资管理工作更加规范、科学。加大物资采购执法监察力度,修订完善《物资采购招投标实施办法》,将基本建设、更新改造、大修及办公用品、低值易耗品、现代办公用品耗材等全部纳入招投标范围;六是资金管理与调控水平显著提高。在政策性亏损不断剧增的情况下,通过严格执行现金流量预算,科学合理地调剂资金余缺,保证了运输生产,重点工程、职工生活所需的资金供应,收益显著。

(四)企业评价

1. 铁路运输企业经营业绩评价

由于财政部发布的《国有资本金绩效评价规则》、《国有资本金绩效评价操作细则》,所涉及的评价指标体系,不完全符合铁路运输企业的情况,所以,必须根据上述规定的原则,设计能够反映铁路运输行业特点评价指标体系,并对铁路运输企业的经营业绩进行评价。

(1)指标体系设计依据。就企业评价而言,可资借鉴的理论和方法有:沃尔评分法、杜邦分析评价法、"A 记分"绩效评价法、相对值指标绩效评价法、经济增加值(EVA)评价法、平衡计分卡评价法等。前 5 种评价方法基本是对企业财务方面的评价,而平衡计分卡则在保留了传统的财务指标体系的基础上,引进了大量能对未来财务业绩进行考评的非财务因素,共同融合于企业信息系统。它是建立在现代管理理论基础上,较为先进的企业评价方法。对企业的评价不仅能限于财务方面,内部流程、客户和学习增长对企业而言同样是重要的;而且这 4 个方面存在着互为因果、相互促进的内在联系。平衡计分卡作为企业评价方法,首先,它将目标与战略具体化,加强了内部沟通;其次,它以顾客为中心,重视竞争优势的获得和保持;最后,重视非财务业绩计量,促进了短期利益和长期利益、局部利益和整体利益的均衡。所以,铁路企业评价指标体系的设计,平衡计分卡评价法将作为重要的理论依据。我国学术界关于企业评价的讨论,也为铁路企业评价指标体系的设计提供了理论上的支持和有益的参考。除此之外,国资委发布的《中央企业综合绩效评价管理暂行办法》、《中央企业综合绩效评价实施细则》等文件、规定等是主要的政策依据。

(2)基于平衡计分卡的指标体系。将按照平衡记分卡设计的评价指标体系进行分类,分为计量指标和评议指标,前者称为财务绩效指标(财务效益指标,包括基本指标和修正指标),后者称为管理绩效指标。各指标的权重根据专家意见,并参考国资委发布的《中央企业综合绩效评价实施细则》中评价指标权重来确定。

表 4 - 10　　　　　　　　铁路企业评价指标体系

评价内容		基本指标(60%)	权数	修正指标(40%)	权数
计量指标 70%	财务效益	净资产收益率	18	货运吨公里收入率	10
		总资产报酬率	17	运输企业对外投资收益率	10
				资本保值增值率	15
	资产营运	总资产周转率	15	存货周转率	5
				企业资产运用率	10
	偿债能力	流动比率	10	现金流动负债比率	10
	发展能力	企业营业增长率	10	换算周转量增长率	10
		总资产增长率	10	三年线路延长公里增长率	10
	资源运用	铁路运输业劳动生产率	10	运输密度	4
				支配机车千千瓦功率日产量	4
		单位资产完成周转量	10	运用货车日产量	4
				单位产出能源消耗	4
				单位产出人工费用	4
计量指标 70%	评议指标 30%	1. 管理层素质	15		
		2. 发展创新	15		
		3. 人力资源	15		
		4. 基础管理	12		
		5. 安全管理	20		
		6. 经营决策	8		
		7. 风险控制	8		
		8. 战略管理	8		

　　(3) 评价标准。评价标准的确定,决定着评价结果,必须慎重确定。本着实事求是、公平公正,遵循国家标准、兼顾企业特点,易于理解、便于操作的精神,根据国资委发布的评价标准值,将计量指标的评价标准值设置为 5 类:

　　第一类:采用国资委统计评价局发布的《企业绩效评价标准值》。应用此类标准值的指标有:

　　基本指标(5 个):净资产收益率、总资产报酬率、总资产周转率、企业营业增长率和总资产增长率。

　　修正指标(3 个):资本保值增值率、存货周转率和现金流动负债比率。

　　第二类:采用某指标的全路平均值

基本指标(1个):流动负债比率。

修正指标(4个):企业资产运用率、三年的线路延长公里增长率、单位产出能源消耗和单位产出人工费用。

第三类:某指标的全路平均值的60%+被评价企业该指标前三年平均值的40%

基本指标(2个):铁路运输业劳动生产率和铁路企业资产产出率。

修正指标(1个):换算周转量增长率。

第四类:被评价企业某指标的前三年平均值为标准值。

修正指标(4个):货运吨公里收入率、运输密度、支配机车千千瓦功率日产量和运用货车日产量。

第五类:社会平均值为某指标的标准值。

运输企业对外投资收益比率,以评价年度银行一年期存款利率为该指标的评价标准值。

评议指标属于管理绩效评价,均为定性指标,在具体评价时,需要评价人员根据企业的情况进行主观判断,为了便于判断,在每项评价内容中,能够量化的尽可能采用量化的标准。首先将每个指标的评价细目都划分为A、B、C、D、E5个档次,并赋予不同的权重,根据评价人员打分计算管理绩效评价得分。比如"人力资源"中的专业技术人员比重,A:20%以上;B:20%～15%;C:15%～10%;D:10%～5%;E:5%以下。

(4)计分方法。计量指标计分方法和国资委《中央企业综合绩效评价实施细则》所列举的方法基本是一致的,评议指标计分方法完全相同,不再赘述。

(5)评价案例(略)。

2. 铁路旅客运输产品质量评价

自1990年,铁路运输已不再是我国运输市场的龙头老大,作为客运市场竞争主体的铁路运输企业,必须能对市场的变化作出快速准确的反应,及时找出差距并采取有效措施,才能更好地适应市场变化,争取更多的市场份额。铁路旅客运输产品质量,关乎铁路运输企业的生存,必须作出全面客观的评价,并为营销决策者制定营销策略提供明确的方向和可靠的依据。为此,刘敬青、罗涛二人联合撰文"铁路旅客运输产品质量指标的综合评价",通过对铁路、公路和民航3种运输方式的运输产品质量进行了评价,找出铁路运输在产品质量方面的差距,现择其要者介绍如下:

(1)评价指标和步骤。

第一步,各种运输方式有多种质量指标,以质量指标构成综合评价的因素集 u={安全、速度、经济、正点、方便、舒适}。

第二步,对各个指标的评价等级建立评价集,$V =$ {好、较好、一般、较差、差}。

第三步,通过对铁路、公路、民航旅客抽样调查统计,得到对每个质量指标评价的单因素评价矩阵(R_1:铁路、R_2:公路、R_3:民航)

$$
\begin{array}{cccccc}
& 好 & 较好 & 一般 & 较差 & 差 \\
R_1= & \begin{pmatrix} 0.7 & 0.2 & 0 & 0.1 & 0 \\ 0.6 & 0.2 & 0.2 & 0 & 0 \\ 0.2 & 0.5 & 0.3 & 0 & 0 \\ 0.7 & 0.3 & 0 & 0 & 0 \\ 0.3 & 0.3 & 0.2 & 0.1 & 0.1 \\ 0.6 & 0.3 & 0 & 0.1 & 0 \end{pmatrix} & & & & \begin{array}{l} 安全 \\ 速度 \\ 经济 \\ 正点 \\ 方便 \\ 舒适 \end{array}
\end{array}
$$

$$
R_2= \begin{pmatrix} 0.5 & 0.25 & 0.25 & 0 & 0 \\ 0 & 0.75 & 0.25 & 0 & 0 \\ 0.1 & 0.5 & 0.4 & 0 & 0 \\ 0.25 & 0.25 & 0.5 & 0 & 0 \\ 0.5 & 0.5 & 0 & 0 & 0 \\ 0 & 0.25 & 0.75 & 0 & 0 \end{pmatrix}
$$

$$
R_3= \begin{pmatrix} 0.4 & 0.5 & 0.1 & 0 & 0 \\ 0.6 & 0.3 & 0.1 & 0 & 0 \\ 0.1 & 0.2 & 0.4 & 0.2 & 0.1 \\ 0.1 & 0.5 & 0.3 & 0 & 0.1 \\ 0.1 & 0.3 & 0.6 & 0 & 0 \\ 0.3 & 0.2 & 0.5 & 0 & 0 \end{pmatrix}
$$

第四步,据西南交通大学旅客运输研究所调研资料,对各个质量指标赋予权重。

$A_0 = (0.15, 0.25, 0.1, 0.1, 0.35, 0.05)$。

第五步,评价计算

$B_{铁路} = A_0 \times R_1$

$$
= (0.15, 0.25, 0.1, 0.1, 0.35, 0.05) \begin{pmatrix} 0.7 & 0.2 & 0 & 0.1 & 0 \\ 0.6 & 0.2 & 0.2 & 0 & 0 \\ 0.2 & 0.5 & 0.3 & 0 & 0 \\ 0.7 & 0.3 & 0 & 0 & 0 \\ 0.3 & 0.3 & 0.2 & 0.1 & 0.1 \\ 0.6 & 0.3 & 0 & 0.1 & 0 \end{pmatrix}
$$

$$
= (0.3, 0.3, 0.2, 0.1, 0.1)
$$

应用同样的方法,可得:

$B_{公路} = A_0 \times R_2 = (0.35, 0.35, 025, 0, 0)$

$B_{民航} = A_0 \times R_3 = (0.35, 0.35, 0.15, 0.1, 0.1)$

第六步,用加权平均法,把好、较好、一般、较差、差这 5 个等级用数量进行评分:5、4、3、2、1,对综合评价结果进行加权平均:

$$V_{铁路} = \frac{0.3 \times 5 + 0.3 \times 4 + 0.2 \times 3 + 0.1 \times 2 + 0.1 \times 1}{0.3 + 0.3 + 0.2 + 0.1 + 0.1} = 3.6$$

$$V_{公路} = \frac{0.3 \times 5 + 0.35 \times 4 + 0.25 \times 3}{0.35 + 0.35 + 0.25 + 0 + 0} = 3.842$$

$$V_{民航} = \frac{0.35 \times 5 + 0.35 \times 4 + 0.15 \times 3 + 0.1 \times 2 + 0.1 \times 1}{0.35 + 0.35 + 0.15 + 0.1 + 0.1} = 3.714$$

$V_{公路} > V_{民航} > V_{铁路}$

因此可以得出结论:从各种指标综合评价来看,旅客运输公路的质量最好,民航次之,而铁路的质量最差,因而亟待改进。

然而铁路改进的切入点在哪里?从哪个质量指标开始改?可通过数量计算,进一步分析各个指标对产品质量水平的影响,明确影响最大的关键性指标,以便在改革中对症下药。

对每一个指标用加权平均法,把好、较好、一般、较差、差这 5 个等级用数量进行评分:5、4、3、2、1,对单因素进行加权平均。

安全指标:

铁路:$0.7 \times 5 + 0.2 \times 4 + 0.1 \times 2 = 4.5$

公路:$0.5 \times 5 + 0.25 \times 4 + 0.25 \times 3 = 4.25$

民航:$0.4 \times 5 + 0.5 \times 4 + 0.1 \times 3 = 4.3$

安全$_{铁路}$ > 安全$_{民航}$ > 安全$_{公路}$

速度指标:

铁路:$0.6 \times 5 + 0.2 \times 4 + 0.2 \times 3 = 4.4$

公路:$0.75 \times 4 + 0.25 \times 3 = 3.75$

民航:$0.6 \times 5 + 0.3 \times 4 + 0.1 \times 3 = 4.5$

速度$_{民航}$ > 速度$_{铁路}$ > 速度$_{公路}$

同样的道理:

经济指标:经济$_{铁路}$ > 经济$_{公路}$ > 经济$_{民航}$

正点指标:经济$_{铁路}$ > 经济$_{公路}$ > 经济$_{民航}$

方便指标:经济$_{公路}$ > 经济$_{铁路}$ > 经济$_{民航}$

舒适指标:速度$_{铁路}$ > 速度$_{民航}$ > 速度$_{公路}$

通过对每项质量指标的对比,可以清楚地看到,铁路旅客运输的安全、经济、正点、舒适指标都较优于其他几种运输方式;而铁路的速度、方便指标不如民航、公路。由此可见,影响铁路旅客运输质量水平的是速度和方便性指标。铁路旅客运输质量的改革不妨以提高方便性为切入点。方便性内容包含:购票、市内交通换乘、旅行信息咨询以及车次、座位、到发时刻、误点等。

对于企业评价,除上述经营业绩评价和产品质量评价外,在评价内容上还有运输效率的评价,提速效益的评价等;在评价方法上还有基于交叉数据包络法、基于因子分析法、基于突变理论和基于网络 DEA 等方法,不再一一列举。

三、主要困难及破解措施

(一)主要困难

由于受到铁路运输业务特点的影响,尤其是管理体制的影响,铁路运输企业应用管理会计遇到了一定的困难,主要有:

1. 政企合一

铁路运输企业一直是政企合一的管理体制,铁路运输企业资产所有权与经营权尚未分离,是难以推行管理会计的关键。目前铁路运输企业的资产所有权属于国家,是全民所有,但"人人是主人,人人不关心,人人都所有,人人不负责",企业产权关系模糊不清,资产流失无人过问,更谈不上搞好资产保值增值。管理会计是高效率、全方位的管理,它以提高经济效益为中心,直接体现所有者和经营者的权益。如果企业缺乏经营自主权,也就难以发挥管理会计的职能作用。

2. 政策性业务制约

铁路运输企业推行管理会计受政策性业务制约,主要体现在两个方面:一是公益性运输,主要有抢险、救灾物资运输抢险、救灾物资运输,支农物资运输,伤残军人、学生的运输,市郊旅客运输,铁路支线运输,公益性铁路建设并交付运营的项目,特定物资运输、军运物资运输、军队运输等。由于政策性业务与经营性业务并存,煤炭运输、国际联运、军事运输等运价均低于平均运价水平,难以讲求最佳经济效益。当政策性业务与经营性业务目标发生矛盾时,只能以国家宏观大局为重而牺牲自身的利益。二是运价,中国的铁路运价是国家计划运输价格,国家是定价主体,中国国营铁路分为中央政府办的与地方政府办的两部分,而以前者为主。中央政府办的铁路客货运价由铁道部门提出,经物价部门审核后报国务院核定,集中管理。铁路运输企业,以至于铁道部都没有定价权。在通货膨胀严重、物价上涨时,为稳定价格水平,维护社会稳定,铁路运输不能提价;在通货紧缩时期,为降低成本,减少企业负担,促进生产企业发展,铁路运价也不能调整。运价与物价脱节,不仅不能随物价变动,还要承担稳定物价的责任,形成死运价对活物价的局面,即不反映价值,也不反映供求,失去了价格机制的基本职能。这样,运用管理会计的某些手段和方法来适应市场经济的能力受到一定程度的限制。

3. 内部机制不健全

相关数据显示,目前中国铁路企业与其他国家相比,用人多、工效低。以2003年为例,中国铁路平均每营业公里用工23.88人,是德国的3.5倍,日本的5.5倍,法国的6.5倍,美国的30倍。2005年3月,全国铁路局(含青藏铁路公司)中设有分局的10个铁路局,撤销了其下属的41个铁路分局,铁路系统开始实行铁路局(集团公司)直接管理站段的管理体制。撤销铁路分局,不仅可以精简机构,减少管理人员,更为重要的是可以消除因两级单位以同一方式经营同一资产而造成的管理效率不高和增加管理成本的困局。站段由铁路局直接管理,既能减少运力配置的中间层次,减少临界口,又能更大范围地整合优化运力资源,发挥路网整体功能,优化运输组织,提高管理效能,提高运输效率。但随着通车铁路增加,一些车站和客运段的规模在不断增大,机构趋于臃肿。为优化站段管理,济南铁路局对规模大的站和段进行拆分从而进行单独管理。但是,尽管如此,铁路运输企业内部机构上下对口设置,机构相对臃肿的现象依然存在。铁路运输企业推行管理会计,必须精简机构,提高办事效率。众所周知,预算管理是管理会计中控制执行会计的重要内容,预算管理的重要职能之一是根据企业的发展战略目标,对企业的组织结构进行整合。而铁路运输企业对现有的机构、人员重新调整组合,会牵涉方方面面的利益,将会遇到各种阻力,应用管理会计先进方法、手段管理企业,内部机制不健全是一大障碍。

4. 缺乏内在动力

政企合一的铁路运输管理体制下,各铁路运输企业实际上相当于一个"大车间",还不是一个真正意义上的企业主体和市场经济主体,加之铁路实行半军事化的计划管理,人们已经习惯于计划的执行,很难挣脱计划体制观念的束缚,企业自身也缺乏应用管理会计理论和方法经营企业的内在动力。所以,各级领导对管理会计这门新兴学科缺乏了解,不够重视,也就不会将管理会计的应用提上议事日程,更谈不上进行有效的组织领导。

除上述之外,会计人员的素质也不能适应应用管理会计的需要。会计人员难于从日常繁重的被动型财务会计中解脱出来,也是管理会计形不成规范化,制度化的根本原因,也是推行管理会计的难点之一。

(二)破解措施

1. 加速两权分离

加快铁路运输管理体制改革,实行所有权与经营权分离,企业才能实现自主经营,发挥管理会计的职能作用。铁路运输企业走向市场,铁道部应尽快对国有资产管理体制进行改革,除国家规定的指令性业务外,其他经营性业务应赋予铁路局经营自主权。铁路局领导考虑任何问题都要着眼于大局,以提高经济效益为中心,坚持社会效益与铁路效益的辩证统一关系,不能只顾一己,而不顾其他,根据客货流的实际情况,实事求是地考虑执行浮动运价。财会人员按照《中华人民共和国会计法》赋予的职权,自觉地运用管理会计先进的管理方法和手段。如实地对铁路运输企业经营活动进行核算、分析、考核、监督,并积极参与经营决策。

2. 厘清业务性质

划分政策性业务与经营性业务核算,对铁路运输企业推行管理会计具有重要的现实意义。在当前铁路运输企业微利,甚至亏损的形势下,把政策性业务与经营性业务分开核算,即把低于平均运价水平的煤炭运输、国际联运、军事运输等单独核算,作为政策性亏损。自觉地运用管理会计对商业性经营活动的预测、分析、控制、考核等方法。铁路运价到底定在什么水平,一要使旅客、货主能够接受;二要使铁路运输企业能够有一定效益。这就更需要广泛应用管理会计技术、经济数学等复杂运算方法,通过运用量本利分析,找出盈亏临界点,编制全面预算,抓住清算收入这个关键,以收定支,实行成本否决,千方百计实现双增双节,扭亏增盈目标。

3. 促进会计职能转变

管理会计赋予现代会计工作许多新的内涵。企业面对国内国际经济活动瞬息万变、市场经济竞争激烈的事实,必须调整其传统的经营方略。在会计职能上实现3个转变:一是从事后算账、反映为主转变为同时注重事前的预测、事中的控制监督;二是从集中核算、反映、监督为主转变为同时注重划分企业内部成本中心,并按其职责范围来组织责任会计核算,实行综合核算下的业务分工与明细账核算相结合的责任会计制度;三是从核算资金的使用过程及其结果为主转变为同时注重资金投入产出的使用效益及其体现的经济关系是否符合"三个有利于"的标准。只有这样,企业财会工作才能把解析过去、控制现在和筹划未来有机地结合起来,逐步形成管理会计制度。通过对计划(预算)的执行过程进行系统地记录,把实际情况与预定目标对比,考核和评价各个责任中心及有关人员的工作成果,并通过信息反馈,及时对企业生产经营的各个方面充分发挥制约和促进作用,以保证完成决策所定目标。

4. 提高会计人员素质

强化会计人员管理、培训,建设一支精干高效会计人员队伍。推行管理会计规范化、制度化,会计人员业务素质是决定因素。企业领导者应掌握管理会计的基本知识,从思想上认识管理会计的重要作用,把推行管理会计提上议事日程。

首先要明确规定现行的财务管理、成本管理的职能科室同时是管理会计机构,赋予其管理会计职能,明确其工作目标;其次,要大力培训会计人员,着力提高其基本业务素质,培养一大批懂得企业经营管理,熟悉现代财会理论和方法,能应用管理会计电算技术,及时高效地综合处理和分析经济信息,以适应现代管理会计对人才的要求;三是要切实转变铁路运输企业会计人员的思想观念,促进知识更新。狠抓增加精算收入的有关因素,增强其积极参与企业内部管理和自我发展的意识,克服目前企业会计工作缺乏经常参与经营决策意识的弊端,调动广大财会人员的积极性、创造性,竭力为建立现代企业制度服务,更好地实现双增双节,扭亏增盈,为贯彻落实中共各项精神作出积极的贡献。

四、应用展望

从铁路运输生产的性质和特点看,全国铁路运输类似于一个巨大的集团公司,各铁路运输企业类似于巨大的"生产车间"(或分公司),在这样的环境条件下,铁路运输企业应用管理会计理论和方法,虽然受到一定的局限,但也取得了显著的成效。展望未来,铁路的发展为战略管理会计理论和方法的应用将会提供更加广阔的空间。

(一)发展战略

2011 年 4 月,原铁道部发布了《关于推进铁路多元化经营的意见》,涉及铁路多元化市场,客货运输核心业务,发展现代物流,拓展站车商业和旅行服务等多个领域。多元化经营战略的实施,意味着铁路将充分发挥自身优势,优化劳动组织和资源配置,全方位拓展铁路市场,形成运输业与非运输业协调发展的格局,在发展中实现速度与结构、质量与效益的有机统一,实现由粗放经营向集约经营的转变。实施以客户为主导的企业流程再造,建立利益相关者治理机制。通过一体化管理,统一资源配置,统一调度资金,企业整体实力与综合素质不断提高,从而实现以丰补歉、以盈补亏,企业收入最大化。所以,铁路运输企业必须应用战略管理会计理论和方法对出现的新问题进行研究,并对企业的发展提供战略支持。

(二)预算管理

尽管预算管理在铁路运输企业得到了普遍应用,并取得了一定成效,但也存在一些有待研究的问题,对全面预算管理存在认识偏差;预算编制、执行过程中由于信息不对称导致预算定额脱离实际;在预算执行过程中,各运输站段管理者出于自身发展的需要,盲目争资源、上规模,争投资,并长期处于外延式粗放发展的局面,预算执行者强调业务的特殊性而使预算执行力度不够;预算管理制度尚不完善;目前铁路的经济总量与铁路高速发展和扩张的需求存在矛盾;预算管理内容不够具体,发挥不了全面预算的协调作用等,都有待研究和改善。可以预见,铁路运输企业对预算管理理论和方法的应用和实践,将会进一步丰富和发展预算管理理论。

（三）作业成本管理

铁路运输是物质生产部门,其产品是为旅客和货物提供的位移服务。提供位移服务的同时耗费资源,形成铁路运输成本。由于铁路运输生产的特殊性,铁路运输成本具有不同于工业企业和其他运输企业成本的特点,一是共同成本占运输成本的比重较大,二是客货运输成本大多混合,三是费用的发生期与收益期不匹配,四是资金成本数额较大,这些特点决定了铁路运输成本计算适合采用作业成本法。实际上,对于铁路运输企业如何应用作业成本管理早已开始研究,"管理会计应用与发展的典型案例研究",就是财政部 1999 重点会计科研课题。不仅铁路运输成本计算适合采用作业成本法,更适合实施作业成本管理。所以,铁路运输企业作业成本管理工作,必然开展得如火如荼。

（四）流程优化和再造

《关于推进铁路多元化经营的意见》已经提出,铁路运输企业要实施以客户为主导的企业流程再造,建立利益相关者治理机制。而且,实施预算管理也需要对业务流程进行整合和优化。就铁路运输而言,一是运输组织业务流程,主要包括机车、车辆的调度和配送、站场运输能力的调节、列车运行的组织、旅客、货物的运输、运输设备生产布局的调整等;二是设备修理业务流程,主要包括线路、信号、机车、车辆、站场设备修理的作业流程,它是保障行车安全的物质基础,是降低运输成本的主要途径;三是企业管理业务流程,主要包括各级运输生产、管理部门内部的财务管理、人力资源管理、劳动工资管理、物资配送管理、技术管理、设备管理流程等;四是客货营销业务流程,主要包括铁路对外业务的宣传、旅客运输服务、货物运输方式、运价制定和调整流程等;五是信息网络流程,主要包括计算机硬件的购置养护、软件的开发应用、网络的构建运行、信息资源的共享和利用等。对业务流程进行优化和再造,是实现铁路发展的必然要求,也是铁路实施多元化战略的重要领域,还是实现铁路运输收入最大化、成本最小化的必要手段。因此,铁路运输为流程优化和再造理论和方法的应用提供了广阔的空间,铁路运输企业的流程优化、再造也一定会取得丰硕成果。

阅读文献

[1] 金玉娟:铁路运输企业全面预算的相关风险及应对措施[J].科技资讯.2012 年第 26 期。

[2] 庞建国:深化铁路运输企业全面预算管理浅[J].析财经界.2012 年第 16 期。

[3] 师永,苏旭林:铁路运输企业成本预算管理模式变革探析——基于成本写实视角[J].会计之友.2012年第22期。

[4] 乔锋:铁路运输企业全面预算管理实施存在的问题及对策[J].中国经贸.2012年第14期。

[5] 王晶:全面预算管理在铁路运输企业中的应用[J].商业经济.2009年第1期。

[6] 邓有跃,张宏:全面预算管理在铁路运输企业的实践与探索[J].中国铁路.2006年第5期。

[7] 秦欣,张小平:关于铁路运输企业实施全面预算管理基本框架构想[J].中国铁路.2006年第3期。

[8] 胡俊南,徐晓阳:铁路运输企业实施全面预算管理的思考[J].铁道运输与经济.2005年第11期。

[9] 于川:深化改革 优化管理 强化规范 全面完成2004年铁路财会工作的各项目标和任务[J].铁道运输与经济.2004年第3期。

[10] 李宝旭:适应全面预算管理的日常运输计划编制方法的研究[J].中国铁路.2004年第7期。

[11] 王志刚:关于实现营业收入最大化有效途径的探讨[J].铁道经济研究.2004年第3期。

[12] 史森林:对铁路客票收入弹性预算原理的研究[J].中国铁路.2004年第5期。

[13] 揭卫琴:铁路运输企业实行全面预算管理应注意的问题[J].铁道运输与经济.2004年第5期。

[14] 张伟斌:铁路运输企业实行全面预算管理的关键问题[J].铁道运输与经济.2003年第12期。

[15] 林淼,宋彬云:我国铁路运输发展战略的SWOT分析[J].铁道运输与经济.2003年第9期。

[16] 王君:铁路运输企业如何加强战略管理[J].铁道工程学报.2002年第1期。

[17] 张曙:试用波士顿矩阵法分析广东货运市场铁路产品的结构与营销策略[J].中国铁道科学.2001年第1期。

[18] 赵吉斌:略谈在深化改革中如何创新和加强企业管理[J].铁道经济研究.2000年第3期。

复习思考题

1. 铁路运输企业应用管理会计的有利条件有哪些？如何利用这些条件来促进管理会计在铁路运输企业的应用？

2. 铁路运输企业应用管理会计有哪些困难？应如何克服？

3. 如何应用本量利分析法对运输产品进行盈亏分析？

4. 如何应用作业成本法对铁路运输成本进行核算？

5. 铁路运输企业如何进行作业成本管理？

6. 铁路运输企业应用预算管理的主要问题有哪些？应采取哪些对策？

7. 铁路运输企业如何进行战略分析？应采用什么战略？

8. 如何对铁路运输业务流程进行优化和再造？

9. 根据铁路运输的业务特点，应采用哪些管理会计理论和方法？

10. 如何对铁路运输企业进行业绩评价？

第五章　管理会计学在道路运输企业的应用

【本章概要】

　　道路运输企业的主营业务是道路客货运输业务。除此以外，还有可能从事与道路客货运输业务相关的货物装卸业务、客货代理业务、客运站经营业务以及其他业务。本章主要讨论管理会计学的基本理论与方法在道路客货运输业务中的应用事项，主要侧重于货物和旅客运输业务以及客运站经营业务。

　　道路运输成本具有明显的成本习性特色。与一般企业不同，道路运输变动成本，需要进一步划分为运行成本和载重成本。由于道路运输过程中发生的耗费，主要表现为营运车辆在运行过程中的耗费，故运行成本是道路运输成本的主体。这些成本和收入的特点，对道路运输业务的本量利分析具有重要的影响。

　　道路运输业务有行业特色的投资，主要表现为建设客运站的投资和购买取得营运车辆的投资。有必要根据现值法的基本理论与方法，并结合客运站和营运车辆投资的特点开展道路运输业务投资决策分析，为企业的投资决策提供依据。

第一节　道路运输企业及其业务特点

一、道路运输企业概述

(一)道路运输企业

　　道路运输企业是以道路客货运输业务为主营业务的企业。在深化企业改革的进程中，越来越多的道路运输企业改制为公司制企业。本章以公司制道路运输企业为研究对象，来讨论管理会计理论与方法的应用问题。

　　道路运输企业包括道路旅客运输企业和道路货物运输企业。为了适应现代物流业发展的需要,一些道路货运企业在深化改革中被重组为物流企业,但道路货物运输仍属于物流企业的主营业务。

（二）道路运输企业与公路运输企业

道路运输企业曾经被称为"汽车运输企业"或"公路运输企业"。在西方国家,公路运输企业也许可以作为道路运输企业的同义语。在中国,具有"公路"和"道路"两种不同的概念界定。1987 年 10 月国务院公布、2008 年 12 月修订后公布的《中华人民共和国公路管理条例》(国务院令第 543 号)中,将公路定义为"经公路主管部门验收认定的城间、城乡间、乡间能行驶汽车的公共道路。公路包括公路的路基、路面、桥梁、涵洞、隧道"①,并要求交通部、省级公路主管部门、县(市)级公路主管部门和乡镇人民政府分别承担修建、养护与管理公路的职责。1996 年 6 月国务院公布的《城市道路管理条例》(国务院令第 198 号)中采取了城市道路的称谓,并将其定义为"城市供车辆、行人通行的,具备一定技术条件的道路、桥梁及其附属设施";并规定"国务院建设行政主管部门主管全国城市道路管理工作。省、自治区人民政府城市建设行政主管部门主管本行政区域内的城市道路管理工作。县级以上城市人民政府市政工程行政主管部门主管本行政区域内的城市道路管理工作"。

为了有利于实行"公路"与"道路"的联网运输,原交通部从 1990 年开始采取了"道路运输"的称谓;20 世纪 90 年代中期以后,在交通运输行业逐步开始使用"道路运输"和"道路运输企业"的表述,2008 年以后,城市道路运输逐步划归交通运输部门统一管理,原"公路运输"和"公路运输企业"的表述被逐步淡化。

（三）道路运输企业的历史发展进程

20 世纪 80 年代中期以前,我国的道路运输企业,特别是国有大中型道路运输企业,受当时管理体制的影响,一般采取了集中调度、集约化管理的模式。大中型道路运输企业一般实行公司、运输站场(分公司)、运输车队 3 级管理,在规定的行政区域范围内从事有计划的运输生产活动。

20 世纪 80 年代末期,道路运输企业普遍逐步推行了以"单车承包"、"单车租赁"为主要内容的企业内部经营责任制。化整为零的分散化管理模式,在一定程度上适应了道路运输"点多面广、流动分散"的特殊生产作业要求。

1992 年中国共产党第十四全国代表大会确立了建立社会主义市场经济体制的改革目标。在党中央国务院提出积极鼓励个体车辆参与道路运输政策导向的同时,交通运输部基于道路运输安全与管理需要等多方面的考虑,对个体车辆

---

① 《中华人民共和国公路管理条例》已被 2011 年 3 月 7 日公布的《公路安全保护条例》(国务院令第 593 号)废止。目前还缺乏其他法律法规中对公路的界定。

从事旅客运输严格限制,个体车辆挂靠运输公司从事道路客运的现象就在所难免。

在道路运输业大力推行集约化经营的同时,仍存在着大量单车承包、单车租赁和挂靠运输行为,这是当前道路运输经营活动的一个基本特征,也必然会对道路运输企业的管理会计活动产生重要影响。

(四)道路运输企业的主要经营业务

在1993年1月15日财政部印发的《运输(交通)企业会计制度》(财会字[93]第01号)中,曾将道路运输企业的主营业务界定为以下几项:

1. 客货运输业务

可以认为,旅客运输业务和货物运输业务是道路运输企业的基本业务。由于道路运输企业的旅客运输业务和货物运输业务分别是由客车和货车来完成的,故在有些道路运输企业,是分车型来划分道路运输业务的。

2. 货物装卸业务

货物运输离不开货物装卸业务,故货物装卸业务成为道路货物运输企业主营业务的一个重要组成部分。

3. 客货代理业务

客货代理业务是联运发展的产物。在大力发展综合运输体系的今天,客货代理业务已经不再局限于道路运输业内部,而是进一步向水路运输、铁路运输、民航运输等领域拓展。

4. 客运站经营业务

20世纪90年代以来,客运站基础设施逐步与道路客运企业相分离,成为独立经营的法人实体,这已成为客运站建设与运营管理的一个重要发展趋势。即使是道路运输企业内部设置的非独立法人客运站,也在逐步面向公司以外的车辆提供进站服务,使得客运站经营管理成为逐步与旅客运输业务分离的一个相对独立的经营业务。

5. 车辆维修业务

车辆维修业务属于道路运输企业的辅助生产业务。该业务一般由道路运输企业内部设置的修理车间或机构来承担。如果从事车辆维修业务的机构脱离道路运输企业成为独立的法人企业,则该项业务不再属于道路运输企业经营业务的一部分。

6. 其他经营业务

其他经营业务包括客运站为旅客提供的商品销售服务业务、饭店餐饮与住宿服务业务、行李存放业务等。这些业务,属于道路运输企业的其他业务。

【案例分析 5-1】 江西长运股份有限公司及其主营业务

江西长运股份有限公司是经江西省股份制改革和股票发行联审小组以赣股(1992)第03号文批准,于1993年4月采取定向募集方式设立的股份有限公司。2002年6月12日经中国证券监督管理委员会证监发行字(2002)61号文批准,该公司于2002年7月1日向社会公众发行人民币普通股3 000万股,并于2002年7月16日在上海证券交易所正式挂牌交易。

2012年底,公司控股股东为江西长运集团有限公司,持股比例为35.36%。

2012年公司的主营业务是道路旅客运输,客运收入14.12亿元,占公司营业收入总额21.67亿元的65.16%。除了客运业务以外,公司从事的其他业务包括货物运输、销售业务、旅游业务、租赁业务等。

2012年该公司旅客运输成本111 600.03万元,其中人工成本21 762.16万元,占19.50%;燃料、修理、折旧等成本73 535.79万元,占65.89%;其他运输成本16 302.08万元,占14.61%。

货物运输成本8 943.10万元,其中人工成本699.80万元,占7.83%;燃料、修理、折旧等成本5 928.43万元,占66.29%;其他运输成本2 314.87万元,占25.88%。

该公司的旅客运输业务是由该公司及下属江西吉安长运有限公司、江西景德镇长运有限公司、黄山长运有限公司、马鞍山长运客运有限责任公司、江西新余长运有限公司、江西抚州长运有限公司等21家子公司共同完成的。

【案例分析5-2】 四川富临运业集团股份有限公司及其主营业务

四川富临运业集团股份有限公司的前身:四川富临运业集团有限责任公司于2002年3月18日由四川富临实业集团有限公司和自然人安东共同出资设立,注册资本5 000万元人民币。其中富临实业集团以其兼并取得的原绵阳市第二汽车运输总公司净资产中的4 800万元(占注册资本96%)出资,安东以货币资金200万元(占4%)出资。

根据富临运业集团2007年7月12日股东会决议,四川富临运业集团有限责任公司整体变更为四川富临运业集团股份有限公司,注册资本变更为6 063.777万元人民币。股权结构未发生变化。2007年8月8日,公司取得变更后的企业法人营业执照。

经中国证券监督管理委员会(证监许可[2010]75号)批准,公司于2010年2月1日公开发行人民币普通股2 100万股,并于2010年2月10日在深圳证券交易所上市交易。公开发行后公司总股本8 163.78万股。

该公司的主营业务包括客运站经营业务、旅客运输业务和运输服务业务。除此以外,该公司还从事保险代理业务。2012年公司营业收入29 933.53万元。其中,客运收入5 071.69万元,占16.94%;站务收入12 513.32万元,占

41.80%;运输服务费收入 11 147.86 万元,占 37.24%,保险代理收入 1 200.65 万元,占 4.01%。

【案例分析 5-3】 湖北宜昌交运集团股份有限公司及其主营业务

湖北宜昌交运集团股份有限公司原名宜昌永通运输集团有限责任公司,是 1998 年 4 月经宜昌市人民政府宜府文(1998)47 号《市人民政府关于组建宜昌永通运输集团有限责任公司的批复》文批准,由宜昌市宜通运输集团有限责任公司与宜昌市恒通运输公司合并组建,为宜昌市国有资产管理局出资的国有独资公司。1998 年 7 月,宜昌永通运输集团有限责任公司根据宜市交发(1998)196 号《宜昌市交通委员会关于宜昌永通运输集团有限责任公司更名的通知》,更名为宜昌交运集团有限责任公司。公司设立时的注册资本为 12 000 万元。

湖北宜昌交运集团股份有限公司于 2011 年 11 月 3 日在深圳证券交易所上市。

该公司主要从事旅客运输、旅游服务、汽车销售及售后服务等业务。其中旅客运输业务包括道路客运、水路客运、港站服务和出租车客运业务。2012 年公司营业收入 104 021.68 万元;其中旅客运输收入 32 236.78 万元,占 30.99%;旅游服务收入 12 272.27 万元,占 11.80%;汽车销售及售后服务收入 59 512.62 万元,占 57.21%。2012 年道路客运收入 21401.25 万元,占旅客运输收入的 66.39%。

二、道路运输业务的特点

与一般工商企业相比,道路运输企业的生产经营活动具有以下特点。

(一)道路运输提供的是旅客和货物的空间位移活动

道路运输生产过程是在广阔的空间内进行的,具有流动性、分散性以及在时间和空间上不平衡性的特点。在运输对象时空分布不均衡的状况下,道路运输企业的均衡生产就成为不易解决的难题。衡量运输均衡生产效率的主要指标对于营运货车来说是里程利用率;对营运客车来说是座位利用率。如何有效提高里程利用率和座位利用率成为道路运输企业管理的一个重要问题。

(二)道路运输生产提供的是运输劳务

道路运输生产过程不改变劳动对象(旅客,货物)的属性和形态,只是改变其空间位置使旅客和货物产生有目的的空间位置移动。道路运输企业提供运输劳务的数量表现为客货周转量;道路运输企业一般采用千人公里和千吨公里来计量客货周转量。

(三)道路运输成本主要体现为运输工具的耗费

道路运输生产过程中消耗的是劳动工具,而不能消耗其劳动对象(旅客,货物)。道路运输企业在运输生产经营过程中的耗费,主要表现为营运车辆在运行过程中的耗费,包括营运车辆自身的磨损,以及为维持车辆正常运转所发生的燃料、轮胎等消耗以及交纳的车辆通行费等。

（四）道路运输活动不存在独立的销售过程

道路运输产品的生产、销售、消费是同一过程,运输产品具有非实体性、非储存性的特点。但这并不意味着道路运输业务不存在销售过程。现代企业管理认为,企业完整的销售活动应当由产品推销(事前销售)、产品所有权的转移(事中销售)和售后服务(事后销售)3部分构成。虽然生产运输劳务的过程,同时也就是提供和消费运输劳务的过程,但这并不能否认推销运输劳务和运输完毕后提供完善的售后服务的重要性。在西方国家一些大型的道路运输企业(例如 TNT公司),同样存在着相对独立、与生产部门和管理部门并驾齐驱的销售部门。销售部门的主要职责是:通过广告宣传、新闻媒介和销售部门成员上门宣传,发挥推销运输劳务的重要作用;通过上门征求客户对本企业运输服务的意见和建议,稳定客户,改进服务,为未来扩大运输劳务的提供创造条件。西方国家道路运输企业管理的宝贵经验,为我国道路运输企业改善经营管理提供了有益的借鉴。

（五）道路运输可提供门到门运输服务

作为运输业的重要组成部分,道路运输业是社会生产领域和消费领域的中介、桥梁和纽带,是国民经济发展的先行官。与其他运输方式相比,可以实现门到门运输,是道路运输的一大优势。

（六）道路运输与国民经济发展关系密切

国民经济发展水平制约着道路运输业的发展水平;道路运输业的发展又在一定程度上促进着国民经济向前发展。

以上特点决定了道路运输企业的资产构成、成本构成等与工业企业有所不同,具有相对独立的特征和管理要求。

三、道路运输业务成本的特点

道路运输成本是指道路运输企业从事道路旅客运输业务和货物运输业务发生的业务成本,不包括道路运输企业从事客运站经营业务、商品销售业务、宾馆住宿业务等发生的业务成本。

道路运输成本具有以下特点。

（一）道路运输成本属于劳务成本

道路运输劳务成本区别于工商企业的商品成本的主要特点是:道路运输企业为从事道路客货运输业务发生的业务成本,一般应确认为主营业务成本计入当期损益,不会递延到下一会计期间。

超长途运输有可能是个例外。伴随着中国高速公路网络的形成,运距超过1 000公里甚至2 000公里的超长途客货运输业务将变得较为普遍。但伴随着民用航空业和高速铁路的发展,长途旅客运输的最长运距一般局限在1 500公里以内,超长旅客运输寥寥无几。相比较之下,长距离货物运输仍具有市场需求。

超长运输可能产生的相应问题是:在资产负债表日,运输业务已经开始,但尚未完成。如果严格执行企业会计准则,就需要按照完工百分比法来确认会计期间的运输收入和相应的运输成本。由于这方面的业务较少,也尚未引起道路运输企业的关注,故这里不专门讨论这一事项。

(二)燃油成本是道路运输成本的主要组成部分

长期以来,燃油成本一直是道路运输成本的主要组成部分,一般约占道路运输成本的30%左右。

2009年1月1日开始推行的成品油价格与税费改革,道路运输企业原来需要缴纳的道路养路费、道路客货运附加费和道路运输管理费,成为燃油成本的组成部分,进一步加大了燃油成本在道路运输成本中的构成比例。

随着我国石油价格形成机制的建立以及燃油市场价格的不断攀升,燃料成本在道路运输成本核算与管理中更加举足轻重。

(三)车辆通行费成本的重要性日益凸显

伴随着高速公路网络的逐步形成,道路运输中使用高速公路的可能性越来越大;高速公路客运企业主要利用高速公路从事旅客运输业务。运输企业使用高速公路交纳的车辆通行费,成为道路运输成本中仅次于燃油成本的第二大成本项目。

在一些高速公路客运企业,例如新国线运输有限公司,车辆通行费成本甚至超过了燃油成本,成为道路运输成本第一大成本项目。

(四)运营车辆折旧成本对运输成本的影响在逐步加大

伴随着高档次豪华运营客车的广泛使用,道路运输企业运输成本中运营车辆的折旧成本比例在逐步加大。如何通过科学核算运营车辆的折旧成本以便为道路运输企业的成本控制提供所需的会计信息,是道路运输企业运输成本核算需要解决的重要问题之一。

(五)运输成本主要表现为运输车辆在运行中的耗费

社会再生产过程的劳动耗费按其经济用途一般可分为4类:基本生产人员的活劳动耗费;为从事产品生产和提供劳务发生的原材料耗费;劳动工具以及劳动手段的耗费;为组织和管理社会再生产活动而发生的耗费。在制造业生产中,构成产品实体的主要材料耗费和直接辅助材料耗费,一般表现为产品成本的主要构成部分;而道路运输业务成本则不同。道路运输生产过程中不会创造任何可以脱离生产过程而独立存在的实体产品,因而道路运输生产中没有主要材料耗费,而主要耗费表现为维持车辆正常运行所发生的费用。多年来的统计资料分析表明,这部分费用约占道路运输总成本的百分之八十以上。运输成本构成中的燃料成本、车辆通行费成本、轮胎成本、运营车辆的折旧成本和维修成本等,都与运营车辆的运行里程直接相关。

（六）道路运输成本的归集对象为周转量

虽然运输成本主要表现为运输车辆在运行中的耗费,但运输生产成果则是用周转量来表示的旅客与货物有目的的空间位移,计量单位是人公里或吨公里。只有车辆的载运行程才能向社会提供运输生产效益,完成一定量的周转量,而车辆的空驶则不会提供运输劳务。虽然运营车辆的空驶耗费也是一种必要耗费(由主、客观因素造成的营运车辆空驶只能说明车辆空驶合理与否),但其耗费毕竟要由载运行程所生产的运输劳务来负担。这就造成了与工业产品成本的不同之处:在一定的品种与质量的前提下,工业生产过程中的工料耗费,主要取决于产品的数量;而道路运输生产过程中的工料耗费,主要取决于一定车型的运行距离;工业生产过程中的劳动耗费可以直接按产品进行归集,而道路运输生产过程中的劳动耗费,则必须借助于车辆进行归集;当材料价格、浮动工资率与单耗不变时,工业生产中的工料成本与产品数量成正比,而道路运输业务成本只有当载运系数不变时,才有可能随完成的周转量成正比例变动。此外,由于车型的变化所引起的车辆平均吨位(座位)的变动,由于挂车行程占主车行程比重的变动而引起拖运率的变动,都会影响平均道路运输成本的水平。所以,要降低工业产品的单位成本,主要靠降低单位产品的材料与活劳动耗费,而要降低单位运输业务的成本,则要靠降低车辆运行过程中的耗费,不断地提高车辆的利用效率,尽量做到减少空驶,保证满载,提高平均吨位与拖挂运输的比重,等等。

车辆的行驶距离决定道路运输生产过程中的成本耗费,完成周转量的多少来决定道路运输业务的成本水平和经济效益,这是由道路运输生产的特点所决定的。

第二节　道路运输业务成本习性分析

一、道路运输业务成本习性

根据道路运输业务成本与汽车行驶里程和所完成的周转量之间的依存关系,可将道路运输业务成本划分为随车辆行驶里程而变动的成本、随周转量而变动的成本以及固定成本三大类。

（一）随车辆行驶里程而变动的成本

由道路运输生产的特点所决定，变动成本中的大部分不是随完成周转量的多少变化，而是随车辆行驶里程的多少而变动的。这就是说，汽车每行驶一公里，无论是空驶还是载运，都要消耗一定的燃料、材料、轮胎等，行驶收费公路还需要交纳车辆通行费，这些耗费是道路运输业务总成本的主要组成部分。工厂里车床的运转也会发生一定的耗费。但车床不会空转，只要车床运转，正常情况下都是在制造加工产品。因此，车床运转过程中的耗费也就是产品生产过程中的耗费。另外，维持车床运转的费用在工业产品成本中只占较少的一部分。道路运输还避免不了空驶，所以按车辆的运行里程制定消耗定额并控制营运车辆运行过程中的耗费，就成为道路运输企业成本管理工作的重要环节之一。由于道路运输生产的经济效益反映在平均周转量成本而不是平均公里成本上，因此，要降低道路运输业务成本，除了考虑降低车辆在运输过程中的消耗以外，还应当重视提高营运车辆的载运效率，即提高每行驶一公里所完成的周转量。载运系数提高了，即使车辆在运行过程中的耗费不变，平均变动成本也会降下来。

根据道路运输业务成本的特点，在总成本中随车辆行驶里程变动的有：车辆在运行过程中所耗用的各种燃料；行驶收费公路交纳的车辆通行费；营运车辆在运行过程中发生的车辆磨损（折旧费）、轮胎磨损（轮胎费）；以及运营车辆的保养与维修费用等。当车辆总行驶里程不变时，随行驶里程变动的成本总额也保持相对稳定，但如果载运系数变动，则平均变动成本也会随之而变动。

相对于车辆的空驶，车辆的载运行程会增加燃料耗费以及车辆和轮胎的磨损，会增加车辆的维修费。这些耗费也发生在车辆的运行过程中。当总行程不变但载运行程增加时，由于多完成了周转量，所以费用总额也会相应的增加。

可见，在变动费用中，有一部分并非是随行驶里程变动而是随周转量变动。如果按平均每公里耗费来考虑成本的水平，则成本的高低，不能反映道路运输生产的经济效益。因为按这一标准考核成本，则载运效率越低对考核结果越有利。

随行驶里程变动的成本也可以简称为车公里变动成本或运行成本。

（二）随周转量变动的成本

在道路运输业务成本中，有一部分成本在相关范围内随完成的周转量成正比例变动，这一部分成本就是周转量变动成本或可称之为"载重成本"。一般实物产品的变动成本是直接随产品数量变动的，而道路运输业务成本中的变动成本，只有一部分随周转量变动。随单位周转量变动的成本并非是平均变动成本而只是平均变动成本的一部分。

根据道路运输业务成本的特点，在总成本中随周转量变动的有：载运行程附加的燃料消耗；实行集约化经营的道路运输企业按周转量或营运收入支付的员工工资费用;由于载运所增加车辆和轮胎磨损以及维修费用;按照营业收入一定比例提取的安全生产费用,等等。

（三）运行成本、载重成本与变动成本之间的关系

变动运输成本总额是由随行驶里程变动的成本和随周转量变动的成本所构成的。作为变动成本的组成部分,两者都表现为随周转量变动,只不过载重成本直接随周转量变动而运行成本是间接地随周转量变动的。很明显,只有车辆运行才能完成周转量,所以随周转量变动的载重成本不可能脱离随行驶里程变动的成本而独立存在;同样,车辆是为了完成周转量才行驶的,所以随行驶里程变动的运行成本也不会脱离随周转量变动的载重成本而独立存在。因此,行驶里程与周转量之间存在着某种必然的联系,运行成本与载重成本之间也一定存在着某种必然的联系。

众所周知,实行集约化经营的道路运输企业在计划期内可能完成的周转量受 7 项指标的影响,即:营运车日、工作率、平均车日行程、里程利用率、平均吨(座)位、吨(座)位利用率、拖运率。前 3 项指标综合起来构成了计划期营运车辆的总行驶里程,即:

总行程＝营运车日×工作率×平均车日行程

它反映了计划期营运车辆的运转效率;后 4 项指标综合起来构成了营运车辆的载运系数,即:

载运系数＝(里程利用率×重驶平均吨、座位×重驶吨、座位利用率)÷(1－拖运率)

它反映了计划期营运车辆的载运效率,即营运车辆每行驶一公里所能完成的周转量。因此:

周转量＝总行驶里程×载运系数

变动成本总额＝运行成本＋载重成本

＝总行驶里程×平均运行成本＋周转量×平均载重成本

或:
$$VC = VC_K + VC_Q = K \times AVC_K + Q \times AVC_Q$$

式中,VC 为变动成本总额;K 为车辆总行程;Q 为周转量;VC_K 为运行成本;VC_Q 为载重成本。

所以:

平均变动成本＝变动成本总额÷周转量

＝(运行成本＋载重成本)÷周转量

＝(平均运行成本×总行程＋平均载重成本×周转量)÷周转量

＝(平均运行成本÷载运系数)＋平均载重成本

或：
$$AVC = \frac{AVC_K}{CF} + AVC_Q$$

式中,CF 为载运系数。

这样,通过载运系数这一效率指标,将随行驶里程变动的运行成本与周转量挂钩,成为平均变动成本的组成部分。从这个意义上说,运行成本属于间接变动成本。

从运行、载重成本与变动成本的相互关系中可以看到：

(1) 当载运系数不变时,平均变动成本在相关范围内一般为常数;

(2) 当载运系数变动时,平均变动成本随载运系数的增大而降低,随载运系数的减小而上升。

应当指出,如果载运系数变动是由于实载率变动所引起的,则平均运行成本在相关范围内为一常数。如果载运系数变动是由于平均吨位或拖运率的变动引起的,那么尽管各车型的平均运行成本在相关范围内是不变的,但各车型综合的平均运行成本(运行成本总额÷总行驶里程)会随重驶平均吨位或拖运率的变动而变动。

实行分散运输方式营运车辆,一般不涉及平均吨位和托运率的指标,载运系数相当于实载率(里程利用率×重驶吨位利用率)

近年来交通运输部倡导的甩挂运输方式对道路运输成本有重要的影响。有必要进一步关注甩挂运输方式下的运输成本习性问题。

（四）固定成本

道路运输业务成本在业务量活动的相关范围内不随车辆行驶里程或周转量变动而变动的成本总额,为固定成本。

根据道路运输业务成本的特点,总成本中的固定部分包括的内容有:实行集约化经营的道路运输企业支付给司机及助手的按照劳动时间计算的工资费用;公司内设车辆维修车间发生的固定性间接费用;营运间接费中的绝大部分等。

固定成本内容的确定与采用什么形式的成本核算办法有很大关系。是按时间支付职工工资还是按所完成的业务量支付员工工资决定了工资成本的习性;同样,按平均年限法计提折旧还是车辆行驶里程计提折旧决定了折旧成本的习性。如果轮胎费用是按总行驶胎公里计入成本的,则轮胎成本属于运行成本;如果轮胎在领用时一次计入成本,则计划期内的轮胎成本高低有可能与业务量无关。在进行道路运输业务成本习性分析时,应关注财务会计核算方式对管理会计决策的影响。

（五）混合成本

在道路运输业务成本中,除了个别成本项目(如按照行驶里程计提的运营车辆折旧、交纳的车辆通行费等)以外,大部分成本项目所归集的都是混合成本,同一成本项目中或者同时包括变动成本和固定成本,或者是同时包括运行成本和载重成本。当然还可以将成本项目进一步划分,但除了比较明确的固定成本以外,无法直观地判断混合成本的习性。成本核算办法下的成本归属,有可能出现偏差。例如,从凭证、账簿和会计报表中无法直接判断出车辆维修成本中的固定部分和变动部分,尽管维修成本属于混合成本已十分明确;在已耗燃料中尽管包括空驶耗用和重驶附加耗用两部分,但要确切地搞清哪些属于空驶耗用,哪些属于重驶附加耗用则非常困难;轮胎费用和车辆维修费用可采取按照实际使用里程来计算,但实际上重驶车辆会比空驶车辆需要耗用更多的轮胎和维修材料。因此,采用不同的方法进行成本习性分析以便为企业内部管理提供有用的财务成本信息,就显得非常必要。

二、道路运输业务成本习性分析方法

道路运输企业可采用科目分析法和回归分析法两种方法分解混合成本。由于载运系数变动会对平均变动成本产生影响,使得高低点法和分布图法下分解的结果有可能误差较大。尽管当载运系数稳定时采用高低点法较为简单,但毕竟是特殊条件下应用。这里,准备侧重于探讨科目分析法和回归分析法在道路运输业务成本分解中的应用。

（一）科目分析法

道路运输业务成本是根据成本项目分门别类地进行归集与反映的。最简单的方法,是根据成本发生的原因、费用消耗定额以及费用开支标准对各成本项目进行逐一地定性分析,以确定各成本项目的成本习性。例如根据定性分析结果,运营车辆司机和助手工资中主要是按照劳动时间支付的,职工福利费、其他费用与管理费用中的绝大部分与总行程或周转量无关,这就决定了这些成本项目的习性属于固定范畴;由于运营车辆所发生的各种燃料耗费和维修费主要与运行有关,轮胎费用、运营车辆折旧一般是按行驶里程计入道路运输业务成本中的,高速公路车辆通行费是按照实际行驶里程交纳的,所以这些成本所归集的是随行驶里程变动的成本;一部分运营车辆司机和助手的工资是按照实现运输收入的一定比例支付的,这些成本项目所归集的是随周转量变动的成本。表5-1反映了采取科目分析法归类的运输成本习性。

表5-1　　　　　　　　　　　　　　科目分析表

成本项目	VC_K	VC_Q	FC	成本项目	VC_K	VC_Q	FC
工资成本	√	√	√	营运车辆维修费	√	√	
职工福利费	√	√	√	车辆通行费	√		

（续表）

成本项目	VC_K	VC_Q	FC	成本项目	VC_K	VC_Q	FC
燃料成本	√	√		其他费用	√		√
轮胎成本	√			运营间接费用	√		√
营运车辆折旧费	√		√				

但是,这样的分类是比较粗的。在各成本项目中除个别的以外,大多数归集的都是混合成本,有必要将成本项目的细目进一步划分或进行适当地调整以便使科目分析法能更好地体现其成本习性。例如:根据支付的规定或标准,可将司机和助手工资中按月支付的标准工资划在固定成本中,而将随周转量浮动的行车津贴划入变动部分中;将保修成本进一步划分为保修材料、保修固定工资、保修变动工资、变动车间经费和固定车间经费,能更好地体现其成本习性。燃料费的进一步划分较为困难,燃料费中包括空车耗用和重驶附加耗用两部分,无法直接从实际耗费的燃料中统计出空驶耗用部分和重驶附加耗用部分。当营运车辆的载运系数不变时,可借助于下列公式进行推算:

重驶附加燃料＝(计划重驶附加燃料÷计划燃料总耗量)×实际燃料总耗量

虽然这一推算与实际情况会产生一定的出入,但至少比只将燃料费归类于运行成本要接近实际一些。并且,平均吨位和实载率的提高将导致燃料费中的运行成本所占比重呈上升趋势。

【例 5-1】 通达旅客运输有限公司购置了 50 辆豪华客车,主要从事高速公路旅客运输业务。该公司运输成本预测的结果表明,随车辆行驶里程变动的燃料成本、通行费成本、折旧成本等为千车公里 5 800 元,随周转量变动的燃料成本、人员工资等为千人公里 35 元,年固定成本总额 2 000 万元。这批客车的平均座位数为 50 座。

表 5-2 中反映了通达旅客运输有限公司运输成本的构成。其中,工资成本包括职工福利费;维修成本包括日常养护成本与大中修成本;其他项目包括税金(4.53%)、安全经费(1.32%)、车辆保险费(3.51%)、车站管理费(13.43%)和其他费用(10.18%)[①]。

---

① 这里有关旅客运输成本的构成,参考的是陕西交运运输集团有限公司 2011 年的运输成本项目构成,资料来源于邢润侠、胡宝妮在 2011 年第 11 期《交通财会》上发表的《油价变动对公路旅客运输企业的影响》一文。在该资料中,营业税金及附加被纳入运输成本中,这并不符合有关运输成本构成的规定。如果剔除营业税金及附加,则各成本项目所占比重会相应上升。

表 5-2　　　　通达旅客运输有限公司道路运输业务成本构成分析表

成本项目	工资	燃料	轮胎	维修	折旧	通行费	其他	合计
占总成本(%)	6.51	27.42	1.19	2.54	13.41	15.91	39.02	100.00

如果通达公司 20×3 年拥有的 50 辆客车的总行程为 9 600 千车公里,完成了旅客周转量 326 400 千人公里,则有关成本数据可计算如下:

运行成本=0.96×5 800=5 568(万元)

载重成本=32.64×35=1 142.40(万元)

总成本=固定成本+运行成本+载重成本=2000+5568+1142.40=8710.40(万元)

表 5-3　　　通达旅客运输有限公司道路运输业务成本习性构成

成本习性	固定成本	运行成本	载重成本	合计
比重(%)	22.96	63.92	13.12	100.00
平均成本(元/千车公里)	2 083.33	5 800	1 190	9 073.33

科目分析法属于定性分析,一般不需要进行繁杂的数学推导,简单易懂,便于推广。同时科目分析法也能及时地适应于成本核算办法和费用开支标准的变动,以及成本项目增减变动时对成本习性分析的影响。但是,由于科目分析法属于定性分析的范畴,数量上有可能出现偏差,它还难以完全避免会计人员判断上的主观随意性。对于成本核算办法未作明确规定的成本划分,对于会计人员账务处理上的误差,科目分析法也是无能为力的。对此在运用科目分析法时应注意以下几点:

(1) 会计的账务处理应严格按照权责发生制或成本与收入相配比的原则进行;

(2) 如果出现不可忽视的非业务因素变动对成本活动的干扰,应在分析时对成本项目所归集的内容进行适当地调整;

(3) 对于开支标准比较明确的成本项目,应在其项目下按成本习性设置细目,分别归集有关费用,以提高科目分析的科学性;

(4) 选择适当的期间作为分析的基础。在此期间内,能体现正常的变动成本与业务量之间的依存关系;而固定成本也将由于现有的生产能力基本不变而保持相对稳定。

(5) 适当地借助数学方法对特定的成本项目进行定量分析,以助于提高科目分析法的准确性。

(二)回归分析法

运用回归分析法进行混合成本分解,很重要的一点在于确定影响成本变动的业务量和成本函数线的类型。成本分布图能够直观地了解到成本函数线是直线型、抛物线型还是双曲线型,等等,而影响成本变动的业务量一般只能借助于定性分析得到。

在道路运输企业,如果车型不变,载运系数不变,则可认为影响成本变动的只有周转量,则成本函数为:

总成本(TC)=固定成本(FC)+平均变动成本(AVC)×周转量(Q)

这一公式含义为,当车型和载运系数不变时,单位周转量中分摊的运行成本为一常数,变动成本总额可视为随周转量成正比例变动。如果通达旅客运输有限公司 20×4 年预计客车的实载率为 68%,则载运系数为 34(人公里/车公里)。单位变动成本可计算如下:

单位变动成本=5 800 /34+35=205.59(元/千人公里)

则可建立一元线性回归方程 $TC=FC+AVC×Q$ 即:

$$TC=20\ 000\ 000+205.59Q$$

载运系数不变只是一种假定,实际生产活动中载运系数不可能具有固定的水平,即使计划期内载运系数有可能相对稳定也不一定与基期的水平保持一致。因此,即使各车型结构和单耗均不变,平均变动成本也会由于实载率的变动而变动,单位周转量所分摊的运行成本也不可能为一常数。在这种情况下,就有必要建立以总行程和周转量为相关变量的二元线性回归方程,即:

总成本=固定成本+平均运行成本×总行程+平均载重成本×周转量

或:$TC=FC+AVC_K.K+AVC_Q×Q$

这一函数模型揭示了运输总成本与车辆总行程和周转量之间的依存关系,它表明一定时期内运输总成本取决于所完成的行驶里程和周转量。假定通达旅客运输有限公司基期内存在不可忽略的实载率变动,用回归分析法所确定的二元线性回归方程为:

$$TC=20\ 000\ 000+5\ 800K+35Q$$

则可根据这一混合成本的分解结果和基期的成本水平进一步反映总行程和周转量变动时对运输总成本的影响(表 5-4)。

表 5-4   **总行程和周转量变动时对运输总成本影响分析表**

总行程(千车公里)	周转量(千人公里)	平均运行成本(元/千人公里)	平均载重成本(元/千人公里)	固定成本(万元)	总成本(万元)
8 000	288 000	5 800	35	2 000	7 648
9 000	306 000	5 800	35	2 000	8 291
10 000	350 000	5 800	35	2 000	9 025

上述分析包括以下假定:

（1）客车的载动系数变动是由于客车座位利用率的变动引起的；

（2）当平均座位变动引起载运系数变动时，平均运行成本不变或其变动可忽略不计；

一般来说，车型构成的变动会影响平均运行成本；挂车总行程与主车总行程之间的比例变动从而引起拖运率变动，也会进一步影响按主车总行程归集的平均运行成本。如果挂车单独核算成本，其影响与各车型总行程构成的变动是一致的。当车型构成变动将对不分车型的平均运行成本产生不可忽视的影响时，有必要以各车型的总行程为相关变量来建立多元线性回归方程。

由此可见，相关范围内运用回归分析法进行混合成本分解，就是通过定性分析以确定影响成本的相关变量，来进一步计算出成本中的固定部分和随各业务量变动的变动成本的过程。

第三节　道路运输业务本量利分析

道路运输企业主要提供道路客货运输业务。与制造业务、施工业务以及商品销售业务相比，道路客货运输业务本量利分析的基本特点有两点：①产销一致；②完成的不同客货运输业务量都可以换算为统一的周转量进行利润规划。这两个特点对道路运输企业的本量利分析具有重要的影响。

道路运输企业以客货运输业务为主营业务。除此以外，还有可能从事商品销售、车辆维修等其他业务。在这里只讨论道路运输业务的本量利分析事项。

一、道路运输业务利润的确定

按照确定营业利润的一般原理，企业从事生产经营业务取得的利润，表现为用取得的收入弥补全部成本费用后的余额，即：

营业利润＝营业收入－营业成本

　　　　＝营业收入－变动成本－固定成本

　　　　＝业务量×单位收入－业务量×单位变动成本－固定成本

　　　　＝业务量×（单位收入－单位变动成本）－固定成本

与企业从事的增值税应税业务不同，现行税制下的营业税，属于价内税的范畴；道路客货运输业务取得的营业收入，需要依法缴纳 3%的营业税[①]，还需要按

照营业税的一定比例缴纳城市维护建设税和教育费附加、地方教育附加等税费。毫无疑义,道路运输企业依法缴纳的营业税等税费,属于营业收入的一种扣除,必然会对企业的保本分析产生影响。为了有利于简化分析程序,在分析中只考虑营业税的影响。

考虑营业税的影响,道路运输企业营业利润的计算公式需要改写如下:

营业利润＝营业收入×(1－税率)－营业成本

　　　　＝营业收入×(1－税率)－变动成本－固定成本

　　　　＝业务量×单位收入×(1－税率)－业务量×单位变动成本－固定成本

　　　　＝业务量×[单位收入×(1－税率)－单位变动成本]－固定成本

道路运输业务的变动成本可进一步划分为随车辆行驶里程变动的成本和随周转量变动的成本。道路运输企业的保本分析往往需要作营运车辆载运系数不变的假定,这样全部道路运输变动成本才可以表现为周转量与单位变动成本的乘积。

二、道路运输业务保本分析

与从事产品制造、商品销售等业务的企业不同,由于道路运输企业完成的各种不同客货运输业务可以换算为统一的综合周转量,故道路运输企业的保本分析,无需作出是否生产销售单一产品或提供单一劳务的判断。

(一)保本周转量

保本分析中涉及的周转量,可以是某种运输业务的周转量,也可以是全部运输业务的换算综合周转量。与此相对应,单位收入和单位变动成本也有必要分别表现为特定业务的收入和成本,以及综合业务的收入和成本。

依据道路运输业务营业利润的确定方式,道路运输业务保本周转量的一般计算公式如下:

保本周转量＝固定成本÷[单位收入×(1－税率)－单位变动成本]

【例5－2】 通达旅客运输有限公司计划年度高速公路客运的价格预计为每人公里0.30元,营业税率为3%。成本预测的结果表明,随车辆行驶里程变动的燃料成本、通行费成本、折旧成本等为千车公里5 800元,随周转量变动的燃料成本、人员工资等为千人公里35元,年固定成本总额2 000万元。客车的平均座位数为50座,预测实载率为68%,则载运系数为34(人公里/车公里)。

单位变动成本＝5 800／34＋35＝205.59(元/千人公里)

保本周转量＝20 000 000÷[300×(1－3%)－205.59]＝234 164.62(千人公里)

在该例中,通达公司计划年度的单位贡献毛利为:

单位贡献毛利＝单位收入×(1－税率)－单位变动成本

$$=300×(1－3\%)－205.59=85.41(元/千人公里)$$

（二）保本收入

如果道路运输企业从事不同车型的运输业务,或者综合从事客货运输业务,并且计算这些运输业务的加权平均收入和变动成本存在困难或者不科学,则有必要计算综合保本收入,并根据不同业务所占比重分别确定其保本收入和保本周转量。

【例 5－3】 新生运输集团股份有限公司的主营业务为道路客货运输业务。20×4 年度的有关资料反映在表 5－5 中。假定该公司的客货运输业务分别由客车和货车完成[①]。

表 5－5

保本分析有关数据表

单位:元

摘要	平均收入（元/千吨、人公里）	平均变动成本（元/千吨、人公里）	固定成本（万元）	周转量（千吨、人公里）	客货周转量所占比重(%)	总收入（万元）	客货收入所占比重(%)
客车	220	195	—	400 000	44.44	8 800	46.81
货车	2 000	1 650		50 000	55.56	10 000	53.19
综合	2 088.89	1783.33	2 000	90 000	100	18 800	100

如果营业税率为 3%,则保本计算如下:

加权平均贡献毛利率＝[188 000 000×(1－3%)－1783.33×90 000]÷188 000 000×100% ＝11.63%

保本收入＝2 000÷11.63%＝17196.90(万元)

其中:客车保本收入＝17 196.90×46.81%＝8 049.87(万元)

货车保本收入＝17 196.90×53.19%＝9 147.03(万元)

所以:客车保本周转量＝80 498 700÷220＝365 903.18(千人公里)

货车保本周转量＝91 470 300÷2 000＝45 735.15(千吨公里)

（三）保本分析

保本点计算公式至少给我们以下启示:

1. 单位收入大于单位变动成本

如果单位收入(扣除营业税,下同)大于单位变动成本,或单位贡献毛利大于

---

① 在道路运输企业经营实务中,货车有可能完成一些旅客周转量,而客车也有可能完成一些货物周转量。

零,企业存在通过增加业务量转亏为盈、增加利润的可能性。其中:

(1) 如果周转量为零,企业亏损最大,亏损额就是固定成本总额;

(2) 如果周转量低于保本周转量,道路运输企业处于亏损状态,亏损额为保本周转量与实际周转量的差量与单位贡献毛利的乘积;

(3) 如果周转量等于保本周转量,道路运输企业处于保本状态,利润为零;

(4) 如果周转量大于保本周转量,道路运输企业可以获利,利润额为实际周转量与保本周转量的差量与单位贡献毛利的乘积。

从上述分析的结果可以得出这样的结论:保本点存在的必要条件是单位收入大于单位变动成本,或单位贡献毛利大于零。

2. 单位收入等于单位变动成本

如果单位收入等于单位变动成本,或单位贡献毛利等于零,运输企业将始终保持相当于固定成本总额的亏损额;道路运输企业周转量的增减变动对盈亏无影响。这时,道路运输企业无保本点。

3. 单位收入小于单位变动成本

如果单位收入小于单位变动成本,或单位贡献毛利小于零,道路运输企业将始终处于亏损状态,并且完成的周转量越多,亏损越大。当周转量为零时,企业亏损最小,亏损额就是固定成本总额。在这种状态下,也不存在保本点。

应当注意,这里所研究的保本分析,是基于道路运输业务进行的。由于道路运输生产过程中产品的生产、销售、消费是同一过程,所以可以粗略地将生产量与销售量视为同一概念。在这种情况下,是采取完全成本计算还是变动成本计算对进行保本分析并不重要,只要保本分析是基于变动成本与固定成本划分即可。

三、道路运输企业目标利润预测

目标利润体现了企业在计划年度实现经济效益的奋斗目标。道路运输企业一般也需要采用本量利法进行目标利润预测。

与一般企业的目标利润预测的基本思路相一致,道路运输企业的目标利润预测同样涉及对目标周转量、目标成本、目标收入和目标利润等指标的测算事项。

(一) 目标周转量

道路运输企业目标周转量的计算公式如下:

目标周转量=(固定成本+目标利润)÷[平均收入×(1−税率)−平均变动成本]=(固定成本+目标利润)÷平均贡献毛利

【例 5 - 4】 通达旅客运输有限公司计划年度固定成本预算数为 2 000 万元,平均千人公里客运收入 300 元,营业税率 3%,千人公里变动成本 205.59

元,目标利润 1 000 万元。那么,企业应完成多少周转量才能达到目标?

根据目标周转量计算公式可得到:

目标周转量=(20 000 000+10 000 000)÷[300×(1-3%)-205.59]

=30 000 000÷85.41=351 246.92(千人公里)

（二）目标成本

在进行目标利润规划时还需要研究目标成本的制定。道路运输企业在一定时期所完成的周转量除了取决于企业现有的运输生产能力、服务质量和管理水平以外,工农业生产布局、生产力发展水平、人民群众的消费水平等条件对周转量的完成也有一定的制约作用。此外,市场经济条件下企业之间与各种运输方式之间为争夺运输市场而展开的竞争,也会影响目标周转量的顺利完成。在这种条件下,从降低成本入手,确定出保证企业目标利润实现的目标成本,就显得非常重要。

所谓目标成本,是指为实现企业的目标利润成本控制应达到的水平。目标成本反映了企业成本管理工作的奋斗目标。确定目标成本的理论依据是:

目标成本=预计收入-营业税金-目标利润

道路运输企业的目标成本包括目标单位运行成本、目标单位载重成本、目标单位变动成本和目标固定成本的概念。

1. 目标单位运行成本

道路运输业务的变动成本包括运行成本和载重成本。有必要分别预测确定要保证实现目标利润,目标单位运行成本和目标单位载重成本应当达到的水平。

单位运行成本是随车公里变动的成本按照完成的行驶里程计算的平均数。目标单位运行成本与目标利润之间的关系是:

$$NR = [TR \cdot (1-t) - VC_K - VC_Q - FC = [AR \cdot (1-t) - \frac{AVC_K}{CF} - AVC_Q]$$
$$\cdot Q - FC$$

所以: $AVC_K = [AR \cdot (1-t) - AVC_Q - \frac{NR + FC}{Q}] \cdot CF$

式中,NR 为营业利润(净收益);t 为营业税率。

【例5-5】 通达旅客运输有限公司计划年度固定成本预算数为 2 000 万元,平均千人公里客运收入 300 元,营业税率 3%,千人公里载重成本 35 元。如果经测算企业可能完成的周转量为 30 万千人公里,载运系数为 34,要实现 1 000 万元的目标利润,单位运行成本应当达到怎样的控制水平?

根据以上数据,可确定所要求的目标单位运行成本水平如下:

目标单位运行成本=[300×(1-3%)-35-(1 000+2 000)÷30]×34

$$=5304(元/千车公里)$$

2. 目标单位载重成本

单位载重成本是随周转量变动的成本按照完成的客货周转量计算的平均数。目标单位载重成本与目标利润之间的关系是:

$$AVC_Q = AR \cdot (1-t) - \frac{AVC_K}{CF} - \frac{NR+FC}{Q}$$

【例5-6】 通达旅客运输有限公司计划年度固定成本预算数为2 000万元,平均千人公里客运收入300元,营业税率3%。如果通过主观努力千车公里运行成本只能达到5 700元的水平,在预期完成30万千人公里客运周转量、载运系数为34的条件下,要实现1 000万元的目标利润,单位载重成本的控制目标是什么?

根据以上数据,可确定所要求的目标单位载重成本水平如下:

目标单位载重成本=300×(1 — 3%)—(5 700÷34)—(1 000+2 000)÷30

$$=23.35(元/千人公里)$$

3. 目标单位变动成本

按照一定的载运系数,道路运输业务的单位运行成本和单位载重成本可换算为单位变动成本。其计算公式为:

单位变动成本=单位运行成本÷载运系数+单位载重成本

由于客车而言,由于不存在拖运问题和一般不存在里程利用率问题,故客车的载运系数主要由客车的核定座位数和座位利用率确定。

如果通达公司客车的平均座位数为50座,预计计划年度的座位利用率为68%,则客车的载运系数为34(=50×68%),表明客车每行驶一公里,可完成34人公里的周转量。

为实现道路运输业务的利润目标对单位变动成本水平控制要求的一般计算公式如下:

目标单位变动成本=单位收入×(1—税率)—(固定成本+目标利润)÷预计周转量

【例5-7】 通达旅客运输有限公司计划年度固定成本预算数为2 000万元,平均千人公里客运收入300元,营业税率3%。如果预期可完成30万千人公里客运周转量,要实现1 000万元的目标利润,单位变动成本的控制目标是什么?

根据计算公式:

目标单位变动成本=300×(1—3%)—(2 000+1 000)÷30

$$=191(元/千人公里)$$

但是该企业预期千车公里运行成本和千人公里载重成本分别只能达到5 700元和32元,当载运系数为34时,可达到的单位变动成本水平可计算如下:

$$单位变动成本＝5\ 700÷34＋32＝199.65(元/千人公里)$$

对此,要实现千人公里191元的控制目标,就要求进一步提高营运客车的载运系数。所需的载运系数可计算如下:

$$目标载运系数＝单位运行成本÷(单位变动成本－单位载重成本)$$
$$＝5\ 700÷(191－32)$$
$$＝35.85(人公里/车公里)$$

当平均座位为50座时,要求载运系数达到35.85,意味着要求营运客车的实载率达到71.70%(35.85÷50)。

但通达公司估计通过主观努力客车实载率可实现的目标为70%,即载运系数可达到的水平为35,则单位变动成本可达到的水平为:

$$AVC＝5700÷35＋32＝194.86(元/千人公里)$$

4. 目标固定成本

道路运输业务成本中的营运间接费用和期间费用中的管理费用是道路运输业务固定成本的主要组成部分。确定目标固定成本是为了有效地控制营运间接成本与管理费用。目标固定成本的计算公式为:

$$目标固定成本＝预计周转量×预计平均贡献毛利－目标利润$$

【例5‐8】　如果可实现的载运系数为35,则通达旅客运输有限公司计划年度的目标单位变动成本为194.86元,这意味着该公司千人公里平均贡献毛利为96.14元[300×(1－3%)－194.86]。如果预期完成的旅客周转量为30万千人公里,要保证1 000万元的目标利润实现,对固定成本控制的要求为:

$$目标固定成本＝30×96.14－1\ 000＝1\ 884.2(万元)$$

这就是说,要求固定成本在原先预算的基础上下降5.79%。在固定性费用开支中,只能在不影响企业短期内的管理工作和企业长期内生产经营发展的条件下控制办公费、差旅费、会议费、水电费、修理费、展览费、职工培训费等项开支,而固定资产折旧则是不可控制的,基本生产人员与管理人员的固定工资一般不仅不会下降,而且将随工资的逐步调整而上升,这意味着,固定成本的控制也有限度。

(三)目标收入

道路运输业务的目标收入有两层涵义。

1. 综合目标总收入

如果企业从事多种道路运输经营业务,且各种业务完成的周转量之间无法换算或者换算不够科学,则无法确定综合目标周转量,只能预测目标收入。在这种情况下目标收入的计算公式如下：

$$目标收入＝（固定成本＋目标利润）÷加权平均贡献毛利率$$

2. 目标单位收入

目标收入可反映为保证目标利润完成单位收入或平均收入应达到的水平。目标单位收入的计算公式如下：

$$目标单位收入＝[（固定成本＋目标利润）÷预计周转量＋单位变动成本]÷$$
$$（1－营业税率）$$

【例 5 - 9】　如果通达旅客运输有限公司计划年度固定成本总额通过努力可能达到的水平为 1 950 万元，按照预计可完成 30 万千人公里旅客周转量和所达到千人公里 194.86 元的变动成本水平衡量，要完成 1 000 万元目标利润对单位收入水平的要求为：

$$目标单位收入＝[（1950＋1 000）÷30＋194.86]÷（1－3\%）＝302.26（元）$$

即只要千人公里平均收入在 302.26 元以上，可保证实现 1 000 万元的利润目标。

道路运输、特别是旅客运输作为公益性经营活动，在现行体制下道路客运企业一般无权自主调整客运票价；这样调整平均收入的努力主要体现在不同运输业务所形成的加权平均运价上（包括可向旅客收取的燃油附加费）。由于通达旅客运输有限公司只从事高速公路客运业务，不存在运输结构调整事项，故无法调整平均收入水平。

（四）目标利润的确定

目标利润应当在科学地利润预测的基础上确定。目标利润应当是企业从事生产经营活动在财务成果方面通过努力能够达到的奋斗目标，所以目标利润应当反映本量利分析的结果。一般来说，目标利润的计算公式为：

$$目标利润＝预计周转量×预计平均贡献毛利－固定成本$$

【例 5 - 10】　经过本量利分析与市场调查，考虑到充分挖潜节支可能做到的努力，通达旅客运输有限公司计划年度预计完成周转量 300 000 千人公里，千人公里平均收入 300 元，千人公里平均变动成本 194.86 元，固定成本总额控制在 1950 万元范围以内。根据以上数据所确定的目标利润为：

$$目标利润＝30×[300×（1－3\%）－194.86]－1 950$$
$$＝934.20（万元）$$

因此，所谓本量利分析的过程就是通过分析成本、业务量、利润三者之间的相互关系来明确奋斗目标以及实现这一目标应采取的具体措施的过程。

对有些企业来说，也可以采用下列公式确定目标利润：

$$目标利润＝总收入×加权平均贡献毛利率－固定成本$$

在必要时,也可以根据预计收入利润率、预计总资产报酬率以及有关指标预测目标利润。

第四节　道路运输业务投资决策分析

一、道路运输业务投资决策分析的特点

道路运输企业主要从事客货运输业务。除此以外,货物装卸业务、客运站和货运站的投资与经营业务等,也应当属于道路运输企业的主营业务。

（一）投资建设客运站的决策分析

客运站投资业务,是道路运输企业有行业特色的投资业务之一。

客运站投资具有以下特点:

1. 客运站投资属于基本建设投资

客运站属于不动产的范畴,在现行国家投资体制下其建设投资应当纳入国家基本建设管理范畴,按照国家规定的基本建设程序组织投资建设活动。道路运输企业为了投资建设客运站,需要按照相关规定做好大量的建设前期工作,包括编制与报批项目建设书,编制与报批项目工程可行性研究报告,编制与报批项目设计文件,办理建设用地的征用与拆迁等工作,通过公开招标选择建设施工企业和工程监理企业,并一般需要花费超过一年的时间建成客运站。

客运站投资决策分析是客运站建设前期工作的重要组成部分;客运站前期工作与建设期间工作的成功与否,不仅决定着客运站建设工程质量,也在很大程度上影响着客运站建设项目的投资效益。

2. 客运站投资属于公益性投资项目

现代社会的道路客运站,具有以下不可替代的功能:①客运站可为旅客提供安全、方便与舒适的候车与乘车条件,有利于旅客安全与有效率地集中与分散;②有利于交通运输主管部门加强对客运市场的有效管理,维护道路客运市场的公平与公正。作为现代社会道路运输的文明窗口,客运站建设与运营具有社会效益重于经济效益的特点。对此,对于客流量大、投资效益理想的客运站建设项目,可由企业独立投资与运营;对于社会效益好、但投资效益不够理想的客运站建设项目,政府部门有必要给予必要的财政补助,使之变得对民间投资者具有吸引力。

3. 客运站可采取多种方式进行投资建设与经营

作为社会公益性强的投资项目,道路客运站可作为道路运输企业的投资项目,由企业按照客运站的经济寿命进行投资与经营;也可以作为政府投资项目,

并通过采取 BOT 方式选择符合条件的道路运输企业在特许经营期间内投资建设与经营。特许经营合同约定的期限届满,道路运输企业需要将处于良好技术状态的客运站移交给交通运输主管部门授权的单位进行管理。

目前中国内地的道路客运站基本上采取的是企业投资的管理模式;但在未来有可能进行 BOT 模式的积极尝试。

无论是作为企业投资项目还是政府投资项目,都需要由道路运输企业承担投资建设与经营管理的职责。

（二）投资取得营运车辆的决策分析

1. 投资运营车辆的重要性

营运车辆,包括运营客车和运营货车,是道路运输企业从事客货运输业务的主要生产工具。由于从 1988 年开始在道路运输企业逐步推行了以单车承包和单车租赁为主要内容的企业内部经营责任制,道路运输业务的经营方式被划分为两类:①以单车为主体从事的分散化道路运输经营业务;②以道路运输企业为主体从事的集约化道路运输经营业务。单车经营有助于适应道路运输独立、分散以及在空间与时间上分布不均衡的特点,因而具有一定的发展生命力;集约化公司经营有助于政府部门的市场监管,并且发挥规模效益的优势,因此成为政府交通运输主管部门的主要政策导向。

道路运输企业、特别是道路客运企业只有取得了一定数量的运营车辆,才有可能开展集约化运输经营活动,提高运输业务的规模效益,对此交通运输部对从事旅客运输企业的规模有以下规定:

经营一类客运班线(地区所在地与地区所在地之间的客运班线或营运线路长度在 800 公里以上的客运班线)的班车客运经营者应当自有营运客车 50 辆以上、客位 3 000 个以上,其中高级客车在 30 辆以上、客位 900 个以上;或者自有营运高级客车 40 辆以上,客位 1 200 个以上;

经营二类客运班线(地区所在地与县之间的客运班线)的班车客运经营者应当自有营运客车 50 辆以上、客位 1 500 个以上,其中中高级客车在 15 辆以上、客位 450 个以上;或者自有营运高级客车 20 辆以上,客位 600 个以上;

经营三类客运班线(非毗邻县之间的客运班线)的班车客运经营者应当自有营运客车 10 辆以上、客位 200 个以上;

经营四类客运班线(毗邻县之间的客运班线或者县境内的客运班线)的班车客运经营者应当自有营运客车 1 辆以上;

经营省际包车客运的经营者,应当自有中高级营运客车 20 辆以上、客位 600 个以上;

经营省内包车客运的经营者,应当自有营运客车 5 辆以上、客位 100 个以上。

从交通运输部的政策导向不难看出,道路运输企业要从事规模客运经营活动以及高层次客运业务,不仅对营运客车的数量有一定要求,而且对其中的高级客车有要求,以利于提高旅客运输服务的质量。改革开放三十多年来,营运客车的质量和价格都发生了较大的变化。改革开放初期数万元人民币一辆的普通客车已比较少见,取而代之的是数十万元一辆、甚至数百万元一辆的中高档次的客车。从事一二类客运班线经营业务的道路运输企业需要通过取得中高档次的客车从事客运业务,这就对营运客车投资决策提出了新的要求。

2. 营运车辆投资的特点

(1)运营车辆投资属于长期投资和固定资产投资。由于营运车辆可以在较长期间内提供运输服务,故企业取得的营运车辆,需要确认为企业的一项固定资产。由于营运车辆将在长达数年内发挥作用,故企业应当按照长期投资决策的基本思路并采取现值法进行营运车辆投资决策分析。

(2)营运车辆属于不需要安装的固定资产。营运车辆一旦取得,无需安装,即可发挥从事运营活动的作用。这意味着营运车辆投资没有建设期。但营运车辆从事客货运输活动取得的运输收入以及经营现金净流入量却是在会计年度内陆续获得的。如果作出在会计期末取得现金流入量和发生现金流出量的假设,虽然不影响收入与支出之间的配比关系,但会适当地低估营运车辆投资方案的净现值和内部收益率。

(3)运营车辆的经济寿命具有灵活多样的表现形式。运营车辆可以用使用年限来体现其经济寿命,也可以用总行驶里程来体现其经济寿命。

用总行驶里程来体现其经济寿命,是营运车辆的一大特色。在改革开放以前,国家对道路运输企业营运车辆使用寿命的基本要求是 80 万公里。为了保证达到 80 万公里的使用寿命,在使用过程中还需要进行 3 次大修理作业。到了 20 世纪 80 年代中期,国家开始使用经济寿命的概念来规范营运车辆的行驶里程,将营运车辆的经济寿命调整为 50 万公里,或者 10 年。这意味着当时营运车辆平均年行驶里程一般为 5 万公里左右,或者日均行程 200 公里左右。

伴随着 2012 年底全国 9.62 万公里的高速公路网络的逐步形成,营运车辆的使用效率在逐步提高,越来越多的营运车辆(特别是高速公路营运客车)的日平均行驶里程超过了 500 公里甚至 1 000 公里,体现其经济寿命的行驶里程开始突破 100 万公里甚至 150 万公里。这对营运车辆投资决策有重要的影响。

(4)国家对营运车辆的使用寿命有明确规定。与一般设备不同,作为机动车的组成部分,为了保障道路交通安全,多年来国家一直对机动车的最长使用年限有明确规定。2013 年 5 月 1 日开始施行的《机动车强制报废标准规定》(商务部、国家发展和改革委、公安部、环境保护部 2012 年令第 12 号)明确规定,大、中型营运载客汽车和一般载货汽车的最长使用年限为 15 年;同时对达到 80 万公里的大型营运载客汽车、达到 50 万公里的中型营运载客汽车、达到 60 万公里的中、轻型载货汽车和达到 70 万公里的重型载货汽车(包括半挂牵引车和全挂牵引车)实行引导报废。

(5)营运车辆取得的方式一般有投资购买和融资租赁两种方式。按照中国企业会计准则的规定,道路运输企业采取这两种方式取得的营运车辆都需要确认为企业的固定资产。

企业购买营运车辆的投资,需要通过一定的财务折现率来体现其基准收益率。与购买不同,企业采取融资租赁方式取得营运车辆支付的租金,内含着一定的借款利息。只有当租赁内含利息低于企业的基准收益率,融资租赁方案才具有比较优势。对此,有必要进行投资购买营运车辆以及融资租入营运车辆之间的比较。

(6)企业所得税对道路运输企业营运车辆投资决策分析的影响不仅在于所得税将导致企业的现金流出,还源于针对不同的业务具有不同的企业所得税政策。在本节中,主要根据《中华人民共和国企业所得税法》及其实施条例和相关规范性文件中的具体规定,分析所得税政策对不同取得营运车辆决策方案的影响。

二、投资建设客运站的决策分析

(一)客运站投资现金流量分析

客运站投资引发的现金流动包括现金流入量、现金流出量和现金净流入量 3 部分内容。

1. 现金流入量分析

客运站面向旅客提供各类经营服务取得的收入,构成了客运站经营活动的现金流入量。客运站的经营收入主要来自以下方面:

(1)站务费收入。客运站经营的主要收入来自于向进站车辆收取的站务费,或者叫作"车站管理费"。不同的客运站收取站务费的方式有所不同。大多数客运站,特别是一二级客运站,是按照客票收入的一定比例(一般为 10%)收取的。等级比较低的客运站,也有采取按照人次的方式定额收取站务费。

如果客运站属于道路客运企业下设的内部机构,并且不对外开放,只为本公司的车辆提供服务,则这样客运站的投资决策对企业而言没有实质意义。

站务收入取得的现金流入量可按照以下公式进行预测:

站务收入=计划期客票总收入×站务管理费比例

【例 5 - 11】　华西客运站属于位于某中心城市铁路客运站旁的一级道路客运站。该客运站预测计划月份的进站客流量为 50 万人次,平均运距 120 公里,平均运价为每人公里 0.25 元,站务费比例为 10%。不考虑加收的燃油附加费,该月份客运站收取的站务费可计算如下:

$$站务费收入 = 50 \times 120 \times 0.25 \times 10\% = 150(万元)$$

(2) 旅客住宿服务收入。规模较大的客运站一般都设有宾馆,为旅客提供住宿服务。旅客住宿服务收入是客运站经营收入的重要补充,一般需要根据床位数、床位利用率、床位的平均价格等参数进行测算。

(3) 商品百货销售收入。客运站一般都设有商品销售部,面向旅客销售食品、百货等物品,不仅满足了旅客的需求,也成为客运站经营收入的组成部分。不过这部分收入在客运站经营收入中所占比重一般较小。

(4) 其他服务收入。规模较大的客运站,除了提供以上经营服务以外,还有可能提供餐饮、影视、网络、行李保管等其他服务项目。提供这些服务项目取得的经营收入,也构成客运站经营收入的一部分。

客运站需要根据从事不同经营业务取得的收入依法缴纳各种流转税,包括销售商品需要缴纳的增值税,收取站务费、旅客住宿费等缴纳的营业税以及相应的城市维护建设税、教育费附加和地方教育附加。在投资决策分析中,可按照将各种税费支出从收入中扣除,来估算现金流入;也可将各种税费支出确认为现金流出。

2. 现金流出量分析

客运站投资导致的现金流出包括客运站投资建设导致的现金流出以及客运站经营期间发生的现金流出。

(1) 投资活动现金流出。投资活动发生的现金流出一般是指企业为投资建设客运站,以及对现有客运站进行更新、扩建与技术改造所发生的投资性支出。

(2) 经营活动现金流出。客运站为组织经营活动发生的各项现金支出,包括客运站业务支出和管理支出;宾馆经营发生的支出,销售商品发生的支出以及从事其他经营活动发生的相应的现金支出。

尽管企业会计准则要求客运站按照权责发生制核算的成本费用,与收付实现制下核算的支出有明显的不同,但在投资决策分析中仍可按照经营成本费用扣除客运站基础设施固定资产折旧后的余额,来估算所发生的经营活动现金支出。

3. 现金净流入量分析

客运站投资项目的现金净流入量也可划分为以下两部分进行分析:

(1) 投资活动产生的现金净流入量。由于投资活动一般只发生现金流出,不发生现金流入,对此投资活动产生的现金流量,表现为现金净流出量。

(2) 经营活动产生的现金净流入量。经营活动取得的现金流入,减去发生的现金流出,体现为经营活动现金净流入量。尽管经营收入与经营活动现金流入、扣除固定资产折旧后的经营成本费用与经营活动现金流入并不完全一致,但在投资决策分析中仍可用经营活动取得的经营利润加上计提的固定资产折旧来估算经营活动的现金净流入量。

4. 现金流量的折现要求

由于存在时间上的明显差异,投资决策分析要求将投资项目在未来取得的经营活动现金净流入量折算为现值,与投资现值进行比较,以分析投资项目的效益。

(二) 客运站投资示例分析

新元市根据本市道路客运事业发展的需要,决定由国有独资性质的新元交通运输集团有限公司通过出资设立法人项目公司,投资建设新元中心客运站,面向进站车辆收取站务费,实行独立经营。

1. 有关基础资料

(1) 该客运站属于一级客运站,按照每日进站 20 000 人次进行设计。预计在客运站建成第一年,日均客运量为 10 000 人次,并按照 4% 的速度均衡增长。大约在第 19 年达到设计能力。

(2) 该项目预期投资总额 7 000 万元。建设期限为二年。总投资在建设期内均衡投入。

(3) 预测新元中心客运站建成后,将主要发送本地区客运班次,平均运距为 100 公里。

(4) 在客运站预期经营期限内,预计平均运价为每人公里 0.30 元。不考虑燃油附加费因素,客运站可按照客票价格的 10% 收取站务管理费。

(5) 客运站附设宾馆、餐厅和销售服务部等取得的销售收入按照站务收入的 10% 估算。

(6) 不包括客运站折旧在内的经营支出,按照经营收入的 60% 估算。估算的经营支出中,包括需要缴纳的营业税、所得税等税费。

(7) 新元中心客运站按照 20 年的经营期限估算投资效益。

2. 投资决策分析

(1) 根据以上数据资料,客运站经营活动取得的现金净流入量,如表 5 - 6 所示。其中,第一年的有关数据计算如下:

站务费收入 $= 10\ 000 \times 100 \times 0.30 \times 0.10 \times 365 = 10\ 950\ 000$(元)$= 1\ 095$(万元)

总收入 $= 1\ 095 \times (1 + 10\%) = 1\ 204.50$(万元)

经营支出＝1 204.50×60％＝722.70(万元)

经营活动现金净流入量＝1 204.50－722.70＝481.80(万元)

表 5 - 6 **新元中心客运站经营收支测算表**

单位:万元

年数	日均客运量 （人次）	站务费收入	其他收入	总收入	经营支出	经营活动现 金净流入量
1	10 000	1 095.00	109.50	1 204.50	722.70	481.80
2	10 400	1 138.80	113.88	1 252.68	751.61	501.07
3	10 816	1 184.35	118.44	1 302.79	781.67	521.12
4	11 249	1 231.73	123.17	1 354.90	812.94	541.96
5	11 699	1 281.00	128.10	1 409.10	845.46	563.64
6	12 167	1 332.23	133.22	1 465.45	879.28	586.17
7	12 653	1 385.52	138.55	1 524.07	914.45	609.62
8	13 159	1 440.95	144.09	1 585.04	951.02	634.02
9	13 686	1 498.58	149.86	1 648.44	989.06	659.38
10	14 233	1 558.53	155.85	1 714.38	1 028.63	685.75
11	14 802	1 620.87	162.09	1 782.96	1 069.77	713.19
12	15 395	1 685.70	168.57	1 854.27	1 112.56	741.71
13	16 010	1 753.13	175.31	1 928.44	1 157.07	771.37
14	16 651	1 823.26	182.33	2 005.59	1 203.35	802.24
15	17 317	1 896.19	189.62	2 085.81	1 251.48	834.33
16	18 009	1 972.03	197.20	2 169.23	1 301.54	867.69
17	18 730	2 050.91	205.09	2 256.00	1 353.60	902.40
18	19 479	2 132.95	213.30	2 346.25	1 407.75	938.50
19	20 258	2 218.27	221.83	2 440.10	1 464.06	976.04
20	21 068	2 307.00	230.70	2 537.70	1 522.62	1 015.08
合计	—	32 607.00	3 260.70	35 867.70	21 520.62	14 347.08

(2) 按照8％的基准收益率测算,客运站经营活动取得的现金净流入量的现值如表 5 - 7 所示。

表 5-7　　　　　　　　　　　新元中心客运站投资现值测算表

单位:万元

年数	现金净流量	现值系数(8%)	现值(8%)	年数	现金净流量	现值系数(8%)	现值(8%)
1	481.80	0.926	446.15	11	713.19	0.429	305.96
2	501.07	0.857	429.42	12	741.71	0.397	294.46
3	521.12	0.794	413.77	13	771.37	0.368	283.86
4	541.96	0.735	398.34	14	802.24	0.340	272.76
5	563.64	0.681	383.84	15	834.33	0.315	262.81
6	586.17	0.630	369.29	16	867.69	0.292	253.37
7	609.62	0.583	355.41	17	902.40	0.270	243.65
8	634.02	0.540	342.37	18	938.50	0.250	234.63
9	659.38	0.500	329.69	19	976.04	0.232	226.44
10	685.75	0.463	317.50	20	1 015.08	0.215	218.24
—	—	—	—	合计	14 347.08	9.817	6 381.96

(3) 按照 8% 的基准收益率,客运站投资现值可计算如下:

$$投资现值 = 3500 + \frac{3500}{(1+8\%)} = 3\,500 + 3\,500 \times 0.926 = 6\,741(万元)$$

(4) 投资决策分析

以上计算表明,按照 8% 的基准收益率计算,投资客运站取得的经营活动现金净流入量的现值为 6 381.96 万元,低于 6 741 万元的投资现值。这意味着,投资客运站的预期收益率没有达到 8% 的基准收益率。对此,可向客运站决策机构提供以下两项可供选择的决策建议:

第一,由于该项目投资低于 8% 的基准收益率,建议放弃对该项目的投资;

第二,考虑到客运站建设的社会公益性质,建议客运站管理部门向政府申请给予 359 万元(6 741-6 382)的补助,适当减少客运站自身的投资,使得投资该项目能够获得 8% 的基准收益率。

三、投资取得营运车辆的决策分析

(一)营运车辆投资现金流量分析

营运车辆投资引发的现金流动也可以划分为现金流入量、现金流出量和现金净流入量 3 部分。

1. 现金流入量分析

使用营运车辆从事运输活动取得的收入,构成了营运车辆投资取得的现金流入量。尽管权责发生制下财务会计核算的运输收入不一定就是现金收入,但在投资决策分析中一般假设运输收入表现为现金收入。

2013 年 6 月底道路运输企业提供的运输劳务,属于营业税应税业务,不考虑试点地区"营改增"的影响。故企业应当按照税法的规定,缴纳 3% 的营业税以及相应的城市维护建设税、教育费附加和地方教育附加。在进行投资决策分析时,企业需要依法缴纳的营业税(简便起见,不考虑相应的城市维护建设税、教育费附加和地方教育附加,下同),可采取以下两种方式处理:

(1)作为运输收入的扣除。这样,现金流入量表现为扣除营业税后的道路客货运输净收入。在本部分的讨论中,将营业税作为运输收入的扣除来计算现金流入。

(2)计入现金流出量。需要进一步明确的是:如果将营业税计入现金流出,尽管运输成本与费用也属于现金流出,但营业税不属于成本费用。

试点地区的道路运输企业需要依法缴纳增值税。由于增值税属于价外税,故不在现金流转分析中考虑。

如果道路运输企业提供的是均衡性道路客货运输服务,则可以认为投资营运车辆取得的现金,是在会计年度均衡流入的;加权平均计算的流入时点,应当是会计年度的中期,即 6 月 30 日。但为了与营运车辆投资进行比较,在分析中假设现金流入的时点是期末(即会计年度的年末),这实际上低估了现金流入量的现值。

2. 现金流出量分析

营运车辆投资导致的现金流出包括投资购买营运车辆发生的现金流出、融资租入营运车辆发生的现金流出以及营运车辆使用过程中发生的现金流出。

(1)购买营运车辆的现金流出。不考虑分期付款购买车辆的事项,则可以认为,购买营运车辆发生现金流出,是一次性的。通常可以将购买营运车辆的投资总额,等同于投资现值。

(2)融资租入营运车辆发生的现金流出。融资租入营运车辆导致的现金流出,一般是分期发生的。在本部分的分析中,假设是分年度支付租金。根据租赁合同的约定,现金流量可以发生在租赁年度的年初,也可以发生在租赁年度的年末。很明显,期初租金支付与期末租金支付将导致不同的租赁现值。

(3)使用营运车辆发生的现金流出。尽管权责发生制下财务会计核算的不包括固定资产折旧在内的运输成本费用不一定就是现金支出,但在投资决策分析中一般假设这些成本费用都表现为现金支出。

(4) 缴纳所得税导致的现金流出。企业依法缴纳所得税无疑将导致现金流出。但在所得税不会对项目决策产生影响的状况下,可将所得税因素忽略不计。

如果所得税的影响不可忽略,则有必要将所得税视为经营活动现金流出的一部分。

3. 现金净流入量分析

在以上分析的基础上,可将现金净流入量界定如下:

(1) 购买营运车辆的投资活动引发的现金净流出量,属于一次性现金流动,发生在投资决策分析的期初。

(2) 经营期间发生的现金净流入量,表现为使用营运车辆取得的税后利润与车辆折旧之和。假设该项现金净流入量发生在会计年度的年末。

(二) 营运车辆投资示例分析

企业为了取得从事道路客货运输活动所需的营运车辆,可采取投资购买方式取得营运车辆,也可采取融资租赁方式取得营运车辆。采取何种方式对企业更为有利,取决于投资决策分析的结果。

需要说明的是:购买运营车辆的决策分析中不考虑购买车辆所需资金的筹措事项。借款属于企业的融资行为,属于财务管理学科而不是管理会计学科关注的内容;对此,融资租赁方案替代的也不应当是借款购买方案,而应当是一次付款或者分期付款购买方案。

1. 购买营运车辆的投资决策分析

购买营运车辆决策的核心问题,是通过购买车辆从事客货运输活动获得的投资收益,是否能够达到企业预期的基准收益率? 以及在资金受到限制和存在不同购车方案的状况下,如何进行最优方案的选择? 以下通过举例进行分析。

【例 5 - 12】 经申请,通达旅客运输有限公司取得某地区全长 300 公里的高速公路客运专营权。为此,公司需要投资 3 000 万元购买 20 辆沃尔沃 XW6122D 型高级客车,从事该线路的客运业务。决策分析时考虑了以下对决策有影响的数据:

(1) 投资和使用年限。沃尔沃高级客车每辆购价(含需要缴纳的 10% 的车辆购置税)为 150 万元;预计可使用 8 年。

(2) 总行程测算。购置的 20 辆沃尔沃客车全部投入该线路从事客运业务,计划每天往返一次,每日行程 600 公里;预计每年工作车日为 300 天。这样,每车年行驶里程为:

$$年总行程 = 600 × 300 = 180\ 000(公里)$$

(3) 运输收入的测算。该线路运价为每公里 0.30 元。该型客车为 50 座,预计实载率为 70%,这样每辆车全年可取得客运收入计算如下:

年客运收入＝600×50×70％×0.30×300＝1 890 000(元)

扣除3％的营业税,每车每年可取得现金流入量183.33万元。

(4)运输成本的测算。不包括车辆折旧的运行成本估算如下:

• 该车型为柴油车,百车公里柴油消耗为30升,每公升柴油价格为7元,这意味着千车公里燃料成本为2 100元。

• 行驶高速公路需要交纳车辆通行费。该车型通行费标准为每公里1.90元,意味着千车公里车辆通行费成本为1 900元。

• 按照客运班线所在地的规定,客车进站需要按照客票收入的10％交纳站务管理费。按照0.30元的运价计算,千人公里站务费为30元。

其他运行成本包括轮胎成本、车辆维修成本、司乘人员工资和福利费、车辆保险费以及其他费用,估计为千车公里3 500元。

这样,每辆沃尔沃客车从事客运全年发生的现金流出可测算如下:

现金流出量＝(2 100＋1 900＋3 500)×180＋1 890 000×10％
　　　　　＝1 539 000(元)

(5)应缴纳企业所得税的测算。按照企业所得税法的规定,道路运输企业需要依法缴纳25％的所得税。除了现金流出成本以外,折旧成本也可以税前扣除。不考虑期末净残值,折旧成本和应缴纳的所得税可计算如下:

每车年折旧成本＝1 500 000÷8＝187 500(元)

应交所得税＝[1 833 300－(1 539 000＋187 500)]×25％＝26 700(元)

(6)经营现金净流入量的测算。根据以上数据,每辆车每年取得的现金净流入量可测算如下:

现金净流入量＝扣除营业税后的运输收入－运输成本现金流出－所得税
　　　　　＝1 833 300 － 1 539 000 － 26 700
　　　　　＝267 600(元)

按照8％的折现率,投资购买每辆车的净现值可测算如下:

$$NPV = \sum_{t=1}^{8} 267\ 600 \times (1+8\%)^{-t} - 1\ 500\ 000 = 267\ 600 \times 5.7466 - 1\ 500\ 000$$
$$= 37\ 790.10(元)$$

这意味着,购买沃尔沃客车从事该客运班线的运输,可获得超过8％的投资收益率。如果通达旅客运输有限公司的基准收益率为8％,该投资项目属于可行。

2. 分期付款购买营运车辆的决策分析

分期付款购买营运车辆是营运车辆投资的另一种选择。与一次付款投资购买相比,取得营运车辆后从事运输活动产生的现金流动是一致的,不存在两个方案之间的差量,故决策分析应当主要针对一次付款与分期付款行为之间的比较。购买合同中有关分期付款的约定,对选择具有直接的影响。

【例 5 - 13】　如果通达旅客运输有限公司购买沃尔沃高级客车除了一次付款 150 万元以外,还存在着可以分期付款购买另一种选择。在每辆 150 万元投资中,购价为 135 万元(含增值税款);车辆购置税为购价的 10%,13.5 万元;其他交易费用为 1.5 万元。按照供货商提供的选择,如果采取分期付款购买方式,需要在首期支付 35 万元;其余的价款以后分四期支付,每半年支付 30 万元。需要分析的主要问题是:采取分期付款方式是否合理?

很明显,公司如果采取一次付款方式取得车辆,投资现值为 150 万元;如果采取分期付款方式,首期需要支付的款项,包括车辆购置税和其他交易费用在内,为 50 万元;并需要以后每半年支付 30 万元。如果公司的基准收益率为 8%,半年可按 4%测算,分期付款购买的现值可计算如表 5 - 8 所示。

表 5 - 8　　　　　一次付款和分期付款投资现值比较分析表

单位:元

期数	一次付款购买方案	分期付款购买方案		
		现金流出量	现值系数(4%)	现值
0	1 500 000	500 000	1.000	500 000
1	——	300 000	0.962	288 600
2	——	300 000	0.925	277 500
3	——	300 000	0.889	266 700
4	——	300 000	0.855	256 500
合计	1 500 000	1 700 000		1 589 300

计算分析的结果表明,按照 8%的折现率计算,分期付款购买方案的投资现值为 158.93 万元,超过了一次付款的投资现值;即意味着企业采取分期付款方式支付的经济代价,超过了 8%的基准收益率。故分期付款购买方案不如一次付款购买方案。至于公司是否选择该方案,还需要结合其他方面的约束条件和要求(例如融资需求等)来进行。

需要进一步说明的是,按照 4%的半年折现率计算的现值,应当低于按照 8%的年折现率计算的现值。即按照 4%的半年折现率换算的年折现率,要高于 8%。但两者之间相差不大,对决策没有实质性影响,故在分析时忽略了两者之间的差异。

此外,与一次付款购买相比,分期付款购买的所得税政策也有所不同。假设这一差异不会对决策造成实质性影响,故不在决策分析时考虑。

3. 不同购车方案之间的比较

如果通达旅客运输有限公司除了购买沃尔沃 9300 型高级客车以外,还具有购买相对价廉的宇通客车的替代方案,应当如何决策? 一般来说:

(1) 如果不同车型具有相同的投资成本和经济寿命(包括使用年限或行驶里程,下同),则可以比较各方案按照基本收益率计算的净现值,净现值较大的方案为可行方案;

(2) 如果不同车型具有相同的经济寿命和不同的投资成本,则有必要比较各方案的内部收益率,内部收益率较高的方案为可行方案;

(3) 如果不同车型具有不同的经济寿命和投资成本,则决策分析需要有新的思路。本书认为,解决这一问题的关键在于使比较方案之间具备可比性,消除项目经济寿命期限不等的因素。具体可采用的方法是:比较投资项目通过更新无限期使用的净现值($NPV\infty$)。

假定:项目 m 年更新一次,则有:

$$NPV\infty = NPV_m + NPV_m \cdot (1+K)^{-m} + NPV_m \cdot (1+K)^{-2m} + \cdots + NPV_m$$

$$\cdot (1+K)^{-n \cdot m}$$

$$= \sum_{t=0}^{n} NPV_m \cdot (1+K)^{-t \cdot m} = \frac{NPV_m}{1-(1+K)^{-m}}$$

【例 5 - 14】 通达旅客运输有限公司准备进行购买客车的投资,现有 A、B 两个互斥方案可供选择。A 方案为购买宇通 ZK6117 客车;B 方案为购买沃尔沃 9300 客车。有关数据见表 5 - 9(折现率为 8%),企业应采纳何方案?

表 5 - 9　　　　　　　　　　　**经济寿命对决策的影响分析表**

单位:万元

方案	投资	分年度经营活动现金净流入量								现值
		1	2	3	4	5	6	7	8	
A	80	18.02	18.02	18.02	18.02	18.02	18.02	——	——	3.31
B	150	26.76	26.76	26.76	26.76	26.76	26.76	26.76	26.76	3.79

表 5 - 9 说明,A 方案经济寿命期限 6 年,净现值 3.31 万元;B 方案经济寿命期限 8 年,净现值 3.79 万元。仅从净现值角度比较,B 方案优于 A 方案。但是考虑其经济寿命期限可以发现,虽然 A 方案的净现值低于 B 方案,但是 A 方案经济寿命期短,投资回收快;B 方案经济寿命期较长,投资回收慢。A 方案可以在 6 年末后重新投资以获得更多的净现值,B 方案同样可以如此。

因此,在这种情况下,不能简单比较一个经济寿命期限的净现值,而是要比较项目持续使用的净现值,这样可以消除经济寿命不一致的不可比因素。

A、B方案的 NPV_∞ 比较如下:

A方案 $NPV_\infty = \dfrac{3.31}{1-(1+8\%)^{-6}} = 8.95$(万元)

B方案 $NPV_\infty = \dfrac{3.79}{1-(1+8)^{-8}} = 8.24$(万元)

比较结果表明,考虑了项目经济寿命期后 A 方案优于 B 方案。

4. 融资租赁营运车辆的投资决策分析

如果企业打算采取融资租赁方式取得经营活动所需的营运车辆,所考虑的影响因素应包括经济方面的因素以及非经济因素。本书不考虑非经济因素对融资租赁决策的影响。

现代租赁包括经营租赁和融资租赁两种方式。能够替代购买方案的租赁,应当是融资租赁。故一些管理会计学中讨论的经营租赁问题,应当属于短期决策问题,而不是投资决策问题。

在一些管理会计书籍中,假设企业支付的租金进行税前扣除。这也属于典型的经营租赁行为。进入 21 世纪以来,西方国家和中国所得税法的规定基本上是一致的,即融资租赁取得的固定资产,能够税前扣除的是租入固定资产的折旧和租金中的内含利息,租金不能直接税前扣除。这对租赁决策有重要的影响。

按照《中华人民共和国合同法》、《中华人民共和国企业所得税法实施条例》及其有关规定,融资租赁固定资产有多种约定方式。如果承租方在租赁期限届满可以无偿取得租赁资产,则融资租入营运车辆类似于分期付款购买。

与分期付款购买相比,公司采取融资租入方式无需缴纳车辆购置税,但相关交易费用的支付不可避免;决策分析的关键在于租赁合同中约定的支付租金的方式及其金额。决策分析的目的是计算租赁资产的现值,以便于购买现值进行比较。

【例5-15】 如果通达旅客运输有限公司可采取融资租赁方式取得从事高速公路客运所需的沃尔沃 XW6122D 高级客车,按照拟定的融资租赁方案,有以下两个方案可供选择:

方案A:从租赁开始日每年年初支付租金 28 万元,连续支付 6 年后该客车无偿归属通达公司;

方案B:从租赁开始日起,每年年末支付 30 万元,连续支付 6 年后该客车无偿归属通达公司。

两个方案都需要公司为取得沃尔沃客车支付每辆 1.5 万元的交易费用。

如果通达旅客运输有限公司的基准收益率为 8%,两个方案的租赁现值如

表5-10所示。

表5-10　　　　　　　　　融资租赁营运客车决策分析表

单位:元

期数	方案A			方案B		
	现金流出	现值系数(8%)	现值	现金流出	现值系数(8%)	现值
0	300 000	1.000	300 000	—	—	—
1	300 000	0.926	277 800	320 000	0.926	296 320
2	300 000	0.857	257 100	320 000	0.857	274 240
3	300 000	0.794	238 200	320 000	0.794	254 080
4	300 000	0.735	220 500	320 000	0.735	235 200
5	300 000	0.681	204 300	320 000	0.681	217 920
6	—	—	—	320 000	0.630	201 600
合计	1 800 000	—	1 497 900	1 920 000	—	1 479 360

　　计算分析的结果表明,公司采取融资租赁方式取得沃尔沃客车的方案,由于具有较小的投资现值,故优于一次付款购买方案。在以上两个方案中,B方案的现值低于A方案,故可以认为B方案由于A方案。

阅读文献

[1] 江西长运股份有限公司:2012年年度报告PDF版第107页。

[2] 四川富临运业集团股份有限公司:2012年年度报告PDF版第151页。

[3] 湖北宜昌交运集团股份有限公司:2012年年度报告PDF版第16页。

[4] 周国光主编:公路运输管理会计学[M],人民交通出版社1996年5月第1版第50页。

[5] 财政部、安全监管总局:企业安全生产费用提取和使用管理办法(财企[2012]16号)。

[6] 交通运输部:道路旅客运输及客运站管理规定[S],中国交通报2013年1月14日第2～3版。

复习思考题

　　1. 什么是道路运输企业? 如何理解道路运输企业和道路运输企业从事的经营业务? 道路运输经营业务和及其投资业务有何特点?

　　2. 什么是道路运输成本? 道路运输成本习性有何特点? 在道路运输企业经营实务中,载重成本都包括哪些具体内容?

3. 什么是载运系数? 载运系数对道路运输成本有何影响? 对高速公路客运业务而言,要提高载运系数,应当从何处努力?

4. 道路运输业务的本量利分析都包括哪些内容? 根据目前道路运输企业面临的状况,要增加运输利润,你认为有哪些有效途径?

5. 什么是平均收入的概念? 要增加道路运输业务的平均收入,你认为有哪些有效途径?

6. 客运站投资属于公益性基础设施投资。与一般基础设施投资相比,客运站的投资决策体现了哪些特点?

7. 如果由于财务效益不理想,某客运站投资项目决策分析的结果被认为是不可行,是否企业需要放弃该投资项目? 为什么?

8. 什么是租金中的内含利息? 租金中的内含利息对租赁与购买营运车辆的决策分析有何影响?

9. 如果某道路运输企业计划对拥有的某营运车辆进行大修理,投资决策主要需要考虑哪些影响因素?

10. 营运车辆的经济寿命对投资方案选择有何影响? 是否营运车辆的经济寿命越长越好?

第六章　管理会计学在公路经营企业的应用

【本章概要】

公路经营企业是从事公路建设与收费经营业务的公司制企业。公路经营企业的主营业务是公路投资和收费经营。除此以外,公路经营企业还有可能从事高速公路服务区经营业务、高速公路工程施工业务、依托高速公路开展的旅游服务、土地开发等其他业务。本章主要讨论管理会计学的基本理论与方法在公路收费经营业务中的应用事项。

公路经营业务收入为车辆通行费收入;公路经营业务成本按其习性主要体现为固定成本。故在收取车辆通行费的前提下,只要有收费交通量,只要收取了车辆通行费,就可以为企业减少亏损,增加利润作出贡献。

车辆通行费属于公益性收费,故公路经营企业只有车辆通行费标准的建议权,但没有其决定权。公路经营企业有必要通过科学的通行费定价决策分析,来影响政府部门的定价决策。

公路经营企业有行业特色的投资,主要表现为建设高速公路的投资与有偿收购已建成收费公路收费权的投资。有必要根据现值法的基本理论与方法,并结合公路投资的特点开展公路投资决策分析,为企业的公路投资决策提供依据。

第一节　公路经营企业及其业务特点

一、公路经营企业概述

（一）公路经营企业概念的提出

自 1989 年中国内地开始出现经营性公路以后,对从事建设与经营公路的企业,曾分别采取了"高速公路公司"、"公路经营公司"等不同的名称。1997 年 7 月出台的《中华人民共和国公路法》(以下简称为《公路法》)中首次将其表述规范为"公路经营企业"。《公路法》第六十二条规定:受让公路收费权和投资建设公

路的国内外经济组织应当依法成立开发、经营公路的企业(以下简称公路经营企业)

根据国内外公路收费经营的成功实践,可以将公路经营企业界定为:设在中华人民共和国境内的、经国家特别行政许可从事公路建设并实行收费经营的公司制企业。

2013年6月底尽管仍存在少数技术等级为二级的经营性公路[①],但公路经营企业经营管理的公路基本上是高速公路和一级公路。对此在本书中,将经营性公路一律简化统称为"高速公路"。

作为地方人民政府为发展本地区高速公路建设事业打造的具有融资平台性质的国有公路经营企业,其经营活动一般不以营利为目的。

在美国、英国、法国、意大利、西班牙、澳大利亚、加拿大、巴西等国家,习惯于把从事投资建造和经营收费公路业务的企业,叫做"收费公路公司"(toll road company)。

(二) 公路经营企业的分类

1. 公路上市公司

上市公司是指其发行的股票在上海证券交易所、深圳证券交易所和海外证券交易所挂牌上市的股份有限公司。

存在以下3种对公路上市公司的界定:

(1) 公路上市公司是以公路建设和路桥收费为主营业务的上市公司。这意味着,公司从事路桥收费业务取得的收入,在公司营业收入中所占比重,一般应当在50%以上;或者公司总资产中的路桥基础设施资产(包括确认为固定资产和无形资产的路桥基础设施)所占比重一般应当在50%以上;或者路桥收费经营业务对公司利润的贡献一般应当在50%以上。

按此衡量,2013年6月底中国的公路上市公司,应当包括河南中原高速公路股份有限公司、江苏宁沪高速公路股份有限公司、深圳高速公路股份有限公司、四川成渝高速公路股份有限公司、江西赣粤高速公路股份有限公司、湖北楚天高速公路股份有限公司、安徽皖通高速公路股份有限公司、东莞发展控股股份有限公司等。

---

① 根据30个省市自治区相关网站提供的《收费公路信息公开表》中披露的数据,到2010年年底,全国拥有经营性二级公路9 201.666公里,其中东部地区的江苏省、广东省和浙江省仍拥有少量经营性二级公路。随着收费公路专项清理工作的推进,东部地区将逐步取消经营性二级公路;但中西部地区的经营性二级公路仍将继续存在。2013年6月底,除了个别地区以外,全国绝大多数地区仍保留经营性二级公路。

按照该定义,以公路施工为主营业务的上市公司(例如西藏天路股份有限公司、国际路桥建设股份有限公司、龙建股份有限公司等),不属于公路上市公司的范畴。

21世纪以来,由于海南高速公路股份有限公司推行多角化经营策略,除了经营管理高速公路以外,经营业务逐步扩展到房地产、旅游服务等服务行业。2012年营业收入中,来自海南省交通运输厅的车辆通行补偿费收入仅占25.33%,而来自房地产业的收入占到53.11%,已很难体现公路上市公司的基本特征。

广西五洲交通股份有限公司的多角化经营也在快速发展。2012年公司的主营业务涵盖交通运输、物流地产和物流贸易3大领域。其中通行费收入仅占主营业务收入的17.31%;而物流贸易收入则达到了74.17%。

(2)公路上市公司是指用交通基本建设资金或已建成政府还贷公路的收费权,作为投入资本发起设立的上市公司。按照该定义,通过资产重组进行路桥收费领域的上市公司(例如东莞发展控股股份有限公司、江苏悦达投资股份有限公司等),不属于公路上市公司。2013年6月底符合该定义的公路上市公司有18家,包括粤高速、皖通高速、深圳高速、沪杭甬高速、宁沪高速、成渝高速、海南高速、重庆路桥、华北高速、赣粤高速、现代投资、福建高速、中原高速、五洲交通、山东高速、楚天高速、龙江交通和吉林高速。

原来的公路上市公司:延边公路建设股份有限公司已于2010年2月5日与吉林敖东药业集团股份有限公司(以下简称"吉林敖东")签订资产交割协议,并于2010年2月7日将所有资产和债务移交给吉林敖东,成为吉林敖东的全资子公司:延边公路建设有限责任公司,不再属于公路上市公司。

(3)公路上市公司是指具有公路建设与收费经营业务的上市公司。也存在将所有从事公路投资与收费经营的上市公司,一律冠名"公路上市公司"表述。这样,公路上市公司还包括拥有山西长晋高速公路收费权、山西晋焦高速公路收费经营权、甬台温高速公路宁波一期收费经营权等路产的中国平安保险(集团)股份有限公司,从事惠盐高速公路深圳段、梧桐山隧道和湘潭四桥收费经营业务的深圳市盐田港股份有限公司,拥有陕西西铜一级公路20年收费权、江苏徐州三环路收费权等路产的江苏悦达投资股份有限公司;拥有浏阳河大桥收费权、长沙绕城高速公路南段收费权、五一路桥、伍家岭桥等路桥经营性资产的湖南投资集团股份有限公司;拥有山西翼侯高速公路收费权、贵阳至都匀高速公路收费权、湖南湘潭莲城大桥(湘潭四桥)收费权等路桥收费权的中国交通建设股份有限公司;等等。

2013年6月底拥有广深高速公路、珠江三角洲西岸干道Ⅰ期、Ⅱ期和Ⅲ期四个收费高速公路项目的和合公路基建有限公司(Hopewell Highway Infrastructure Limited)和拥有广州市北环高速公路、广州市北二环高速公路、广州市西二环高速公路、广东虎门大桥、汕头海湾大桥、清连高速公路、陕西西临高速公路、广西苍郁高速公路、天津津保高速公路、湖北孝感高速公路、湖南长株高速公路、河南尉许高速公路等12个路桥收费项目的越秀交通基建有限公司(Yuexiu Transport Infrastructure Limited)等,属于在海外注册登记并在中国香港联合交易所有限公司上市的公路上市公司。

在西方国家,只要收费公路公司发行的股票或证券在证券交易所挂牌上市,就叫做"收费公路上市公司"。例如2003年10月1日在意大利米兰证券交易所上市的意大利阿特兰蒂亚股份有限公司(Atlantia SpA);2003年6月2日在西班牙马德里证券交易所上市的西班牙阿伯蒂斯基础设施股份有限公司(Abertis Infraestructuras SA);1996年12月在澳大利亚证券交易所(ASX)上市的澳大利亚麦考里基础设施集团(Macquarie Infrastructure Group);等等。

2. 作为地方政府融资平台的国有公路经营企业

一些国有独资公司性质的公路经营企业,承担着为所在地区公路建设事业发展筹措资金的重要职责,属于地方人民政府打造的融资平台。这些企业,一般由省级人民政府授权省级国资委或交通运输厅(委)履行出资人的职责。

按照新型国有资产管理体制,省级人民政府授权一些大型企业集团经营其他公路经营企业的国有资产,履行出资人的职责。例如,按照安徽皖通高速公路股份有限公司2012年年度报告的解释,其控股股东安徽省高速公路控股集团有限公司持有该公司31.27%的股权,被界定为国家股。

履行地方人民政府融资平台职责的国有公路经营企业管理的收费公路,包括经营性公路和政府还贷公路。到2013年6月底,全国31个省、直辖市、自治区中,除了西藏没有收费公路、新疆和辽宁没有设立公路经营企业、河北没有省级公路融资平台公司以外,其他27个省市区设有29家地方政府融资平台公司。其中,北京、天津、重庆、山东、江苏、安徽、广东、河南、四川、云南、贵州、浙江、山西等13个省市的14家公路融资平台公司管理的收费公路主要是经营性公路;陕西、青海、甘肃、福建、湖南、湖北、宁夏、内蒙古、广西、海南、上海、黑龙江、吉林、江西等14个省市区的15家公路融资平台公司管理的收费公路主要是政府还贷公路。

管理政府还贷公路的企业,一般需要执行企业财务会计核算制度,但同时也需要将车辆通行费收入作为财政预算资金(行政事业性收费)纳入地方国库管理。

管理政府还贷公路的企业如何管理企业的财务活动,组织企业的会计核算,仍是一个值得研究考虑的新问题。

2010年6月10日,国务院印发了《国务院关于加强地方政府融资平台公司管理有关问题的通知》(国发[2010]19号),提出了对融资平台公司清理整顿的要求。

3. 市场化的公路经营企业

除了公路上市公司以外,市场化的公路经营企业一般是按照"一路一公司"的经营模式设立的公路有限责任公司,有时也可简称为路段经营企业。

路段经营企业一般是由其他企业因投资建设或投资受让公路收费权而投资设立的。

例如,经营西安至临潼高速公路的陕西金秀交通有限公司,经营西安至铜川一级公路的陕西西铜高速公路有限公司,建设与经营广西兴业至六景高速公路的广西新长江高速公路有限责任公司,负责建设和经营青岛海湾大桥的山东高速公路集团青岛高速公路有限公司,负责建设和经营山西晋侯高速公路的山西中交翼侯高速公路有限公司等,都属于路段经营企业。

二、高速公路收费经营业务的特点

公路经营业务主要是指公路建设、公路养护与收费经营业务,是公路经营企业的基本经营业务。

(一)公路建设

公路经营企业取得经营性资产的途径有两个:一是通过投资建设取得有期限的公路收费权;二是通过投资收购已建成收费公路有期限的收费权。投资建设公路是目前公路经营企业取得经营性资产的主要途径。

公路建设项目包括新建项目和扩建改造项目。

1. 公路新建项目

目前我国大多数公路经营企业是通过投资建设公路来取得其经营权的。因此投资建设公路是公路经营企业的一项重要业务。

2. 公路扩建改造项目

21世纪以来,伴随着我国汽车工业的快速发展,民用车辆保有量的不断增加,高速公路车流量在不断增长。为了适应交通量不断增长的需求,大多数省份先后在其重要路段进行高速公路由四车道拓宽为六车道或八车道的扩建改造工程,不仅东部地区的广东广佛高速公路、广东广深高速公路、辽宁沈大高速公路、沪宁高速公路江苏段、浙江沪杭甬高速公路、福建福州至泉州高速公路、泉州至厦门高速公路等进行了扩建改造,中西部地区的河南郑州至漯河高速公路、陕西临潼至潼关高速公路等,到2012年底,也先后完成了扩建改造任务。

（二）公路养护与收费经营

公路养护与收费经营属于公路经营企业的主要日常经营业务。目前我国公路经营企业对经营性公路的养护一般采取以下 3 种方式进行：①自设养护机构承担公路养护的职责；②采取定向委托方式委托其他公路养护专门机构（例如公路管理局、高等级公路管理局等单位）承担公路养护的职责；③采取招标方式选择社会专业养护机构承担公路养护的职责。

采取不同的公路养护方式对会计核算有不同的要求。

目前我国的公路经营企业，根据经营规模的大小，有可能分别通过下设的经营分公司、收费所、收费站等基层机构承担经营性公路车辆通行费收费管理的职责。不同的企业内部管理体制和财务会计核算体制，对管理会计活动具有重要的影响。

第二节　公路经营业务中的本量利分析与定价决策

一、高速公路经营业务成本习性

（一）高速公路经营业务成本的构成和特点

公路经营业务成本是指公路经营企业从事公路收费经营业务发生的成本。如果公路经营企业除了从事公路经营业务以外还从事其他经营业务，则公路经营业务成本是公路经营企业营业成本的一部分。

1. 公路经营业务成本的构成

公路经营业务成本属于公路经营企业的主营业务成本。公路经营业务成本一般包括以下内容：

（1）公路及构筑物和安全设施的维护成本，反映了为维护公路及构筑物（包括路基、路面、跨线桥、跨河桥、隧道、涵洞、防护工程等）所发生的日常保养与维修、大中修和改建等养护支出以及安全设施的维护与更新支出。

（2）公路灾害预防与抢修成本，反映了由于水灾、地震等自然灾害所导致的抢修工程成本以及为预防灾害所发生的支出。

（3）公路收费权摊销成本，反映了确认为固定资产的公路及构筑物和安全设施的折旧成本，以及确认为无形资产的公路收费权的摊销成本。

（4）公路绿化成本，反映了在公路线路上绿化所发生的各项支出。

（5）收费业务成本，反映了为收取车辆通行费所发生的收费人员的经费以及收费管理经费。

（6）公路运行成本，反映经营一些大型桥梁、隧道需要发生照明、用水、救助、消防、安全保卫等支出，以及与正常运行有关的监控设施、通讯设施等设施的折旧、维护等费用。

（7）其他成本，反映了没有包括在以上成本项目中的其他支出，包括所需的路政管理支出、交通安全管理支出等。

2. 公路经营业务成本的特点

与工业企业的产品成本相比，公路经营业务成本具有以下特点：

（1）公路经营业务成本属于劳务成本，没有构成产品实体的主要材料消耗。业务成本的高低与企业提供高速公路通行服务数量之间没有必然联系。

（2）不同的公路经营企业将取得的公路及构筑物分别确认为固定资产和无形资产；而公路及构筑物的折旧成本或摊销成本是公路经营业务成本的重要构成项目。采取不同的折旧或者摊销方法，对当期损益的影响较为明显。

（3）在公路经营业务成本中，人员经费支出占有较大的比重。收费业务成本的主要构成是收费人员工资与经费支出。伴随着人员工资的逐步提高，这部分成本所占比重也在不断上升。这意味着，通过控制人员编制来提高收费人员的工作效率，或者采取电子收费（ETC）的创新手段，都有利于大幅度降低收费业务成本。

（4）利息费用不属于营业成本的范畴，但却是公路经营业务主要的成本费用项目。由于现行体制下企业主要是利用贷款等债务资金投资建设公路或收购公路收费权，故利息费用是公路经营企业经营损益的重要影响因素。

由于高速公路普遍利用贷款建设，且贷款比重往往超过 80％，导致公路经营企业的利息费用较多，特别是公路建成通车的前几年，企业偿还贷款利息的负担普遍较重。企业通行费收入的大部分，是用于偿还贷款利息。公路经营业务具有较高的毛利率，但利润率较低，甚至出现亏损，是公路经营业务的一大显著特点。

伴随着通行费收入的增加，贷款偿还力度的加大，利息费用将逐年减少，公路经营的财务效益将逐步提高。

（二）高速公路业务成本习性

1. 高速公路业务成本习性的基本特征

成本习性反映了业务成本总额与业务量之间的依存关系。而成本费用呈现相对的固定性，是公路经营业务成本费用的一个显著特点。固定成本，是指在一定的时间和一定的业务量变动范围内，不受业务量变动的影响而保持相对稳定的成本总额。公路经营业务成本费用呈相对固定性,意味着公路经营企业的利润最大化目标可以转化为收入最大化目标。

2. 高速公路业务成本习性的具体分析

(1)高速公路业务成本呈现相对的固定性,是指在高速公路的一定通行能力和一定业务量水平下的固定性。当一条四车道高速公路扩建改造为六车道或八车道高速公路,或者高速公路的交通量超过某一水平时,高速公路的业务成本都将发生相应的变动。

例如,一条四车道高速公路的日常养护费用,也许可以固定为每年每公里 8 万元人民币;但当将其扩建为八车道高速公路后,其日常养护费用也许将提升为每年每公里 14 万元以上。

一条四车道高速公路的日常养护费用,当交通量为每昼夜 20 000 车次即以下时,也许可以固定为每年每公里 6 万元人民币;但其交通量超过每昼夜 20 000 车次的水平时,其日常养护费用也许需要增加到每年每公里 8 万元。

(2)高速公路业务成本的习性,与企业财务会计中对会计政策、会计估计的选择有关。例如,公路收费权的摊销成本,如果采用平均年限法进行估计,应体现为固定成本;如果采用车流量法核算,则体现为随交通量变化的变动成本。

(3)可以按照通行费收入的一定比例估计高速公路日常养护与收费管理费用。经验数据表明,当高速公路年均昼夜交通量(ADT)在 10 000 车次以下的,高速公路日常养护与收费管理费用通常要占到通行费收入的 25% 以上;当高速公路年均昼夜交通量在 10 000~40 000 车次以内的,高速公路日常养护与收费管理费用一般占到通行费收入的 15%~25%;当高速公路年均昼夜交通量在 40 000 车次以上的,高速公路日常养护与收费管理费用通常可低于通行费收入的 15%。在一定交通量范围内,如果按照通行费收入的一定比例估计日常养护与收费管理费用,则这部分费用可界定为变动成本。

(4)在一定的交通量范围内,收费业务成本属于固定成本。但与公路养护成本不同,在暂停收费的期间,收费业务成本是可以避免的。例如,一些非旅游地区的高速公路在春节期间的交通量相对偏少;而春节期间按照国家规定支付3 倍的加班工资,往往会导致收费业务成本在短期内上升。如果春节期间收取的车辆通行费较少①,并且低于收费人员的加班工资,则在春节期间暂停收费的决策,不仅可为公路用户提供免费使用高速公路的机遇,而且有利于减少收费人员的加班工资支出并且为企业利润的增加作出贡献。

---

① 按照国务院的现行政策,2012 年 10 月 1 日以后的春节、国庆节、劳动节和清明节假期期间只能面向 7 座以上客车和货车收取通行费。

二、高速公路经营业务本量利分析

（一）高速公路经营业务量分析

高速公路的业务量，是指过往高速公路的车流量。高速公路的交通量一般具有以下概念表述：

1、以辆次为计量单位的交通量

按照辆次计量的交通量，反映了通过某高速公路地点的车辆数。高速公路的不同地点，具有不同的交通量。某高速公路以辆次为计量单位的交通量可采取以下两种方式计算：

（1）按照该高速公路全程计算交通量，即假设这些交通量通过了该高速公路的所有路段。按照这种思路，交通量的计算公式如下：

全程交通量（辆次／日）＝∑某车辆×在该高速公路的行驶里程÷该高速公路总里程＝进入高速公路总车辆数×在该高速公路平均行驶里程÷该高速公路总里程

（2）按照通过该高速公路设置主线收费站的次数计算交通量。如果某全长300公里的高速公路设有5个主线收费站，某车辆行驶该高速公路通过了全部5个收费站，交纳了4次车辆通行费，则计算的交通量为4辆次。

2. 以车公里为计量单位的交通量

按照车公里计量的交通量，反映了在高速公路行驶的车辆数与各车辆行驶里程的乘积。某高速公路按照车公里计量的交通量，可按照以下公式计算：

$$总交通量（车公里）＝∑某车辆×行驶里程$$
$$＝∑某车型车辆数×平均行驶里程$$

由于目前中国的高速公路普遍推行了联网收费制度，故基本上采取了按照车公里计算交通量。

3. 标准交通量

高速公路一般采取分车型确定收费标准。按照交通运输部2003年出台的行业标准，将高速公路上运行的客货车辆划分为5类。

一般将小客车的收费标准定为1，将其他车型收费标准相当于小客车收费标准的倍数，换算为收费系数。这样，可通过收费系数，将不同车型交通量，换算为相当于小客车的交通量，叫做标准交通量。

某高速公路的标准交通量，可按照以下公式计算：

$$标准交通量（车公里）＝∑某型车辆数×收费系数×平均行驶里程$$

4. 标准收费交通量

按照国家有关规定，某些特定范围的车辆，例如武警车辆、在辖区内执行公务的公安车辆等,行驶收费公路可以免交车辆通行费。这部分车辆形成的交通量,属于免费交通量。这样,标准收费交通量可按照以下公式计算:

$$标准收费交通量=标准交通量-免费标准交通量$$
$$=标准交通量×(1-免费交通量比例)$$

(二)高速公路经营收入分析

高速公路向过往车辆收取的车辆通行费,构成了其经营收入。高速公路的通行费收入与其交通量之间具有以下关系:

$$通行费收入总额=\sum 某车型收费交通量×该车型收费标准$$
$$=标准收费交通量×小客车收费标准$$

(三)高速公路经营本量利分析

1. 保本点计算

如果某公路经营企业采取平均年限法摊销收费权价值,按照通行费收入的一定比例估算日常养护与收费管理费用,将可能发生公路大中修工程成本(包括绿化工程成本、抢修工程成本等)平均分摊到个会计期间,界定为一项固定成本,则公路经营业务预期获得的利润可计算如下:

营业利润=通行费收入-营业税金及附加-日常养护与收费管理成本(变动成本)-收费权摊销与大中修工程成本摊销(固定成本)=标准收费交通量×小客车收费标准×(1-营业税率-变动成本率)-固定成本

公路经营业务的本量利分析如图6-1所示。

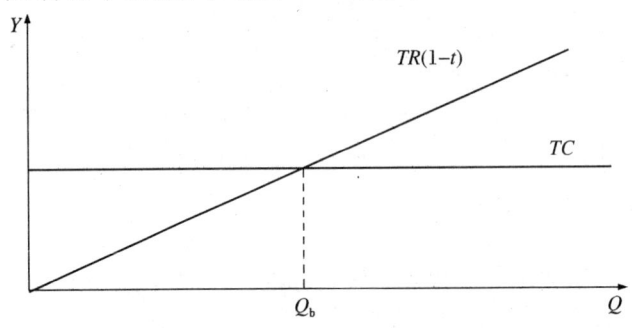

图6-1 公路经营业务本量利分析图

当企业处于保本状态时,营业利润为零。则:

营业利润=标准收费交通量×小客车收费标准×(1-营业税率-变动成本率)-固定成本

保本标准收费交通量=固定成本÷[小客车收费标准×(1-营业税率-变动成本率)]

【例 6-1】　青山隧道有限公司的主营业务是经营全长 20 公里的青山隧道,其标准为四车道高速公路。该隧道投资成本 20 亿元,隧道特许经营年限为 30 年,预期在 30 年内需要支付 10 亿元用于大修理等各项工程支出。如果政府批准的收费标准为小客车每车公里 0.60 元,营业税率为 3%,为了简化计算,不考虑需要交纳的城市维护建设税和教育费附加,预计日常养护与收费管理费用为通行费收入的 22%,则保本分析如下:

(1) 年固定成本总额=(200 000+100 000)÷30=10 000(万元)

(2) 保本标准收费交通量=固定成本÷[小客车收费标准×(1-营业税率-变动成本率)]

$$=10\,000÷[0.60×(1-3\%-22\%)]$$
$$=22\,222.22(万车公里)$$

由于该隧道全长 20 公里,按照每年 365 天计算,则:

年均昼夜标准收费交通量=22 222.22÷20÷365=3.04(万车次)

2. 保本点分析

结合公路经营业务的特点,其保本分析需要考虑以下问题:

(1) 保本分析属于企业短期决策分析的范畴。在短期,企业投资建造青山隧道的决策已经作出,决策导致的影响已不可避免,这意味着每年 6 667 万元的投资摊销固定成本是不可避免的。

(2) 青山隧道未来预期的维修改造工程支出包括在 30 年经营期间为保证隧道的通行质量必须从事的维修改造工程作业的支出,以及在经营期限届满按照《收费公路管理条例》的规定保证移交给交通运输主管部门的隧道符合取得时的状态和标准所需进行的维修改造工程作业的支出。加强高速公路日常养护有可能需要增加日常养护成本,但有助于减少维修改造工程次数或降低工程成本。有必要结合两者的关系进行决策分析。

如果将日常养护与收费管理成本增加到通行费收入的 25% 有助于减少 3 亿元维修改造工程成本,则保本点计算可以调整如下:

年固定成本总额=(200 000+70 000)÷30=9 000(万元)

保本标准收费交通量=固定成本÷[小客车收费标准×(1-营业税率-变动成本率)]

$$=9\,000÷[0.60×(1-3\%-25\%)]$$
$$=20\,833.33(万车公里)$$

由于该隧道全长 20 公里,按照每年 365 天计算,则:

年均昼夜标准收费交通量=20 833.33÷20÷365=2.85(万车次)

这意味着,采取这一措施有助于降低企业的保本交通量。

(3) 如果青山隧道有限公司的唯一业务是经营青山隧道,则公司行政管理费用也应当构成固定成本的一部分。但相对于公路投资成本摊销而言,这部分成本微乎其微,对此可以忽略不计。

3. 目标利润分析

目标利润分析主要涉及在对影响目标利润的各因素进行分析的基础上,研究目标利润的确定事项。

按照高速公路经营利润的计算公式,影响公路经营利润的主要因素是分车型收费交通量、分车型通行费标准和公路经营成本。

(1) 目标利润的概念。目标利润是指企业在计划年度确立的实现利润的目标值。如果公路经营企业除了公路收费经营以外还从事高速公路服务区经营、广告经营、依托高速公路从事商品销售、旅游、物流、房地产开发等其他经营业务,则公路经营的目标利润应当有别于公路经营企业的目标利润。

由于管理会计不考虑对外筹资可能需要支付的利息费用,依法纳税缴纳的所得税,以及对外投资获得的投资收益,故管理会计的规划利润,应当是息税前营业利润。

(2) 分车型交通量对目标利润实现的影响。高速公路的标准收费交通量是按照收费系数将不同车型收费交通量换算为小客车(标准)收费交通量的。一般来说,大型车辆具有较高的收费系数,因此如何吸引大型车辆行驶高速公路,就成为一些高速公路经营企业的重要营销策略之一。

大型车辆、特别是大型货车不仅对高速公路空间占用较多,而且有可能采取的超限运输方式将对高速公路造成较为严重的磨损或破坏。由于超限车辆对高速公路的磨损或破坏以及所导致的养护成本的上升往往发生在未来某一期间,并且公路经营者往往有权对超限车辆加收巨额的补偿款,这样,允许、甚至变相鼓励超限车辆行驶高速公路,就成为一些高速公路经营者追求短期利润的一种重要手段。

小客车属于高速公路的主要交通量。但小客车收费交通量受政策变动的影响较大。2012 年 7 月 24 日,《国务院关于批转交通运输部等部门重大节假日免收小型客车通行费实施方案的通知》(国发[2012]37 号)要求在春节、清明节、劳动节、国庆节等 4 个国家法定节假日以及当年国务院办公厅文件确定的上述法定节假日的连休日,7 座及以下载客车辆免交车辆通行费。这意味着节假日期间高速公路的小客车交通量将明显增加,但高速公路经营者收取的车辆通行费将明显减少。

(3) 分车型收费标准对目标利润实现的影响。一般来说,上调车辆通行费标准,有助于高速公路经营者实现目标利润。但在目前的形势下,政策变化所导致的结果,可能不是上调收费标准,而是下调收费标准。故高速公路的经营者对此应当有一定的心理准备。

伴随着高速公路路网的逐步形成,不同高速公路之间的竞争也将日趋激烈。在这种状况下,也许下调通行费标准更有利于增加收费交通量,有助于企业实现目标利润。

(4)公路经营成本对目标利润实现的影响。公路经营业务的特点决定了公路经营成本中的人工成本和公路收费权价值摊销成本占有较大的比重。这些成本的变动不仅影响着公路经营总成本,也对目标利润的实现具有重要的影响。

例如,《甘肃省人民政府省长办公会议纪要》(甘政纪〔2011〕13号)文件规定,公司政府还贷公路资产不计提折旧。甘肃省财政厅甘财企[2011]36号文对此予以了确认。

该公司2009年12月31日、2010年12月31日、2011年12月31日公路路产的原值和账面价值相同,分别为465.50亿元、590.44亿元、956.13亿元。

公司2010年和2011年的净利润分别为11.02亿元和16.52亿元。如果按照政府还贷公路最长收费年限20年计提折旧,按照年初路产价值计算,该公司2010年和2011年应计提的路产折旧额分别为23.28亿元和29.52亿元,则2010年和2011年的亏损总额将分别为13.28亿元和12.70亿元。

另一个实际例证是:陕西省交通建设集团公司2009年和2010年主营业务成本分别为11.47亿元和20.75亿元;利润总额分别为1.27亿元和1.84亿元;而2008年、2009年和2010年12月31日固定资产净值分别为301.70亿元、528.67亿元和554.40亿元。假设这些固定资产净值全部为公路及构筑物,均按照20年计提折旧,则2009年和2010年的折旧额应当分别为15.09亿元和26.43亿元。可以判断,该公司没有计提固定资产折旧;如果计提折旧,则该公司2009年和2010年的亏损分别为13.82亿元和24.59亿元。

三、高速公路经营业务定价决策分析

(一)高速公路通行费标准概述

2013年6月底中国境内各经营性高速公路收取的车辆通行费,一般采取按照车公里确定分车型收费标准的方式进行。其中,越来越多的省份对货车采取了计重收费的方式,收费的依据是按照车辆总重和行驶里程计算的周转量(吨公里)。

有必要说明以下两个问题:

1. 周转量计算的特殊性

与道路运输业务完成的周转量不同。公路经营业务中是按照车辆总重(包

括车辆自重和载货重量)计算的周转量收取车辆通行费的。这意味着,不论车辆是空载,半载、满载还是超载,都需要按照计算的周转量交纳车辆通行费。采取计重收费方式的主要目的是为了有效控制超限、超载运输车辆行驶高速公路有可能对高速公路基础设施造成的破坏。不考虑通行费标准中超载导致的补偿因素,可以认为,计重收费和按照车公里收费的结果基本上是一致的。

2. 高速公路上的交通量以客车交通量为主体

实行收费经营的高速公路是公路网的重要组成部分,但在公路网总里程中所占比重毕竟较低。高速公路的技术特点,比较适用于客车、特别是小客车行驶。故高速公路交通量,以小客车为主。这个特点在国内外都有充分的体现。

对此,本书中主要按照车公里确定收费标准来研究定价决策,不考虑按照吨公里确定收费标准状况下定价决策的特殊性。

(二) 高速公路通行费标准确定的特殊要求

高速公路收费属于公益性收费。在中国大陆,按照国务院出台的《收费公路管理条例》及其有关规定,确定收费标准,需要由政府物价部门召开定价听证会,并报省级人民政府批准。故公路经营企业只有定价决策的建议权,没有定价决策权。公路经营企业的定价决策分析,主要是为了给政府交通与物价部门以及省级人民政府确定收费标准提供决策依据。

在美国、英国、意大利、法国、澳大利亚等西方国家,尽管高速公路市场化进程发展很快,但政府部门仍保留着对车辆通行费标准确定的最终决定权。

(三) 车辆通行费收费标准确定的原则

确定公路车辆通行费标准的原则和依据如下:

1. 应分车型制定收费标准

目前我国公路经营企业一般采取按照车辆的吨(座)位进行车型分类;也有一些地区或者收费公路采取按车辆轴数或者轴负荷进行车型分类。一般来说,车型分类与车型识别手段有重要的关系。如果采取人工识别方式,车型分类以粗为宜;如果采用自动化系统识别,则以细为佳。

2. 收费标准应以其级差效益为上限

公路级差效益是指:①收费公路用户所能够获得的道路使用效益;②是相对于其他可供选择的运行方式而言的效益。一般来说,高速公路能够向公路用户提供的级差效益包括运行成本降低的效益、运行里程缩短的效益、运行时间节约的效益等。如果收费标准控制在级差效益范围内,则可以认为,收取通行费不会增加公路用户的经济负担。

3. 道路级差效益应由公路使用者适度分享

如果收费标准低于道路级差效益,意味着公路使用者可以分享级差效益。

这有利于调动车主使用收费高速公路的积极性,提高收费高速公路的使用效益。

4. 收费标准应以能够补偿车辆对道路磨损、破坏和占用所导致的经济损失为下限

可以认为,补偿车辆对道路磨损、破坏和占用所导致的经济损失,是制定收费标准的最低要求。如果这一衡量尺度超过了道路级差效益,意味着收费公路建设项目是不可行的。

5. 充分考虑本地区国民经济发展水平和对车辆通行费的承受能力

严格地说,如果收费标准控制在道路级差效益范围内,则没有必要考虑公路用户对收费的承受能力。在制定收费标准时考虑用户承受能力的主要原因有以下几点:

(1) 公路用户对所能够获得的级差效益缺乏理解;

(2) 不同的公路用户对级差效益理解不同;例如,有些用户非常重视时间节约的效益,愿意为节约时间支付更多的货币;而有些用户则认为节约时间意义不大。

(3) 制定收费标准时未考虑级差效益的影响。

6. 充分考虑获得所需投资收益率的需要

经营性高速公路的收费标准应当保证在规定的收费经营期限内收回投资并获得合理的投资回报。如果这一要求与级差效益对收费标准的制约相矛盾,则意味着高速公路建设项目投资是不可行的。

7. 充分考虑分车型交通量需求收费弹性对收费标准制定的影响

如果高速公路呈现竞争状态,则较高的收费标准有可能导致交通量分流而使企业蒙受经济损失。在这种情况下,需分析不同车型的交通量需求收费弹性。一般来说,如果收费弹性小一些,收费标准可以接近级差效益,因为交通量不大可能由于较高的收费标准而分流到其他道路或运输方式上去;如果收费弹性较大,则确定较低的收费标准也许对企业增加通行费收入更为有利。

(四) 车辆通行费标准的确定

在现行体制下,只有高速公路和基本控制出入口的一级公路才能够实行收费经营。这意味着封闭收费是今后公路经营企业收费的主要取向。

一般来说,特许经营高速公路收费的数学模式可采用下列形式加以反映:

$$\sum_{t=0}^{n} NCF_t \cdot (1+K)^{-t} - I = 0$$

式中,n 为特许经营期(年);K 为投资收益率(%);I 为投资现值(元);NCF 为年投资回收额(年投资收入)(元)。

公路经营企业收取的通行费收入属于企业的主营业务收入。该项收入应当

体现为交通量与标准费率的乘积。营业收入补偿不包括利息费用和投资摊销费用在内的公路日常养护与管理费用,再减去应缴纳的营业税和所得税以后的余额,形成投资回收额。收费费率与投资回收额之间的关系为:

$$NCF = [f \cdot Q \cdot L \cdot (1-t) - C - D] \cdot (1-T) + D$$

式中,f 为平均标准费率(元／车公里);Q 为平均交通量(辆次);L 为收费公路全长(公里);t 为营业税率(%);C 为平均每年公路养护、管理费用(元);D 为公路投资摊销额(元);T 为企业所得税率(%)。

同时,特许经营高速公路的投资额因收费权取得的形式不同而有所不同。如果公路经营企业是以建设投资方式取得高速公路的收费权,则高速公路的投资额为公路项目的建设成本;如果公路经营企业是以受让方式取得收费权的,则高速公路的投资额为其取得公路收费权时支付的金额。收费权转让的成交价格,是以高速公路的资产评估价值为依据,综合其他因素加以确定的。所以,对于收费权取得的不同形式,投资额的含义是有所不同的。

以上所确定的收费标准是指小客车或者标准收费车型的收费标准。至于分车型收费标准的确定,一般做法是,在确定标准收费车型收费标准的基础上,根据各收费车型交通量折算标准收费交通量的折算系数分别求得。

【例 6 - 2】 新世纪高速公路发展有限公司投资 50 亿元建成一条总里程为 70 公里的高速公路,现根据以下条件通过省级交通运输管理部门向省级物价管理部门提出了以下通行费标准的申请:

(1) 该高速公路位于中国中部地区,预计可取得 25 年的收费经营期限。按照企业所得税法的规定,应当采取平均年限法确定计税折旧,故每年计税折旧为 2 亿元。

(2) 该项目在预期 25 年的经营期内,平均每年日均标准收费交通量可达到 40000 车次。

(3) 预计该项目的日常养护与收费管理费用为通行费收入的 20%。

(4) 经营该项目需要依法缴纳 3% 的营业税和 25% 的所得税。

(5) 考虑到投资风险因素,经协商,双方同意该项目的合理回报率为 10%。

根据以上资料,可按照以下方式确定拟提出的通行费标准 f:

$$NCF = [4 \times 70 \times 365f \times (1 - 3\% - 20\%) - 20\,000] \times (1 - 25\%) + 20\,000$$
$$= 59\,020.5f + 5\,000$$

故有 $\sum_{t=1}^{25} (59\,020.5f + 5\,000) \times (1 + 10\%)^{-t} - 500\,000 = 0$

即 $(519\,020.5f + 5\,000) \times (P/A, 10\%, 25) - 500\,000 = (59\,020.5f + 5\,000)$
$\times 9.077 - 500\,000 = 0$

所以　$f = (500\,000 \div 9.077 - 5\,000) \div 59\,020.50 = 0.85(元)$

在本例中,为了简便起见,没有考虑经营期限内以及经营期限届满移交前需要进行的高速公路大修理作业。正常情况下每次大修理投资估计为 10 亿元人民币。

计算出的 0.85 元的收费标准也许超出了当地公路用户的预期。可考虑通过适当延长收费年限到国家允可的 30 年并相应地减低收费标准。

（五）收费标准调整的依据和方式

收费标准的调整是收费经营实践的一项重要工作。将收费标准调整纳入收费方案的整体研究工作中有助于合理收费并按规定用途使用车辆通行费收入,避免收费标准调整中的盲目性和主观随意性。

收费经营公路收费标准调整的是为了维护投资者的合法权益,在一定程度上保证投资者可以获得所需的投资收益率。一般来说,公路经营企业投资者的投资行为属于风险投资,可考虑采取独享收益、独担风险的方式,也可以与国家共享收益,共担风险。如果采取的是独享收益、独担风险的方式,除了物价变动原因可允许公路经营企业相应调整收费标准以外,国家没有义务为经营者担保交通量,也不应当将实际交通量低于预计交通量作为调整收费标准的主要理由。因此,公路经营企业只有可能根据物价的可能上升来对收费标准作必要的调整。

这样,收费经营公路收费标准调整的计算公式可表述如下：

通行费收费标准调整（％）＝ 实际物价上涨率（％）×（1 ＋ 其他调整因素变动对收费标准影响的％）

收费调整是一项重要且严肃的工作。公路经营企业要尽量避免在收费调整中相互攀比,凭主观意志办事,更不能把不合理挪用的公路通行费以调高收费标准的形式转嫁到公路用户身上。在公路收费事业上,公路用户永远是上帝。只有维护好公路用户的合法权益,才能保证公路收费事业健康发展。

第三节　高速公路投资决策分析

一、高速公路投资决策的特点

公路经营企业对高速公路的投资,是为了取得有期限的收费经营权。一般来说,取得公路收费经营权的具体方式有以下 3 种：

（一）以投资建造收费公路的形式取得公路的收费经营权

国务院 2004 年 9 月公布的《收费公路管理条例》中规定：建设收费公路,应当符合下列技术等级和规模：

(1) 高速公路连续里程 30 公里以上。但是,城市市区至本地机场的高速公路除外。

(2) 一级公路连续里程 50 公里以上。

(3) 二车道的独立桥梁、隧道,长度 800 米以上;四车道的独立桥梁、隧道,长度 500 米以上。技术等级为二级以下(含二级)的公路不得收费。但是,在国家确定的中西部省、自治区、直辖市建设的二级公路,其连续里程 60 公里以上的,经依法批准,可以收取车辆通行费。

可以认为,经营性公路在性质上属于特许经营公路。中国法律明确规定,公路属于国有资产,公路所有权不得转移,故公路经营企业只能经国家特别行政许可,在规定期限内从事经营性公路的建设与收费经营业务。约定的经营期限届满,公路经营企业需要无偿拆除收费站,将公路基础设施无偿移交交通运输主管部门。

这意味,无论公路经营企业是通过投资建造取得公路的收费权,还是通过投资收购取得公路的收费权,公路经营企业的经营行为,都应当界定为特许经营行为。

可以认为,企业投资建造与经营高速公路的行为属于 BOT 行为,即"建设、经营、转让"行为。财政部提出,BOT 业务应当同时满足以下条件:

(1) 合同授予方为政府及其有关部门或政府授权进行招标的企业。

(2)合同投资方为按照有关程序取得该特许经营权合同的企业。合同投资方按照规定设立项目公司进行项目建设和运营。项目公司除取得建造 有关基础设施的权利以外,在基础设施建造完成以后的一定期间内负责提供后续经营服务。

(3) 特许经营权合同中对所建造基础设施的质量标准、工期、开始经营后提供服务的对象、收费标准及后续调整作出约定,同时在合同期满,合同投资方负有将有关基础设施移交给合同授予方的义务,并对基础设施在移交时的性能、状态等作出明确规定。

伴随着中国第一个规范的 BOT 路桥项目:福建省泉州市刺桐大桥 BOT 项目在 20 世纪 90 年中期开始实施以后,越来越多的公路经营企业,包括河南中原高速、江苏沪宁高速、浙江沪杭甬高速、四川成渝高速、深圳高速、安徽皖通高速等公路上市公司以及河南高速公路发展有限责任公司等有限责任公司都逐步将将投资建造与经营的高速公路确认为 BOT 项目。伴随着高速公路特许经营规范化管理的进一步推进,可以认为,所有的高速公路建设与经营项目,都属于 BOT 项目。

BOT 项目正常情况下的资金流程是:政府应当向项目公司支付其为建设高

速公路付出的经济代价;项目公司需要向政府支付一定的款项来有偿取得特许经营合同约定期限内该高速公路的收费经营权。

如果政府通过确定适当的特许经营期限使得该项目收费经营权价格的现值等于该项目工程投资的现值,则意味着项目公司可以通过 BOT 方式收回高速公路建设投资并获得相当于计算现值的财务折现率的合理回报。

（二）以投资购买已建成收费公路收费权的形式取得公路的收费经营权

按照中华人民共和国交通运输部、中华人民共和国国家发展与改革委、中华人民共和国财政部 2008 年 8 月发布的《收费公路权益转让办法》以及其他有关规定,国内外经济组织可以通过出资有偿取得已建成收费公路收费权。但有下列情形之一的,收费公路权益中的收费权不得转让:①长度小于 1 000 米的二车道独立桥梁和隧道;②二级公路;③收费时间已超过批准收费期限 2/3。

投资收购已建成政府还贷高速公路和经营性高速公路的收费权,是公路经营企业投资业务的重要组成部分。一些公路经营企业,例如现代投资股份有限公司和江苏悦达投资股份有限公司,所经营的高速公路,基本上是通过投资收购收费权取得的。但近年来由于政府政策导向等方面的原因,这方面的投资与市场交易活动趋冷。2010 年和 2011 年,全国转让公路收费权的交易金额分别只有 20.22 亿元和 18.80 亿元,且呈下降趋势。

（三）对公路进行扩建与技术改造来延长已取得的收费经营权期限

当现有的公路交通趋于饱和时需要对公路进行扩建;利用新技术、新手段对公路基础设施进行必要的改造,不仅有利于降低成本,提高经营效益,而且也具有理想的社会效益。在意大利、法国等欧洲国家,国家通过立法以延长特许收费期限的方式鼓励公路经营企业对公路进行扩建与技术改造投资,使公路能够更好地发挥作用。例如,1998 年意大利政府通过修改特许经营合同的法令,允许意大利都灵米兰高速公路股份公司以对都灵至米兰高速公路进行扩建改造投资的方式,将特许收费期限的终止期由原来的 2014 年延长至 2026 年。由于宁沪高速公路股份有限公司投资 105 亿元将沪宁高速公路江苏段由原来的四车道扩建为八车道,江苏省人民政府特许将其收费年限延长 5 年,到 2032 年 6 月止。由于福建发展高速公路股份有限公司投资将福州至泉州高速公路以及泉州至厦门高速公路由原来的四车道扩建为八车道,福建省人民政府允许该公司从扩建改造工程完工之日起计算 25 年的收费经营期限。

二、高速公路 BOT 项目投资决策分析

（一）高速公路 BOT 项目决策分析的特点

一般企业的投资决策主要涉及的是固定资产投资决策。与其不同,投资建

造公路的决策分析具有以下特点：

（1）从管理会计的角度来看，一般企业投资建造厂房、购买设备等属于法人企业内部投资中心的投资行为，投资中心一般无需承担对外筹措资金的职责。决策分析的主要目的是用好上级法人企业拨付的资金，努力提高有限资金的投资效益。

与之不同，公路经营企业投资建造公路，为了有利于分散财务风险，一般需要设立具有法人资格的项目公司，独立承担融资、投资建设以及建成后的运营管理职责。在决策分析时不仅要考虑因债务融资所需承担的利息费用，还需要考虑作为独立法人应当承担的依法缴纳营业税、所得税等税费的职责，具有财务管理中决策分析的特征。

（2）一般企业拥有通过投资购建取得的固定资产的所有权。对此，投资中心一般需要考虑固定资产的经济寿命对其投资效益的影响。固定资产的经济寿命，不仅影响着未来可能获得的现金流量，而且在一定程度上决定着使用固定资产需要承担的折旧费用。

与其不同，由于公路经营企业投资建造高速公路的业务属于 BOT 业务，企业只能通过投资建造取得高速公路有期限的收费权，并不能取得其所有权。对此，公路经营企业需要考虑的是高速公路特许经营年限的长短而不是其经济寿命对其投资效益的影响。

（3）一般企业的投资项目，在经历了开始的磨合期以后，在主要经济寿命期限内可保持相对稳定的生产能力，这将导致这些投资项目在经济寿命期限内具有相对稳定的现金流量。

与其不同，虽然高速公路建成通车后，其通行能力也保持相对稳定，但高速公路交通量却一般呈现逐渐增长的势态。这意味着，高速公路投资项目具有现金流量逐步增加、投资效益逐步提高的特点。

（二）投资建造公路决策分析实例

1. 项目概述

108 国道（××段）是××市境内重要的国家干线公路。108 国道（××段）连接了该市相关区县，对促进所在省份和××市经济与社会发展具有重要的影响。

108 国道（××段）目前为政府还贷二级公路，目前全路共设置了两个主线收费站，实行开放式收费。

为了适应经济与社会发展过程中交通量不断增长的需要，××市人民政府决定采取 BOT 方式对该路进行扩建改造。该项目由××市公路基础设施有限公司作为项目业主承担扩建改造并享有建成后一定期限收费经营的权利。

该项目全长 116 公里,双向四车道,预计总投资 35 亿元人民币。

2. 项目收费年限的测算

按照《收费公路管理条例》的规定,该项目作为中国西部地区的高等级公路建设项目,允许的最长经营收费期限为 30 年。由于该项目作为政府还贷二级公路已经收费了 5 年,故本项目的特许经营期限可按照 25 年进行测算。

3. 项目期望收益率的测算

有必要依据《公路法》、《收费公路管理条例》、《收费公路权益转让办法》等国家法律法规和规章的规定,以合理回报为尺度,来衡量投资企业投资公路建设项目应当获取的合理回报。

(1) 投资者的期望收益率。站在投资企业的角度,投资希望获得的期望投资收益率可采取资本资产定价模型进行测算。采用资本资产定价模型,需要根据投资的无风险收益率以及风险投资所需的补偿率综合确定期望投资收益率。资本资产定价模型如下:

$$R_j = i + (R_m - i)\beta_j$$

式中,R_j 为项目投资所要求的收益率;i 为无风险收益率;R_m 为市场所有投资的平均收益率;β_j 为 j 项投资的 β 系数。

企业投资经营性公路建设项目可能获得的收益,受项目投资成本、未来收费交通量、未来收费标准等多种不确定因素的影响,可认为具有较大的投资风险,

故有必要在无风险收益率的基础上考虑一定的风险补偿率来计算确定希望收益率。

可将银行贷款利率视为无风险利率。如果将一年期银行贷款利率 6% 视为无风险利率,考虑风险补偿利率为 3%,则投资公路项目的期望收益率约为 9%。

目前项目所在地区的经济发展状况以及银行利率水平与 21 世纪初的状况比较接近。2001 年项目所在地区转让某一级公路收费权时对该路收费权价值评估采取的折现率为 9%,对此本项目采取 9% 的收益率进行经济分析可以认为是适当的。

(2) 行业基准收益率。站在政府角度,应当在充分研究的基础上以行业基准收益率参数来作为确定公路建设项目期望投资收益率的主要依据。

中国从 1987 年开始引入建设项目国民经济评价制度,并通过在 1988 年、1993 年和 2006 年 3 次颁布了相关经济参数,来作为国民经济评价的主要依据。经济参数中的社会折现率,可以作为确定交通行业基准收益率的参考依据。

但是,由于以下原因,这些参数还不能直接作为投资企业确定投资交通

基础设施基准收益率的依据:首先,这些参数具有时效性差的局限性。例如当时的国家计委在 1987 年第一次发布经济参数时将社会折现率确定为 10%;很显然该参数很难适应 1988 年和 1989 年分别高达 18.5% 和 17.8% 物价上涨率下的评价需要。1993 年根据当时的情况,原国家计委和建设部在修订经济参数时将社会折现率调整为 12%。但中国 1994 年的物价上涨率则达到创纪录的 21.7%,1995 年仍具有 14.5% 比率。随着国家宏观调控加力度的加大,再加上 1997 年 7 月开始的东南亚金融危机对我国国民经济发展的不利影响,导致我国的物价趋于稳定,物价指数甚至低于 100%。在此形势下,国家发改委和建设部在 2006 年又将社会折现率调整为 8%,还是无法适应目前国际金融危机对我国经济发展影响下确定基准收益率的需要。其次,公路交通基础设施社会公益性强、政府投资或者政府担保付款条件下经营者风险较小的特点也使得我们无法直接使用社会折现率的参数。对此,通过研究来制定交通行业基准收益率的动态机制,已成为当务之急。

在市场经济条件下,合同中约定的补偿机制,既体现政府投资的行业政策,在更大程度上也是市场交易中双方博弈结果的体现。因此本书认为,应当以政府确定的基准收益率为依据,并考虑一定的浮动区域来确定企业投资公路项目应当获取的收益率。

按此分析,9% 的收益率也应是适当的。

4. 收费标准的测算

本项目属于一级公路,现行收费方式属于通过设置主线收费站进行的开放式收费;预计扩建改造后仍需要采取开放式的收费方式。

采取开放式收费,收费标准需要按照车次来确定。

参照该线路按照二级公路确定的收费标准以及所在地区省级人民政府确定的一级公路的收费标准,在扩建改造基础上将二级公路收费标准提高一倍应当是稳健的。故拟定的收费标准如表 6-1 所示。

表 6-1 　　　　　　　　　　　**投资项目分车型收费标准一览表**

单位:元、车次

类别	客车	货车	收费标准
一类车型		手扶拖拉机、小四轮拖拉机和三轮摩托车	6
二类车型	19 座及以下	2 吨及以下	10
三类车型	20～39 座	2～5 吨(含 5 吨)	20

（续表）

类别	客车	货车	收费标准
四类车型	40座及以上	5～10吨(含10吨)	30
五类车型		10～15吨(含15吨)和20英尺集装箱	50
四类车型	40座及以上	5～10吨(含10吨)	30
五类车型		10～15吨(含15吨)和20英尺集装箱	50
六类车型		15吨以上和40英尺集装箱	80

如果有条件提高本项目的收费标准,例如在建议标准的基础上提高50%,对改善本项目的财务效益将大有帮助。

5. 项目现金净流量的测算

经营现金净流入量是进行投资效益分析的主要依据之一。公路收费经营期间分年度经营现金净流入量受通行费收入、营业税金及附加、公路日常养护与收费管理费用以及应缴纳所得税等的影响。由于所得税是按照经营税前利润缴纳的(在分析时不考虑应纳税所得额与会计税前利润之间的差异),所以公路投资摊销额的高低也间接影响着经营现金净流入量。经营公路产生的经营现金净流入量的计算公式如下:

经营现金净流入量

＝通行费收入－营业税金及附加－日常养护与收费管理费用－所得税

＝[通行费收入×(1－营业税率－公路日常养护与收费管理费用费率)－公路投资摊销额]×(1－所得税率)＋公路投资摊销额

＝通行费收入×(1－营业税率－公路日常养护与收费管理费用费率)×(1－所得税率)＋公路投资摊销额×所得税率

(1) 收费交通量测算。根据目前该项目两个收费站提供的设置收费站以来分年度交通量的情况来看,虽然近年来全国汽车销售量大幅度增长,从2008年的约800万辆增加到2012年的约1 930万辆,民用车辆保有量也在大幅度增长,到2012年底达到12 089万辆,但两个收费站的收费交通量则基本呈现稳定状态。对此从稳健角度分析,没有理由认为在未来数年内,汽车销售量的增长以及民用车辆保有量的增长会导致本项目交通量出现大幅度的增长。

未来本项目的收费交通量,可考虑在目前交通量的基础上,分别按照3%、5%和8%的增长率测算。

分别按照3%、5%和8%的收费交通量增长率测算,项目建成后未来25年本项目的收费交通量测算如表6-2、表6-3和表6-4所示。

表 6 - 2　　　　　　　　　增长率为 3% 的收费交通量测算表

单位:辆次

年份	一型车	二型车	三型车	四型车	五型车	六型车
2015	515 944	4 295 236	121 552	99 538	61 951	74 220
2016	531 423	4 424 093	125 199	102 524	63 810	76 446
2017	547 366	4 556 816	128 955	105 600	65 724	78 740
2018	563 786	4 693 521	132 823	108 768	67 696	81 102
2019	580 700	4 834 326	136 808	112 031	69 727	83 535
2020	598 121	4 979 356	140 912	115 392	71 819	86 041
2021	616 065	5 128 737	145 139	118 854	73 973	88 622
2022	634 547	5 282 599	149 494	122 419	76 192	91 281
2023	653 583	5 441 077	153 978	126 092	78 478	94 019
2024	673 191	5 604 309	158 598	129 874	80 833	96 840
2025	693,386	5 772 438	163 356	133 771	83 257	99 745
2026	714 188	5 945 612	168 256	137 784	85 755	102 737
2027	735 613	6 123 980	173 304	141 917	88 328	105 819
2028	757 682	6 307 699	178 503	146 175	90 978	108 994
2029	780 412	6 496 930	183 858	150 560	93 707	112 264
2030	803 825	6 691 838	189 374	155 077	96 518	115 632
2031	827 939	6 892 593	195 055	159 729	99 414	119 101
2032	852 778	7 099 371	200 907	164 521	102 396	122 674
2033	878 361	7 312 352	206 934	169 457	105 468	126 354
2034	904 712	7 531 723	213 142	174 540	108 632	130 145
2035	931 853	7 757 674	219 536	179 777	111 891	134 049
2036	959 809	7 990 405	226 123	185 170	115 248	138 070
2037	988 603	8 230 117	232 906	190 725	118 705	142 213
2038	1 018 261	8 477 020	239 893	196 447	122 266	146 479
2039	1 048 809	8 731 331	247 090	202 340	125 934	150 873

表6-3　　　　　　　　增长率为5%的收费交通量测算表

单位:辆次

年份	一型车	二型车	三型车	四型车	五型车	六型车
2012	481 331	4 007 075	113 397	92 860	57 795	69 240
2013	505 397	4 207 429	119 067	97 503	60 685	72 702
2014	530 667	4 417 800	125 020	102 378	63 719	76 337
2015	557 200	4 638 690	131 272	107 497	66 905	80 154
2016	585 060	4 870 625	138 235	112 872	70 250	84 162
2017	614 313	5 114 156	144 727	118 516	73 763	88 370
2018	645 029	5 369 864	151 963	124 441	77 451	92 789
2019	677 280	5 638 357	159 561	130 664	81 324	97 428
2020	711 144	5 920 275	167 539	137 197	85 390	102 300
2021	746 702	6 216 288	175 916	144 057	89 659	107 415
2022	784 037	6 527 103	184 712	151 259	94 142	112 785
2023	823 238	6 853 458	193 948	158 822	98 849	118 425
2024	864 400	7 196 131	203 645	166 763	103 792	124 346
2025	907 620	7 555 937	213 827	175 102	108 981	130 563
2026	953 001	7 933 734	224 519	183 857	114 430	137 091
2027	1 000 652	8 330 421	235 745	193 049	120 152	143 946
2028	1 050 684	8 746 942	247 532	202 702	126 160	151 143
2029	1 103 218	9 184 289	259 909	212 837	132 468	158 700
2030	1 158 379	9 643 504	272 904	223 479	139 091	166 635
2031	1 216 298	10 125 679	286 549	234 653	146 045	174 967
2032	1 277 113	10 631 963	300 877	246 386	153 348	183 715
2033	1 340 969	11 163 561	315 921	258 705	161 015	192 901
2034	1 408 017	11 721 739	331 717	271 640	169 066	202 546
2035	1 478 418	12 307 826	348 302	285 222	177 519	212 673
2036	1 552 339	12 923 217	365 718	299 483	186 395	223 307
2037	1 629 956	13 569 378	384 003	314 457	195 715	234 472
2038	1 711 454	14 247 847	403 204	330 180	205 501	246 196
2039	1 797 026	14 960 239	423 364	346 689	215 776	258 506

表 6 - 4   增长率为 8% 的收费交通量测算表

单位:辆次

年份	一型车	二型车	三型车	四型车	五型车	六型车
2012	495 083	4 121 563	116 637	95 513	59 446	71 219
2013	534 689	4 451 288	125 968	103 154	64 202	76 916
2014	577 465	4 807 391	136 046	111 407	69 338	83 069
2015	623 662	5 191 982	146 929	120 319	74 885	89 715
2016	673 555	5 607 341	158 684	129 945	80 876	96 892
2017	727 439	6 055 928	171 378	140 340	87 346	104 644
2018	785 634	6 540 402	185 089	151 568	94 334	113 015
2019	848 485	7 063 634	199 896	163 693	101 881	122 056
2020	916 364	7 628 725	215 887	176 788	110 031	131 821
2021	989 673	8 239 023	233 158	190 931	118 834	142 366
2022	1 068 847	8 898 145	251 811	206 206	128 340	153 756
2023	1 154 354	9 609 996	271 956	222 702	138 608	166 056
2024	1 246 703	10 378 796	293 712	240 519	149 696	179 341
2025	1 346 439	11 209 100	317 209	259 760	161 672	193 688
2026	1 454 154	12 105 828	342 586	280·541	174 606	209 183
2027	1 570 486	13 074 294	369 993	302 984	188 574	225 918
2028	1 696 125	14 120 238	399 592	327 223	203 660	243 991
2029	1 831 815	15 249 857	431 560	353 401	219 953	263 510
2030	1 978 361	16 469 845	466 084	381 673	237 549	284 591
2031	2 136 629	17 787 433	503 371	412 207	256 553	307 358
2032	2 307 560	19 210 427	543 641	445 183	277 077	331 947
2033	2 492 164	20 747 262	587 132	480 798	299 243	358 503
2034	2 691 538	22 407 042	634 103	519 262	323 183	387 183
2035	2 906 861	24 199 606	684 831	560 803	349 038	418 158
2036	3 139 410	26 135 574	739 618	605 667	376 961	451 610
2037	3 390 562	28 226 420	798 787	654 120	407 117	487 739
2038	3 661 807	30 484 534	862 690	706 450	439 687	526 758
2039	3 954 752	32 923 297	931 705	762 966	474 862	568 899

（2）通行费收入测算。分别按照 3%、5% 和 8% 的收费交通量增长率测算，项目建成后未来 25 年本项目由车辆通行费导致的现金流入量如表 6-5、表 6-6 和表 6-7 所示。

表 6-5 　　　　　　　　**增长率为 3% 的通行费收入测算表**

单位:元

年份	通行费收入	年份	通行费收入	年份	通行费收入
2015	59 984 406	2024	78 266 045	2033	102 119 436
2016	61 783 938	2025	80 614 026	2034	105 183 019
2017	63 637 457	2026	83 032 447	2035	108 338 510
2018	65,546,580	2027	85 523 420	2036	111 588 665
2019	67 512 978	2028	88 089 123	2037	114 936 325
2020	69 538 367	2029	90 731 796	2038	118 384 415
2021	71 624 518	2030	93 453 750	2039	121 935 947
2022	73 773 254	2031	96 257 363		
2023	75 986 451	2032	99 145 084		

表 6-6 　　　　　　　　**增长率为 5% 的通行费收入测算表**

单位:元

年份	通行费收入	年份	通行费收入	年份	通行费收入
2015	64 780 853	2024	100 496 365	2033	155 902 847
2016	68 019 896	2025	105 521 183	2034	163 697 989
2017	71 420 890	2026	110 797 242	2035	171 882 888
2018	74 991 935	2027	116 337 104	2036	180 477 033
2019	78 741 532	2028	122 153 960	2037	189 500 884
2020	82 678 608	2029	128 261 658	2038	198 975 929
2021	86 812 539	2030	134 674 741	2039	208 924 725
2022	91 153 165	2031	141 408 478		
2023	95 710 824	2032	148 478 901		

表 6-7　　　　　　　　　　增长率为 8% 的通行费收入测算表

单位:元

年份	通行费收入	年份	通行费收入	年份	通行费收入
2015	72 507 760	2024	144 943 347	2033	289 742 422
2016	78 308 381	2025	156 538 815	2034	312 921 816
2017	84 573 051	2026	169 061 920	2035	337 955 561
2018	91 338 895	2027	182 586 874	2036	364 992 006
2019	98 646 007	2028	197 193 824	2037	394 191 366
2020	106 537 687	2029	212 969 330	2038	425 726 676
2021	115 060 702	2030	230 006 876	2039	459 784 810
2022	124 265 558	2031	248 407 426		
2023	134 206 803	2032	268 280 020		

2012 年 8 月 2 日,国务院批转印发了《重大节假日免收小型客车通行费实施方案》,要求在春节、清明节、劳动节和国庆节等 4 个国家法定节假日,以及当年国务院办公厅文件确定的上述法定节假日连休日,对 7 座及以下载客车辆免收车辆通行费。由于本项目预测交通量中,小客车所占比重约为 75%,故该项政策的实施对本项目的年收费交通量有可能产生减少 2% 左右的影响。

(3)应当缴纳各种税费的测算。采取收费经营模式,收取的车辆通行费应当缴纳的税费包括 3% 的营业税,按照实际缴纳营业税的 7% 缴纳的城市维护建设税、按照营业税的 3% 缴纳的教育费附加和按照营业税的 2% 缴纳的地方教育附加。

为了便于计算,在本项目投资效益评价中,只考虑 3% 的营业税。

(4)经营性公路的日常养护成本。如果项目公司不打算自行组建养护机构承担公路的养护职责,而是通过招标方式选择专业养护单位承担养护工作,或委托所在市公路管理局养护公路,则日常养护成本表现为按照合同约定支付给专业养护单位的养护费用。

(5)经营性公路的收费管理费用。收费管理费用包括两个收费站的收费人员及其管理人员的人员经费和业务经费;收费站拥有固定资产的折旧费和维护费,项目公司与公路经营有关的行政管理费用和其他相关费用。

(6)公路及构筑物、安全设施的折旧费用。如果总投资按照 35 亿元估算,收费年限为 25 年,则公路及构筑物、安全设施的折旧费用约为每年 1.4 亿元。

除了公路及构筑物折旧费用以外,经营性公路的日常养护成本和收费管理费用可按照通行费收入的一定比例进行估算。

考虑到本项目收费交通量较少,养护与收费管理费用占通行费收入相对较高,故按照通行费收入的 40% 进行估算。

在项目投资效益评价中公路折旧不会对现金流量产生任何影响,主要发挥的是在企业需要依法缴纳所得税时的扣税作用。由于本项目不会产生任何盈利,故折旧的扣税作用可忽略不计。

(7) 项目大修理支出。根据实际情况分析,目前我国高速公路和一级公路的大修间隔期一般为 7~8 年。在本项目财务效益评价中,按照间隔期为 8 年进行测算。这样,不考虑在公路经营期限届满移交时所需进行的大修理作业,经营期间所需的大修理作业为两次。

本项目主线里程 108 公里;连接里程 8 公里。按照每公里每次大修费用 500 万元测算,每次所需的大修理费用为 5.8 亿元。

每次大修理作业所需支出,首先用收取的车辆通行费安排;不足部分通过向银行贷款解决。

除了导致现金流出以外,项目大修理支出还可以发挥类似公路折旧那样的扣税作用。按照《中华人民共和国企业所得税法实施条例》的规定,大修理费用应当确认为企业的长期待摊费用,在大修间隔期内平均摊销。由于本项目不会产生任何盈利,故公路大修理费用摊销的扣税作用也可忽略不计。

(8) 现金净流入量的测算。根据以上分析的结果,分别按照 3%、5% 和 8% 的收费交通量增长率测算,不考虑大修理导致的现金流出,项目建成后未来 25 年本项目的现金净流入量如表 6-8、表 6-9 和表 6-10 所示。

表 6-8　　　　　　　　增长率为 3% 的现金净流入量测算表

单位:元

年份	现金净流入	年份	现金净流入	年份	现金净流入
2015	34 191 112	2024	44 611 645	2033	58 208 079
2016	35 216 845	2025	45 949 995	2034	59 954 321
2017	36 273 350	2026	47 328 495	2035	61 752 951
2018	37 361 551	2027	48 748 350	2036	63 605 539
2019	38 482 397	2028	50 210 800	2037	65 513 705
2020	39 636 869	2029	51 717 124	2038	67,479 117
2021	40 825 975	2030	53 268 638	2039	69 503 490
2022	42 050 755	2031	54 866 697		
2023	43 312 277	2032	56 512 698		

表 6 - 9 增长率为 5% 的现金净流入量测算表

单位:元

年份	现金净流入	年份	现金净流入	年份	现金净流入
2015	36 925 086	2024	57 282 928	2033	88 864 623
2016	38 771 340	2025	60 147 074	2034	93 307 854
2017	40 709 907	2026	63 154 428	2035	97 973 246
2018	42 745 403	2027	66 312 150	2036	102 871 909
2019	44 882 673	2028	69 627 757	2037	108 015 504
2020	47 126 807	2029	73 109 145	2038	113 416 279
2021	49 483 147	2030	76 764 602	2039	119 087 093
2022	51 957 304	2031	80 602 832		
2023	54 555 170	2032	84 632 974		

表 6 - 10 增长率为 8% 的现金净流入量测算表

单位:元

年份	现金净流入	年份	现金净流入	年份	现金净流入
2015	41 329 423	2024	82 617 708	2033	165 153 181
2016	44 635 777	2025	89 227 125	2034	178 365 435
2017	48,206 639	2026	96 365 295	2035	192 634 670
2018	52 063 170	2027	104 074 518	2036	208 045 443
2019	56 228 224	2028	112 400 480	2037	224 689 079
2020	60 726 482	2029	121 392 518	2038	242 664 205
2021	65 584 600	2030	131 103 919	2039	262 077 341
2022	70 831 368	2031	141 592 233		
2023	76 497 878	2032	152 919 612		

6. 项目投资收益的测算

项目投资效益分析的一般方法有净现值法、动态投资回收期法、静态投资回收期法、内部收益率法、现值指数法、平均收益率法、效益成本比法等。

就本项目而言,投资效益具有以下特征:

(1) 按照 3% 收费交通量增长率的测算。按照 3% 收费交通量增长率的测算,收费 25 年取得的现金净流入量总额只有 1 246 582 775 元,远低于 35 亿元的投资成本和大约 11.6 亿元的大修成本,经营该项目将出现巨亏。

（2）按照 5% 收费交通量增长率的测算。按照 5% 收费交通量增长率的测算,收费 25 年取得的现金净流入量总额只有 1 762 327 235 元,也远低于 35 亿元的投资成本和大约 11.6 亿元的大修成本,经营该项目同样不合理。

（3）按照 8% 收费交通量增长率的测算。按照 8% 收费交通量增长率的测算,收费 25 年取得的现金净流入量总额只有 3 021 426 323 元,仍低于 35 亿元的投资成本和大约 11.6 亿元的大修成本,经营该项目仍无利可图。

以上分析表明,投资该项目是不可行的。除非政府对该项目进行必要财政补助,或者适当提高通行费标准来改善投资效益状况,否则公司应当放弃对该项目的投资。

三、高速公路收费权投资决策分析

（一）投资购买收费权决策分析的特点

与投资建路不同,受让公路收费权投资决策的关键在于合理确定公路收费权的价值。一般来说,与投资建路相比,购买公路收费权的投资具有以下特点:

1. 投资总额的构成不同

投资建设高速公路的总投资是指高速公路的建设成本,包括建筑与安装工程投资支出、设备投资支出、待摊投资支出和其他投资支出;而购买高速公路收费权的投资是指高速公路收费权市场交易的成交价。

2. 确定投资总额的依据不同

建设高速公路的投资总额取决于公路的技术等级、车道数、地理环境和条件和其他因素;投资效益取决于高速公路建成后的收费经营效益与投资成本的比较。购买收费权的投资总额取决于该高速公路未来经营期间可能取得的现金净流入量;投资额的确定对该项目未来的投资收益率有重要的影响。

3. 投资风险不同

在国民经济发展速度较快、民用车辆增长速度较快的状况下,高速公路建设由于存在较长的建设期间,未来交通量的不确定性较大;与之不同,收费权投资可依据该项目的现行交通量进行测算,购买收费权投资的风险相对较小。

4. 公路收费权投资与经营期限密切相关

公路收费权市场价值的高低与公路收费经营期限的长短具有密切的关系。一般来说,项目公司取得的公路收费经营期限越长,公路收费权的价值越大。例如,2005 年 1 月美国芝加哥市政府将 1959 年建成投入运营的全长 12.5 公里芝加哥高架公路(skyway)99 年的收费权转让给了国际财团投资设立的项目公司,转让价格高达 18.3 亿美元,远远超过了该项目的建造成本。

5. 收费期限的确定依据不同

投资建设高速公路取得的收费期限应当按照收回投资并有合理回报的原则确定,最高不得超过国务院规定的东部地区 25 年、中西部地区 30 年的限定。

与此不同,转让收费权的收费期限则由出让、受让双方约定。经营性公路收费权转让不得延长收费期限;政府还贷公路转让收费权延长的收费期限不得超过 5 年。对此,一条位于东部地区的政府还贷高速公路最长收费期限为 15 年,如果已经收费 2 年,则转让收费权的期限最多不能超过 18 年(15－2＋5)。

(二) 公路收费权价值确定的理论分析

1. 公路收费权价值确定的理论基础

通过有偿转让收费公路的收费权来筹措公路建设资金,是中国通过公路融投资体制改革以加快公路建设事业发展的一项重大举措。21 世纪以来,美国、加拿大等西方国家也加快了利用收费权转让筹措公路建设资金的步伐,给公路经营企业投资收购公路收费权带来了机遇。21 世纪以来,陕西省西铜一级公路、湖北省黄黄高速公路等公路收费权的成功转让,为我国利用收费公路收费权转让筹措公路建设资金提供了有益的借鉴。但目前从全国的情况来看,进行收费公路收费权转让探索的多,转让成功的少。影响收费权转让工作正常进行的原因固然很多,但在收费权转让价格问题上转让方与受让方之间存在较大的看法分歧,也许是影响收费权成功转让的主要原因。

公路的收费权属于公路产权的重要组成部分。根据国家有关规定,国有资产产权转让前,必须经具备资格的国有资产评估机构进行资产价值评估,并且转让价格不得低于资产评估值。根据《收费公路权益转让办法》中的有关规定,进行收费公路收费权的转让,应采用收益现值法进行评估。经国有资产管理部门确定的公路收费权资产的评估价值,应作为公路收费权转让成交作价的依据。转让公路收费权的实际成交价不得低于评估确认价值。

进行公路收费权转让应当搞清以下理论问题:

(1) 转让公路收费权并非转让公路的所有权。转让公路收费权不涉及公路所有权的转让。《中华人民共和国公路法》明确规定,国内外经济组织有偿取得的只是该收费公路基础设施有期限的收费权,并没有取得其所有权。按照现行规定,经营性公路收费权的转让期限最长为 20 年(东部地区)或 25 年(中西部地区)。

(2) 公路收费权价值与公路建设成本之间并无直接联系。在市场经济条件下,国内外经济组织有偿取得收费公路收费权的目的是为了通过经营该收费公路以获得未来的投资效益。由于地理条件、经济发展程度等方面的原因,不同地区的同样造价的收费公路基础设施,所产生的现金流量有较大的差异。例如,在广东省平原地区投资 30 亿元修建一座收费公路大桥,也许每年可产生现金流量 6 亿多元;而在陕西省黄土高原投资 30 亿元建设一条收费高速公路,也许每年现金流量只有 3 亿多元。就陕西的项目而言,按重置成本法评估,广东省公路大桥的评估值也许与陕西省高速公路的评估值保持一致;但按收益现值法评估,陕西省高速公路的评估值也许只有广东省公路大桥评估值的一半。显然,如果国内外经济组织愿意花 50 亿元的代价取得广东公路大桥项目的收费权,那么就没有可能为取得陕西高速公路项目的收费权而花费高于 25 亿元的资金。所以,没有必要采用重置成本法评估公路收费权的价值;更不应当要求公路收费权的转让价格必须不低于该公路的重置成本。事实上,陕西省西临高速公路的重置成本为 4.3 亿元人民币;而 1996 年收费权转让价格为 3 亿元,低于重置成本;收费权价值低于重置成本的重要原因之一是当时估算的年通行费收入较少以及收费期较短(20 年)。相比较之下,湖北省武黄公路的重置成本 4.49 亿元人民币,但由于较理想的通行费收入和较长的收费期限(25 年)使该路收费权的转让价格达 5.80 亿元人民币,高于其重置成本。

2013 年 4 月江苏苏通大桥有限责任公司将累计投资 70 198.33 万元持有的苏州绕城高速公路有限公司的股权以评估值 1.18 万元转让,虽然此举遭到有关媒体的质疑,但由高速公路收费权决定的公司股权市场价值与股东投资成本之间的关系,则是不言而喻。

(3)应当正确处理公路收费权成交价与评估确认价值之间的关系。根据中国现行法律法规的规定,转让公路收费权的实际成交价不得低于评估确认价值。如果实际成交价低于评估确认价值则意味着国有资产的流失。这一规定的合理性值得质疑。首先,如果评估确认价值如实地反映了收费权的真实价值,则按照高于评估确认价值的价格成交则意味着侵犯了受让方的合法权益。在市场经济条件下,需维护的不仅是政府的合法权益,交易双方的合法权益都应当得到有效的维护。只有有效地维护了交易双方各自的合法权益,才有可能达成交易。其次,如果评估确认价值只是对收费权价值的有效估计,则际成交价可以适当地高于评估值,自然也应当允许适当低于评估值。因此,以评估值作为确定收费权转让成交价的依据,应当是将评估值作为确定公路收费权转让成交价的基准值,应当允许实际成交价在规定范围内(比如±10%)根据具体情况变动。

2. 公路收费权价值的影响因素分析

影响公路收费权价值的因素一般有收费期限、投资者的期望投资回报率(投资收益率)、公路未来的分车型交通量、分车型收费标准、营运费用、税金等。

(1)收费期限长短对公路收费权价值有重要的影响。一般来说,收费期限越长,公路收费权价值越高。例如,当某收费公路每年可产生现金净流量(年通行费收入超过公路养护费用和收费管理费用的余额)50 000 万元,公路收费权的受让方期望获得 15% 的投资回报率,在不考虑所得税的前提下,收费期限为15 年,收费权价值为 29.2 亿元;收费期限为 20 年,收费权价值为 31.3 亿元。

(2) 收费期限的确定。根据《收费公路管理条例》等国家行政法规和规章的规定,收费期限由出让、受让双方约定,但转让政府还贷公路最长不得超过 20 年(东部地区)或 25 年(中西部地区)。这意味着公路收费权价值可在约定收费期限的基础上确定。如果将收费期限与公路收费权价值有机地结合起来,就没有必要再人为地确定一个经营收费的最长期限。如果同意这一看法,则对那些投资额相对较高、或通行费收入相对较少、但仍希望通过转让其收费权来筹措公路建设资金的交通运输管部门来说无疑是一个福音。在国外,不乏这样的实例。例如,由于投资额巨大高达 165 亿美元,英国政府特许欧洲隧道公司将经营英吉利海峡隧道的期间由 50 年延长至 65 年;澳大利亚由于人口稀少,车流量较低,因而政府特许像 West Gate 和 Hornibrook Highway 等这样的公路基础设施收费经营 40 年。据了解,西班牙有关法律规定的最长收费期限为 75 年;加拿大政府在 1999 年特许多伦多环线高速公路(H407)收费权的转让期限为 99 年。

(3) 投资回报率高低对公路收费权价值的影响。一般来说,期望投资回报率越高,收费权价值越低。例如,当收费公路每年现金净流入量为 50 000 万元、收费期限为 20 年时,如果投资回报率为 15%,收费权价值为 29.2 亿元;如果投资回报率为 20%,收费权价值为 24.4 亿元。目前国际上对具有一定风险的基础设施项目投资所要求的收益率一般为 15%;中国的公路经营企业可根据本国和本地区的具体情况确定合理的投资收益率,并以此为依据确定公路收费权的价值。

(4) 年现金净流入量(投资收入)大小对公路收费权价值也有重要的影响。收费标准、营运费用、营业税金和所得税以及收费交通量综合影响下的年现金净流入量的高低对收费权价值也具有重要的影响。显然,年现金净流入量越高,收费权价值越大。例如,当收费期限为 20 年、投资回报率为 15% 时,年现金净流入量为 50 000 万元,收费权价值为 31.3 亿元;年现金净流入量达 60 000 万元,收费权价值为 37.6 亿元。

(5) 公路收费权价值的估算。一般来说,当公路经营企业需因经营高速公路依法缴纳营业税和所得税时,可按照下列公式确定收费权的价值:

$$V = \sum_{t=0}^{n} \{[R_t \times (1-t) - C_t - \frac{V}{n}] \times (1-T) + \frac{V}{n}\} \times (1+K)^{-t}$$

或
$$= \sum_{t=0}^{n} \{[R_t \times (1-t) - C_t] \times (1-T) + \frac{V}{n} \times T\} \times (1+K)^{-t}$$

式中,V 为收费权价值;R 为某年公路车辆通行费收入;C 为某年公路养护与收费管理费用;T 为所得税率;K 为期望投资回报率;n 为特许收费期限;t 为营业税率。

应当明确的是,在市场经济条件下,签约双方应利益共享,风险共担。除非情况特殊,政府没有必要为公路收费权的受让方担保交通量或通行费收入;同理,也没有必要担保受让方的投资收益率。外汇汇率变动以及物价变动的风险可以作为经营者应承担的经营风险的一部分;也可以根据特许经营协议以调整收费标准的方式予以补偿。

（三）投资购买收费权决策分析实例

我国 XX 高速公路是利用世行贷款修建的政府还贷公路。该公路全长 283 公里,总投资约 60 亿元,于 2008 年 12 月 20 日建成通车。如果打算将 XX 收费公路的收费权有偿转让,可对其收费权价值作如下评估:

1. 交通量预测

根据《XX 公路工程可行性研究报告》中对未来该路交通量预测的有关资料,结合到 2007 年底为止该公路所在地区国民经济发展的实际结果,可以认为,表 6-11 中有关分车型交通量的预测结果是科学合理的。

表 6-11　　　　　　　　××高速公路交通量预测分析表

单位:辆次/昼夜

年份	大客	小客	小货	中货	大货	拖挂	合计	标准收费交通量
2009	261	659	596	1 878	334	822	4 550	8 550
2010	281	648	642	1 937	360	845	4 713	8 858
2011	302	792	635	2 323	387	911	5 350	9 934
2012	350	946	789	2 129	421	934	5 569	10 207
2013	376	1 017	713	2 291	453	1 105	5 955	11 245
2014	408	1 107	915	2 088	475	1 341	6 307	12 176
2015	452	1 209	929	2 379	492	1 594	7 055	13 971

从 2009 年至 2015 年交通量平均增长率为 7.58%;考虑到公路收费的影响以及该公路所在地区国民经济发展对公路交通量增长的需求,可以认为,按交通量平均年增长 5% 来估计收费权价值是有充分保障的。

如果从 2010 年 1 月 1 日开始转让收费权,特许收费期限为 15 年,那么按照 5% 的平均交通量年增长率,从 2009 年至 2024 年分年度交通量的预测资料如表 6-12 所示。

表 6-12　　　　　　　　　**××高速公路交通量预测分析表(一)**

单位:辆次/昼夜

年份	综合交通量	标准收费交通量	年份	综合交通量	标准收费交通量
2009	4 550	8 123	2017	6 722	12 001
2010	4 778	8 529	2018	7 059	12 601
2011	5 016	8 956	2019	7 411	13 232
2012	5 267	9 403	2020	7 782	13 893
2013	5 531	9 874	2021	8 171	14 588
2014	5 807	10 367	2022	8 580	15 312
2015	6 097	10 886	2023	9 009	16 083
2016	6 402	11 430	2024	9 459	16 887

2. 车型结构分析

根据 2009 年至 2015 年分车型交通量预测的结果,车型结构情况可反映如下:

表 6-13　　　　　　　　　**××高速公路车型结构分析表**

车型种类	小型	中型	大型	特型	合计
车型结构(%)	29.36	38.04	13.55	19.05	100.00

借鉴国内有关已建成高等级收费公路的实际车型结构情况,考虑到该公路所在地区目前民用车辆分车型构成以及收费可能对××高速公路车型结构的影响,估计当 XX 高速公路建成通车后实际的车型结构未来可能的变动趋势是:中小型车所占重比预测数偏高一些;大特型车所占比重比预测数偏低一些。

3. 标准收费交通量分析

标准收费交通量是指按分车型收费系数将分车型交通量换算为小型车收费交通量。其计算公式为:

标准收费交通量=(分车型收费交通量×分车型收费系数)

分车型交通量换算的标准收费交通量如表 6-12 所示。从 2009 年至 2015 年标准收费交通量平均年增长率为 7.27%,与交通量平均年增长率 7.58%基本一致。所以,按标准收费交通量平均年增长 5%来估计收费权价值是稳健的。

在交通量中有一部分可以免交车辆通行费。这部分交通量约占总交通量的 5%,即收费交通量占总交通量的 95%。那么,2009 年 XX 公路平均每昼夜断面标准收费交通量应调整为 8 123 车次(表 6-12)。

4. 现金净流量分析

根据我国现行规定,经营性收费公路收取的车辆通行费收入,需照章缴纳营

业税;分年度获得的经营利润需依法缴纳所得税。对此,现金净流入量可按照下列公式测算:

年现金净流入量=(车辆通行费收入-营业税金及附加-养护与收费管理支出-收费权价值摊销)×(1-所得税率)+收费权价值摊销

或:年现金净流入量=(车辆通行费收入-营业税金及附加-养护与收费管理支出)×(1-所得税率)+收费权价值摊销×所得税率

(1) 车辆通行费收入预测

××高速公路年车辆通行费收入的计算公式如下:

通行费收入=平均日标准收费交通量×标准费率×365×283

××高速公路建成后将按每车公里 0.50 元的标准费率收费。那么,2009年平均日标准收费交通量为 8 123 辆次,则通行费年总收入 4.03 亿元人民币;如果不考虑收费标准调整因素,通行费收入将按 5%的年增长率增加,2024 年总收入将达 8.78 亿元。

(2) 养护与收费管理支出预测

根据《XX 高速公路工程可行性研究报告》中的经营成本费用预计,XX 高速公路建成后,养护费用为每公里 3 万元;大修理为每次公里 36 万元;收费管理费按全年 432 万元预计。以上预计有可能低估了可能发生的经营成本费用。根据稳健原则,需要按以下资料预测经营成本费用:

高速公路每公里养护费用有必要按 8 万元预计。根据所在地区某高速公路2009 年的公路小修保养实际支出情况,每公里费用为 5.14 万元;相比较之下,该路 2008 年小修保养实际支出为每公里 2.52 万元,考虑到会计核算中可能的失误以及支出实际增长情况,特别是在养护费用中人工费占有较大比重、且人工费增长速度较快这一事实,应当说每公里 4 万元的预计是合理的。

高速公路每公里每次大修理费用有必要按照每公里每次 200 万元预计。该地区参考高速公路属于山区高速公路,每公里每次大修费是按 250 万元预计的。大修作业的主要内容是路面更新。考虑到 XX 高速公路大修作业量比参考高速公路要少一些,且 XX 高速公路的平均投资为 2 170 万元,低于参考高速公路的平均投资(2 316 万元),所以上述预计是可行的。

根据 XX 高速公路全线收费站的设置情况,收费站和收费管理处定编人数为 381 人;按人均月工资 3 000 元、人均年其他支出 4 000 元估计,人均年经费 4万元是现实的。

如果大修间隔期为 10 年,大修费用按年预提,那么每年大修费为 4 700 万元;日常维护费用 1904 万元;收费管理支出 1524 万元;全年经营成本 8 128 万元。预计经营成本费用按每年 5%的速度增加。

如果实行收费经营,XX高速公路征收的车辆通行费收入需缴纳营业税金及附加,并根据盈利情况缴纳所得税。则分年度现金净流量情况如表6-8所示。

表6-14　　　　　　××高速公路现金净流量测算分析表

单位:万元

年份	标准收费交通量	年通行费收入	年养护与收费管理支出	营业税金及附加(3.3%)	所得税(25%)	现金净流入量
2010	8 529	43 488	8 534	1 435	8 380	25 139
2011	8 956	44 402	8 962	1 465	8 494	25 481
2012	9 403	48 565	9 408	1 603	9 389	28 166
2013	9 874	50 995	9 880	1 683	9 858	29 574
2014	10 367	53 545	10 376	1 767	10 351	31 052
2015	10 886	56 223	10 894	1 855	10 869	32 606
2016	11 430	57 908	11 438	1 911	11 140	33 419
2017	12 001	61 985	12 010	2 046	11 982	35 947
2018	12 601	65 083	12 610	2 148	12 581	37 744
2019	13 232	68 338	13 240	2 255	13 211	39 632
2020	13 893	71 755	12 900	2 368	14 122	42 365
2021	14 588	75 343	14 598	2 486	14 565	43 694
2022	15 317	79 110	15 328	2 611	15 293	45 878
2023	16 083	83 065	16 094	2 741	16 058	48 175
2024	16 887	87 218	16 898	2 878	16 861	50 582
合计	—	947 023	183 170	31 252	183 150	549 451

需要说明的是,表6-14中所罗列的所得税,是为了计算现金净流入量提供的数据,依据的是扣除摊销成本之前的经营利润,而不是实际需要缴纳的所得税。计算应缴所得税的应纳税所得额,还需要扣除公路收费权的摊销额。

假设项目公司投资60亿元取得该项目的收费权。按照15年的经营期限摊销,每年计税摊销额为4亿元。

分年度应缴所得税,为通行费收入扣除营业税金及附加、养护与收费管理费用以及收费权摊销额后的余额。2024年应缴所得税可计算如下:

应缴企业所得税＝(87 218－16 898－2 878－40 000)×25％＝6 861(万元)

此外,按照《中华人民共和国企业所得税法》的规定,五年内的经营亏损,可以税前抵扣。

根据以上分析,XX高速公路分年度现金净流入量的现值可预计如表6-15所示。

表6-15　　　　　　　　×高速公路收费经营分析表

单位:万元

年份	现金净流入量	现值系数(10％)	现值	现值系数(15％)	现值
2010	25 139	0.909	22 851	0.870	21 871
2011	25 481	0.826	21 047	0.756	19 264
2012	28 166	0.751	21 153	0.658	18 533
2013	29 574	0.683	20 199	0.572	16 916
2014	31 052	0.621	19 283	0.497	15 433
2015	32 606	0.565	18 422	0.432	14 086
2016	33 419	0.513	17 144	0.376	12 566
2017	35 947	0.467	16 787	0.327	11 755
2018	37 744	0.424	16 003	0.284	10 719
2019	39 632	0.386	15 298	0.247	9 789
2020	42 365	0.351	14 870	0.215	9 108
2021	43 694	0.319	13 938	0.187	8 171
2022	45 878	0.290	13 305	0.163	7 478
2023	48 175	0.263	12 670	0.141	6 793
2024	50 582	0.239	12 089	0.123	6 222
合计	549 451	7.607	255 059	5.848	188 704

根据以上资料,如果该公路的收费权价值为 V ,可建立以下计算收费权价值的数学模型:

(1) 如果期望收益率为10％,则:

$$V = 255\ 059 + \frac{V}{15} \times 25\% \times 7.606$$

$$V = 292\ 086(万元)$$

(2)如果期望收益率为15％,则

$$V = 188\ 704 + \frac{V}{15} \times 25\% \times 5.847$$

$$V = 209\ 079(万元)$$

由此可见,公路收费权价值与公路投资成本或重置成本并无直接联系。该公路的投资成本为 60 亿元,而在期望收益率为 10% 的条件下,该公路的收费权价值为 29.21 亿元;当期望收益率提高到 15% 时,收费权价值下降至 20.91 亿元。收费权价值低于公路投资成本的主要原因是公路交通流量较少,从而导致了该公路具有较低的未来效益。在这种情况下,要按高于公路投资成本的价格转让收费权毫无可能;要希望使转让该公路的收费权成为可能,就应当根据公路的未来效益客观地确定收费权的价值。

阅读文献

[1] 海南高速公路股份有限公司:2012 年年度报告[EB/OL],www. cninfo. com。
[2] 广西五洲交通股份有限公司:2012 年年度报告[EB/OL],www. cninfo. com。
[3] 甘肃省公路航空旅游投资集团有限公司:2012 年度第二期中期票据募集说明书[EB/OL],中国债券网 www. chinabond. com. cn。
[4] 陕西省交通建设集团公司:2012 年度第一期短期融资券募集说明书[EB/OL],中国货币网 www. chinamoney. com. cn。
[5] 周国光编著:公路行业财务管理学[M],人民交通出版社 2005 年第 2 版第 270-275 页。
[6] 财会[2008]11 号:企业会计准则解释第二号[S],财政部 2008 年 8 月 7 日印发。
[7] 本报记者史进峰等:江苏苏通 7 亿股权投资万元转让政府融资平台再现资产划拨[N],21 世纪经济报道 2013 年 4 月 18 日第 9-11 版。

复习思考题

1. 什么是公路经营企业? 什么是公路经营业务? 公路投资业务和公路日常经营业务有何特点?

2. 公路经营成本习性有何特点? 对公路经营业务的本量利分析有何影响?

3. 公路经营企业的车辆通行费标准一般是如何确定的? 与一般价格决策相比,通行费定价决策有何特点?

4. 某高速公路有限公司的总经理不赞同提高小型车的收费标准。他认为,"提高小型车的收费标准将会导致小型车交通量的大幅度下降,使企业减少通行费收入"。你是否赞同这一观点? 为什么?

5. 什么是 BOT 投资项目? 与一般项目投资相比,BOT 投资有何特点? 为什么说高速公路建设投资项目属于 BOT 投资项目?

6. 你认为用何种指标(净现值、动态投资回收期、内部收益率等)来评价高速公路项目的投资效益较为理想? 理由是什么?

7. 你认为应当按照固定的收费期限和预期未来的现金流量来评估收费权的价值,还是按照不同的收费期限和预期未来的现金流量来评估收费权的不同价值? 为什么?

8. 如何科学估计高速公路建设项目的现金流量? 公路经营企业为建设高速公路所支付的贷款利息是否构成经营现金流出量? 为什么?

9. 如何理解企业所得税的高低对高速公路投资所形成现金流量和投资效益的影响?

10. 表 6-14 中所列的所得税,是否项目公司应当依法缴纳的企业所得税? 为什么?

第七章 管理会计学在水路运输企业①的应用

【本章概要】

    航运是国际贸易的桥梁和枢纽,全球商品贸易货运量的百分之九十以上是通过海运完成的,而目前国际贸易呈现持续增长趋势。因此,世界经济对航运企业而言蕴藏着巨大的商机。与此同时,科学技术日益进步,也为航运业提供了有利的发展环境。随着全球科学技术领域的交流合作和日益进步,现代航海技术、管理技术和高新技术等在航运业的广泛应用,使航运服务的便捷、高效和低成本成为可能,从而给航运业带来了巨大的推动力。

    管理会计作为企业经营管理的重要组成部分,同样对于航运企业的发展和变革也意义深远。本章将主要从4部分来阐述管理会计学在航运企业中的应用。第一节主要是对航运业的特点、发展历程及发展现状等进行了简要说明。第二节主要是以长航凤凰公司驳船航次成本分摊模型为例,对作业成本法在航运企业中的应用进行了具体的分析。第三节主要以长航集运子公司为例,对基于平衡计分卡的绩效管理在航运企业中的应用作了具体介绍。本章最后一节以万海航运股份有限公司为例,阐述了战略成本管理对于航运企业的重要性。

第一节 水路运输企业及其业务特点

一、水路运输概况

(一) 水路运输的定义

水路运输是以船舶为主要运输工具、以港口或港站为运输基地、以水域(海洋、河、湖等)为运输活动范围的一种客货运输。它在蒸汽机发明及用于交通动力前即已出现,为目前各主要运输方式中兴起最早、历史最长的运输方式。特别

---

① 水路运输企业习惯上也称为航运企业。

是海运,更适于承担各种外贸货物的进出口运输。

（二）水路运输的组成和分类

1. 水路运输的组成

水路运输主要由运输通路、运输工具、场站、运输对象、技术设备及信息网络等组成。其中,运输通路包括航道与航线;运输工具包括船舶,场站包括港口,运输对象包括货物和旅客。

2. 水路运输的分类

根据《中华人民共和国水路运输管理条例》中的规定,水路运输分为营业性运输和非营业性运输。营业性运输是指为社会服务,发生费用结算的旅客运输和货物运输;非营业性运输是指为本单位或本身服务,不发生费用结算的运输。

根据航行水域的性质,水运分为海运和河运两类。海运按其航行范围和运距,又分为沿海海运、近洋海运和远洋海运;河运按其航道性质与特点,又分为利用天然河流的一般内河水运和使用人工开挖的运河水运以及利用水面宽阔的湖泊与水库区水运,如图7-1所示。

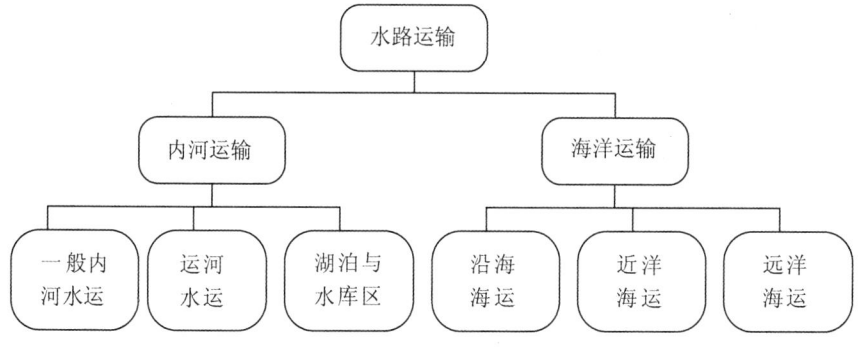

图7-1　水路运输构成分析图

（三）水路运输的特点

首先了解一下我国的水路资源状况:沿海运输航线主要分为北方航区和南方航区,其中北方航区主要以上海和大连为中心;南方航区主要以广州为中心。远洋运输航线以沿海港口为起点,可分为东、南、西、北四个主要方向。内河水运的主要航道有长江、珠江、黑龙江、大运河等。

1. 水路运输的优点

水路运输的主要优点有:

（1）水路运输利用的是天然或人工开凿的水道。与其他运输方式相比,线路的开发投资少,回报快。

（2）运输量大,能实现大吨位运输,降低了运输成本,属于低成本运输方式。

随着造船技术的日益发展,船舶都朝着大型化发展。

(3) 运费低廉。一方面,海上运输所通过的航道均系天然形成,港口设施一般为政府修建,不像公路或铁路运输那样需大量投资;另一方面,船舶运载量大,使用时间长,运输里程远。

(4) 开发利用涉及面较广。如天然河流涉及通航、灌溉、防洪排涝、水力发电、水产养殖以及生产与生活用水的来源,海岸带与海湾涉及建港、农业围垦、海产养殖、临海工业和海洋捕捞等。

2. 水路运输的缺点

水路运输的主要缺点有:

(1) 运输时长,运输速度慢,受自然条件的限制与影响大,即受海洋与河流的地理分布及其地质、地貌、水文与气象等条件和因素的明显制约与影响。

(2) 货物的可达性较差,对综合运输的依赖性较大。河流与海洋的地理分布有相当大的局限性,水运航线无法在广大陆地上任意延伸,故水运的充分开发利用,要与铁路、公路和管道等运输方式配合,并实行联运。

二、水路运输企业的经营及成本特点

(一) 水路运输企业的经营特点

1. 收益波动大,市场变化具有一定的不确定性

国际航运服务与国际贸易受世界政治、经济形势的影响极大。不确定性非常明显。此外,航运供给和需求在时间、地点上往往也存在着差异,这种供需不平衡容易导致市场变化的不确定性。

2. 固定资产所占比重大

船舶趋于大型化,船舶数量决定企业的规模。船舶作为航运企业的主要资产,沉淀在船舶上的资金数额巨大,占企业资产的大部分,相应导致航运业的折旧额比较大;再加上固定资产的修理费、保险费以及船员工资等固定性费用,使得航运业的固定性费用大。

3. 属于资金和技术密集型行业,船舶价值非常高

航运企业的运作需要巨大的投资额。随着当今船舶的大型化、自动化、高速化的发展,仅造船或买船,投资额动辄上千万美元。同时,对航运企业的经营者来说,在航行技能、安全管理及遵守各国及国际组织制定的适用法规和有关规则等方面,不同的经营的区域、货物种类、运输方式有不同的要求,具有较高的技术专业性。

(二) 船舶运输成本的特点

海运企业属于运输行业,是特殊的物质生产部门。它不形成有形的物质产

品,只提供运输劳务,因而与生产物质产品的一般生产型企业相比,有以下特点:

1. 无形性

海运企业在耗费了包括燃油、船员劳动和船舶损耗等各种成本后,完成的只是某些物资的位置转移,并不形成有形的产品,因此成本无法归集到某一具体的实物产品上;而一般生产型企业,往往是将消耗了的各种材料成本转移到某种有形的产品上面,很容易辨识和归集。

2. 非直接相关性

一般生产型企业在生产过程中,生产成本的高低与完成的产品数量一般直接相联系,而船舶运输成本则不同,船舶运输成本主要取决于航行距离而非客货量,这是因为占船舶运输总成本60%~70%的固定成本并不受运量的影响。

3. 无需储存性

海运企业的产出是运输服务,其生产过程和消费过程是同时进行的,运输产品不像一般生产型企业生产的产品那样需要储存,因而储存费用在一般船舶运输成本中并不存在。

三、水路运输企业的发展历程

(一)航运市场的基本沿革和发展规律

1. 航运市场的基本沿革

航运市场是市场经济领域中一个重要的方面,特别是在世界经济逐步走向一体化、外贸运输成为一个国家的重要经济活动的时候更加是如此。

关于航运的历史,可以追溯到15世纪初。当时,位于欧洲地中海的"威尼斯"即是一个重要的国际航运市场。这个人口不到20万的商港,拥有的商船多达三百多只,向西经直布罗陀直通伦敦,向东直通中国。其后,国际航运市场的中心随着世界经贸态势的演变,又从南欧转向西欧。到20世纪,又转向世界商业、金融中心纽约。

第二次世界大战后,特别是20世纪70年代以来,随着亚洲"四小龙"的崛起,以及中国经济自20世纪80年代以来持续稳定的高速增长,亚洲太平洋地区将逐步取代大西洋欧美地区而成为新的世界贸易中心和世界航运中心。这种良好的经济形势为中国航运企业组建市场并与国际市场接轨创造了条件。

实际上,在20世纪80年代初,我国从事国际运输的航运企业与外贸企业已开始步入国际市场。一个由国有骨干航运企业,地方航运企业以及外国船舶公司在中国航运市场相互竞争的局面已经形成,国际海运运价已开放,政府不再干预国际海运运价的洽定。按1993年底乌拉圭回合谈判结束时所宣布的服务贸易总量,中国大陆在航运方面对外作出的初步承诺已基本达到标准。然而,航运市场对我们来说,毕竟还是一个不太熟悉的事物。为了营造统一、开放、竞争、有序的航运市场,并使之与国际市场真正接轨,就必须培育市场因素,按市场规律办事。

2. 航运市场的基本要素

按市场理论要求,一个完善的市场必须具备如下 4 个要素:

(1)市场主体。市场主体是指具有法人财产权的公司。就航运市场而言,主体是指供给方(航运公司、港口经营企业)、需求方(货主部门企业)、中介方(船舶经纪人,货物经纪人,货物代理人)。

(2)市场客体。市场客体是指市场交易对象。就航运市场而言,客体是指水上客运任务和水上货物运输任务。

(3)市场运行条件。市场运行条件是指市场交易形式和交易场所。就航运市场而言,其主要形式是"合同运输"。"合同运输"在国际上已相当完善,无论是"期租",还是"承租",均有实施多年的标准合同文本,且有海商法来规范其市场行为。

(4)市场运行机制。市场运行机制是指利益信息的传导和实现机制。就航运市场而言,是指价格机制、供求机制、竞争机制等。

3. 航运市场的基本规律

就航运市场而言,其中也有一些重要的值得注意的规律:

(1)循环规律。国际航运市场与世界经济变化密切相关,基本上处于低谷—复苏—高涨—萎缩—低谷—复苏这一循环变化规律中。

世界海运货运量 1977—1993 年的变化情况可以说明上述规律。1970 年是低谷期,1979 年是高峰期,运量为 37.14 亿吨,1980 年市场进入萎缩期,至 1983 年走向低谷,运量为 30.90 亿吨,然后又开始复苏,1989 年就突破了 1979 年的水平达到 38.60 亿吨,1991 年超过 40 亿大关,达 41.10 亿吨,1993 年达 43.18 亿吨。

(2)供求规律。航运市场的供给,指在国际航运市场上营运的能力,航运市场需求指海运运量及周转量。这两项因素间的平衡规律是反映市场动态的重要指标。船队运力的增长也遵循这个循环规律,只是滞后而已,一般规律是市场由复苏向高涨阶段,船东大量造船,等船造好投入市场时,货运量已进入萎缩和走向低谷,这就造成船舶运力过剩,供需不平衡,供给大于需求,所以运价必然低落。

(3)运价规律。运价取决于需求与供给、航运成本、突发事件。一般常用供给过剩率指标衡量,供给过剩率=供需差额÷船舶供给量(%)

当供给过剩走势居高不下时,航运市场的运价肯定会下跌,而当过剩率下降时,运价必然会上升。

3个规律之间存在相互依存与制约的关系。在市场复苏与高涨阶段,供给过剩减小,运价上升,船东开始订造新船,当新船投入使用后,供大于需,货运量进入萎缩走向低谷,供给过剩率增加,运价下跌,船东开始拆旧船,供给过剩率趋于合理,货运量开始复苏并趋于高峰,运价又开始回升,船东又开始订造船,从而进入下一个大循环。

(二)大型航运企业的发展历程

航运业是一个相对古老、传统和高风险的行业,老牌的航运强国和大型航运企业占据着航运市场的主导地位,很多企业距今一百多年,如丹麦马士基 A. P. Moller-Maersk(107年)、美国总统轮船 APL(163年,1997年被 NOL 收购)、中国招商局集团(139年)、俄罗斯远东海洋轮船 FESCO(131年)、日本油船 NYK(141年)、商船三井 MOL(133年)、南美轮船 CSAV(139年)、意大利邮船 LT(178年,1998年被长荣收购)、德国赫伯罗特 Hapag-Lloyd(164年)等,但近些年一些新的航运企业,如东方海皇 NOL(43年)、长荣 EVERGREEN(43年)、东方海外 OOCL(64年)等。通过快速发展壮大对他们造成了有力的冲击,甚至兼并。

纵观目前大型航运企业的发展历程,发现多数是从单船经营散货运输起步,经过一段时间的发展和资本积累,逐步壮大船队规模,之后继续从事租船运输,或转型做班轮运输,或者二者都做。发展到一定阶段,便将多余的资金投入到其他行业,从事多元化经营,例如马士基在经营运输海运的同时还经营石油和天然气开发、船舶制造、超市等;招商局集团经营房地产、银行、保险业务;长荣的经营领域也涉及了资产投资、制造业、航空、酒店及管理咨询等领域。之后,随着多元化的发展,子公司数量逐渐增加,总公司的集权式管理不利于发挥他们的经营积极性,将其从总公司分离开来,使企业逐步向集团化方向发展。

1. 大型航运企业都是从小到大逐步成长起来的

航运企业从小发展到大会经历很长的过程,有的长达几十年,甚至上百年。当今世界大型航运企业,许多都有悠久的历史,大部分都是由拥有一条或若干条船舶的小企业逐步发展起来的,比如马士基、长荣、环球航运集团等。

2. 大型航运企业是市场竞争的结果

很多航运企业经历过金融危机和两次世界大战,如马士基、日本油船、招商局等,经历了无数次市场竞争的考验,为了生存和发展,航运企业在扩大规模的同时,不断地进行资本积累并吞并小企业。航运联盟就是大企业在竞争中为了避免两败俱伤而联合起来的;还有一种形式的联合,是通过参股、持股等方式控制其他企业,进一步增强实力,比如马士基和海陆、南美轮船和北欧亚。

3. 大型航运企业的发展过程是企业制度不断演进的过程

在大型航运企业的发展史上,企业制度不断演进,组织结构从直线制、直线职能制到事业部制,企业制度从私有到合伙企业到公司制度,如马士基等,也有一些经历了从民营到公营再到民营的过程,如阳明海运。

4. 大型航运企业的发展过程是人才和经验不断积累的过程

航运市场竞争激烈,在竞争中存活下来的企业更加重视通过企业管理和人才培养来加强企业的竞争力。很多大型航运企业通过招聘、培养和淘汰,不断积累优秀人才,通过积累人才推动企业发展,同时,企业发展又吸引和培养了更多人才。

四、我国水路运输企业的发展现状分析

根据交通运输部发布的《2011 中国航运发展报告》(简称《报告》),2011 年我国水上运输船舶总规模首次突破 2 亿载重吨,其中海运船队达到 1.15 亿载重吨,居世界第四位;全国港口完成货物吞吐量也首次突破 100 亿吨,集装箱吞吐量达 1.64 亿 TEU,双双位居世界首位。

《报告》全面介绍了 2011 年水运行业发展状况。一是水运在综合运输体系中的地位进一步巩固,2011 年全国水路完成货运量 42 亿吨、货物周转量 7.5 万亿吨公里,分别比上年增长 12% 和 10%;水路货运量、货物周转量在综合运输体系中所占比重为 11.5% 和 47.4%。二是港口发展规模不断扩大,全国港口完成货物吞吐量 100.41 亿吨,外贸货物吞吐量 27.86 亿吨,集装箱吞吐量 1.64 亿 TEU,分别比上年增长 12.4%、11.4% 和 12.0%,共有 8 个港口进入世界二十大集装箱港口行列。三是水运基础设施建设加快,全国港口拥有生产用码头泊位 31 968 个,比上年年底增加 334 个,其中,万吨级及以上泊位 1762 个,比上年末增加 101 个;全国内河航道通航里程 12.46 万公里,比上年末增加 370 公里。四是运输船队规模继续较快增长,全国拥有水上运输船舶 17.92 万艘、21 264.32 万载重吨,分别比去年末增长 0.5% 和 17.9%,我国海运船队吨位规模继续位列世界第四。五是提高了行业管理和服务水平,加强了市场监管,发布了多项有关航运市场宏观调控措施,适度控制运力增长,规范市场秩序,引导市场健康发展。

2012 年 1 月 4 日,上海航运交易所《航运交易公报》公布了《2011 年度中国港航船企市值 50 强》排名榜单。

受国际航运业低迷和国内外资本市场动荡双重影响,中国港航船上市公司出现大幅市值损失。根据榜单统计,截至 2011 年 12 月 30 日收盘,在上海、深圳和香港证券市场上市的全部 60 家中国港航船企公司总市值几乎全部缩水,近一

半企业甚至惨遭"腰斩"。

在该榜单中,由于股价大幅下跌,昔日的市值明星——航运企业已光芒不再。前 20 名中,航运企业仅占 5 席。而在航运市场高峰时期,中国远洋的最高市值曾在 2007 年 10 月 25 日达到 6 255 亿元,几乎相当于今日所有 50 强企业市值的总和。

（一）我国航运企业面临的机遇

海运是国际贸易的桥梁和枢纽,目前全球商品贸易货运量的百分之九十以上是通过海运完成的,而目前国际贸易呈现持续增长趋势。因此,无论是世界经济还是中国经济对我国的航运企业而言都蕴藏巨大的商机。

与此同时,科学技术日益进步,为航运业提供有利的发展环境。全球科学技术领域的交流合作和日益进步,现代航海技术、管理技术和高新技术等在航运业的广泛应用,使航运服务的便捷、高效和低成本成为可能,从而给航运业带来巨大的推动力。依托现代信息技术,打造全球物流综合运输网络,也将促使航运业实现航线布局的网络化、船舶调控的准确化以及航运资源配置的合理化。技术进步为我国航运企业改进航运技术和服务提供了机会。

（二）我国航运企业面临的挑战

1. 航运企业大而不强

近几十年来,中国航运企业有了突飞猛进的发展,船队建设在数量上和技术水平上都有了较大的提高,但是繁荣的背后掩盖着一系列问题:一是船舶结构不合理。如散货船比例相对较高,而油轮和集装箱轮比例不高等。液化天然气船为空白,VLCC（超大型油轮）、好望角型散货船,专用滚装船严重不足。二是船队运输能力偏小。集中表现在我国航运企业的船队中大吨位的船舶少,小吨位的船舶较多,尤其是油船队和集装箱船队,尚未形成大、中、小合理配置的吨位结构。三是在航运服务方面同国际航运巨头还存在差距。

2. 政策偏差加重航运企业负担

许多国家尤其是发达国家对航运业实行贸易保护政策:如造船补贴、营运补贴、货载保留和市场准入等直接性支持。近几年各国开始把直接补贴改为间接补贴,例如造船贷款利率优惠,延长还款期等。而我国于 1988 年取消货载保留政策后,逐步取消了对本国船队的保护和扶持政策,既没有营运补贴和造船补贴,也没有优惠造船贷款利率、税收和折旧等优惠政策,我国航运企业成本大大提高,竞争力下降。相反,由于我国对外商来华投资实施的一系列优惠政策,使外资普遍享有超国民待遇。超国民待遇事实上就是对外国航运企业的补贴,使得我国航运企业处于明显不利地位。

3. 航运市场集中度低,缺乏国际竞争力

我国骨干航运企业,虽也积极向世界航运市场拓展,但综合实力仍然较弱。加之我国航运企业发展长期受计划经济的影响,多数航运企业不太适应市场经济带来的挑战,航运企业之间缺少合理的专业化分工,导致技术进步和产业升级步伐缓慢,规模经济效益不能发挥,从而不能有效提升企业市场竞争力。同时,大部分的航运企业规模偏小,单船公司比例过大,因而航运企业不少,但有实力的却不多,从而使得市场的集中度很低,而且法制观念较弱,这些不但加剧了市场的无序竞争,而且难以形成国际竞争力。

(三)中国航运产业发展趋势

1. 综合物流化

航运产业链将进一步延伸。建立现代物流体系将成为航运企业经营发展战略上的一个主攻方向,这既是世界经济贸易发展和市场需求推动的结果,也是航运企业自身发展的需要。

首先,从市场需求方面看,集中发展主业,运输、配送、仓储、简单加工、包装等业务外包已成为现代企业的重要发展趋势,大型货主企业迫切要求提高物流效率,降低物流成本,减少中转损耗,并且在传统的物流运输服务的基础上,愈来愈多地提出了增值服务的要求。

其次,航运企业自身具有发展物流服务的优势和条件:

(1)航运企业经过长期经营,已经在沿海、沿江和内陆城市具有相对完善的航运代理网络优势,具备了开展物流服务的基本硬件条件。

(2)相对于其他物流服务提供商而言,航运企业有较雄厚的资金实力和经营管理水平,在经营过程中已经培植了自己的品牌优势,能够赢得物流需求方的信赖。

(3)航运企业与众多的客户建立了长期合作关系,这对未来开发物流市场是一笔重要的资源。航运企业通过物流服务的开发,能够更好地应对传统运输服务领域日趋激烈的竞争,通过业务的合理外延,获得新的利润增长点;并且能够更好地适应和满足客户的需求,有效地增强传统业务的优势。

2. 联盟合作化

合作联盟将成为未来航运市场的一大主流。加强航运合作,可以降低成本,分散世界经济带来的行业系统性风险,提高竞争力。目前,在世界前20大班轮公司中,除了排名最靠前的三家保持以独立经营为主,其他各家几乎都在三大东西主干航线开展了大规模的联盟活动。航运企业与上游供应商、服务提供商、本行业企业以及下游大型客户之间通过战略合作协议、合资合营等方式建立长期稳定的联盟合作关系,可以增强企业对市场竞争的反应力,更加有效地配置资源,大大提高企业的核心竞争力。

3. 自由船舶与租赁船舶协同运营

面对越来越复杂的国际经济形势,对航运市场需求的准确判断和把握越来越困难,传统的单凭自有船舶运力的经营模式已经越来越难以满足航运企业持续良好营运的需求。通过自有船舶和租赁船舶协同运营的灵活方式充分利用市场运力资源,将大大提高航运企业的运营效率。因此,自有船舶和租赁船舶协同运营已经成为航运市场的主流经营模式。

第二节　作业成本法在水路运输企业成本控制中的应用

一、作业成本法概述

作业成本计算法(Activity Based Costing ,ABC)又称作业成本法或作业成本分析法。它是美国芝加哥大学的罗宾·库帕和哈佛大学教授罗伯特·S·卡普兰在 20 世纪 80 年代后期提出的一种以作业为核算对象,通过作业动因来确认和计量作业量,进而以作业量为基础分配间接费用的成本计算方法。

（一）作业成本法的产生背景

1. 适时生产系统

适时生产系统(Just-in-time System)也称无存货(zero inventory)管理,20世纪 70 年代由日本人首先创立,随后被西方发达国家广泛采纳。它的推广运用,为作业成本会计的产生创造了重要的应用条件。适时生产系统使传统的"交易基础成本计算"或"数量基础成本计算"受到强烈冲击,作业成本会计也因此产生并因适时生产系统的发展而发展。

2. 作业成本法与其他成本计算法

作业成本法是以完全成本法为基础的,它的产生与完全成本法在实践中的广泛应用密不可分。实务工作者认为虽然变动成本法有很多优点,但是它对产品成本是一种不充分的计量;而完全成本法可以弥补变动成本法在长期经营决策等方面的不足,他们倾向于把固定成本分配到各产品之中,以全部成本作为产品的长期制造成本,实务工作者对完全成本法的这种浓厚兴趣,加速了作业成本会计的产生。

3. 作业成本法产生的动因

传统的成本计算方法较少利用高科技技术,导致产品成本信息的严重失真。20 世纪 70 年代以后,随着高新技术的飞速发展,西方许多制造企业的制造环境发生了重大变化。企业对准确的产品成本信息的强烈需求,使其更加关注成本计算方法。传统成本计算方法对成本信息的扭曲,不能满足新经济环境下决策及管理的需要,在这种情况下,人们需要适应新环境的成本核算方法,作业成本法就是在这种环境下产生的。

(二)作业成本法的基本原理

作业成本法的指导思想是:作业消耗资源、产品消耗作业。作业成本法的本质是以"作业"作为分配间接费用的基础。基本原则是"谁受益,谁承担",间接成本与产品是通过作业联系在一起的,我们需要找出引起间接成本发生变动的作业,并把这些作业作为分配间接成本的基础。作业成本法是以"作业"和"成本动因"的确定作为企业管理成本的起点和核心,改变了以"产品"为核心的传统成本管理的观点。

根据作业成本法的指导思想,把成本计算过程划分为两个阶段。第一阶段,将作业执行中耗费的资源追溯到作业中心(成本库),计算作业的成本并根据作业动因计算作业成本分配率;第二阶段,根据第一阶段计算的作业成本分配率和产品所耗费作业的数量,将作业成本追溯到各有关产品。作业成本法下的成本计算过程可以概括为:"资源中心→作业中心→产品成本中心"。作业成本法实际操作步骤总结如下:①确认主要作业,划分作业中心,建立成本库,以便归集由相同性质的作业引起的生产费用。②归集资源费用到同质成本库。③选择成本动因,计算成本库分配率。④计算成本分配率,将各个成本库的成本按作业量分配到最终产品上去,某成本库分配率就等于该成本库归集的成本除以该成本库成本动因耗用总数。⑤把作业库中的费用分配到产品上去。⑥计算产品成本。某产品成本=$\sum$成本动因成本+$\sum$直接成本。

(三)作业成本法的特点及适用条件

1. 作业成本法的特点

作业成本法的主要特点,是相对于以产量为基础的传统成本计算方法而言的。

(1)成本管理强调价值链的作用。传统的成本概念强调产品的生产过程,而作业成本法是按成本管理要求的全程成本概念,将成本的范围向前延伸到产品的研究与开发成本、设计成本、生产成本,并向后延伸到营销成本、配送成本和顾客服务成本。它把企业生产经营过程定义为一个为满足顾客需要而设计的一系列作业的集合。作业转移的过程也是价值在企业内部逐步积累转移,直至最后形成转移给顾客的总价值(最终产品成本)的过程,其将价值链贯穿于成本管理过程始终,强调消除不增加价值的作业,对可增加价值的作业,在不影响产品质量的前提下选用最低成本,这是价值工程在成本会计中的应用和深化。

（2）成本分配强调可追溯性。作业成本法认为,将成本分配到成本对象有 3 种不同的形式:直接追溯、动因追溯和分摊。作业成本法的一个突出特点,就是强调以直接追溯或动因追溯的方式计入产品成本,而尽量避免分摊方式。即作业成本法的成本分配主要使用直接追溯和动因追溯。

直接追溯,是指将成本直接确认分配到某一成本对象的过程。这一过程是可以实地观察的,并且得到的产品成本是最准确的。

动因追溯,是指根据成本动因将成本分配到各成本对象的过程。对不能直接追溯的成本,作业成本法则强调使用动因(包括资源动因或作业动因)追溯方式,将成本分配到有关成本对象(作业或产品)。采用动因追溯方式分配成本,首先必须找到引起成本变动的真正原因,即成本与成本动因之间的因果关系。

作业成本法强调使用直接追溯法和动因追溯法来分配成本,尽可能避免使用分摊方式,因此能够提供更加真实、准确的成本信息。

（3）成本追溯使用众多不同层面的作业动因。在传统的成本计算方法下,产量被认为是能够解释产品成本变动的唯一动因,并被作为分配基础进行间接费用的分配。而制造费用是一个有多种不同性质的间接费用组成的集合,这些性质不同的费用有些是随产量变动的,而多数则并不随产量变动,因此用单一的产量作为分配制造费用的基础显然是不合适的。

作业成本法的独到之处,在于它把资源的消耗首先追溯到作业,然后使用不同层面和数量众多的作业动因将作业成本追溯到产品。不同层面的作业包括:

单位层次作业(unit level activity)——该层次作业的成本与产品产量相关,以单位产品或其他单位产出物为计量单位的作业动因。

批量层次作业(batch level activity)——该层次作业的成本与产品的批数有关,以"批"或"次"为计量单位的作业动因。

产品层次作业(product level activity)——该层次作业的成本与产品项目的多少有关,以产品的品种数为计量单位的作业动因。

生产能力层次作业(facility level activity)——该层次作业的成本与提供良好的生产环境有关,属于各类产品的共同成本。

2. 作业成本法的适用条件

尽管作业成本法与传统成本计算方法相比有较多的优点,但这并不是说作业成本法应立即取代传统成本计算法。作业成本法有一定的使用条件,只有具备这些条件,作业成本法才能发挥其优势。根据作业成本法的特点,具备下列特征之一的企业较适合采用作业成本法:

（1）机械化、自动化程度高,直接制造费用尤其是直接人工成本少,但间接费用比重大的企业；

(2) 工艺流程复杂、作业链纵横交错的企业；

(3) 生产多样化、个性化产品的企业。

二、作业成本法在航运企业运用的适用性分析

(一) 航运企业实施作业成本法的必要性分析

1. 航运企业的间接费用在营运总成本中所占比例很大

这个特点与作业成本法适用的条件一致。例如航运企业中，固定资产的比重相当大，有些企业甚至高达 90% 以上，船舶折旧费用、修理费用的计算、分配正确与否对航次成本的计算影响极大。

2. 航运企业间接费用包括范围广

航运企业的间接费用包含的项目范围广，种类多，性质不尽相同，需要按照不同的分配标准进行分配。目前航运企业会计实务上把所有的间接费用按航次或船舶归集为船舶固定费用、船舶共同费用和集装箱固定费用，然后按照一定的标准分配计入航次成本(图 7-2)。因为航运企业的间接营运费用种类很多，每一种费用的驱动因素不同，因此需要按不同的标准分别计入，作业成本法正好可以解决这一问题。

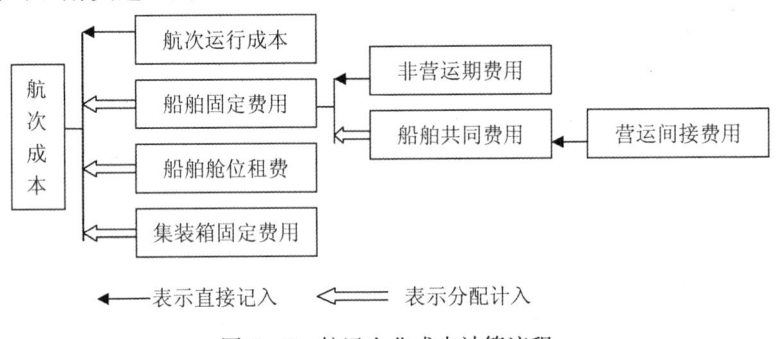

图 7-2　航运企业成本计算流程

3. 作业成本法在航运企业产品定价方面的有效性分析

由于航运企业产品存在无形性和多样性的特点，导致航运企业对其产品的定价比较困难，作业成本法的一个最大特点就是可以将作业分析的观点应用于航运服务产品的定价决策。它不仅将成本的计算深入到作业的层面，分别对每一作业进行价值确认，计算出整体服务的成本，而且还能准确地计算出每个客户的服务成本及客户间的成本差异，有效解决产品定价难的问题。此外，航运企业通过对作业的分析，可以发现哪些是增值作业，哪些是不增值作业，从而对企业的"作业流程"进行彻底、根本的改造。

（二）航运企业实施作业成本法的可行性分析

1. 航运企业实行了先进的计算机管理

航运企业的经营活动是一个完整的物流链过程，一般包括的环节主要有揽货、运输、仓储、装卸、搬运等，在每一环节，都会涉及若干不同的作业流程及大量的作业信息数据，要对这些繁杂的信息数据进行加工处理和分析，实施成本很高，单靠手工处理是远远不能完成的，因而必须借助计算机系统来完成。目前的航运企业一般都是实力雄厚的大企业，资金充实，普遍采用了 ERP 等会计电算化软件，这些有利于企业运用作业成本法进行成本控制和管理。

2. 航运企业具有高素质的管理人才

从作业成本法的可行性角度出发，要对企业的成本运用作业成本法进行控制，需要有高素质的人员进行配合。目前，我国航运企业一般都是大型企业，财务人员业务素质普遍较高，这些也有利于作业成本法的实施。

三、作业成本法在航运企业成本核算中的具体应用

在掌握了作业成本法的基本原理之后，可将其灵活运用，以便获得不同类型的成本信息，进而改善经营管理。下面我们以长航凤凰公司驳船航次成本分摊模型为例，对作业成本法在航运企业中的应用作一具体的分析。

（一）长航凤凰公司现状

中国长江航运集团（简称中国长航），是我国内河最大的航运企业，有一百三十多年历史，现为国务院资产监督管理委员会管理的大型企业集团。中国长航现有全资子公司 18 家，控股公司和境外子公司各一家，分布在长江沿线 6 省 2 市和深圳、珠海、中国沿海各大港口，以及美国、德国、新加坡等国家和香港地区。

长航凤凰股份有限公司，是我国内河经营干散货专业化运输规模最大、江、海、洋全程物流实力最强的企业，母公司为中央直管企业中国长航（集团）总公司。公司总部设在武汉，公司拥有和控制各类干散货运输船舶 1500 艘，载重吨 260 万吨，主机功率 34 万千瓦，控股及合资公司 12 家。公司在宁波、上海、南京、徐州、芜湖、重庆等大都市，沿江、沿河、沿海主要港口及境外设有三十多家分支机构，建立了辐射长江流域和南北沿海的揽货网络及中转配送服务体系。

（1）主要经营的货种：金属矿占运量的 60%～70%；煤占 20% 以上；其他，主要是非金属矿，占 10% 左右。

（2）主要航线：长江：重庆（泸州）—上海；沿海：营口—湛江；近洋：日、韩、东南亚；远洋：南非、澳洲、巴西。

（3）主要客户：长江沿线的钢厂、电厂和一些建材公司。

（4）主要船型：沿海及近洋拥有 5 万吨、2 万吨、1 万吨及以下的散货船；

1 228千瓦的海拖；3 000 吨的海驳。江海直达拥有 5 000 吨的散货船。长江段拥有的拖船和驳船类型如表 7－1 所示。

表7－1 　　　　　　　　**长航凤凰公司托、驳船拥有型号一览表**

拖船型 号	4413 千瓦、1942 千瓦、1103 千瓦、883 千瓦、596 千瓦、397 千瓦
驳船型号	800 吨甲节、1500 吨甲板、300 吨甲板、1000 吨货驳、5000 吨分节、3000 吨分节、2000 吨分节、1001 吨分节、1000 吨分甲

（二）长航凤凰公司航次成本控制存在的问题

长航凤凰公司由于成本核算的相对粗放和滞后，生产、收入、成本数据未整合到每个航次，导致生产经营管理部门不能及时掌握和分析每个航线、货源的利润情况和盈利能力，极大影响公司效益分析的实时性、航次、航线安排决策的优化性、市场营销决策的合理性。其在成本控制方面存在如下几方面问题：

1. 成本控制方法落后

长航凤凰公司航次成本控制采用的还是传统的成本控制方法，以单船的成本控制为主线，成本控制方法以责任成本法为主，仅仅对运输服务单一过程进行成本的核算、分析，对事前的预测和决策工作做得很不到位。并没有从根本上找到准确的分摊依据，只重视了成产过程中的成本核算和管理，没有将作业成本等重要因素考虑进去。

2. 成本管理存在问题

（1）管理手段陈旧。长航凤凰公司的组织管理仍沿用传统管理办法。由于长江的拖驳资产数量大、作业环节复杂，现阶段还没有实现对每个航次的成本精细化核算管理，以至于不能及时掌握和分析每个航次、航线、货源的利润情况和盈利能力，并根据市场的变化及时调整运力投放，获取最大利润的追求遇到了巨大的管理瓶颈。

（2）成本管理时效性较差，信息不能及时流通。在现代的企业管理中，成本核算及其控制的顺利完成需要先进的计算机管理模式。长航凤凰公司在成本核算和控制的信息管理中采用的软件还是只能满足传统成本核算要求的较为落后的管理系统，企业内部的交流主要依靠各级的报表系统。这就加大了成本信息收集和流通的难度，导致成本控制管理效率的降低。

（3）成本控制缺乏企业间横向对比。长航凤凰公司具有从自身企业本身的纵向上面提取成本控制的依据以及确定实施成本控制的具体方法，但缺乏在与同行业成本控制管理的横向比较中所需的实施方法，必然会导致企业核心竞争力的下降。在比较中无法找到对应的参考点，这就必然导致在成本控制方面无法寻找到强大的竞争对手，无法认清在竞争中自身所处的位置。

（三）长航凤凰公司驳船航次成本构成

驳船队航次成本是指驳船在某具体航次中所产生费用的总和,航次航行距离、航速、航线、挂靠港口的位置和数量、航道、燃润料的消耗等因素在不同程度上都影响着驳船航次成本水平的高低,其中燃润料的价格对航次成本的影响最为直接。

按照通常使用的方法,在进行航次估算中可以将船舶航次实际发生的成本分为固定成本、变动成本两部分。

1. 驳船航次固定成本构成

在一定时间范围内尽管运量变动但其总额相对稳定而不受影响的那部分称为固定成本,当航运企业建立时就发生了固定成本,而不会受到船舶航次运量是否存在的影响。我国航运企业对于航次固定成本的划分方法一般如图7-3所示。

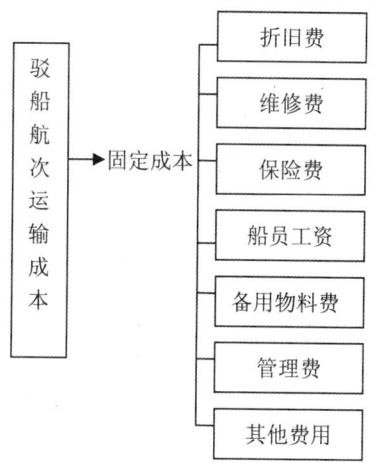

图7-3　驳船航次固定成本构成情况一览图

（1）船员工资。船员的工资是指在被确定为船员后,无论发生不发生航次运输任务,都需要支付的船员的工资薪水,其中还包括各种津贴、补贴和社会福利等。2007—2009年,长江航线发生的相关人工成本详见表7-2所示。

表7-2　　　　　　　　　　　　　**长江航线人工成本发生表**

单位:万元

年份	2007	2008	2009
工资	31 130.98	34 182.63	31 562.54
福利费	3 982.99	4 957.88	4 291.69
劳动保护费	1 026.65	1 486.27	888.66

长航集团发生的与人工成本相关的费用中工资的比重比较大。2007年到2009年的变化也不大,基本稳定在14%。

(2)备用物料费。指船舶航次运行中缆绳、索具等各种材料的准备费用和配备备件如主机、锅炉等所产生的费用称为物料备件费。近3年集团物料备件成本见表7-3所示。

表7-3　　　　　　　　　　物料发生费用及增长率表

年份	2007	2008	2009
物料成本(万元)	3 757.01	3 526.92	3 512.75
增长率(%)		-6.2	-0.41

(3)折旧费。折旧费一般以年作为单位,根据不同的折旧费核算方法每年得出的折旧费也是不同。由于航运企业普遍采用的是直线折旧法,所以每年折旧相对稳定。集团长江航段船舶近3年的折旧费见表7-4所示。

表7-4　　　　　　　　　　折旧费成本发生表

年份	2007	2008	2009
折旧费(万元)	17 800.40	17 409.49	16 831.41
占运输成本比	9.68	8.58	8.6
增长率(%)		-2.2	-3.33

(4)维护修理费。在船舶使用年限内,零部件随着整个船舶使用和老化会发生磨损、腐蚀和损坏等情况。为了使船舶能够保值良好的运营状态,需要对这部分零部件进行及时的维护和修理,这部分支出是按周期进行的,所以船舶的维护修理费用应当计入船舶的固定成本。集团长江航段船舶近3年的折旧费见表7-5所示。

表7-5　　　　　　　　　　维护修理费用发生表

年份	2007	2008	2009
修理费(万元)	14 602.29	12 968.62	9 972.7
占运输成本比(%)	7.94	6.39	5

(5)保险费。船舶在营运过程中为了尽可能地减少各种难以预测或者不可抗拒的灾害等情况造成的损失需要支出一定的保险费用。如表7-6所示。

表 7－6　　　　　　　　　　　保险费用发生表

年份	2007	2008	2009
保险费(万元)	1 770.96	2 006.73	1 993.99
占运输成本比(%)	0.96	0.98	1.00

（6）管理费。为了保障船舶进行正常的运输,还需要设立各种管理部门以完成财务、调度、机务、人事等工作,维持这些部门正常运行的费用统称为管理费用。其中包括进行管理工作的费用和从事人员的工资两部分。

（7）其他费用。包含上述几种没有涉及的其他众多的费用支出,虽然种类各式各样但占总成本的百分比非常小。

2. 驳船航次变动成本构成

总额随着船舶运量、到离港、组织方式等因素变动而发生改变的费用称为变动成本即可变成本。我国航运企业对于航次固定成本的划分方法一般如图 7－4 所示。

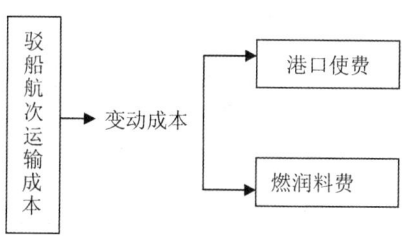

图 7－4　驳船航次变动成本构成图

（1）燃润料费。驳船在航行及作业时所耗用的各种燃料费总和称为燃料费。驳船船舶各机械设备在使用中为了减少磨损、腐蚀而使用的润滑油或清洁剂的费用总和称为润料费,润料的费用相对燃料较少。

从整个集团来看,最近几年燃润料成本总额及其所占运输总成本的比重也不断增加。集团长江航线 2007—2009 三年的燃润料成本如表 7－7 所示。

表 7－7　　　　　　　　燃润料费用发生及增长率表

年份	2007	2008	2009
燃油(万元)	57 521.80	68 330.75	64 608.48
逐年增长率(%)	—	18.79	−5.5
润油(万元)	2 259.74	2 448.66	2 537.56
逐年增长率(%)		8.36	3.63

（2）港口使费。港口使费是驳船在港口发生的停泊费、码头费、装卸费、引航费、拖轮费、开关舱费、船舶吨税、检疫费、代理费等各种费用和其他支出款项的总称。它是驳船航次运输生产成本中的重要组成部分，这一费用的增减直接影响着船舶运输的经济效益。如表 7-8 所示。

表 7-8 港口使费费用发生表

年份	2007	2008	2009
成本（万元）	12 320.08	14 282.43	12 542.37
占运输成本比（%）	7.00	7.03	6.41
增长率（%）		15.92	12.20

（四）作业成本法在驳船航次成本核算中的应用

前部分已经介绍驳船航次成本分成固定成本和变动成本两个部分，固定成本和变动成本的归集办法如图 7-5 所示。

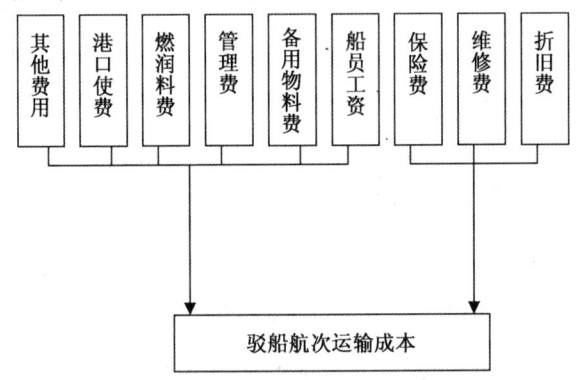

图 7-5 航次成本各项费用归集方法

驳船船舶在使用和日常维护中所产生的折旧费、维修费、保险费列为直接归集的项目，这 3 种费用的支出按照一定的归集标准归集到驳船航次成本中去。而船员工资、备用物料费、管理费、燃润料和港口使费等要通过确定它们的成本动因进而分析出相应的分配率分配到航次中去。

1. 建立航次作业成本库

驳船队完成一次航次运输所作的作业项目繁多、十分复杂，此处将驳船航次运输中主动的作业概括分为货物装卸、船队编解、货物运输 3 个部分。以这 3 个主要作业建立作业成本库，如表 7-9 所示。

（1）货物装卸作业。该作业是航次运输开端和结尾阶段重要的工作环节，该作业中包含的成本支出包括人工工资、港口使费（包括装卸作业费和港口工人加班费等)、物料磨损与消耗等。

(2)船队编解作业。该作业与货物装卸作业一样是在港口进行的,所以该环节的成本支出主要包括人工工资、物料的磨损与消耗、港口使费等。

(3)货物运输作业。由于这种特性的存在,航运企业所发生的所有费用都可以归集为此作业的成本,鉴于这种特殊性的存在,此处将货物运输的成本简单地概括为燃润料的费用、人工工资、物料的磨损与消耗、航养费、管理费等。

由于作业中包含众多的成本支出,为了方便统计和计算,根据成本的归集方式和成本支出性质的相似性将作业中的成本支出合并归类组建作业成本库。

表 7 - 9 驳船航次成本库表

航次成本库	发生费用主要作业环节
船员费	货物装卸、船队编解、货物运输
备用物料费	货物装卸、船队编解、货物运输
管理费	货物装卸、船队编解、货物运输
燃润料费	货物运输
港口使费	货物运输
其他费用	货物装卸、船队编解、货物运输

2. 直接归集成本归集方法的确定

折旧费、维修费、保险费是在拖轮和驳船中都发生的,拖轮和驳船的这些费用要分别计算,并将没有盈利可能的拖轮的这 3 种费用最后分摊到本航次中所拖带的驳船中去。

如在某一航次中,拖轮 T 总共拖带过 10 条驳船 $B_1, B_2, \cdots, B_{10}$;拖轮和驳船在这一行次中运行的时间分别为 $t_T, t_1, t_2, \cdots, t_{10}$,单位为日;不同的船舶的年折旧费用为 $r_T, r_1, r_2, \cdots, r_{10}$;拖船和每个驳船的年度营运率分别为 $\delta_T, \delta_1, \delta_2, \cdots, \delta_{10}$。其中营运率的确定是根据前几年每年的该拖船或驳船的实际工作日和一年天数的比值确定的,实际工作天数是指从确定使用这条拖轮或驳船开始到航次结束该拖轮或驳船完成卸货工作驶入等待区域为止。

(1)航次折旧费的确定。则这一航次中拖轮的折旧费用成本为:

$$Q_T = r_T \times \frac{t_T}{365 \times \delta_T} \qquad (7-1)$$

则相应的驳船的航次折旧费用成本为:

$$Q_i = r_i \times \frac{t_i}{365 \times \delta_i} \qquad (7-2)$$

则该行次总的折旧费用为:

$$Q_{折} = Q_T + \sum Q_i \tag{7-3}$$

（2）航次维修费和保险费的确定。根据维修费用发生不确定的特点，依据船舶的整体性也将维修费用像保险费用一样默认为逐同发生的成本支出。

根据航次中每个船舶的营运天数统计航次的维修费用和保险费用：

$$Q_{拖维} = \frac{t_T}{365 \times \delta_T} \times 本年度该拖轮维修费用 \tag{7-4}$$

$$Q_{驳维} = \frac{t_i}{365 \times \delta_i} \times 本年度该驳船维修费用 \tag{7-5}$$

则该行次的船舶维修费用为：

$$Q_{维} = Q_{托维} + \sum Q_{驳维}$$

$$Q_{拖保} = \frac{t_T}{365 \times \delta_T} \times 本年度该拖轮保险费用 \tag{7-6}$$

$$Q_{驳保} = \frac{t_i}{365 \times \delta_i} \times 本年度该驳船保险费用 \tag{7-7}$$

则该行次中船舶保险费用为：

$$Q_{保} = Q_{托保} + \sum Q_{驳保} \tag{7-8}$$

3. 不可直接归集成本动因和分配率的确定

（1）成本动因的确定。成本动因是指影响成本支出的最大因素，成本动因的确定是一项复杂的工作，需由专业的经济、财会人员研究得出。依据航次成本支出的特性，简单地将下列成本库的成本动因确定如表7-10所示。

表7-10　　　　　　　　　　　　航次成本动因表

航次成本库	成本动因	航次成本库	成本动因
船员费	工人人数、工作时间	燃润料费	航行时间
备用物料费	货运周转量	港口使费	货运量
管理费	货物周转量	其他费用	货物周转量

船员费：航次的船员配备是根据计划实施的，所以船员费是驳船航次运输的固定费用支出。船员的工资和福利等方面是计划制定的数额，在实际的航次中要将这部分成本分摊到航次中就要依靠船员在本航次的配备人数和工作时间。

备用物料费：驳船航次中无论是拖轮还是驳船都要配备相应的物料，而各公司所作的物料统计是以船舶为单位的，即每年某船舶的物料消耗费用。在航次中，运输货物的周转量越大引起的物料使用频率就会越高，所以将货物周转量作为备用物料消耗的成本动因。

管理费：长航凤凰公司现行的管理费用中有些费用的分摊方法是以每个船

舶配备人员的年度工资作为分摊依据,虽然有些费用的发生是以人为主体的但是管理费发生的最终目的是保证货物运输作业的完成,相对来说影响最直接的还是货物的周转量。

燃润料费:燃润料的消耗是航次变动成本重要的组成部分,公司对燃润料消耗是以加油点的总的油量消耗作为统计对象。在实际的航次运输中某一航次很有可能拖带空驳运输,货物的重量并不是影响该成本费用的最主要的因素。在拖轮功率一定的情况下,拖挂的驳船数量的多少影响着航次的营运时间,所以在燃润料的成本消耗中应该以航次时间为成本动因。

港口使费:港口使费的具体征收项目繁多,在航次的运输中船员并不负责统计这一行次所支出的港口使费,公司缴纳港口使费也是统一的。港口使费的发生大多都伴随着货物的装卸,也就是说,货物是港口使费发生的最主要原因,所以港口使费的成本动因采用货运量。

其他费用:根据"谁受益谁分摊"的原则,其他费用的支出的意义是保证了货物周转作业的正常运行,即货运的运输是其他费用支出的最终受益方,所以将其他费用成本的成本动因确定为货物周转量。

(2) 各成本库分配率及成本分摊的确定。某一航次拖轮拖带过 10 条甲板驳船,每条驳船在这次航行中的时间分别为 $t_1, t_2, \cdots, t_{10}$,拖轮年度燃润料消耗总额为 R,整个航次运营时间为 T^1,航行时间为 T,航次配备人员为 N 人,每人月工资、福利等一切费用为 P,每月每人的平均工作率为 δ^1。该航次的货运量为 s,货运周转量为 q,本年度的货运量为 S,货运周转量为 Q,年度的备用物料费用为 W,年度的港口使用费为 G,年度的管理费用为 L;年度其他费用支出为 F。

一月以 30 天计,则船员费用成本分配率和航次成本为:

$$N \times \frac{T}{30 \times \delta^1} ; Q_{船员费} = N \times p \times \frac{T}{30 \times \delta^1} \qquad (7-9)$$

航次中备用物料费和管理费的成本分配率和航次成本分别为:

$$\frac{q}{Q} ; Q_{物} = W \times \frac{q}{Q} ; Q_{管} = L \times \frac{q}{Q} \qquad (7-10)(7-11)$$

港口使费的分配率和航次成本分别为:

$$\frac{s}{S} ; Q_{港} = G \times \frac{s}{S} \qquad (7-12)$$

燃润料费用的分配率和航次成本分别为:

$$\frac{T}{365 \times \delta} ; Q_{燃} = R \times \frac{T}{365 \times \delta} \qquad (7-13)$$

其他费用支出的分配率和航次成本为:

$$\frac{q}{Q} ; Q_{其他} = F \times \frac{q}{Q} \qquad (7-14)$$

由公式 7-1 至 7-14 可以看出,航次成本中各项费用的确定与其成本动因和分配率有直接的关系,所以在选择成本动因和分配率上面一定要根据实际情况分析,需要由专家评判。在文中选定的各航次费用成本动因和分配率的前提下,依照一定的分摊方法将航次中各成本费用的计算方法如表 7-11 所示:

表 7-11　　　　　　　　　**航次成本分配率及费用产生表**

成本库	分配率	航次成本	成本库	分配率	航次成本
船员费	$N \times \dfrac{T}{30 \times \delta^1}$	$N \times p \times \dfrac{T}{30 \times \delta^1}$	燃料费	$\dfrac{T}{365 \times \delta}$	$R \times \dfrac{T}{365 \times \delta}$
备用物料费	$\dfrac{q}{Q}$	$W \times \dfrac{q}{Q}$	港口使费	$\dfrac{s}{S}$	$G \times \dfrac{s}{S}$
管理费	$\dfrac{q}{Q}$	$L \times \dfrac{q}{Q}$	其他费用	$\dfrac{q}{Q}$	$F \times \dfrac{q}{Q}$

则该航次成本支出 $Q_{航}$ 为:

$$Q_{航} = Q_{折} + Q_{维} + Q_{保} + Q_{船员费} + Q_{物} + Q_{管} + Q_{燃} + Q_{港} + Q_{其他}$$

$$(7-15)$$

4. 航次中每个驳船的成本分摊

航次各项成本分摊确定后,根据拖挂驳船的数量、运行时间、载重量等因素将航次的各项成本分摊到每个驳船中去。由于拖挂驳船的实际情况比较复杂,各项费用的分摊标准也要根据具体情况制定。

1) 成本动因及分配率的确定

表 7-12　　　　　　　　　**驳船成本动因表**

成本库	折旧费;维修费;保险费		船员费	燃润料	港口使费	备用物料物料	管理费	其他费用
	驳船	拖轮						
成本动因	直接归集	编入船队时间(艘小时)	编入船队时间(艘小时)	载货吨公里	在港停留时间	载货吨公里	编入船队时间(艘小时)	编入船队时间(艘小时)

(1) 折旧费、维修费、保险费的分摊。驳船自身的这些费用的产生是不随航次的变化而变化的,所以这些成本直接计入到驳船的成本中;拖轮发生的这些费用需要按照一定分摊方法分摊到所托挂的驳船中去。在某一航次中拖轮发生的这三种费用的综合为 $Q_{拖}$,每条被拖挂的驳船的编入船队时间为 $t_1, t_2, \cdots, t_{10}$。

则每条驳船被分摊的费用成本为：

$$Q_i^1 = Q_拖 \times \frac{t_i}{\sum t_i} \qquad\qquad (7-16)$$

（2）船员费用、管理费用、其他费用的分摊。这几种费用的发生性质具有一定相似性，几种因素比较起来编入船队时间这方面显得更为重要，加入船队的时间长短决定了该驳船应当分摊的数额。则这 3 种费用的分摊到每条驳船的分配率为 $\dfrac{t_i}{\sum t_i}$。

（3）港口使费的分摊。港口使费的是船舶在港口所发生的作用费用的总和，船舶在港口的停留时间可以从一个方面反映出港口对该船舶的作业量的多少，也就是说可以通过在港口的停留时间来确定这艘船应当分摊的港口使费。某一航次运输中每条驳船在所有港停留的时间为 $t_1^i, t_2^i, \cdots, t_{10}^i$。

则港口使费分摊到驳船的分配率为 $\dfrac{t_i^i}{\sum t_i^i}$。

（4）燃润料费和备用物料费的分摊。燃润料的消耗与运输的距离和货物重量有很大的关系，结合两者将驳船分摊燃润料的成本动因定为载货吨公里。备用物料的费用支出没有方法具体到哪一条船，物料的使用时间和消耗很难确定，但是物料的消耗程度与是否装卸货物和使用时间有很大关系的，根据有些航次中可能拖带空驳运输的情况，将物料消耗的成本动因定为载货吨公里。航次中每条驳船的载货吨公里为 G_i，则每条驳船相应的分配率为 $\dfrac{G_i}{\sum G_i}$。

（5）每驳船分摊的航次成本确定。确定了各种费用的分配率以后，通过各种费用和相应分配率的乘积就可得出每条驳船分摊的相应费用。表 7-13 所显示的就是相应驳船 i 在该航次中所应分摊的各项成本费用的分配率和成本计算方法。

表 7-13　　　　　　　　　航次成本驳船分摊表

成本库		分配率	驳船分摊的成本
折旧费；维修费；保险费	驳船	直接归集	$(Q_拖^折 + Q_拖^维 + Q_拖^保) \times \dfrac{t_i}{\sum t_i} + Q_i^折 + Q_i^维 + Q_i^保$
	拖轮	$\dfrac{t_i}{\sum t_i}$	
船员费		$\dfrac{t_i}{\sum t_i}$	$Q_船员 \times \dfrac{t_i}{\sum t_i}$

（续表）

成本库	分配率	驳船分摊的成本
燃润料	$\dfrac{G_i}{\sum G_i}$	$Q_燃 \times \dfrac{G_i}{\sum G_i}$
港口使费	$\dfrac{t_i^t}{\sum t_i^t}$	$Q_港 \times \dfrac{t_i^t}{\sum t_i^t}$
备用物料费	$\dfrac{G_i}{\sum G_i}$	$Q_物 \times \dfrac{G_i}{\sum G_i}$
管理费	$\dfrac{t_i}{\sum t_i}$	$Q_管 \times \dfrac{t_i}{\sum t_i}$
其他费用	$\dfrac{t_i}{\sum t_i}$	$Q_{其他} \times \dfrac{t_i}{\sum t_i}$

据上表可以得出特定驳船 B; 在该行次中分摊的成本费用 Q_i 为

$$Q_i = (Q_折 + Q_维 + Q_保) \times \frac{t_i}{\sum t_i} + Q_i^折 + Q_i^维 + Q_i^保 + Q_港 \times \frac{t_i^t}{\sum t_i^t} +$$

$$(Q_{船员费} + Q_管 + Q_{其他}) \times \frac{t_i}{\sum t_i} + (Q_物 + Q_燃) \times \frac{G_i}{\sum G_i} \qquad (7-17)$$

将作业成本法应用到驳船队的成本核算和分摊中的尝试是相对较少的，船队运输成本支出和影响因素繁多，这就给选择成本动因带来了很大的难度。如何确定准确的航次成本的成本动因进而实现更为合理的成本控制和分摊方法还是一个需要深入研究的问题。

第三节　基于平衡计分卡的绩效管理在水路运输企业中的应用

一、平衡计分卡概述

平衡计分卡（The Balanced Score Card, 简称 BSC），就是根据企业组织的战略要求而精心设计的指标体系。卡普兰和诺顿认为，"平衡计分卡是一种绩效管理的工具。它将企业战略目标逐层分解转化为各种具体的相互平衡的绩效考核指标体系，并对这些指标的实现状况进行不同时段的考核，从而为企业战略目标的完成建立起可靠的执行基础"。

平衡计分卡是由哈佛商学院教授卡普兰（Robert S. Kaplan）和诺朗-诺顿研究所所长诺顿（David P. Norton）研究提出的。他们的研究组以"如何衡量未来企业的业绩"为课题,对12家在业绩衡量方面处于领先地位的公司进行了为期一年的研究,并将论文《平衡计分卡:驱动绩效的量度》发表在《哈佛商业评论》中,他们将平衡计分卡作为一种可用于解决公司考核问题的全新的绩效管理模式。

（一）平衡计分卡的原理流程

传统的财务会计模式无法对组织前瞻性的投资进行评估,而只能衡量过去发生的事情。平衡计分卡则打破了只注重财务指标的业绩管理方法这一局限性。注重财务指标的业绩管理方法在工业时代是很有效的;然而,到了信息社会,传统的业绩管理方法却是不全面的,组织要想获得持续发展的动力,就必须在供应商、客户、员工、组织流程、技术和革新等方面进行全面投资。平衡计分卡将企业绩效评价主要分为以下四个维度:财务维度(financial perspective)、顾客维度(customer perspective)、内部业务流程维度(internal business process perspective)以及学习和成长维度(learning and growth perspective)。

平衡计分卡中的"平衡",主要反映在财务与非财务衡量方法之间的平衡;长期目标与短期目标之间的平衡;外部指标与内部指标的平衡;结果性指标与过程性指标的平衡;管理业绩与经营业绩的平衡等多个方面。平衡计分卡的基本原理和流程简述如下:

(1) 以组织的战略与共同愿景为核心,运用平衡和综合的哲学思想,根据组织结构,将公司的战略和共同愿景这一核心转化为各个责任部门在四个方面的具体目标,包括财务(Financial)、顾客(Customer)、内部流程(Internal Processes)、创新与学习(Innovation & Learning),同时设置对应的四张计分卡,其基本框架如图 7-6 所示。

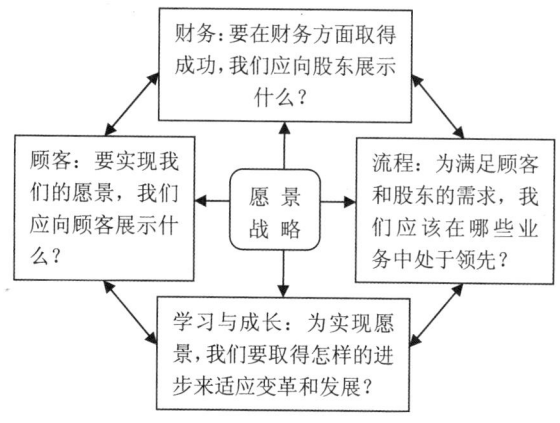

图 7-6　平衡计分卡基本框架

• 财务维度。这一维度的目标是解决"股东如何看待我们"这一类问题。企业是以为股东创造价值为经营的直接目的和结果,利润则是企业追求的最终目标。因此,财务指标是平衡计分卡的一个非常重要的维度,包括收入、利润、投资回报率、净资产利润率、现金流量、每股盈余以及经济增加值等指标。

• 顾客维度。这一维度主要是回答"顾客如何看待我们"的问题。向顾客提供所需要的服务与产品,满足其需要,从而提高企业的竞争力,为企业战略目标的实现提供了重要的保证。具体指标主要包括新产品销售占全部销售的百分比、按时交货率、客户利润贡献率、退货率、顾客满意度以及投诉率等。

• 内部业务流程维度。这一维度主要着眼于企业的核心竞争力,解决的是"我们的优势是什么"的问题。企业所建立的组织结构、流程设计、管理机制等是否合适,其中存在哪些优势和劣势?这一维度的指标主要包括单位成本、生产周期、产出比率、生产布局与竞争情况、新产品投入计划与实际投入情况、售后保证以及货款回收与管理等。

• 学习和成长维度。这一维度的目标是解决"我们是否能继续提高并创造价值"的问题。企业员工的能力和素质关系到企业的成长,企业的可持续发展又取决于企业的学习和创新;而企业的学习与成长则主要依赖于信息系统、员工和企业的程序等方面的资源。

(2) 依据各责任部门分别在财务、顾客、内部流程、创新与学习上的四种目标,设置对应的与公司战略目标高度相关,同时以先行与滞后两种形式平衡公司的长期和短期目标、内部和外部利益,综合反映战略管理绩效的财务与非财务信息的绩效评价指标体系。

(3) 由各主管部门和相关责任部门共同商定各项指标的具体评分规则。一般是将各项指标的实际值与预算值进行对比,与不同范围的差异率相对应,设定不同的评分值。以综合评分的方式,对各责任部门在财务、顾客、内部流程、创新与学习四个方面的目标执行情况进行定期考核,并及时反馈,适时调整战略偏差,或者修正原定目标和评价指标,确保公司战略能够顺利与正确地实行。平衡计分卡的管理循环过程的框架如图 7-7 所示。

(二) 平衡计分卡的本质特征及作用

企业要想实现最终的战略目标,不能仅仅依靠一项财务指标。平衡计分卡的作用就是根据企业的战略要求,精心设计一套综合指标评价体系,作为一种绩效管理的工具。它首先将企业总的战略目标逐层分解为各种具体的绩效考核指标体系,然后对这些指标的实现状况进行不同时段的考核,最终为企业战略目标的完成建立起可靠的执行基础。它的本质特征及作用主要表现在以下 5 个方面:

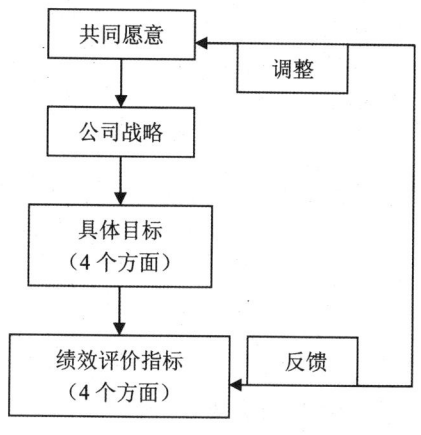

图 7-7　BSC 管理循环过程

　　(1) 平衡计分卡是一种战略管理系统,是根据系统论建立起来的管理系统。随着社会的不断发展,全球经济一体化和市场竞争的不断加剧,企业战略管理对于企业的持续发展越来越重要。平衡计分卡是一个战略管理和实施的核心工具,它是在对企业整体发展战略达成共识的基础上,将其四个维度的目标、指针,以及初步的行动方案有效地结合在一起的一个战略管理与实施体系。其主要目的是将企业战略转化为具体的行动,从而创造出具有竞争优势的企业。

　　(2) 平衡计分卡是一种绩效衡量的工具。平衡计分卡将战略分为 4 个不同维度的运作目标,并以此 4 个维度分别设计适量的绩效衡量指标。因此,它不但为企业提供了有效运作所需的各种信息,也克服了信息的庞杂性和不对称性的干扰;更重要的是,这些指标具有可量化、可测度和可评估的特点,这更有利于企业进行全面的系统监控,促进实现企业的战略和愿景。

　　(3) 平衡计分卡是一种有效的沟通工具。这是整个系统最基础和最强大的功能。一个精心设计的有效的绩效指标,清楚地描述了指定的战略并使抽象的远景与战略变得更加生动形象。据调查,实施平衡计分卡之前,只有不到 50% 的人知道和了解企业组织的战略;而在实施平衡计分卡 1 年之后,这一比例就上升到 87%!

　　(4) 平衡计分卡是一种全面规范的管理系统,可以提高整体管理效率。平衡计分卡在战略执行的过程中,需要在运作目标、工作计划、绩效指标等方面建立起一套完整的统计记录表格,而且实施平衡计分卡的企业,要从自身的实际出发,同时根据内外部环境和生产经营条件,建立适合企业自身特点的平衡计分卡管理系统。同时,平衡计分卡可以使企业管理者只关注一小部分非常关键和相关的指标,在保证满足企业管理需要的同时,最大限度地减少信息的负担成本。

(5)平衡计分卡是团队精神的一种集中体现。平衡计分卡鼓励下属创造性地完成目标,形成纵向一致的努力方向,同时注重团队合作与部门合作,形成横向协调的管理机能。平衡计分卡通过对企业各要素的组合,让管理者能同时考虑企业各职能部门在企业整体中的不同角色和作用,让他们认识到某一领域的工作改进可能是以其他领域的退步为代价的,推动企业管理部门慎重考虑决策,以促进民主决策、科学决策机制的建立和完善。

(三)平衡计分卡的发展历程

1. 平衡计分卡的萌芽时期(1987—1989年)

在卡普兰和诺顿研究平衡计分卡之前,Analog Device(简称:ADI)公司于1987年就已经进行了平衡计分卡的实践尝试。

ADI公司是一家半导体公司,主要生产模拟、数字及数模混合信号处理设备,其产品被广泛应用于通信、计算机、工业自动化领域。ADI公司的战略方案调整每5年进行一次,在制定新的战略方案的同时审查原方案的执行情况。

在1987年,ADI公司又开始了公司战略方案的调整。这次的战略方案制定,公司决策者更加重视战略的实施。他们希望,通过面对面与公司员工的交流与沟通,使他们充分理解并认同公司的发展战略。与此同时,公司高层也希望将战略紧密落实到日常管理中,以促进战略的实施。在战略制定过程中,ADI公司首先把股东、员工、客户、供应商和社区确定为公司的重要利益相关者;然后在公司的使命、价值观与愿景下,根据这些利益相关者的"利益"设定出战略目标并明确战略重点。为了确保战略目标的实现,ADI公司推行了一个名为"质量提高"的子项目,简称 QIP(Quality Improvement Process)。在该项目进行的同时,ADI公司继续将战略目标实现的关键成功要素转化为年度经营绩效计划,由此衍生出了世界上第一张平衡计分卡的雏形,如表7-14所示。

表7-14　　　　　　　　ADI公司第一张平衡计分卡

	财年××年		第一季度		第二季度		第三季度		第四季度	
	标杆	实际	标杆	实际	标杆	实际	标杆	实际	标杆	实际
财务指标										
资本收益率										
营业收入增长										
利润										
……										
客户服务										

（续表）

财年××年		第一季度		第二季度		第三季度		第四季度	
	标杆	实际	标杆	实际	标杆	实际	标杆	实际	标杆	实际
及时交货										
供货时间										
次品率										
……										
内部										
生产周期										
流程错误率										
产能										
……										
新品开发										
新品导入										
新品订货量/率										
……										

2. 平衡计分卡的理论研究时期(1990—1993 年)

平衡计分卡的研究课题首先是从公司的绩效考核开始的。1990 年美国的复兴全球战略集团 Nolan－Norton 专门设立了一个为期一年的新的公司绩效考核模式开发项目,诺顿担任该项目的项目经理,卡普兰担任学术顾问,参与项目开发的还有通用电气、杜邦、惠普等 12 家知名公司。项目组重点对 ADI 公司的计分卡进行了深入的研究并将其在公司绩效考核方面进行了扩展和深化,并将研究出的成果命名为"平衡计分卡(Balanced Scorecard)"。该项目组在最终研究报告中详细地描述了平衡计分卡对公司绩效考核的重要意义,并建立了平衡计分卡的四个维度:财务、顾客、内部运营以及学习和发展。

1992 年初,卡普兰和诺顿将平衡计分卡的研究成果在《哈佛商业评论》上进行了总结,这是他们所公开发表的第一篇关于平衡计分卡的文章《平衡记分卡——驱动绩效指标》。此文发表后卡普兰和诺顿很快就接到了几家公司的的邀请,同时,平衡计分卡也开始被企业界所关注。

平衡计分卡理论第二个重要的里程碑是:1993 年卡普兰和诺顿将平衡计分卡延伸到企业的战略管理当中。平衡计分卡在企业的最初实践中,卡普兰和诺顿发现,平衡计分卡能够传递公司的战略。他们的第二篇关于平衡计分卡的重要文章《在实践中运用平衡记分卡》,最终在《哈佛商业评论》上发表。在这篇文章中,他们明确指出,企业应根据企业战略实施的关键成功要素来选择绩效考核的指标。

3. 平衡计分卡的推广应用时期(1994 年至今)

1993 年,卡普兰和诺顿将平衡计分卡延伸到企业的战略管理系统之后,平衡计分卡开始广泛得到全球企业界的接受与认可,越来越多的企业在平衡计分卡的实践项目中受益,同时平衡计分卡还在非盈利性的组织机构中得到延伸。

平衡计分卡首先是在美国的众多企业得到实施,现如今已经推广到全球很多国家的企业。今天,当实施过平衡计分卡的中国企业的高级管理者在一起沟通谈及战略与绩效管理时,他们都对平衡计分卡对其实践所作出的巨大贡献称赞不已。平衡计分卡几乎涉及各个行业,世界各个行业的企业(甚至包括一些非营利组织)对平衡计分卡的需求每年以成倍的速度增长。2003 年 Balanced Scorecard Collaborative Pty Ltd 的调查表明:在全世界范围内有 73% 的受访企业正在或计划在不久的将来实施平衡计分卡;有 21% 的企业对平衡计分卡持等待和观望的态度;只有 6% 的企业不打算实施平衡计分卡,如图 7-8 所示。

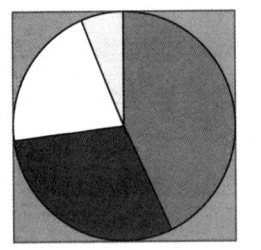

图 7-8　全球范围内企业使用平衡计分卡的情况

资料来源:Balanced Scorecard Collaborative Pty Ltd

1996 年,卡普兰和诺顿继续在《哈佛商业评论》上发表了第三篇关于平衡计分卡的文章。一方面,他们重申了平衡计分卡作为一种战略管理的工具对于企业战略实践的重要性;另一方面,从管理大师彼得·德鲁克的目标管理中吸取精髓,在文章中解释了平衡计分卡作为战略与绩效管理的框架,包括设定目标、制定行动计划、分配预算、绩效指导与反馈,以及连接薪酬激励机制等内容。同年,他们还出版了有关平衡计分卡的第一本著作——《平衡记分卡》,该著作将平衡计分卡的上述两个方面进行了更加详尽地阐述。

2001 年随着平衡计分卡风靡全球,卡普兰和诺顿在总结众多企业实践成功经验的基础上,出版了第二部有关平衡计分卡的著作《战略中心组织》。在该著作中,他们指出企业可以通过平衡计分卡,根据该公司的战略来建立企业的内部组织和管理模式,让企业的核心流程聚焦于企业的战略实践。该著作的出版标志着平衡计分卡开始成为一个组织管理的重要工具。

二、基于平衡计分卡的绩效管理在航运企业中的具体应用

平衡计分卡作为一种新型的战略管理和评估工具,其突出特点是将企业的愿景、使命和发展战略与企业的绩效管理联系起来,以实现战略和绩效的有机结合。下面以长航集运子公司为例,对基于平衡计分卡的绩效管理在航运企业中的具体应用进行分析。

(一)长航集运概况

长航集装箱运输股份有限公司(简称为"长航集运")主要从事国际及国内集装箱运输的营运及管理,经营范围主要包括集装箱运输、船舶租赁、揽货订舱、运输报关、仓储、集装箱堆场、集装箱制造、修理、销售及买卖等领域。随着一批新造船舶的交付使用,长航集运逐渐形成了以 4000TEU 以上箱位船舶为主,船队配置更加完善,运营能力更加强大的现代化船队,其总体实力已位列全球班轮公司前列。其中每艘运载能力逾 4000 标箱的大型船舶逾 58 艘,平均船龄只有2.66年,占总运力的 76.4%。年轻的船队使长航集运具有交货快、效率高、成本低等竞争优势,在国际主干线上更具竞争力。

长航集运已先后开辟了中国各港至韩国、日本、澳大利亚、东南亚、美洲、欧洲、波斯湾、西非等数 10 条国际集装箱班轮航线和国内沿海内贸线及外贸内支线。长航集运公司的未来发展目标是在 10 年内努力建设成为世界一流的航运企业。

(二)基于平衡计分卡的长航集运子公司绩效管理优化方案

1. 绩效管理原则和设计思路

(1)指导原则。指导原则包括:子公司考核目标与公司战略目标相联结的原则;工作业绩(绩效指标)与素质(行为指标)并重的原则;绩效导向原则;相关性原则;实事求是与客观公正原则。

(2)设计思路。有关设计思路主要体现为以下方面:

考核的内容应该反映公司的战略目标,这些战略目标将自上而下地层层传递下来;

把绩效考核转化成绩效管理,以绩效合同的形式来管理子公司业务,因此绩效管理是连续不间断的,而不是一年一次的工作;

绩效管理和考核的结果要以激励的方式体现出来,绩效管理的结果要与薪酬水平和岗位调整相联系;

行为素质的考核内容虽然很重要,但权重要科学设置,同时行为素质的考核内容要尽量客观。

2.公司战略分析

平衡计分卡的核心是战略,没有战略就没有平衡计分卡。要想成功实施平衡计分卡,首先要客观地了解和把握企业的现状及其面临的形势。下面,运用现代管理学的 SWOT 分析法来分析一下公司的现实战略环境,如表 7-15 所示。

表7-15   **SWOT 分析**

优势(Strengths)	劣势(Weaknesses)
丰富的经验和技能 较高素质的人力资源 庞大的运力、网络和客户群 控股股东的强力支持	国有企业观念的保守 创新激励不足 人才重视不够 资源配置分散,战略协同性不够
机会(Opportunities)	威胁(Threats)
全球制造重心逐渐向我国转移 全球经济的持续发展 中国对外贸易增长稳中有升 中外企业国内外货运市场的合作 政府的政策性扶持和引导	外国公司的规模、管理和技术优势 与外资相比,整体人员素质的差距 外资的进入地域和服务范围扩大 外国企业的超国民待遇 其他运输、物流企业的替代性竞争

SWOT 分析法为企业提供了四种可供选择的战略:增长型战略(SO)、扭转型战略(WO)、防御型战略(WT)和多种经营战略(ST)。如图 7-9 所示。

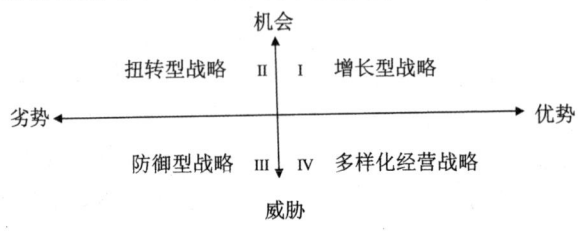

图 7-9 SWOT 战略地图

SO 战略(增长型战略):在第一象限内的企业,拥有强大的内部优势和众多的环境机会。这类企业可以利用自己的优势建立强有力的市场地位,增加产能,扩大市场份额,抢占市场先机。WO 战略(扭转型战略):在第二象限的企业,拥有外部机会,但是缺少内部良好条件。因此,应当提高差别化率,进行相关多元化发展,提高设备生产柔性,以求改变企业内部的不利条件。WT 战略(防御型战略):在第三象限的企业,既有外部威胁,内部状况又不佳。这类企业应当转入其他领域,拓展新的市场空间,以避开威胁,消除劣势。ST 战略(多样化经营战略):在第四象限的企业,拥有内部优势,同时又存在外部威胁。因此,应当完善内部管理,以独特的差异化产品吸引顾客,并加大国际市场的开拓力度。开展多种经营,避免或减轻外部威胁的打击,分散风险,寻找新的发展机会。

通过对企业自身的优势与劣势以及外部环境的机会与威胁的分析,该公司应采取 SO 战略(增长型战略),利用自己的优势建立强有力的市场地位,增加运力,扩大市场份额,抢占市场先机。

3. 关键绩效指标体系的构建

明确了公司战略之后,就可以根据战略目标进行进一步分析,从平衡计分卡的财务层面、顾客层面、内部业务流程层面、学习与创新层面来构建公司关键绩效指标体系。

1) 财务层面指标

对长航集运来说,各子公司创造的价值主要来源于各子公司根据市场竞争的实际进行的营销活动所带来的运营收入,因此,对子公司的财务评价指标考核的重点是与经营状况有关的指标。

营业收入,即企业本年度经营业务所产生的收入。业务收入是企业经营效果的最直接体现。通过业务收入这个指标来衡量子公司业务规模的总体状况。

利润总额,反映子公司全部经营活动所获得的利润。这项指标与业务收入有关,也与各子公司的成本支出有关。

应收账款周转率,反映子公司应收账款的变现速度及其管理效率,这也是衡量子公司在资产管理效率的一个重要指标。

单箱成本,用来衡量子公司对运营成本的控制情况。

经济增加值(EVA),其计算公式为:

$$EVA = 利润总额 - 应交所得税 - 资本总额 \times 综合资金成本率$$
$$综合资金成本率 = 平均资本成本率 \times 资本构成率 + 平均负债成本率 \times 负债构成率$$

经济增加值在计算上考虑了企业的权益资本成本,并且在利用会计信息时尽量消除了会计失真,因此能够更加真实地反映一个企业的经营业绩。

2) 顾客评价指标

长航集运为顾客提供的货运、存储等业务,实质上就是服务。该公司现在面临着国内外集装箱货运公司的强烈竞争,同时又面临着航空货运公司的挑战。因此,对长航集运公司来说,企业的成果好坏取决于顾客,企业与顾客应该是关系型。为此,长航集运公司提出了"用户至上,为客户创造价值"的服务理念和"保存量,争增量;稳住国外,拓展国内"的竞争战略。长航集运公司对子公司的顾客层面指标如下：

（1）业务经营指标。为了更好地为顾客提供个性化服务,结合货运行业特点,对顾客主要根据顾客的业务量进行划分,主要有以下几类：

大客户:指每年业务量(用年费来计量,下同)在100万元以上的集团用户,如大型外贸公司、钢铁公司等,从这类大客户获得的收入约占整个业务收入的百分之六十左右。在长航集运较高的市场占有率的情况下,这部分用户将是直接竞争对手争夺的重点。对子公司的考核中,针对大客户的指标主要是大客户流失率。

$$大客户流失率＝流失客户数÷大客户总数$$

商业客户:指每年业务量在100万元以下10万元以上的中型公司客户,来自这部分客户的收入约占整个业务收入的在百分之三十左右。对子公司来说,对这部分用户采取的措施必须是有针对性和个性化的服务,以此来留住客户,并采取有力的营销和宣传政策,不断发展新用户。在商业客户方面,对子公司的评价指标是商业客户流失率。

$$商业客户流失率＝流失商业客户数÷商业客户总数$$

小型客户:指每年业务量在10万元以下的小型公司及个人,来自这部分客户的收入约占整个业务收入的百分之十左右。

（2）市场占有率。市场占用率可以反映企业的竞争能力和营销成效。

$$市场占有率＝子公司营业收入总量÷本地区货运收入总量$$

（3）服务质量。集装箱运输企业为客户提供的主要是服务,服务质量影响用户的去留,直接影响企业的业务收入,最终影响企业的经营效益。为此,以用户满意度、商务纠纷次数作为考核子公司服务质量的指标。

$$客户满意率＝满意客户数÷客户总数$$

3)内部业务流程指标

作为服务型企业,长航集运公司更加注重公司的内部运营和流程服务的质量。根据长航集运的内部管理流程,在对子公司的考核指标体系中,主要设置以下指标：

（1）揽货箱量。这一指标用来衡量营销的完成情况。

（2）货物运送及时率。这一指标用来衡量运送货物的及时情况,可以评价内部运营质量。

（3）外贸航线舱位利用率。这一指标主要考核子公司对资源的使用效率和调度情况。

（4）重特大事故和经济损失发生次数。主要包括除不可抗拒因素外,因管理原因造成的事故和因经营管理不善造成的严重经济损失,这一指标考核子公司内部流程的管理情况。

（5）新业务收入比例。这一指标评价子公司在经营传统国际航线业务外，对国内航线业务的投入和开展情况。

$$新业务收入比例＝国内航线业务收入÷业务总收入$$

4）学习与创新指标

稳定人才队伍，加强企业的学习和创新，是长航集运实现其发展战略的重要保证。为此，在子公司的绩效管理体系中，学习和创新方面重点考核核心员工的流失率、员工满意度以及员工的继续教育。

（1）核心员工流失率。计算公式如下：

$$核心员工流失率＝流失的核心员工数÷核心员工总数$$

核心员工工作态度直接影响着客户满意度，他们的工作业绩和工作行为也决定着公司的生存和发展。具体来说，对长航集运战略目标和核心竞争力有重要影响的核心员工主要有以下几类：

技术业务类：包括专业带头人、技术支撑专家、销售与客户关系管理人才等。

管理支撑类：包括审计人才、财务分析人才、人力资源管理人才、战略实施规划人才、资本运作人才、高级管理人才等。

技术业务岗位：包括财务管理、审计、销售与客户关系管理、人力资源管理、战略实施规划、高级管理人员等岗位。

（2）员工满意度。计算公式如下：

$$员工满意度＝满意员工人数÷员工总人数$$

这一指标考核员工对公司现状的满意情况，其数据来源于企业实施的满意度调查结果。增强航运企业核心竞争力，最重要的是在企业内部营造一个和谐的人才环境，员工拥有较强的凝聚力。结合航运企业的运营特点，员工满意度调查的主要内容有：

企业文化建设：包括团队建设、部门合作、员工对企业远景的认可；

企业运营效率：包括企业战略实施、内部管理、营销成效；

员工绩效薪酬管理：包括薪酬的公平性、绩效管理目标的导向性、绩效管理的实际效果等；

企业激励机制：包括激励的公平性、有效性，员工的培养机制，企业员工培训的针对性、培训的效果等；

参与评价人员：基于长航集运内部有一个比较完善的办公自动化系统，员工评价可以通过办公网络进行评价，评价人员的范围主要包括子公司的中层管理人员（约为员工人数的3.8%）、一般管理岗位人员的20%（约为员工人数的2.2%），技术管理岗位人员的5%（约为员工人数的2%），参与评价的人员总计为员工人数的 10％。

（3）员工培训率。这一指标用于考核子公司对员工的业务培训情况，主要指时间在 3 天以上的脱产培训。

$$员工培训率＝参加培训员工÷员工总数$$

4. 关键绩效指标权重和标准的确定

1）关键绩效指标权重的确定

对于关键绩效管理指标体系中权数的确定，既要考虑科学性，又要考虑其可操作性。根据我国企业现状水平，常用的方法有以下 3 种：经验判断法、德尔菲法、指标两两比较法。

根据长航集运当前管理水平，采用指标两两比较法来确定关键绩效指标的权重。指标两两比较法，是由专家对若干个同一层次上的各评价指标对总目标的重要程度大小进行定性排序，并做出逐对指标比较，得出两两重要性的比值系数，经综合计算得出各指标权重系数的一种权数确定方法。现以某专家组对反映企业财务状况的五个评价指标权数的确定为例，说明指标两两比较法的操作程序：

（1）专家甲根据 A、B、C、D、E 五个评价指标对总目标的重要程度，排序为：指标 B＞指标 C＞指标 A＞指标 E＞指标 D

（2）专家甲对两两比较的指标做出相对重要程度的比值判断，如：

指标 B/指标 C＝1.5；指标 C/指标 A＝1；指标 A/指标 E＝2

指标 E/指标 D＝1.6；指标 D/指标 B＝1

（3）对专家甲的比例判断作归一化的数学处理，得出专家对各评价指标的权重系数。归一化数学处理如表 7 - 16 所示。

表 7 - 16　　　　　　　　　　　　处理过程

相比较的指标	专家甲判断的重要性比值	归一化权重系数 T_i	归一化权重系数 $W_i = T_i / \sum T_i$
B/C	1.5	$1×1.5×1×2×1.6=4.8$	0.3478
C/A	1	$1×1.6×2×1=3.2$	0.2319
A/E	2	$1×1.6×2=3.2$	0.2319
E/D	1.6	$1×1.6=1.6$	0.1159
D/B	1	$1=1$	0.0725
合计	—	13.8	1.0000

（4）分指标采用简单平均的方法求甲、乙、丙等各专家意见的平均值，即得出各指标权重系数的平均数。

（5）进行方差检验。如果各专家评价的权重系数离差过大，说明意见不一致，需经再次反复，直到专家意见，相对一致为止。

实际操作中，公司请了3位高层领导、3位中层干部和3位管理专家参与比较评分。首先确定第一层面指标权重，然后确定第二层面指标权重。实际结果如表7-17所示。

表7-17　　　　　　　　　　　　　　关键绩效指标权重

层面	权重（%）	指标	权重（%）	权重系数（%）
财务层面	30	营业收入	22	6.6
		利润总额	18	5.4
		应收账款周转率	17	5.1
		单箱成本	18	5.4
		经济增加值	25	7.5
客户层面	27	大客户流失率	21	5.7
		商业客户流失率	19	5.1
		市场占有率	20	5.4
		客户满意率	22	5.9
		商务纠纷次数	18	4.9
内部流程层面	23	揽货箱量	23	5.3
		货物运送及时率	20	4.6
		外贸航线舱位利用率	18	4.1
		重特大事故和严重经济损失次数	18	4.1
		新业务收入比例	21	4.8
学习与创新层面	20	核心员工流失率	38	7.6
		员工满意度	38	7.6
		员工培训率	34	7.4
合计（%）	100		400	100

2）关键绩效指标标准的确定

所谓评价标准就是用以比较和衡量各项评价指标的标准指标。采用的标准有：

计划标准：以计划指标作为评价现象实际状况的尺度，也就是将某项评价指标实际达到的水平同计划指标进行比较。

历史标准：以历史水平作为评价现象实际状况的尺度，也就是将某项评价指标报告期水平同相应的历史水平进行比较。历史标准一般有：以上年同期水平为评价标准;以某一特定年份同期水平为评价标准;以历史最好水平为评价标准。

社会标准:将被评价现象置于广泛的社会范围中分析比较而设立的评价与衡量标准。

主要以历史标准为主,并结合行业标准的方法,最终确定了长航集运八个子公司的关键绩效指标的标准值。表7-18是长航集运广州子公司的关键绩效指标标准值。

表7-18 关键绩效指标标准

层面	指标	单位	权重系数(%)	标准值
财务层面	营业收入	万元	6.6	20 000
	利润总额	万元	5.4	1 020
	应收账款周转率	次数	5.1	6.2
	单箱成本	元	5.4	2 800
	经济增加值	万元	7.5	1 400
客户层面	大客户流失率	%	5.7	2.1
	商业客户流失率	%	5.1	3.5
	市场占有率	%	5.4	36
	客户满意率	%	5.9	97.5
	商务纠纷次数	次	4.9	5
内部流程层面	揽货箱量	万箱	5.3	12.4
	货物运送及时率	%	4.6	98.3
	外贸航线舱位利用率	%	4.1	92.5
	重特大事故和严重经济损失次数	次	4.1	4
	新业务收入比例	%	4.8	10
学习与创新层面	核心员工流失率	%	7.6	2.5
	员工满意度	%	7.6	97.5
	员工培训率	%	7.4	78
合计(%)			100	

5. 计分方法的确定

计分方法是企业绩效评价的具体手段,可以采用定性分析和定量分析相结合的方法。定量分析方法主要是对可计量指标进行分析,定性分析方法主要是针对不可计量指标进行分析。

1) 定量指标的计分方法

选择综合指数法作为定量指标的评价计分方法。即将各指标实际值做规范化处理,转化为统一的无量纲值。由于各评价指标的性质不同,计算方法也存在差别。

当评价指标为正指标时,评价指标个体指数＝评价值数的实际值÷评价值数的基准值×100%。

当评价指标为逆指标时,评价指标个体指数＝评价指标的基准值÷评价指标的实际值×100%;

当评价指标为适度指标,即以一标准值为中心,允许有一定的离差,实际值愈接近标准值表示此项指标愈好;否则反之。

这时,评价指标个体指数＝(a－|a－实际值|)/(a－b)

式中,a为评价指标基准的标准值;b为评价指标标准值的允许离差。

即评价指标的标准区间为(a－b,a+b),根据上式计算,当实际值正好等于标准区间的临界值a－b或a+b时,说明实际值刚刚达到标准区间的要求,则评价指标个体指数为100%;当实际值在标准区间(a－b,a+b)之内且趋近于a,说明实际值接近标准区间的中心,评价指标个体指数大于100%;当实际值在标准区间(a－b,a+b)之外,说明实际值偏离标准区间,企业此项指标不佳,评价指标个体指数小于100%。上述3个计算公式,分别适用于不同属性的评价指标,且当实际值优于基准值时,评价指标个体指数皆大于100%;否则反之。

2) 定性指标的计分方法

定性指标计分首先由评价人员根据企业的实际情况对照定性指标评价参考标准,为每项指标赋予一定的等级A、B、C、D、E,再根据每个指标的等级参数和指标权数,计算出指标的评价分数,然后将每位评价人员对定性指标的评价打分加总、平均,计算出定性指标的最后得分。具体计分公式如下:

单项指标得分 ＝ $\sum$(指标权数×每个评价人员选定的等级系数)/n

其中,等级系数是指评价人员选定的评价等级对应的标准系数,如某位评价人员对某项指标评价为A,则等级系数为1.0;相应地B为0.8;C为0.6;D为0.4;E为0.2;n为参与评价打分的人数,最低不能少于5人。

第四节 水路运输企业的战略成本管理

战略成本管理是企业成本管理与战略管理相结合的产物,是传统的成本管理为更好地适应竞争环境变化所作出的一种变革。战略成本管理是企业以战略的眼光,利用有关成本信息从成本的产生源头识别成本驱动因素,对价值链进行成本管理,从而形成企业的竞争优势和核心竞争力。

一、战略成本管理概述

随着全球经济的迅猛发展,各国企业所面临的外部环境正在发生着剧烈的变化,世界科学技术迅速发展,新兴的产业急剧增加,各国企业国际化步伐明显加剧,全球竞争也日趋激烈。在这种情况下,成本管理的传统模式内在的狭隘性与局限性,使其越来越无法适应新的环境。因此,各国企业一直在努力寻求一种能使企业在信息时代的竞争中获得胜利,使企业能够更好地生存和发展下去的成本管理新模式,战略成本管理就是在这种情况下发展起来的,它从根本上解决了传统成本管理在新环境下的种种局限性,因此它在现代企业管理中的重要作用也在日益凸显。

战略成本管理(Strategic Cost Management,简称 SCM)是指企业利用相关的成本信息对企业的成本驱动因素进行控制从而获得长期的竞争优势,旨在提高企业的竞争优势的同时进行成本管理。它包括两个方面的内容:一是从成本角度分析、选择和优化企业战略;二是对成本实施控制的战略。前者是企业战略中的成本侧面,后者是为了提高成本管理的有效性,在前者的基础上对成本管理制度、方法和措施等进行的谋划。

(一) 战略成本管理的产生背景

从 20 世纪 80 年代战略成本管理被提出,已经经历了二十多年的研究和发展,形成了比较成熟的理论体系。战略成本管理已成为企业进行成本管理,提高经济效益,取得竞争优势,提高竞争力的有力武器。总结战略成本管理的产生和发展过程,它的产生绝不是偶然,而是社会、经济发展的必然选择,是特定环境下的必然产物。我们不妨把这一特定环境称为"大环境、小背景"。

大环境是指企业所处的外部环境。第二次世界大战以后,世界进入了一个突变的时代,社会经济蓬勃发展,区域合作日益增强,经济全球化趋势日趋明显,跨国公司迅猛发展,这对企业来说既是难得的机遇,又是严酷的挑战;社会需求的个性化、多样化,促使市场由需求共性向个性转变,传统的大批量、标准化生产向小批量、个性化生产过渡,市场份额由简单划分到细分化,市场竞争更加激烈;科学技术日新月异,新技术、新工艺层出不穷,生产、管理智能化;经济波动、通货膨胀、垄断行为、环境污染、失业率上升等社会问题日趋严重,引起了社会的不满,从而提高了对企业的要求,并对企业提出了许多的限制;资源短缺、突发事件不断出现。整个外部世界变成了一个特别庞大、复杂的、多变的、难以预测的环境。企业在这种大环境下,要想获得准确的信息,特别是竞争对手的成本信息,仅靠传统的成本管理系统是无法得到的,成本管理必须进行新的扩展和创新。

小背景是指企业所处的内部环境。时代的变革导致了企业经营环境的变化,从而引起了企业管理方法的变革。传统的管理方法已经不再适应新经济的发展,企业的管理者必须具有战略的思想,在这种思想的指导下,寻求企业持之以恒的竞争优势,形成独特的核心竞争力。新制造环境的形成也为企业成本管理提出了新的课题,计算机集成制造系统(CIMS)、准时制造(JIT)、计算机辅助设计与制造系统(CAD/CAM)等新制造技术逐步得到应用,传统的成本管理系统已无法满足需要,我们必须以新的成本管理系统来应对企业的内部环境变化,只有这样企业才能战胜竞争对手,取得超出竞争对手的利润回报。

（二）战略成本管理的原理

如何进行战略成本管理? 可以通过表7-19来分析企业竞争地位与成本变化之间的关系。

表7-19　　　　　　　　　　　　成本行为与竞争地位组合

	企业竞争地位		
	提高	不变	降低
成本提高	①	②	③
成本降低	④	⑤	⑥

表7-19中共有6种成本行为与竞争地位变化的组合。从表中,我们可以得到如下启示:(1)表中③和⑥的情形。无论成本怎样变化,以降低企业的竞争力为代价,是绝不可取的。表中②提高成本而不能改善竞争地位的情形显然也不可取。(2)表中⑤情形在不影响企业竞争地位的情况下降低成本。按照价值工程的思想,每一种成本的发生都是为了取得相应的功能。如果这些功能不能提高产品的竞争力,无法提高企业的竞争地位,那就必须毫不犹豫地消除这些成本因素。(3)表中④的情形是既降低成本,又提高产品竞争力,这无疑是最理想的状况。如在技术创新的情况下,采用新设备、新材料或新工艺不但降低了产品成本,而且使产品的质量得以提高,大大增强了产品的竞争力。(4)表中①所示的是产品成本提高,企业的竞争地位也提高的情形。对这种情形必须具体分析,即进行成本效益分析。如果成本小幅上升,而企业竞争地位大幅提高,那么对企业来说无疑是有利可图的;反之,则不可行。如企业在技改上加大投入,改进设备和工艺,虽然会在短时期内增加资本性支出,但从长远看,对于提高企业竞争优势具有重要意义,因此是可行的。

上述(3)、(4)反映的均是在提高竞争力的意义上进行的成本管理,这正是战略成本管理的宗旨。同时,上述成本管理也在一定程度上反映了企业的竞争战略。(2)所反映的是成本领先的战略,即把重点放在使自己在行业中处于成本领先的位置,获得成本的优势,也就能在竞争中获胜。(4)所反映的是差异化战略,即体现了一种竞争对手无法模仿的独特优势。如产品具有独特的功能,具有新材料、新工艺和新设备等方面的专利技术;或者企业具有巨大科技、资金、人才等方面的创新实力,令对手望尘莫及。虽然这些差异的取得会在一定程度上提高产品成本,但由于独树一帜,因此产品在市场上仍能一枝独秀,可以取得更优的竞争地位。

如何保证这些战略的成功实施呢?战略成本管理是在考虑企业竞争力的前提下来选择成本管理的方案。因此,问题的关键集中在两个方面:第一,如何反映企业及竞争对手竞争力的变化。第二,如何做到在降低成本的同时不损害甚至提高竞争力,或者在适当提高成本的情况下大幅度提高竞争力。

（三）战略成本管理的特点

战略成本管理是将战略思想应用到成本管理中,是在提高企业竞争力的同时进行的成本管理,也就是说不仅要降低成本,更要注重与企业的竞争战略相配合以保持企业的竞争优势。战略管理对象应包括企业的整个价值链管理,管理的时间应超越一个会计期间的界限,与传统成本管理模式相比战略成本管理具有以下几个主要特点。

1. 战略成本管理具有外向性

战略成本管理不仅对企业内部的各种因素进行分析,还把企业外部资源也纳入到企业成本管理的范围中,注重行业价值链和竞争对手价值链分析,从整个市场的环境角度来全面考虑企业成本管理的问题,从企业外部资源着手降低成本。

2. 战略成本管理具有长期性

战略成本管理作为企业经营管理的长期目标,它超越了一个会计期间的界限,战略成本管理的宗旨就是要立足于长远的战略目标,以取得长期持久的竞争优势,使企业能够长期生存和发展,所以在进行成本管理时不仅要分析现在的情况,还要分析今后的发展趋势。

3. 战略成本管理具有全局性

战略成本管理是以企业的全局为对象、根据企业总体发展战略而制定的。它不仅仅把眼光放在生产阶段的成本控制上,除了对产品成本进行分析,还要对产品的开发、研究、试制、设计以及售后服务进行控制。

4. 战略成本管理全方位地考虑各种成本动因

战略成本管理不仅考虑了有形的可量化的成本构成项目,也注重如企业的客户满意度、产品结构、企业文化等这些无形成本因素,使成本分析结论更加科学和全面。

（四）战略成本管理的方法

战略成本管理是通过运用与成本因素相关的各种分析方法来实现的,主要包括:价值链分析法、战略定位分析法和成本动因分析法。

1. 价值链分析法

价值链(Value Chain)一词是由美国哈佛大学商学院教授迈克尔? 波特1985 年在其所著的《竞争优势》中提出的。所谓价值链是指企业为了给顾客生产有价值的产品或劳务而发生的一系列在顾客看来有价值的活动。一定水平的价值链是企业在一个特定产业内的各种作业的组合。这一价值链形式可以通过图 7-10 反映出来。

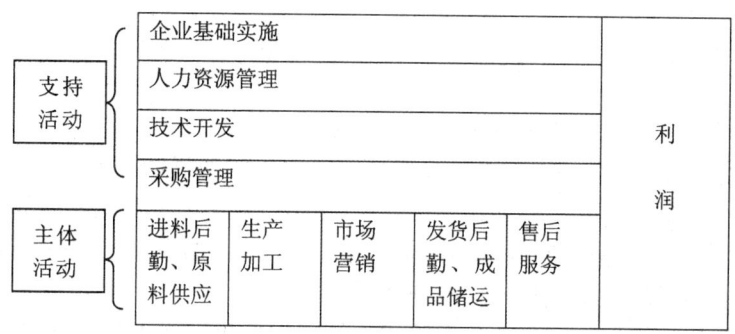

图 7-10　企业内部价值链作业

根据联结的对象与范围,可以将价值链分为行业价值链、企业内部价值链、竞争对手价值链三种类型。

2. 战略定位分析法

战略定位分析,就是指企业通过战略环境分析,确定应采取的战略,从而明确企业成本管理的方向,建立与企业战略相适应的成本管理战略。

企业战略定位的分析方法有两类,一类是对企业总体环境进行分析,如PEST(政治环境、经济环境、社会文化环境和技术环境 4 个英文单词首字母的缩写)分析方法;另一类是对企业业务层上战略的选择进行分析,如 SWOT 分析方法、总体战略选择矩阵和总体战略分析模型等,其中最常用的是 SWOT 分析法。

3. 成本动因分析

成本动因是指引起产品成本的原因。战略成本管理所强调的成本动因,可以分为结构性成本动因、执行性成本动因和作业性成本动因 3 大类。各成本动因之间的关系可以图 7-11 表示。

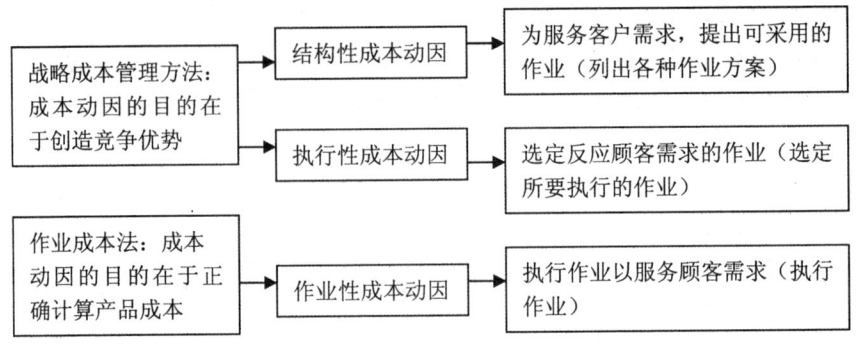

图 7-11　各成本动因之间的关系

二、航运企业中战略成本管理的具体应用

(一)航运企业战略成本管理的目标

航运企业的成本管理不仅要有取得成本优势的明确的战略思想,还需要有实现战略目标的战略措施,而价值链分析(包括行业价值链和企业内部价值链)、成本规划与设计等具有长期成本降低的措施成分,目的在于构造一个基础宽广的、具有持续效应的降低成本的措施体系。

确定成本管理战略目标,需要将成本管理与企业经营活动、管理措施及战略选择相互联系来考察。因而考察战略成本管理的目标,需要将成本与相关因素结合起来进行考察。结合一系列的相关因素,航运企业的战略成本管理目标主要有:

(1)降低成本。对于任何企业来说,成本始终是影响利润的主要因素之一,那么降低成本必然成为航运企业最重要的任务之一。航运企业可以降低船舶的单位营运成本和营运成本的绝对额。减少船舶的非生产性时间,提高营运率。而对于船舶固定费用以及燃油费等在设计阶段就已确定的成本很难有较大改变。因此,应该从船舶的购置开始进行战略管理。

(2)增加利润。降低成本可以增加企业的利润,但战略意义上的降低成本是为了来获取其他更多的利益,哪怕是增加一定的成本。成本管理应着眼于成本的源头即成本的发生。对于航运企业来说应从船舶的购置开始,因为船舶是企业最重要的资产,是各种资源的交汇点,决定了企业的资产和成本结构,也是航运企业参与竞争的重要基础条件。

(3)获得竞争优势。航运业的竞争相当激烈,航运企业往往会采取诸多战略措施以取得竞争优势,那么成本管理就应该配合企业的战略选择。

（二）战略成本管理在航运企业中的具体应用

下面以万海航运股份有限公司为例，对战略成本管理进行具体分析。

1. 万海航运股份有限公司情况简介

万海航运公司始创于 1965 年，初期业务以从事中国台湾、日本、东南亚之间原木运输为主，后来为了应对亚太地区经贸快速发展和国际运输集装箱化的趋势，于 1976 年成功转型，进入全集装箱化运输服务事业。公司营运的定期航线涵盖了亚洲各主要港口、东非、美国西海岸及欧洲西北部的一些港口，东南亚航线网络尤为密集，业界人士称之为"支线盈利之王"、"东南亚老大"。目前，万海航运公司所占集装箱航运市场份额为 1.3%，列全球二十大班轮公司的第二十位。万海航运公司在近年开始涉足远洋干线运输，但所占市场份额甚少，而且在经营远洋航线运输的过程中也遇到了一些问题。因此深入研究集装箱航运市场的现状，以及企业自身目前存在的问题，对于万海航运公司的长远发展具有十分重要。

2. 万海航运公司的 SWOT 分析

万海航运公司的内外部环境具体情况如下：

（1）面临的机会。集装箱运量保持平稳增长。近年来，几个经济大国、实体经济良好的增长势头，如，2004 年第三季度美国的经济增长率为 3.6%，日本为 2.8%，欧洲区域为 2.0%，远远高于年初经济学家等的预测。这无疑会促进各国经济贸易往来，进而带动集装箱运量的平稳增长。

中国大陆同台湾的经贸往来日益密切，直航势在必行。随着祖国大陆对外开放的不断深入，越来越多的台湾同胞到祖国大陆沿海及内地投资建厂等，两岸之间的经贸往来日益频繁、密切，关于两岸直接通航的话题已经提到了议程上，这无疑对于万海航运公司是一件天大的好事，这样可以减少不必要的中间环节，节省时间，降低成本，提高运作的效率。

（2）面临的威胁。各班轮航运公司之间竞争加剧，各大班轮航运公司为了提高自身的竞争优势，抢占更多的市场份额，获得更多经营利润，开始了激烈的竞争。各班轮公司不断地推出一些新的举措，以此来留住老客户，同时又不断地吸引新的客户，从而导致了竞争格局愈演愈烈。

面临被其他的航运公司收购的可能，2005 年集装箱航运市场的主旋律就是收购狂潮，继航运巨头——马士基航运公司收购铁行渣华之后，各大班轮公司开始了一轮又一轮的收购。

（3）自身优势。自身揽货能力强，目前，万海航运公司自有船舶加上租赁的船舶共计 80 艘，在运输旺季的时候，船舶总是处于满载运行状态，甚至常常不得不甩下一些集装箱，留给其他船只来运输；即使在运输淡季到来的时刻，万海航运公司的船舶装载率也能达到 70%~80%,这与其拥有很强的揽货能力是分不开的。

同其他航运公司良好的合作关系,万海航运公司在组建、发展、壮大的历程中,始终坚持同其他相关航运公司保持良好的合作关系这一原则,信奉合作、共赢这一理念。目前同很多航运公司保持着良好的合作关系。

(4) 自身的劣势。管理混乱,万海航运公司自组建之日起,由于有长荣海运公司、阳明海运公司的拦截,所以在台湾本土很难招募到优秀的员工,因此很多的管理模式都是模仿长荣海运公司的,但由于自身状况的不同,以及员工整体素质不如长荣海运的,同时,由于近年万海航运公司快速发展,导致了公司管理上有些混乱。

远洋运输经验不足。万海航运公司是以经营近洋航线起家的,只是在近几年才涉足远洋航线的运输,由于前面提到的管理混乱、员工整体素质不如长荣的,加之其缺乏远洋航线运输的相关经验,所以,导致了其在经营远洋航线运输的过程中出现了一些不该有的现状。

经过上述的分析,可以把万海航运公司面临的机会、威胁以及公司内部的优势、劣势逐项排列出来,形成 SWOT 矩阵,如表 7-20 所示。

表 7-20 　　　　　　　　　　　万海航运的 SWOT 分析

	机会(O)	威胁(T)
战略选择	1. 集装箱运量增加 2. 国际货运量显著增加 3. 两岸经贸频繁,直航势在必行 4. 促进远洋运输企业提高经营管理水平和技术进步 5. 油价回调	1. 竞争加剧 2. 国外船公司进入国内市场增加了竞争压力 3. 国外远洋运输企业享有更多优惠政策 4. 面临被收购的可能 5. 油价的飙升 6. 盈利下滑 7. 海盗、恐怖主义活动
优势(S)	SO(战略选择)	ST(战略选择)
1. 揽货能力强 2. 航线完备 3. 有专用码头 4. 有一定的品牌效应 5. 仓容利用率高	1. 加强亚洲支线运输,保持支线盈利能力 2. 加强同港口的合作 3. 加强与大陆航运公司的合作 4. 扩大船队规模	1. 时机成熟时,考虑收购某一航运公司 2. 加强成本控制 3. 加大员工相关行业法规的学习. 培训力度

（续表）

劣势（W）	WO 战略选择	WT 战略选择
1. 管理混乱 2. 远洋运输经验不足 3. 信息化建设相对滞后 4. 价值链间管理脱节 5. 技术创新水平较低	1. 引进先进航运技术和管理手段 2. 建立完善的企业管理制度 3. 加强同相关航运公司的战略联盟	1. 在市场不景气时期，采取自营战略 2. 加强债务管理，化解财务危机 3. 开拓相关领域

3. 万海航运的战略目标

根据万海航运公司的现状，以及集装箱航运市场的现状、集装箱航运市场未来发展的趋势，通过 SWOT 分析，制定如下的万海航运公司的发展战略目标以增长型为主，防御性为辅的发展战略。

（1）战略总目标。万海航运公司的战略总目标为：继续保持和加强自身在支线航运盈利之王的优势；继续保持和加强在揽货能力方面的特有优势；进一步强化同各港口的合作；不断地扩大集装箱船队的规模；努力开发新的航线；开拓、发展新的相关业务；在机会允许的情况下，考虑收购某一合适的集装箱航运公司；培养优秀的航运人才，实现公司利润的最大化。

（2）战略分目标。继续保持、巩固和金融机构良好的合作关系，加强公司的管理与运营，使公司的股票增值，进而为扩大船队的规模做好资金方面的工作。继续保持、巩固公司在揽货、支线航线盈利的核心优势，通过联盟或自行开辟新的航线，开辟澳洲、俄罗斯远东、大西洋沿岸及南美洲等航线，以分散经营风险、降低运营成本、强化服务网络，不断的扩大公司的经营领域以及市场份额，真正的实现万海航运，纵横万海这一伟大目标。开拓发展新的相关领域，寻求新的业务经济增长点，走出公司单一化经营模式，进而分散公司的经营风险。建立和加强公司成本、安全管理体系，强化公司的成本管理和成本控制，降低公司运营成本，同时保障公司的船队正常、安全运行，进而满足客户的需要，为客户提供优质、方便、快捷的服务，实现公司利润的最大化。加强同各方的合作，可以进一步加大专用码头的租用力度，以防止在码头这一环节出现瓶颈现象，同时可以增加揽货的渠道。加强公司员工队伍的建设，通过培训、岗位轮换等方式提高员工的整体素质，为公司的长远发展夯实雄厚的基础。

4. 战略步骤

到 2015 年，使公司自有全集装箱船的数量达到 95 艘，1000～2500TEU 的船舶占自有船舶数量的 35%，2500～4000TEU 的船舶占自有船舶数量的 45%，

4000~6000TEU 的船舶占 10%,6000TEU 及以上的占 10%,市场份额占有率达到 2.2%,进入航运企业战略成本管理研究全球班轮公司前十五名。

5. 万海航运公司价值链分析

万海集装箱公司提供运输服务,主要生产服务过程为:在接受托运任务后,在堆场接受装好货物后的集装箱或空集装箱送到货主仓库接受装货然后运回场地储藏保管、装船运输,在支线港口卸货然后装运到干线班轮进行运输。价值链流程如图 7-12 所示。

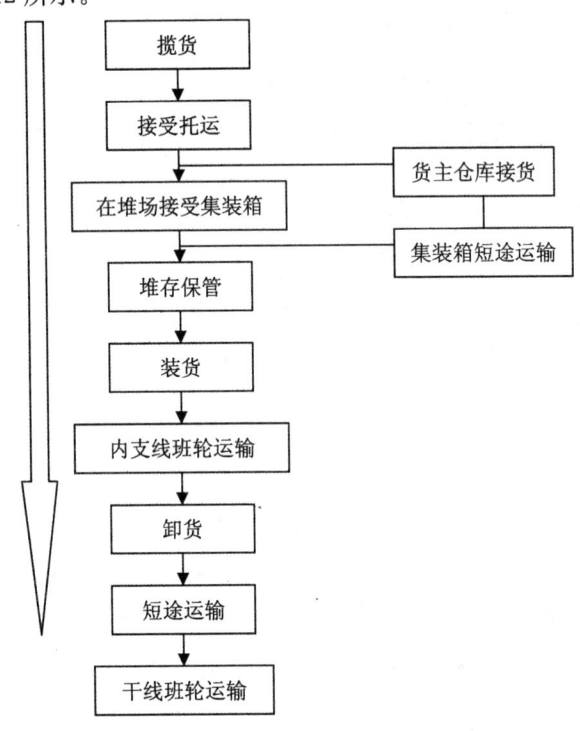

图 7-12 万海航运公司价值链

如果货主要在仓库交付货物,那么,我们现假设某市内集装箱短途运输的成本为 8 万(两台集装箱卡车的营运成本)。每个月平均 300 个标箱需要在货主仓库交货或装箱,平均运输成本为 267 元/TEU。如果外包给 A 港运输公司,价格为 200 元/TEU。运输船舶和船员的成本为:租赁上述航运公司的价格是每艘船舶 30 万元/年,9 艘,共 270 万。每艘船舶所配备的船员 6 000 元/月,9 艘船,每年需 64.8 万。如果自己购买船舶和招聘船员,每年的费用为:每艘船舶 28 万元/年,9 艘,共 252 万元;每艘船舶所配备船员的费用为 9 000 元/月,共 9 艘船舶,需 97.2 万。表 7-21 价值链活动对照表总结了这一分析:

表 7-21　　　　　　　　　　　价值链活动对照表

价值活动	选择一:自己经营	选择二:外包
某市内短途运输	8 万元/月,92 万/年	200 元/标准箱,72 万/年
船舶	28 万元/年,9 艘,252 万/年	30 万/年,9 艘,270 万元/年
船员	9 000 元/月/艘,97.2 万元/年	6 000 元/月/艘,64.8 万元/年
每年费用总计	441.2 万元/年	406.8 万元/年

　　上述价值活动采取外包后每年可节省 34.4 万元。如果自己购买船舶可以降低费用 18 万元,但是配备船员的费用提高成本 32.4 万元。因此,采取外包方式在价值活动功能不变的情况下,可降低单位成本,增加内部价值链的整体成本优势。在明确万海航运公司价值链之后,对公司价值链进行优化,主要包括:调整或减少非增值作业或增值较少但耗费较大的作业,增加增值作业,从而实现企业竞争优势,创造更多利润。随着远洋运输业全球竞争加剧及第三方物流产业的兴起,揽货业务和客户服务应该成为公司价值链中的发展重点。因此,万海航运公司如果要在市场中占优势一定要大力宣传运力,占领市场份额,同时,发展客户服务,及时反馈客户信息,以高质量的服务赢得客户的信赖,树立公司对外良好形象。

　　6. 构建万海航运公司战略成本管理体系的措施

　　(1)战略定位分析。万海航运公司面对市场激烈的竞争应该采取以增长型为主,防御型为辅的发展战略以获得更多市场份额,提高市场竞争力,建立起企业的良好信誉。

　　(2)内部价值链再造。万海航运公司内部价值链再造主要包括两方面,一是扩大规模型,产生规模经济,降低成本;二是降低企业内部的"非价值作业"。

　　(3)供应商价值链再造。当前远洋运输业发展的主要趋势是及时、准确、全方位服务。客户强烈要求航运企业能够提供更加快捷可靠、方便灵活的供应链管理,并进一步要求承运人提供所谓"无缝服务",从包装、陆运、集运、海运、报关、分包再到陆运、交货提供完整的运输服务体系,并对点到点、门对门的运输全过程进行监控。

　　(4)客户价值链再造。万海航运公司应采取客户成本管理,对于不同的客户采取不同的营销策略,确保提高运量,稳固市场份额。可以用客户对于企业业务的贡献率(客户年运量/企业年总运量)评价企业的客户重要性,对于重要的大货主可以采取"双赢"的揽货策略,船东与货主联网,货主可以随时监控所属货物的实时动态,与他们建立长期互惠互利的战略合作伙伴关系。

　　(5)竞争者价值链再造。从目前的航运市场的竞争态势来看,远洋运输企业之间除了激烈的市场,还存在着"强强联手"的合作趋势,势必会将一些竞争力较弱的企业在"优胜劣汰"机制下淘汰出航运市场。因此,现今航运市场的竞争也表现为联盟之间的竞争;它们的合作也更多地出现了"双赢"或"多赢方式"。因此,万海航运公司有必要也必须走上与其他实力较强的航运公司达成联盟,利用各自航线优势、吨位共享、舱位互租、集装箱互租、航线联营、实施互用。

阅读文献

[1] 王嵬:水路运输企业成本核算[J],物流科技,2009 年第 9 期。

[2] 郭艳,张蔚蔚:中国航运企业发展现状及对策研究[J],中国水运,2007 年第 01 期。

[3] 滕炜:海运企业船舶运输成本控制研究[D],暨南大学硕士学位论文.2004 年 10 月。

[4] 王家骅,孙光圻,李国进:关于大连组建航运市场的研究和建议[J].东北亚论坛,1996 年第 02 期。

[5] 霍伟伟:大型航运企业的发展历程及成功经验[J],物流科技,2012 年第 04 期。

[6] 宋瑞,张文芳:论作业成本法的产生与发展[J],现代商贸工业,2009 年第 18 期。

[7] 王灵艳,熊桂晶:作业成本法在航运企业成本核算中的应用[J],合作经济与科技,2006 年第 07 期。

[8] 黄瑞:作业成本法在航运企业的适用性研究分析[J],水利经济,2005 年第 01 期。

[9] 况忠文:作业成本法的特点及其在我国的应用分析[J],中小企业管理与科技,2009 年第 04 期。

[10] 程海涛:作业成本法的特点及应用分析[J],中小企业管理与科技,2012 年第 02 期。

[11] 王晓鸥:作业成本法在远洋集装箱运输企业的运用[J],财会月刊,2007 年第 08 期。

[12] 卢栋:长航凤凰公司驳船航次成本控制模型研究[D],武汉理工大学学位论文,2010 年 10 月。

[13] 廖晓慧,李宏:平衡计分卡的基本设计理念与应用浅析[J],北方经贸,2006 年第 03 期。

[14] 张长文:基于平衡计分卡的长航集运子公司绩效管理研究[D],大连理工大学,2007 年。

[15] 段钢,萧鸣政:平衡计分卡绩效管理模式评析[J].中国人才,2008 年第 21 期。

[16] 张靖琳:浅析平衡计分卡系统的优势和缺陷[J],法制与社会,2010 年第 21 期。

[17] 侍磊:浅谈航运企业的战略成本管理[J],经济视角,2011 年第 10 期。

[18] 张海君,刘智勤:浅析战略成本管理[J],黑龙江对外经贸,2005 年第 09 期。

[19] 郦洁:浅析航运企业的战略成本管理[J],交通财会,2007 年第 01 期。

[20] 熊桂晶:航运企业战略成本管理研究[D],大连海事大学,2007 年。

[21] 刘秋红:浅析战略成本管理中的价值链分析[J],中华女子学院山东分院学报,2004 年第 02 期。

[22] 陈宁,曾艳英:基于价值链理论的航运企业成本优化管理研究综述[J],长沙理工大学学报(社会科学版),2010 年第 02 期。

[23] 吴迪:跨国航运企业成本控制实务研究[J],交通企业管理,2010 年第 10 期。

[24] 孙志龙:后金融危机时期航运企业成本控制思路探讨[J],交通财会,2010 年第 10 期。

复习思考题

1. 简述水路运输的组成和分类。

2. 水路运输企业的经营及成本特点是什么?

3. 说明作业成本法的概念和特点。

4. 简述作业成本法在航次成本控制中的应用步骤。

5. 平衡计分卡各维度与企业战略之间存在怎样的因果关系?

6. 平衡计分卡的本质特征及作用是什么?

7. 简述如何运用 SWOT 分析方法对航运企业的战略环境进行分析。

8. 与传统的成本管理模式相比,战略成本管理有哪些优势特点?

9. 战略成本管理有哪些分析方法? 各自的特点是什么?

10. 简述如何在航运企业运用价值链分析方法?

第八章 管理会计学在港口经营企业的应用

【本章概要】

　　港口是一个国家或地区对外开放交流的门户,自改革开放以来,我国的港口经营企业取得了很大的发展,在推动国家对外经济贸易发展的过程中发挥了不可替代的作用。而在竞争日益激烈的今天,尤其是在后金融危机时代,我国港口经营企业的生存和发展面临严峻的挑战。管理会计自诞生以来,在国内外诸多行业企业管理中得到了广泛应用,港口经营企业也应结合自身经营特点,将管理会计创新性地应用到港口管理当中。

　　港口是一个提供特殊产品、有着独特营运特点的行业,港口生产经营活动复杂并且具有一定的不平衡性,受宏观环境影响的程度很大。本章中,本书主要介绍管理会计中典型的作业成本法、预算管理、内部会计控制以及管理激励和业绩评价等在港口经营企业中的应用与分析。对港口经营企业内部管理控制和整体发展所面临的问题,本章进行了详尽的分析,结合应用经典的管理会计理论与方法进行了进一步探讨,并通过案例分析的形式详述了其应用。

第一节 港口经营企业及其业务特点

一、港口的概念

　　港湾是指具有天然掩护的可供船舶停泊或临时避风之用的水域,通常是指天然形成的。而港口则通常是由人工建筑而成的,具有完备的船舶航行、靠泊条件和一定的客货运设施的区域,它的范围包括水域和陆域两部分。港口一般设有航道、港池、锚地、码头、仓库货场、后方运输设备、修理设备和必要的管理、服务结构等。港口是一个国家或某地区的大门。港的中文字义为水边之巷,即大陆对外从水路(江、河、海)进出的通道;港口英文(Port)一词源出于古拉丁文Port,就具有门户的意思,原意为"位于海岸的门户,除有安全屏障外,并有水、陆接运"的涵义。我们说的港口,是指具有相应设施,提供船舶靠泊,旅客上下船,货物装卸、储存、驳运以及相关服务,并按照一定程序划定的具有明确界限的水域和陆域构成的场所。港口通常位于江、河、湖、海沿岸商业贸易活动频繁的城镇或临近地区。港口是水陆运输的枢纽,旅客和货物的集散地,是国内外贸易物资转运的联结点,也是沟通城乡物资交流的场所。

二、港口的分类

(一)按照所在位置分类

港口按其所在位置可分为海岸港、河口港和河港,海岸港和河口港统称为海港。

(二)按照用途分类

港口按其用途可分为商港、军港、渔港、工业港和避风港。

1. 商港

商港是指主要供商船进出靠泊和进行货物装卸、旅客上下的港口。

2. 军港

军港是指军队使用的港口,专供海军舰艇使用的港口,供舰艇停泊、补给、修建、避风和获得战斗、技术、后勤等保障,又称海军基地,具备相应的设备和防御设施。

3. 渔港

渔港是指专供渔船和渔业辅助船停泊、使用的港口,用于船舶傍靠、锚泊、避风、装卸渔获物和补充渔需及生活物资,并可进行渔获物的冷冻、加工、储运、渔船维修、渔具制造、通讯联络及船员休息、娱乐、医疗等。

4. 工业港

工业港是指专为临近海、河的工矿企业服务,主要装卸原料、燃料、产品的港口。

5. 避风港

避风港是指供船只躲避大风浪的港湾。

(三)按照成因分类

港口按成因可分为天然港和人工港。

1. 天然港

天然港是指由大自然自发形成的可停泊船只的场所。世界上著名的天然良港,包括香港的维多利亚港、美国的旧金山湾及巴西的里约热内卢港等。

2. 人工港

人工港是指挖入式港池,有防波堤保护的非天然港口。由于地理环境没有天然防护,人工港需要投入大量资金及人力修筑防波堤及其他设拖,以确保船舶及货物装卸不会受风浪的影响。同时由于大风和潮汐带来的大量淤泥,港口容易淤积,因此要每年进行清淤工程,亦增加了经营成本。

（四）按照港口水域分类

按港口水域在寒冷季节是否冻结可分为冻港和不冻港。

1. 冻港

冻港是相对于不冻港而言的,是指在冬季由于结冰而无法停泊船只使用的港口。一般是指高纬度地区的港口。

2. 不冻港

不冻港是冬季不会结冰,船舶能正常进出的港口,尤指高纬度地区（如俄罗斯、北欧、加拿大等）冬季不结冰的港口。从地理学角度看,高纬度地区的不冻港主要受制于这样几个因素:暖性洋流流经港口海域;海水的盐度及港口附近有无河流注入,一般有河流注入的港口,海水盐度被河水冲淡,容易结冰;港口海域水体对太阳热能的储存能力。我国的大连、旅顺、秦皇岛是我国北方的终年不冻港。

（五）按照潮汐关系分类

按潮汐关系、潮差大小,是否修建船闸控制进港,可将港口划分为闭口港和开口港。

（六）按照进口货物管理分类

按对进口的外国货物是否办理报关手续可分为报关港和自由港。

1. 报关港

报关港是相对于自由港而言的,是指货物进出需要依法缴纳关税的港口。

2. 自由港

自由港是指全部或绝大多数外国商品可以免税进出的港口,划在一国的关税国境（即"关境"）以外。又称自由口岸、自由贸易区、对外贸易区。这种港口划在一国关境之外,外国商品进出港口时除免交关税外,还可在港内自由改装、加工、长期储存或销售。但须遵守所在国的有关政策和法令。

（七）按照所有制关系分类

按所有制形式分,可将港口经营企业分为国有独资企业、中外合资企业、民营企业。

1. 国有独资港口经营企业

现代企业制度下的国有独资港口经营企业,一般需要采取国有独资公司的组织形式。两个或两个以上国有单位共同投资设立的港口经营企业,也属于国有港口经营企业,但不属于法律意义上的国有独资港口经营企业。

2. 中外合资港口经营企业

中外合资港口经营企业是指由国有资本和外商资本(包括港澳台资本)联合投资设立的港口经营企业。中外合资港口经营企业一般采取有限责任公司的组织形式。

3. 民营港口经营企业

民营港口经营企业是指由国内非国有资本投资设立的港口经营企业。伴随着社会主义市场经济体制的逐步完善,国家政策鼓励符合规定条件的民营资本投资建设与经营港口。

在很多经济发达的港口城市,港口经营企业通常是各种经济成分并存,如上海港、青岛港、深圳港等;在长江内河港口,则以国有企业为主;沿江一些中小港口已在港口民营化方面做了有益的尝试,如位于长江下游的江阴港已率先全面实施民营化改造,并有效提高了企业的运营效率和社会服务水准。

三、港口生产的基本过程

(一)货物的装卸、贮存和港内运输生产

这是港口的主要生产任务。货物以车、船运到港口,必须首先进行装卸业务;由于换装业务不可能一直在车与船之间进行,在港口必然产生货物的集散过程,于是货物往往需要在港口存储一段时间;在装卸、存储的过程中,由于泊区、库场的专业化分工和布局上的特点,货物在港内运输是不可避免的。

(二)以传播为主要服务对象的服务性生产

服务性生产主要指为传播提供代理服务、理货服务、技术服务(如引航、移泊、航修以及污水处理等)、供应服务(如燃料、电力、淡水、食品、船用备品等)等。

(三)为装卸生产服务的辅助性生产

这一类生产是指港口装卸机械设备的修理;库场、码头道路等工程建筑设施的维护、修理;装卸工属具的加工、制造、保养、维修等。

四、港口经营企业经营管理职能

(一)船舶服务

种类和范围非常广泛,如船舶通讯、引航、拖带、安排船舶进出港(港内代理服务)、燃油、水、食品、设备等的供应,船舶修理等。

船代业务内容:船舶抵港、在港、离港的所有事务,包括订舱、船抵港手续、保证泊位、安排装卸、单证处理等。

(二)为发货人和收件人提供的服务

主要由两种业务:货运代理业、仓储业。

（1）货代业务特点：需准确地处理信息、填制所有必要的单证。

（2）仓储业务特点：可为所储存的货物签发仓库收据，而在国外此种仓库收据是可转让的有价证券。

（三）港口内货物装卸和搬运

货物装卸和搬运是主营业务，包括：码头装卸作业、船舶与仓储区之间的水平运输、集疏运货物的装卸以及前沿码头、前方仓库、货物分类场地内的作业。

（四）港口经营辅助性业务

如：理货业务、计量、检验等。

（五）港口业务与信息的协调

港口装卸经营者即港口码头，作为码头经营的主体，具有对码头作业的总体控制地位，以协调各种与港口相关的业务及信息。

（六）港口设施管理

主要包括公用设施、专用设施、货主码头设施。

五、港口经营企业营运特点

港口经营企业既不同于生产型企业，也与一般的服务性企业有所区别。港口经营企业产品的生产过程也就是产品的消费过程。由于港口经营企业产品的特殊性，企业的生产经营活动也就具有一定的独特性。

（一）港口经营企业生产经营活动较为复杂

港口生产是多工种、多环节的联合作业，它不仅涉及装卸工人、机械司机、库场管理人员、理货人员、机电修理工和生产调度人员，还涉及港口外部的众多货主以及海关、商检、铁路等。由于港口生产涉及面广，所以港口经营企业生产经营活动比较复杂，主要表现在以下几个方面。

1. 港口经营企业输入的信息量较大，构成较为复杂

就港口经营企业的货流来讲就含有大量的信息：货种的类别、性质，目的港、起运港，发货人、收货人，等等，再加上车流、船流、装卸等信息，信息量巨大，种类繁多。

2. 多环节复杂工作的协调

企业生产活动是由主营生产过程、服务性生产过程和辅助性生产过程相互协调组成的，它们相互关联，相互交叉，组成一个作业网络。每一个工艺过程都有若干个操作过程组成，这使得港口经营企业的生产比一般类型企业的生产来的复杂。

3. 生产过程有随机性的特征

港口经营企业的生产在很多地方都是依赖于时间参数的一组随机变量的动

态过程,例如,除班轮以外的不定期船的到达特征,车流的密度,船舶作业舱口的变化以及临时故障频率等。随机性的特征既影响计划的精确性,同时也增加了生产组织的难度。

（二）港口经营企业生产具有一定的不平衡性

由于港口是交通运输系统的枢纽,港口经营企业的业务客户主要是货主和船舶两个方面,其生产具有一定的不平衡性。港口经营企业生产的不平衡性是由多种因素造成的。

首先,从货主的角度来看。港口经营企业的货流在空间和时间上分布不平衡。一个港口经营企业服务的货主很多,每一家货主需要服务的时间会有所不同,货流并不稳定。而且即使有稳定的货流,由于车辆、船舶的类型不同,承载能力不同,到达时间不同,货物到达港口的时间也会有很大的差异。所以,港口经营企业实际的货流并不稳定持续,而是变化间断的。

其次,从船舶的角度来看。由于船舶类型的不同,承载能力也相差悬殊,到达时间会有所差异,这难免会造成船舶之间衔接的不平衡。

最后,气象因素也会加剧港口经营企业生产的不平衡性。例如,如果在某一海域发生台风,船舶的航行时间和路线都会改变;出现雨雪等天气,港口的装卸作业就被迫停止等。

（三）港口经营企业的生产能力具有一定的超前性

港口经营企业的产品既不能存储,也不能调拨,它在企业生产过程中产生,不能离开生产过程而独立存在。基于企业产品的这一特点,港口经营企业要扩大再生产,扩大港口的通过能力,必须超前建设码头、仓库或堆场等,购置装卸机械设备,扩大疏运能力,使港口具备足够的通过能力和相当规模的储备能力。当然,这些生产能力在一定的期间内很可能处于闲置状态。而且,港口经营企业的生产受天气、货物流、船舶停靠等客观因素的影响,为了保持生产的连续性、节奏性、均衡性,港口经营企业也应提前具有一定的生产能力。

（四）受自然环境影响较为明显

港口经营企业从企业建立到开始正常生产经营都受自然条件影响较为明显。港口经营企业在建立时要选择合适的地理位置,考虑水域、陆域等多种因素。虽然随着现代科学技术的发展,港口经营企业可以对港口的岸线、水深等自然条件进行改造,但是港口经营企业还是无法从根本上摆脱自然环境对它的限制。即使在生产经营的过程中,港口经营企业一般也要考虑天气等自然因素。例如,有些货种遇有大雨就不能装卸,遇有大雾船舶就不能进出港,大吨位满载的船舶必须乘潮进出港口,等等。

（五）受航运企业辖制较大

随着经济全球化和航运联盟的出现,大型的航运公司通过合并、收购、联盟等方式扩大自己的竞争力,从而也具有更大的市场主导能力。与此同时,港口的密度逐渐增大,港口经营企业依据地利而形成的竞争优势逐渐弱化。一些实力较强的航运公司对港口经营企业的影响力越来越大。对于港口经营企业来说,失去这些实力强大的航运公司,产生的损失不仅是为船舶提供服务所带来的这一部分收入,还会影响货源。例如,2001年马士基海陆公司将其在东南亚的基本港口从新加坡转移到了马来西亚的丹戎帕拉帕斯港,对新加坡港的集装箱业绩产生了很大的影响。

（六）受社会因素约束较为明显

与港口经营企业发生业务关系的单位几乎涉及社会的各个领域和部门,港口经营企业除了考虑经济因素外,社会因素也是其考虑的一大方面。对于一个国家或地区来说,关注的不仅仅是港口经营企业自身的经济效益,还有其巨大的社会效益。影响港口经营企业经营的社会因素可以划分为社会经济因素和社会政治因素两种。

1. 社会经济因素的影响

社会经济因素主要表现为港口经营企业经济腹地的需求和供给。经济腹地是指与港口有密切往来的客户的地域分布范围,它既是输出旅客、货物的来源,又是输入旅客、货物的去向。由于港口经营企业是一切经济部门生产过程的延续,相较于其他类型的企业,对经济腹地的依附性更强。经济腹地是港口经营企业赖以生存和发展的基础,对港口经营企业的兴衰起到重要的作用。经济腹地越广,经济越发达,区域性联系越紧密,港口经营企业也就越有发展潜力。每一个港口经营企业以其所在地为核心,都有它既定的经济腹地。由于各港口经营企业之间的服务方式和生产流程相差不大、内陆交通网络的发展和货主自主意识的增强,经济腹地的界限越来越不清楚,越来越多的港口经营企业开始为同一个经济腹地服务。在港口经营企业之间竞争加剧的同时,经济腹地对其约束力也同时加大。

例如,环渤海地区有天津港集团有限公司、大连港集团有限公司和青岛港(集团)有限公司3家港口经营企业。按照地域来说,青岛港的经济腹地主要是山东,天津港的主要腹地是京津冀地区,大连港的经济腹地是黑、吉、辽3省。但是随着内陆交通运输的发展和海上运输技术的增加,这3家集团公司的经济腹地呈现了交叉的趋势。目前港口经营企业对这一概念已经有所意识,这一潜在的变量必将对企业产生重大的影响。

2. 社会政治因素的影响

社会政治因素主要包括国家对进出口货物、港口生产经营活动的干涉等方面，国家对进出口货物有一系列的规定。例如，外贸进口货物在船舶入港前必须进行联检，即由国家港务监督、船舶检验、卫生防疫、商品检验、海关等进行检查，执行国家的相关法规。经联检之后，港口经营企业才可以联合铁路、外贸、代理公司等相关单位完成其任务。而且我国的港口经营企业大多是由国家或者地方投资建立的，所以当国家的需要与企业的经济利益发生冲突时，港口经营企业将牺牲自身的利益，满足国家的需要。

第二节 作业成本法在港口经营企业的应用

作业成本法（Activity-based Costing）作为一种先进的成本计算方法，在西方许多行业都有一定程度的应用，自被介绍到我国以来，一直受到学术界的重视，也逐步为我国一些企业所接受和使用。而长期以来港口经营企业主要以吞吐量为指标衡量公司业绩，对成本这一重要指标重视不够。各港口经营企业要在激烈的市场竞争中求生存谋发展，降低港口费用、加强自身成本控制是十分必要的。作业成本法为港口经营企业查找成本动因、改进传统的成本核算方式提供了一种全新的视角和理念。

打破现行模式，建立科学的成本核算体系。港口经营企业引入作业成本法，根据成本产生的因果关系计算和归集成本，一方面可以确保成本信息的准确性，另一方面，以作业为基础的成本核算系统的建立可以为港口经营企业提供多样化的成本信息，使各项决策更科学。

加强成本控制。作业成本法不仅能提供准确的成本信息，更重要的是通过作业成本的因果分析可以准确了解成本构成，找到管理重点、有效控制成本。港口经营企业应用作业成本法的精细化作业分析，满足了企业流程管理和战略管理的需要，在保证不改变服务质量的前提下，有效地降低港口费率水平，增强港口的竞争力。

一、目前港口经营企业成本核算方法及存在的问题

港口经营企业主要经营装卸、堆存、港务管理这3种性质完全不同的业务，并分别按不同的费率收费。它们的业务量、计算单位、成本构成均不同，为了反映不同的业务成本水平，港口经营企业现行成本核算是按业务类别确定计量各种业务成本的直接费用和间接费用，计入到这3种业务成本中。经营期间发生的装卸、堆卸、港务管理业务直接费用在"装卸支出"、"堆存支出"、"港务管理支出"中归集。

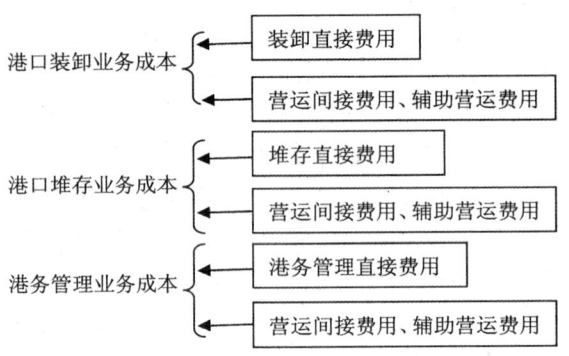

图 8-1 港口业务成本一般计算程序

港口营运间接费用是企业营运过程中发生的不能直接计入成本核算对象的各种间接费用;辅助营运费用是企业辅助营运生产部门,在营运生产期间发生的辅助船舶费用和生产产品和提供劳务发生的辅助生产费用。国内港口经营企业现行通用的分摊方法是将营运间接费用和辅助营运费用按各业务直接费用的比例分摊到各业务成本。

在当今激烈的市场竞争中港口经营企业要寻求长远发展,加强自身成本控制显得十分必要。按照市场经济和现代企业制度的要求,对照内部成本核算制度,港口经营企业现行成本核算方法普遍存在成本信息失真、成本与生产经营脱节等问题,主要表现在以下几个方面。

（一）成本核算制度不合理

现行制度一般对占总成本一定比例的营运间接费用、辅助营运费用按各业务直接费用的比例分摊到业务中,这种核算方法并不能找到这些成本发生的真正动因,不能准确核算各业务实际发生的成本。

（二）经营责任制不完善

港口经营企业主要以吞吐量为指标来衡量公司业绩,而忽略了成本这一重要指标,而现行成本控制方法以企业为整体来划分成本责任中心,容易导致成本控制责任无人承担。

（三）成本核算基础工作不完善

基础工作的不完善导致在推行机械成本定额消耗管理时,缺乏必要的实际消耗数据,给分货种、分操作工艺流程装卸单位成本的核算及制定费率优惠政策带来了困难,制约了成本核算工作。

（四）成本预算控制、内部管理考核机制不完善

成本与支出监督缺乏力度,成本控制工作未形成责任成本体系,缺乏有效的内部监督检查机制和激励机制,有待于建立全面的、多层次的成本组织管理体系。

二、作业成本法在港口经营企业的应用分析

港口经营企业的资本相对集中、投资回报期较长,其日常营运的直接人工和直接材料成本所占比重并不大,间接费用所占的比重相对较高,按机器工时作为分配率的传统成本计算方法明显已不能满足港口经营企业战略发展要求;而较高数额的间接费用核算正是作业成本法的优势所在,使用作业成本法核算各类作业的成本消耗水平显得更具必要性。例如,在港口装卸业务中除了码头投资建设的固定成本比重较大外,日常装卸营运的燃料、电费、材料、修理费占变动成本中的百分之六十左右,如何正确核算各作业的资源消耗水平一直以来都是港口成本核算的难题。面对港口经营企业目前存在的成本核算问题,当使用作业成本法的收益超过其推行成本时,企业可考虑应用这一核算方法。

作业成本法在港口经营企业应用的前提是识别各类作业和动因,下面结合某港务公司杂货码头(以下简称B码头)的装卸业务对作业成本法的应用加以说明。

(一)确认作业中心,设置作业成本账户

在港口装卸业务中,一个完整装卸过程通过很多作业构成的作业链完成,尽管装卸过程的作业流程种类繁多,但能够完成装卸作业的部门却是几个比较固定的作业单位。例如,B码头按作业是否同质的原则,把装卸作业单位分为门吊队、吊机队、汽拖队、铲车队和装卸队5个作业中心,作业成本库也根据这5个作业中心设置账户。

(二)确认作业,将作业中心汇集的资源成本分配到各作业成本库

企业实际发生的资源成本可以通过直接追溯或估计的方法分配给作业中心。例如,员工工资与福利是港口经营企业典型的资源成本,该成本的资源动因就是员工人数,若总人工成本为5万元,门吊作业所需司机人数占总人数的20%,则门吊作业的人工成本就是1万元,这就是成本从资源到作业的分配。

(三)将作业成本库价值分配计入成本核算对象,计算某货类分操作过程单位成本

港口经营企业的装卸业务提供的服务是将货物按一定的操作流程在空间上移位,每种货物分类及其操作过程就是港口经营企业的"最终产品"。因此,可以把分货类、分操作过程作为成本核算对象。在获取了分货类、分操作过程的总工时和工艺流程的固定"派工比例"后,就可以把总工时分配给各作业中心,汇总各作业中心的作业量。

1. 计算工时分配率

在获取必要数据后,计算某货类分操作过程的工时分配率,然后利用工时分配率把总工时分配到各个作业中心。计算公式如下:

$$工时分配率 = \frac{某货类分操作过程的装卸总工时}{门吊中心 + 吊车中心 + 汽拖中心 + 装卸中心} \quad (8-1)$$

再把装卸总工时分配到各作业中心,计算公式如下:

$$某作业中心应分配工时 = 工时分配率 \times 该作业中心的比例$$

以钢铁制品由船—库场操作为例,该操作过程总工时为 36 120 小时,派工计划是 1 台门吊、1 台吊机、2 台汽拖和 9 名工人,每台机械配备 1 名司机,则该过程的工时分配率=36 120÷(1+1+2+9)=2778。汽拖作业应分配 2 778×2=5 556 工时。

2. 计算成本分配率

在完成各作业中心在某货类分操作过程分配工时后,进一步对各作业中心工时进行汇总,以计算成本分配率。计算公式如下:

$$成本分配率 = \frac{某作业中心的作业成本}{\sum_{\substack{\text{各货种分操作过程}\\\text{在本作业中心分配的工时}}}} \quad (8-2)$$

以汽拖队为例,该作业中心的作业总成本为 427 158 元,工时合计为 7 488 小时,则成本分配率=427 158÷7 488=57。

再利用成本分配率,把各作业成本分配给各货种分类过程的核算对象。计算公式如下:

某货类分操作过程在某作业中心应分配的成本=某作业中心成本分配率×分配到该作业中心的工时

汽拖队分配到钢铁制品由船—库场操作过程的成本为 5 556×57=316 692 元。

3. 计算某货类分操作过程单位装卸成本

汇总某货类分操作过程在各作业中心的作业成本,计算某货类分操作过程单位成本,计算公式如下:

$$单位成本 = \frac{\sum_{\substack{\text{各货种分操作过程}\\\text{在本作业中心分配的工时}}}}{操作量} \quad (8-3)$$

钢铁制品由船—库场操作过程 5 个作业成本中心成本合计为 31 920 元,操作量为 671 吨,则其单位成本=31 920÷671=47.57 元/吨,就完成了成本从作业到作业对象的分配。

三、港口经营企业实施作业成本法应注意的问题

作业成本法是一种适合现代高新技术生产环境的成本计算方法,计算出来的成本能够较准确地反映产品与其消耗资源之间的关系,更能为企业计划、控制和决策提供可靠的成本信息,而考虑到港口经营企业独特的营运特征,在实施作业成本法时应注意如下一些问题:

（一）实践作业成本法的同时注重完善

作业成本法本身处于不断改进的过程中，企业应用时既要吸取过往的经验教训，又要在企业应用实践中不断摸索，根据自身的成本特点和工艺特点不断完善作业成本法。

（二）实施作业成本法应遵循成本—效益原则

任何一个成本核算方法并非越准确越好，在准确度相似的情况下，关键要考虑其应用成本。港口经营企业应用作业成本法时要充分考虑成本—效益原则，若其企业的成本核算较为简单，则按现行方法进行成本核算即可，这种情况下选用作业成本法反而会导致繁琐核算，徒增企业成本费用、造成浪费。

（三）必须努力实现全员参与

作业成本法作为一种全新成本核算方法，在港口经营企业的应用必须建立在严格的管理制度基础上，做好全体员工的培训，提高全员的成本意识，避免和消除无效作业，消除实施过程中产生的各种人为因素阻力，以降低成本和提高效率，提高信息准确性。

（四）必须努力提高管理水平

在成本计算阶段，需要大量真实准确的基础数据，同时需要计算机处理大量数据并进行分析，如果没有先进的管理手段相配合，利用作业成本法所计算出来的大量成本信息将很难真正用于作业分析和作业成本管理，作业成本法的效果将很难显现出来。

四、作业成本法在集装箱 A 港口应用实例分析

A 港口是位于广东佛山的集装箱港口经营企业，2009 年 A 港口共完成货柜装卸量 151029TEU。码头集装箱装卸处理一般分为进出口外贸货柜和内河内贸货柜，集装箱一般又分为有货物的重柜和空箱的吉柜，A 港口的具体货柜装卸情况如表 8-1 所示。

表 8-1　　　　　　　　　　A 港口货柜装卸情况表

货类		2009 年(TEU)	2008 年(TEU)	增减量(TEU)	增减比例(%)
外贸货柜	重柜	58 107	36 525	21 582	59.1
	吉柜	48 410	30 539	17 871	58.5
小计		106 517	67 064	39 452	58.5
内贸货柜	重柜	25 326	21 382	3 944	18.4
	吉柜	19 186	18 069	1 117	6.2
小计		44 512	39 451	5 061	12.8
合计		151 029	106 515	44 514	41.8

在进出口贸易逐步复苏过程中,A 港口 2009 年实现集装箱装卸收入 3 656 万元,同比增长 37.8%,具体收入情况如表 8-2 所示。

表 8-2   A 港口营业收入情况表

货类		2009 年		2008 年		减量(TEU)	增减比例(%)
		元/TEU	金额(万元)	元/TEU	金额(万元)		
外贸货柜	重柜	496	2883	537	1952	931	47.7
	吉柜	82	398	90	274	124	45.3
小计		308	3281	330	2226	1055	47.4
内贸货柜	重柜	135	341	183	391	−50	−12.8
	吉柜	18	34	20	36	−2	−5.6
小计		84	375	86	427	−52	−12.2
合计		242	3656	249	2653	1003	37.8

A 港口 2009 年集装箱装卸成本为 1 727 万元,同比增长 33%,具体成本项目如表 8-3 所示。

表 8-3   A 港口营业成本明细表单位:元

成本项目	2009 年		2008 年	
	金额(万元)	比重(%)	金额(万元)	比重(%)
人工成本	362	21	253	19
燃润料费	173	10	157	12
装卸费	22	1	25	2
折旧费	615	36	540	42
修理费	245	14	169	13
水电费	41	2	38	3
保险费	8	0	9	1
联检费用	261	15	106	8
合计	1 727	100	1 297	100

(一)A 港口成本核算方法分析

1. 传统成本核算的局限性

从 A 港口成本明细表中可以看到,2009 年折旧费在营业成本中占 36%,

2008 年折旧费比例更是高达 42％,固定资产折旧类间接费用比重远超其他各类费用。A 港口一直按平均年限法计提固定资产折旧,并未按固定资产的实际工作消耗量计提和分摊,不能准确地反映各类货柜作业对资源的实际消耗程度。而且 A 港口对直接人工、直接材料依照传统成本核算办法按部门和班组来计算和分配,也不能实际反映各类货柜对这些直接人工和直接材料的实际消耗水平。目前,现代物流供应链中的企业逐步向精细化管理方向发展,传统的成本核算方法已不能满足现代港口经营企业的管理要求,A 港口若要在日益激烈的市场竞争中获得生存和发展,有必要根据"产品消耗作业,作业消耗资源"的原则,采用作业成本法对其作业流程进行精细化管理。

2. 港口经营企业运用作业成本法的意义

作业成本法是一套用来衡量产品成本、作业绩效、耗用资源及成本标准的方法。港口经营企业运用作业成本法,根据成本产生的因果关系计算和归集成本,一方面可确保成本信息的准确,另一方面以作业为基础的成本核算系统的建立可以为港口经营企业提供多样化的成本信息,解决传统成本法带来的成本信息失真问题,使成本核算更准确,各项决策更科学。同时,作业成本法可以加强企业对成本的控制,不仅可以提供准确的成本信息,更重要的是通过作业成本的因果分析可以有效地控制成本。港口经营企业通过作业成本法的精细化作业分析,可满足企业流程管理和战略管理的需要,可在保证服务质量的前提下,有效地降低港口收费水平,增强港口经营企业的竞争力。

作业管理不仅是对港口装卸业务成本的管理,而且是对港口经营企业业务流程中全部成本费用的管理,重点放在每一作业的完成及其所耗费的资源上,通过成本动因分析,优化业务流程,不断改变作业方式,重新配置有限资源,寻求成本最低的增值作业,降低非增值作业成本,达到成本管理的目标,作业成本法也已超越了成本计算本身,上升为以价值链分析为基础、服务于企业战略需要的作业管理。

(二) A 港口作业分析

1. 港口经营企业供应链

港口经营企业供应链(图 8 - 2)一般是由供应商、港口经营企业、运输船公司和货主企业等组成,供应链各主体通过对各企业之间信息流、物流、资金流的动态流转,完成产品或服务从原始供应、运输配送和流通加工等环节,直到完成最终客户的服务过程。港口经营企业处于整个供应链的中部,在货主供应商和货主批发商之间架起了中介桥梁,港口上下游企业可通过实施供应链管理,在企业之间分工与协作,从而实现供应链上各企业的多赢和共赢,提升企业自身竞争力。

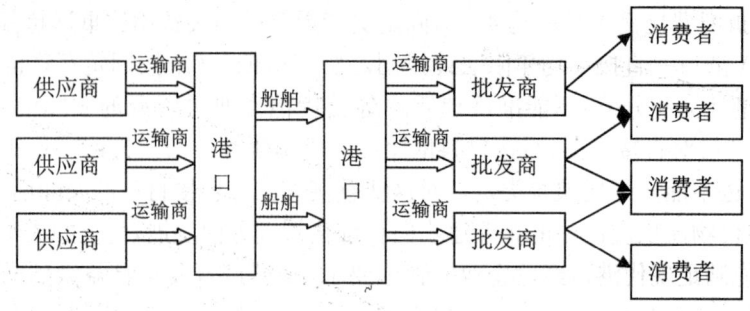

图 8-2 港口经营企业供应链

2. A 港口经营企业作业中心

港口经营企业的作业流程(图 8-3)一般由船舶装卸、码头拖车、库场装卸等流程组成。作业中心指一系列相互联系、能够实现某种特定功能的作业集合。A 港口根据作业流程可将港口操作分为门吊、吊车、汽拖和装卸 4 个作业中心。港口完成作业的具体流程如图 8-3 所示。

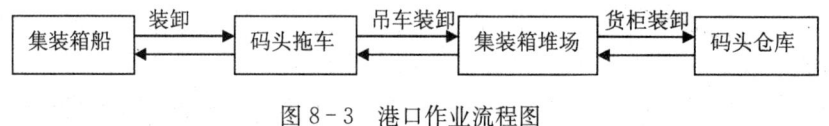

图 8-3 港口作业流程图

3. A 港口作业

作业是企业组织为了特定目的而消耗资源的活动或事项。港口经营企业的作业对象主要有集装箱的装卸、机器设备检测及维修等,A 港口的门吊、吊车、汽拖和装卸 4 个作业中心及其具体作业情况如表 8-4 所示。

表 8-4 作业中心作业情况表

作业中心	作业	货柜类别
门吊中心	调度、船舶集装箱装卸、门吊检测、维修、电力及燃料供应	集装箱重柜、吉柜
吊车中心	拖车集装箱装卸、吊车检测、维修保养、燃料供应	集装箱重柜、吉柜
汽拖中心	集装箱拖运、拖车检测、维修、燃料供应	集装箱重柜、吉柜
装卸中心	集装箱货物装卸、机器检修、监管部门联检、仓储	集装箱重柜、吉柜

4. A 港口成本动因分析

作业成本法强调作业消耗资源,所消耗的资源构成了该项作业的成本,是促使成本发生变动的因素。成本动因是指引起成本发生的原因,也称为成本驱动因素,是作业成本法的前提,如订购次数、材料搬运次数、检验次数、机器小时等。

每项作业活动皆有其成本动因,多个成本动因结合起来决定一项既定活动的成本,成本动因可能与数量相关(例如机器小时),也可能与营运活动有关(例如机器换模次数)。结合 A 港口实际情况分析,其人工成本动因与员工人数相关,燃润料成本动因与机器功率和机器小时相关,装卸费动因与装卸人员数量和机器小时相关,折旧动因与设备价值和机器小时相关,修理费动因与机器小时相关,水电费动因与机器功率和机器小时相关,保险费动因与机械设备价值相关,联检费用动因与联检部门检测次数相关。

A 港口依据集装箱装卸的各项成本动因,将各装卸项目总工时或总工作量分配到各作业中心,在获取了必要的数据后,根据公式(8-1)计算出分配率,再将总工时或总工作量分配到各个作业中心,如表 8-5 所示。

表 8-5　　　　　　　　　　作业成本分配率

单位:元

成本项目	分配比例(%)			
	门吊中心	吊车中心	汽拖中心	装卸中心
人工成本	7	16	32	45
燃润料费	18	24	48	10
装卸费	—	—	—	100
折旧费	36	58	6	—
修理费	31	25	40	4
水电费	35	5	5	55
保险费	36	28	30	6
联检费用	—	—	—	100

5. 作业中心成本库

按照作业成本分配率把相关的一系列作业所消耗的资源归集到作业中心,构成 A 港口门吊、吊车、汽拖和装卸 4 个作业中心的成本库。A 港口根据表 8-5 中确定的作业成本分配率,将 2009 年集装箱装卸成本分配到门吊、吊车、汽拖和装卸中心,各作业中心成本库的成本归集情况如表 8-6 所示。

表 8-6　　　　　　　　　　作业中心成本库

单位:万元

成本项目	门吊中心	吊车中心	汽拖中心	装卸中心	合计
人工成本	25	58	116	163	362

（续表）

成本项目	门吊中心	吊车中心	汽拖中心	装卸中心	合计
燃润料费	31	42	83	17	173
装卸费				22	22
折旧费	221	172	185	37	615
修理费	76	61	98	10	245
水电费	14	2	2	22	41
保险费	3	2	3	1	8
联检费用				261	261
合计	371	337	487	533	1 727

6. 作业动因分析

作业动因是指作业贡献于最终产品的原因，反映产品消耗作业的情况，也是将作业中心的成本分配到成本对象（产品、劳务或顾客）的标准。A 港口门吊中心、吊车中心、汽拖中心和装卸中心的作业对象都是集装箱，其作业对象可进一步细分为外贸重柜、外贸吉柜、内贸重柜和内贸吉柜，其作业消耗量均可用作业工时衡量。A 港口根据各种货柜的消耗工时和装卸货柜量来衡量作业动因，具体计算情况如表 8-7 所示。

表 8-7　　　　　　　　**A 港口 2009 年作业成本动因计算表**

作业中心	外贸货柜				内贸货柜				工时（分钟）
	重柜（58107TEU）		吉柜（48410TEU）		重柜（25326TEU）		吉柜（19186TEU）		
	分钟	总计	分钟	总计	分钟	总计	分钟	总计	
门吊中心	2	116 214	1.5	72 615	2	50 652	1.5	28 779	268 260
吊车中心	1.5	87 161	1	48 410	1.5	37 989	1	19 186	192 746
汽拖中心	3	174 321	3	145 230	3	75 978	3	57 558	453 087
装卸中心	60	3 486 420	—	—	30	759 780	—	—	4 246 200

A 港口在对各作业中心的各种货柜分配工时后，又进一步对各作业中心工时进行汇总后，根据计算公式（8-2）进一步计算成本分配率，再依据下列计算公式计算出各类货柜的总成本：

各类货柜装卸成本 $= \sum$ 各装卸作业中心的作业成本 $\times$ 成本分配率

表 8-8　　　　　　　　　作业分配及作业成本表

作业中心	外贸货柜				内贸货柜				计万元
	重柜		吉柜		重柜		吉柜		
	分配比例(%)	重柜	分配比例(%)	吉柜	分配比例(%)	吉柜			
门吊中心	43.3	161	27.1	100	18.92	70	10.7	40	371
吊车中心	45.2	153	25.1	85	19.7	66	10.0	34	337
汽拖中心	38.5	187	32.1	156	16.8	81	12.7	62	486
装卸中心	82.1	438	—	—	17.9	95	—	—	533
合计	54.3	938	19.7	341	18.1	313	7.8	135	1727

7. 集装箱货柜作业成本

通过作业成本法对成本分配后,得到作业分配及作业成本(表 8-8),再根据如下计算公式计出各类货柜单位作业成本。如表 8-9 所示。

$$单位作业成本 = \frac{各类货柜总成本}{各类货柜操作量}$$

表 8-9　　　　　　　　　　单位作业成本表

单位:元

	外贸货柜		内贸货柜		合计
	重柜	吉柜	重柜	吉柜	
作业成本(万元)	938	341	313	136	1 727
货柜量(TEU)	58 107	48 410	25 326	19 186	151 029
单位作业成本(元/TEU)	161	70	124	71	114
单位收入(元/TEU)	496	82	135	18	242

经过成本分配计算得出,A 港口 2009 年外贸重柜的单位作业成本为 161 元/TEU、外贸吉柜的单位作业成本为 70 元/TEU、内贸重柜的单位作业成本为 124 元/TEU、内贸吉柜的单位作业成本为 71 元/TEU。而与之对应的外贸重柜单位收入为 496 元/TEU、外贸吉柜的单位收入为 82 元/TEU、内贸重柜的单位收入为 135 元/TEU、内贸吉柜的单位收入为 18 元/TEU。

(三)增值作业和非增值作业分析

增值作业(value-added activities)指那些有必要保留在企业中的作业,增值作业要同时满足以下 3 个条件:

(1) 该作业将带来状态的改变(有效率的);

(2) 状态的变化不能由其他的作业完成(必要的);

(3) 该作业使其他作业得以执行(不可消除的)。

非增值作业(non-value-added activities)指企业经营活动中不必要的或可以消除的,或者虽然必要但效率不高、可以改进的作业。持续改进和流程再造的目标就是寻找非增值作业,并将其减至最小,消除这些作业及成本并不影响产品或服务的质量、功能和价值等。

A 港口通过作业成本法,可以清楚了解到外贸集装箱货柜处理业务才是港口的主要增值作业,特别是外贸重柜才能为企业带来真正的效益。而内贸集装箱货柜则是港口的非增值作业,尤其是内贸吉柜单位收入与成本分别为 18 和 71 元/TEU,故 A 港口应尽量消除、避免或减少内贸货柜的操作处理。另外,通过作业成本法计算出的成本较准确地反映了产品与其消耗资源之间的关系,能为企业计划、控制和决策提供可靠的成本信息,A 港口得出了 2009 年作业单位成本分别为外贸重柜 161 元/TEU、外贸吉柜 70 元/TEU、内贸重柜 124 元/TEU、内贸吉柜 71 元/TEU,可为制定不同类型的集装箱货柜处理价格提供重要的参考依据,管理层可根据作业单位成本和市场情况及时灵活地制定出各类货柜的装卸处理价格,有效地提升其市场竞争力,最大限度地有效使用企业资源,并为企业创造最佳的经济效益。

第三节 全面预算管理在港口经营企业应用

随着港口管理体制改革的推进及现代企业制度的逐步建立,港口经营企业的产权结构逐渐呈现出多元化的特点。分散的产权投资者不再仅仅关注企业当前的经营成果,并且开始更多的关注企业未来的发展前景。也就是说,投资人手中的企业股权的价值,不仅取决于企业当前实现的利润,而且取决于企业未来的盈利能力和发展潜力。因此,管理者对企业的控制和规划要从经营结果(利润预算)更多延伸到对经营过程(业务预算和资金预算)和经营质量(资产负债预算和现金流量预算)的关注,这一过程即称为全面预算管理。通过全面预算控制和改善企业物流和资金流,最终提高经营质量,这也是港口经营企业管理者在新形势下的必然选择。

一、港口经营企业应用全面预算管理存在的问题

预算管理(budget management)又称全面预算管理,是围绕企业的战略目标,以全面预算为基础对企业内部各种财务及非财务资源进行最合理的配置,并

分析、协调、控制预算的执行,有计划、高效、协调地组织企业的各种经济活动,完成既定的经营目标。预算管理是企业建立自我约束、自我控制、自我发展良好机制的有效举措,它涵盖了经济活动的各个方面,包括经营、投资、人力资源、财务以及专项事务等预算。预算管理的成功实施,能够使企业各类资源得到最优配置,提高企业的经济运行质量,真正实现企业价值最大化。

目前许多港口经营企业预算管理并非真正意义上的全面预算管理,由于企业对全面预算管理理解的片面性以及缺乏处理实务的经验,在实施全面预算管理的过程中目前还普遍存在一些亟待克服的问题:

(一)对全面预算内涵认识不足,缺乏全局观念

全面预算是在财务收支预算基础之上的延伸和发展,很多企业在预算编制过程中缺乏沟通与协调,以至于被认为应由财务部门负责预算的制定和控制。全面预算是集业务预算、投资预算、资金预算、利润预算、人工成本支出预算以及管理费用预算等于一体的综合性预算体系,具有全额、全程、全员的特点,但一些企业的管理者对全面预算管理的"全面"二字认识不够,全面预算的编制往往变成财务部门的职责。而全面预算管理的核心在于"全面",这是一项涉及企业内部权、责、利益的管理工作,只有明确企业的董事会、财务、生产、人力资源管理、技术、信息管理等各职能部门在全面预算管理中的角色和职责,有了全局观念,才能使全面预算管理得到有效实施。

(二)未能充分结合企业整体长远目标与行业发展战略

港口经营企业一般拥有众多分(子)公司,企业内部各级分(子)公司管理人员倾向于维护个人和本公司本部门的局部利益而非港口经营企业整体的长远利益,很容易造成港口经营企业整体目标与分(子)公司的局部目标、管理人员个人目标与公司预算目标相冲突或抵触。预算指标目前是港口经营企业中各职能部门、各分(子)公司明确各自应达到的目标,并以此为依据进行考核、奖惩,评价各公司(部门)负责人的工作业绩,各公司和部门为了轻易完成预算指标的目的,使预算制定和执行偏离了预算管理的初衷,严重影响了港口经营企业的进取行为和寻求业绩突破的需要。另外,现有预算模式不能很好地与行业发展战略相结合,预算管理孤立于企业战略和业绩评价等部门预算。科学的预算管理,要依托港口经营企业战略及整个行业发展战略,先有战略而后才有预算目标,企业战略目标的分解和细化,是保证企业战略蓝图得以实现的手段和工具。

(三)预算控制起点不明导致预算编制缺乏科学性

由于港口经营企业自身规模较大,处于不同阶段的企业应设置不同的预算控制起点:成长阶段应选择投资和筹资作为全面预算管理的控制起点;稳定时期以销售利润为全面预算管理的控制起点。但在实际的全面预算管理中,由于上

下级、部门之间的管理理念之间存在差异,而且一些企业在编制财务预算时往往以领导意志为先,对企业年度生产量和营运收入、成本费用开支的限额进行预算,导致预算控制的起点没有统一的衡量指标。由于编制的全面预算管理缺乏合理的基础和充分的可操作性,在对预算进行具体数据预测时,往往只在上一年度实际实现的收入与成本基础上采用增、减量的预算编制方法,从而使制定的预算缺乏一定的科学性和合理性,并不能真正起到提高企业效率的作用。

(四)预算考核制度和激励机制不健全

对港口经营企业而言,预算的考核是影响全面预算管理目标能否实现的一个重要原因。不少企业对于预算的编制环节比较重视,但尚未建立完善的预算管理网络和严格的预算管理程序,使预算执行环节缺乏有效的监管与控制,最终导致编制的预算与执行结果存在较大偏差。预算考核指标常常与业绩考核指标等同起来,过多关注当期"利润总额""净利润"等成本利润指标,忽略企业的品牌形象、资产利用率等具有战略规划意义的非财务指标。

激励机制的不健全导致预算控制懈怠,这是很多企业共同存在的问题。目前有很多企业只有考核没有激励机制,并不区分控制效果的好与坏;有些虽然设有奖惩机制,但并不能得到彻底的执行,本年度预算控制效果好,下一年度就进一步压缩预算而非合理进行激励,反而打击了预算控制的积极性。

二、港口经营企业的全面预算管理

全面预算管理是国内外大型集团应用较多的现代管理方法之一,众多应用企业通过实践证明,推行全面预算管理对建立现代企业制度,提高管理水平,增强竞争力和增加企业经营成果等各方面都有较好的促进作用。通过以上部分对全面预算管理在港口经营企业应用方面存在的问题的分析,结合港口经营企业的业务和经营特点,对港口经营企业全面预算管理进行系统化完善。

预算编制是预算管理的起点,港口经营企业应首先考虑企业战略、内部环境、外部环境、资本保值、社会因素等多方面的因素,确定科学、可行的预算管理目标。然后,根据企业的具体情况确定适当的核心指标,建立多元的指标体系。最后,对不同的管理项目,根据企业的控制重点选择不同的预算编制方法编制预算。预算编制完成后,预算的执行控制成为预算管理的关键。

(一)港口经营企业预算目标的确定

1. 预算管理目标必须在企业战略下制定

企业战略即企业的长期目标和使命,是对企业未来发展方向定性的描述。预算则是利用数字,特别是财务数字,描述企业在未来预算期的活动,是一种定量的表示方法。预算目标是企业战略的具体化,企业的战略目标又是通过预算目标的实现而得以完成的。预算管理使企业的战略得以具体贯彻,长短期计划得以连接,预算也因此具有整体性、长期性和相对稳定性等特征。

但如果预算目标脱离了企业战略的指导,就会出现很多问题。例如,只重视短期活动,忽视长期活动,短期的预算管理目标与企业长期发展战略不相适应等。而如果没有战略指导,一些对企业短期利益无利甚至有害,但是对企业长期发展有利的因素就会被忽视,例如新型生产技术的开发。因此,以企业战略为指导、以全局为出发点是港口经营企业确定预算目标须考虑的因素,尤其是在企业的战略可能变动的时候要更加重视。

2. 预算目标必须考虑企业外部各种因素

企业经营活动的实际数和预算计划数不可避免地会存在差异,这既是预算的计划本质决定的,同时也是外部各种因素影响的结果。港口经营企业面临的外部因素较一般的企业更多,例如,国际市场的变化、经济腹地的经济浮动、货主偏好的改变、有竞争或合作关系港口经营企业的变化、货源流量流向的变化、新的运输方式的代替、燃材料价格波动等。企业应采用适当的方法预测未来的变化走势,使预算的目标尽可能准确。在预算管理过程中,关注企业外部环境的变化,在出现的新情况、新问题时,适时对预算进行调整,就可以做到进退得法、收放自如。

3. 预算目标必须以企业内部环境为依据

很多港口经营企业的预算目标都是在历史指标的基础上根据一定浮动比例制定的,并没有充分考虑企业实时的内部环境,难免缺乏客观真实性。如果企业内部资源并不具有达到既定预算目标所要求的条件,预算就失去了可行性;反之,预算就不能起到提高员工积极性的效果,从而使预算管理效应偏低。

如今处于激烈竞争中的港口经营企业是不断变化、发展的,每个时期企业内部情况都会有所差异。港口经营企业在制定预算目标时,不仅要考虑企业现在的状况,而且要预测在未来预算期内企业可能发生的变化。

4. 预算目标必须以企业资本保值为底线

在市场环境下,企业投资于任何一个项目的资金都有资本成本,必须确保其投资项目能够在短期或长期为企业带来超过资本成本的收益。港口经营企业的固定资产具有专业性强、金额较大的特点,企业在作出投资决定时一定要格外谨慎,固定资产一旦遇到技术性淘汰,便很难找到处理的途径。而且港口经营企业由于历史原因会存在国有资产,所以在预算目标制定时必须保证国家为建设港口而投资的资金能够得到保值、增值。

除以上几点外,因为港口在国民经济生产中的特殊地位,每个国家的港口是有限的,港口经营企业有责任和义务为国家的社会发展负责,不能只考虑企业自身经济的发展,所以在确定预算目标时,必须为社会效应这一因素预留空间。

(二)港口经营企业预算指标体系的建立

确定预算目标之后,企业要面临的第二个问题就是如何选择预算指标。只有选择恰当的指标,才能使预算更具体、更具可操作性、更有导向性和战略性,使预算管理真正发挥作用。港口经营企业应该结合行业特点与企业目标建立多元的预算指标体系,以某一指标为龙头,其他指标配合该指标进行。

1. 确定预算指标体系核心指标

港口经营企业预算指标大体可划分为效益指标(如费用或利润)和规模指标(如收入或业务量),选择何种指标作为指标体系的核心,应视不同企业、不同的发展阶段而定,对处于企业生命周期不同阶段的港口经营企业应分别考虑。

处于投入期的港口经营企业预算应以成本费用指标为核心。该阶段业务量增长缓慢,利润水平较低,企业的主要战略是占有市场,预算管理的关键就是使支出得到最大的回报,成本费用理当成为核心指标。处于成长期的港口经营企业预算应以收入和利润指标为核心。该阶段业务量有所增加,主要战略是扩大市场份额的同时提高利润,收入和利润理应成为预算的核心指标。处于成熟期的港口经营企业预算应以利润指标为核心。该阶段企业收入比较稳定,战略重点是获得持续稳定的高额利润,利润是企业最应关注的重点。处于衰退期的港口经营企业预算应以现金指标为核心。该阶段业务量急剧下降,战略重心是尽可能多地获得现金流入,现金自然成为企业关注的重点。

2. 适当重视企业非财务指标

港口经营企业预算指标体系除财务指标外,还应包括能反映企业特点的非财务指标。港口经营企业的生产经营活动具有多目标性,要从多个侧面进行衡量。指标按其反映问题的性质可以分为数量指标和质量指标。数量指标反映港口经营企业生产经营活动的规模和能力,通常用绝对数表示,如吞吐量、操作量、泊位数等。质量指标反映港口生产经营活动的效果和质量的水平,通常用相对数、平均数和比例、比值、百分比等来表示,如操作系数、泊位占用率、库场容量运用率、装卸机械利用率等。

(1)吞吐量,是港口指标体系中最重要的产量指标,是港口进行规划和港口码头设计的主要依据。港口吞吐量分为旅客吞吐量和货物吞吐量。旅客吞吐量是指旅客乘船进、出港区的人数,计量单位为人次;货物吞吐量是经由水运运进、运出港区范围并经装卸的货物数量。

(2)装卸工作指标,是反映装卸工作情况的指标。装卸自然吨,是指进、出港口并经过装卸的货物数量,一吨货物从进港到出港(包括进港后不再出港,在港内消耗的物资,如建港物资等),不论经过几次操作,均只计算一个装卸自然吨。

操作量,是指通过一个完整的操作过程所装卸、搬运的货物数量,其计量单位是操作吨。在一个既定的操作过程中,一吨货物不论经过几组工人或多少装卸机械的操作,也不论运输距离的远近,是否有辅助作业,均只计算一个操作量。

操作系数,用于测量每吨货物在本港区内的平均操作次数。其计算公式如下:

$$操作系数 = \frac{货物操作量}{装卸自然吨}$$

装卸工时效率,是指装卸工人、司机等直接作业人员平均每个装卸工日完成的装卸货物量。其计算公式如下:

$$装卸工时效率 = \frac{操作量}{装卸实际日数}$$

(3) 车辆、船舶在港作业时间指标,是指运输船舶或车辆自进港到离港的时间段,简称在港停时。该类指标主要可分为两部分:一部分是反映运输工具在港停留的情况,如停留时间指标;另一部分是反映运输工具在港装卸与作业的情况,如装卸数量。

车辆一次作业平均在港停留时间,是指报告期内已发出车辆,在港区范围内专用线(或装卸线)上平均每辆车每作业车次的停留间,其计算公式为:

$$\begin{matrix}车辆一次作业平均\\在港停留时间(小时)\end{matrix} = \frac{报告期内在港车辆停留小时累计数}{装车数和卸车数总和}$$

船舶平均每次作业在港停泊天数,是指船舶从进港时起到出港时止的平均每艘船每次作业在港停泊时间,其计算公式如下:

$$船舶平均每次作业在港停留天数 = \frac{船舶在港停泊总天数}{船舶在港装卸次数总和}$$

日装(卸)车数,是平均每天撞车或卸车数以及装卸车的总和。其计算公式如下:

$$日均装卸车数 = \frac{每天装车数 + 卸车数}{报告期日历天数}$$

平均每次作业装卸货物吨数,是指来港停泊装卸的船舶,平均每次作业装卸货物的吨数,其计算公式如下:

$$平均每次作业装卸货物吨数 = \frac{装卸船舶货物吨数之和}{船舶在港装卸作业次数总和}$$

(4) 设备运用指标,是反映港口生产设备利用率的指标,主要包括码头泊位运用指标、装卸机械运用指标和库场运用指标。

泊位占用率是指泊位占用时间与日历小时数的比值,反映码头泊位停靠船占用的程度,其计算公式为:泊位占用率 $=\dfrac{\text{生产用泊位在册日历小时数}}{\text{泊位同期停靠船舶占用时间}}$。

泊位作业率,是指泊位作业用时间与泊位日历小时数的比重,说明码头泊位进行装卸作业的使用情况,其计算公式为:

$$\text{泊位作业率} = \dfrac{\text{泊位作业时间}}{\text{泊位同期停靠船舶占用时间}} \times 100\%$$

装卸机械利用率,是指装卸机械工作台时占日历台时的比重,反映了港口装卸机械的利用程度,其计算公式为:装卸机械利用率 $=\dfrac{\text{机械工作台时}}{\text{日历台时}}$。

库场利用率,是反映库场设备平均利用情况的指标,是指报告期内平均每天堆存货物吨数与平均仓容量的比值,用百分比来表示,其计算公式如下:

$$\begin{aligned}\text{库场利用率} &= \dfrac{\text{平均每天堆存货物吨数}}{\text{平均仓容量}} \times 100\% = \dfrac{\text{货物堆存总吨数}}{\text{平均仓容量} \times \text{报告期日历天数}} \\ &\times 100\%\end{aligned}$$

(三)港口经营企业预算编制方法

港口经营企业针对不同的预算项目,应该选择恰当的编制方法,预算的准确度、可行性才能得到提高。按照成本—效益原则,将企业的各种费用进行分类,重要的、对企业发展产生重大影响的费用应采取零基预算的编制方法,其他的则可以根据企业历史数据所反映的变化趋势,采用增(减)量预算或固定预算的编制方法。

1. 收入、成本、利润预算应该采用概率预算和弹性预算相结合的编制方法

概率预算是根据预算年度各种可能的情况,估计出现变化的可能性(即概率),对各变量进行调整计算出期望值,进而编制的预算。概率预算考虑范围较广,适合多变的市场情况,有利于下达和批准预算目标。但估计未来的各种可能情况及其概率就比较困难,企业也很难保证概率的准确性。港口经营企业一般根据企业几年来的收入、利润波动规律,通过对历史资料的统计分析来确定各种可能情况及其概率。

弹性预算是以企业成本习性为基础编制的、预算数量随着实际业务量的变化而作相应调整的预算,具有一定的伸缩性。其优点在于一方面能够适应不同经营活动情况的变化,扩大了预算的范围,避免在实际情况发生变化时,对预算作频繁修改的情况;另一方面将实际数额与实际业务相应的预算额进行对比,使预算执行情况的评价和考核建立在更加可观可比的基础上。这种预算编制方法的缺点在于预算的可能情况太多,不利于预算的批复和下达。

2. 滚动预算

滚动预算也称为连续预算或永续预算,是指在预算的执行过程中,当较早的

预算期间(一个月或一个季度)的预算执行完毕后,其相邻的下一个预算期间(一个月或一个季度)的预算随即递补上去,使年度预算一直保有固定期间的预算。

滚动预算有助于提高预算的准确性。由于滚动预算不受日历年度的限制,总是保持固定的预算期间,每经过一个月或一个季度,就根据新情况调整和修订后几个月或季度的预算,并在原来的预算期末补充一个月或一个季度的预算。随着时间的推移,原来较粗的预算就逐渐变细,同时又补充了新的较粗的预算。由于滚动预算编制时间和预算执行时间之间间隔较短,因而克服了一般预算存在的时间差,预算的准确性得到提高。

滚动预算可以使人们更好地掌握企业信息,连续不断地规划企业未来的经营活动;企业的各级管理人员始终保持对企业未来一定时期生产经营活动的关注。港口经营企业的影响因素较多,若只在年初做一次预算对掌握企业变化很不利,滚动预算有助于发现企业的经营规律。当然,滚动期间的界定不唯一,各港口经营企业可根据自身的情况选择不同的滚动期间。

【例 8-1】 港口经营企业弹性预算应用实例

C港口经营企业的主营业务包括装卸业务、堆存业务和港务管理业务,其中装卸业务收入占主营业务收入的 88.75%,该企业主要从事煤炭、矿石、矿砂、磷灰土、水泥、纯碱等杂货以及集装箱的进、出口装卸。杂货进口装卸费率是 1 140 元/计费吨,出口装卸费率是 0.70 元/计费吨;20 英尺集装箱进口 40.00 元/箱,出口 20.00 元/箱;40 英尺集装箱进口 80.00 元/箱,出口 40.00 元/箱。C港口经营企业预算体系以收入为起点,确定企业未来的主营业务收入和主营业务成本,在 90%~110% 的范围内编制 C 企业 2009 年第一季度装卸业务收入弹性预算(如表 8-10 所示)。

表 8-10 　某港口经营企业 2008 年第一季度装卸业务收入弹性预算

	进口	出口	进口	出口	进口	出口
杂货装卸量(万装卸吨)	1 284.99	3 426.64	1 427.77	3 807.38	1 570.54	4 188.11
杂货装卸费率(元/装卸吨)	1.40	0.70	1.40	0.70	1.40	0.70
杂货装卸收入(万元)	1 798.99	2 398.65	1 998.87	2 665.17	2 198.76	2 931.68
	4 197.64		4 664.04		5 130.44	
20 英尺集装箱装卸量(万箱)	53.97	35.98	59.97	39.98	65.96	43.98
20 英尺集装箱装卸费率(元/箱)	20.00	40.00	20.00	40.00	20.00	40.00

（续表）

	进口	出口	进口	出口	进口	出口
20 英尺集装箱装卸收入（万元）	1079.39	1439.19	1199.32	1599.10	1319.26	1759.01
	2518.58		2798.42		3078.27	
40 英尺集装箱装卸量（万箱）	37.78	28.33	41.98	31.48	46.17	34.63
40 英尺集装箱装卸费率（元/箱）	40.00	80.00	40.00	80.00	40.00	80.00
40 英尺集装箱装卸收入（万元）	1511.15	2266.72	1679.05	2518.58	1846.96	2770.44
	3777.87		4197.64		4617.40	
装卸收入（万元）	10494.09		11660.10		12826.11	

资料来源:C 港口经营企业内部资料

【例 8－2】 港口经营企业滚动预算应用实例

D 港口经营企业的主营业务包括装卸业务、堆存业务和港务管理业务,企业为掌握经营规律,在预算编制过程中,以季度为预算的编制和滚动单位,每个季度调整一次预算。2008 年第四季度到 2009 年前三季度的预算,如表 8－11 所示;在 2008 年第四季度至 2009 年第三季度的预算执行过程中,需要在 2008 年第四季度末根据当季预算的执行情况,修订 2009 年第一季度到第三季度的预算,并补充 2009 年第四季度的预算,如表 8－12 所示;2009 年第一季度末根据当季预算的执行情况,修订 2009 年第二季度到 2009 年第四季度的预算,并增加 2010 年第一季度的预算如表 8－13 所示。

表 8-11　　　　　　　　某港口经营企业主营业务毛利润预算(一)

单位:万元

	2008 年	2009 年			合计
	第四季度	第一季度	第二季度	第三季度	
主营业务收入	12 098.32	14 026.00	14 210.00	14 500.00	54 834.32
装卸收入	10 220.63	11 660.00	12 130.00	12 500.00	46 510.63
堆存收入	1 131.74	1 299.00	1 170.00	1 100.00	4 700.74
港务管理收入	745.95	1 067.00	910.00	900.00	3 622.95
主营业务成本	7 393.13	8 533.00	8 630.00	8 900.00	33 456.13

（续表）

	2008 年	2009 年			合计
	第四季度	第一季度	第二季度	第三季度	
装卸成本	5 804.16	7 218.00	7 340.00	7 400.00	27 762.16
堆存成本	735.25	609.00	580.00	610.00	2 534.25
港务管理成本	853.72	706.00	710.00	890.00	3 159.72
主营业务毛利润	4 705.19	5 493.00	5 580.00	5 600.00	21 378.19

表 8-12　　　　　　**某港口主营业务毛利润预算(二)**

单位:万元

	第一季度	第二季度	第三季度	第四季度	合计
主营业务收入	14 026.23	14 210.00	14 500.00	14 100.00	56 826.23
装卸收入	11 660.15	12 130.00	12 500.00	12 300.00	48 590.15
堆存收入	1 299.06	1 170.00	1 100.00	870.00	4 429.06
港务管理收入	1 067.02	910.00	900.00	930.00	3 807.02
主营业务成本	8 533.61	8 600.00	8 900.00	8 900.00	34 933.61
装卸成本	7 218.01	7 310.00	7 400.00	7 600.00	29 528.01
堆存成本	609.23	580.00	610.00	620.00	2 419.23
港务管理成本	706.37	710.00	890.00	680.00	2 986.37
主营业务毛利润	5 492.62	5 600.00	5 600.00	5 200.00	21 892.62

表 8-13　　　　　　**某港口经营企业主营业务毛利润预算(三)**

单位:万元

	2009 年	2010 年			合计
	第四季度	第一季度	第二季度	第三季度	
主营业务收入	14 524.61	14 730.00	13 800.00	19 000.00	62 054.61
装卸收入	12 367.23	12 680.00	11 980.00	17 500.00	54 527.23
堆存收入	1 205.15	950.00	950.00	700.00	3 805.15
港务管理收入	952.23	1 100.00	870.00	800.00	3 722.23
主营业务成本	8 513.64	9 140.00	9 100.00	12 600.00	39 353.64
装卸成本	7 171.13	7 510.00	7 600.00	11 300.00	33 581.13

（续表）

	2009 年	2010 年			合计
	第四季度	第一季度	第二季度	第三季度	
堆存成本	570.04	699.00	650.00	600.00	2 519.04
港务管理成本	772.47	931.00	850.00	700.00	3 253.47
主营业务毛利润	6 010.97	5 590.00	4 700.00	6 400.00	22 700.97

（四）港口经营企业预算执行控制

预算执行控制是预算管理的关键。由于预算的特性和港口经营企业面临更多的不确定因素，企业应更为注意预算差异分析和预算调整这两方面因素。

1. 港口经营企业预算差异分析

预算差异分析主要是将实际业务情况和预算数据进行对比，确定差异，分析原因，总结经验教训。预算差异分析，必须按照一定的原则进行，明确预算差异产生的原因。

差异分析需要遵循的原则如下：

（1）重要性原则，也称例外管理原则，就是对众多差异中较为重要的差异进行分析。在确定重要性时有数额绝对值和重要性相对值两种方法。

（2）惯例性原则。对于反复出现的或有增长趋势的差异，无论有利还是不利，无论规模大小，都应进行分析。

（3）可控性原则。差异按照是否可控可以分为可控差异和不可控差异，企业应关注可控差异。

（4）收益成本原则。在分析差异时，企业应该衡量由此产生的收益和成本，收益大于成本，则进行分析；收益小于成本，则没有必要进行分析。

2. 港口经营企业预算调整

预算在执行过程中不可随意更改，但当港口经营企业的内、外部环境发生重大变化或预算本身出现问题时，企业必须对预算进行相应的调整。预算调整的关键是搞清预算调整的原因，并将预算调整制度化、程序化。预算调整是预算执行控制中的重要环节，必须遵守实事求是、谨慎的原则。影响港口经营企业的经营活动的因素较多，为了保证预算的有效性，预算调整就显得格外重要。

港口经营企业预算调整的原因包括企业外部环境变化，或者企业的内部条件产生变化，又或是预算本身出现与企业当前的经营活动环境不相符的情况。预算调整原因可划分为两大类：

（1）时间变化，在港口经营企业中，预算执行的时间和预算编制的时间不同，这种时间的差距很可能会使预算编制的环境和执行环境、编制人员和执行人员乃至企业短期的经营目标发生重大变化。

（2）空间变化，虽然预算的编制部门也是预算的执行部门，但是两者之间是不完全等价的。即使企业的各个部门都参与了预算的编制，而且采用了自上而下和自下而上的编制程序，预算仍有可能由于部门的变化而产生不适合的情况，有必要对预算进行调整。

预算调整按照一定的程序进行。①发现预算执行中的差异，分析差异，呈送报告。由受影响最大的部门向预算管理委员会提交"预算调整申请表"。"申请表"中包括出现的差异、产生原因并辅以相应的调整方案。②预算调整批示。预算管理委员会针对"申请表"进行探讨、研究后，作出相应的批示。③调整预算，并跟踪调整后预算的执行情况。预算调整后，仍需对预算的执行情况进行监督，评价预算调整的效果，为以后的预算编制、调整以及预算考评和激励提供参考。

第四节　港口经营企业内部会计控制

一、当前港口经营企业内部会计控制中存在的问题

（一）内部会计控制管理制度流于形式

企业内部会计控制制度虽已建立，但尚未形成覆盖各个部门和环节的系统，财务规章、制度和操作规程的贯彻落实不够彻底；从外部环境看，由于政府宏观控制措施、法制建设还不完善，从而导致会计信息的真实性较差。究其根本，原因在于企业内部会计控制管理制度不健全。

（二）思想认识上存在不足

在日常财务管理方面，思想工作不深入，整个企业对内部会计控制的重视程度不够；企业会计基础工作和内部控制薄弱，缺乏自我约束机制；内控制度执行不力，缺乏对内部会计控制执行情况的严格检查和监督。所以，难以发挥内部会计控制应有的效力和作用。

（三）客观环境变化的影响

客观环境变化的影响。面对新的经济环境，企业要保持竞争力，必须经常调整经营策略、内部机构等，这就导致原有的控制对新增加的业务内容没有控制作用。根据经营管理范围、科学技术发展的变化来调整和拓宽内部会计控制的内容，建立和完善内部会计控制的变革与创新已变得尤为急迫。

二、完善现代企业内部会计控制的对策

(一)明确设计主体和控制目标

内部会计控制制度设计的主体应是企业管理当局,只有它作为主体,才能保证制度的有效实施。内部会计控制制度设计具有很强的专业性、技术性,要求设计者既要熟悉企业经营政策、业务性质和管理目标,还应熟悉内部控制的原理和方法,有较强的综合分析和文字表达能力。因此,不具备条件的企业可以聘请中介机构来设计。内部会计控制制度是围绕会计核算和会计监督来展开的,在设计时必须有明确的控制目标,充分考虑各项内部会计控制制度是否符合内部控制基本原则。

(二)重塑成本费用控制观念

成本是决定企业竞争能力强弱、盈利能力多少的关键。企业在设计和实施内部会计控制时,必然要考虑成本费用的控制问题,内部会计控制的目的是提高企业经济效益,制定内部会计控制时应坚持成本效益原则。企业应树立成本费用控制观念,做好成本费用管理的基础工作,并将其融入到具体的业务过程中。在新环境下,企业要改变传统成本管理控制观念、管理模式,通过成本管理和全过程控制,充分发挥员工的积极性和创造性,从而达到成本控制目的。每个企业都应建立合理的绩效考核办法,并加大考核力度。

(三)强化企业内部会计控制的管理机制

现代企业内部会计控制不再是单一的过程和程序,它包括企业战略目标、预算管理、业绩评价和激励在内的一整套控制制度,把预算编制、激励与约束机制等手段有机结合,已成为企业内部会计控制的有效手段。首先,应强化对企业的约束力度,依靠政府的权威性提高政府和社会的外部监督力度,依据相关法律制度来规范企业的内部会计控制制度并加快建立社会监督体系。如通过中介机构,站在公正的立场上对企业财务报告进行评估,通过内部审计和外部审计的有机结合,有效进行内部会计控制的监督检查。其次,应建立多层次的内部会计控制制度。通过明确相关责任人的权利和责任,使每个岗位和个人都处于监督控制之下,避免会计控制流于形式。

(四)建立健全预警机制和风险防范措施

随着信息化程度的不断提高,越来越多的控制手段通过信息系统来实现,使得内部会计控制的效率大大提高。保障计算机系统下的内部会计控制的有效性,以制度为准绳制定详尽的计算机信息系统下的操作细则和作业指导书,确保企业内部会计控制的计算机系统正常进行。加强对会计电算化系统的开发和维护、数据输出与输入、文件储存和保管、网络安全等方面的控制,以降低内部会计

控制的风险水平。

（五）积极调动员工的积极性和主动性

建立以人为本的内部控制制度，围绕人的价值管理来开展内部会计控制活动的各项内容，协调企业内部会计控制中的环境控制关系。通过优化企业控制环境，培养职责权限，划分责任中心，建立适当的沟通渠道，根据实际完成情况予以奖励或处罚，建立责、权、利相互配合，相互统一的激励约束机制，同时应注意责任的考核民主化和问题处理的人性化，创造良好的环境氛围，使企业内每个员工都以主人翁的态度参与企业管理，充分调动人的积极性和创造性。内部会计控制的最终目标是与企业发展战略目标相一致的，而企业发展战略目标的实现需要企业全体员工的共同努力。人是内部会计控制活动的载体，企业内部各层面的人均应参与内控体系的活动，企业内部会计控制本身就是人的活动，是由人来进行并受人的因素影响，以人为本作为构建内部控制机制已经被越来越多的企业所接受，保证组织内所有成员具有一定水准的诚信、道德观和能力的人力资源方针与实践也是内部控制有效的关键因素之一。

因此，要加快建立会计诚信的内控机制，强化企业内部的会计诚信管理，确立会计人员的会计诚信观念和诚信立人的意识，使会计人员意识到会计诚信、职业道德的重要性，把会计诚信作为最重要的工作准则和最基本的工作要求，树立起会计职业的尊严感。所以，建立以人为本的内部控制制度，通过制定严格的企业内部会计诚信控制制度，对培养企业员工，提高企业员工的素质，进而更好地贯彻和实施内部会计控制管理有着更重要的作用。

三、港口经营企业内部会计控制制度的设计重点

（一）以防为主，查处为辅

建立内部控制制度主要是为了防止单位的经营管理发生无效率和不法行为。因此，判断一项内部控制制度设计的好坏，首先应根据其防止错弊发生的效果来衡量，其次再考虑其对已发生的不法事件的揭露和处理情况。预防控制是一种事前和事中控制，例如企业在组织控制、人事控制、程序控制、纪律控制中所制定和实施的各种政策、规定、预算、程序、手续等都属于预防性控制。进行预防性控制首先应规定业务活动的规则和程序，并在企业内部设置有关的规章制度，保证业务活动能够有条不紊地进行，同时尽量避免经济运行中的错误、舞弊或浪费现象，例如，任用值得信任和有能力的人员，防止故意越轨行为而实行的职责分工；为防止资源不恰当使用而进行的明确授权，为防止发生不正当业务而建立的文件、记录以及恰当的记账程序，为防止将资产不恰当转换或占为己有而实施的资产实物控制等。在坚持预防为主的前提下，还必须采取内部稽核、内部审计

等方式,加大对事后不法或无效率行为的查处力度,多方面、多渠道堵塞漏洞,充分发挥制度的控制效能。

（二）注重选择关键控制点

内部控制工作的效率性也决定了管理者应当也只能将注意力集中于业务处理过程中发挥作用较大、影响范围较广、对保证整个业务活动的控制目标至关重要的关键控制点上。

选择关键的业务活动或关键的业务环节。应着重选择那些对企业竞争力、盈利能力有重大影响的活动或最易发生错误与舞弊且可能造成重大损失的环节进行监督和控制。

不同的经济业务活动有着不同的关键控制点。某些控制点在某项经济业务活动中属于关键控制点,而在其他业务活动中则有可能属于一般控制点;反之亦然。

（三）注重相互牵制

（1）体制牵制。通过组织规划与结构设计,把各项业务活动按其作业环节划分后交由不同的部门或人员,实行分工负责,即实现不相容职务的适当分离,以防止错弊的发生,例如在企业内部分别设置会计、出纳、稽核等岗位,明确其各自的职责与权限。体制牵制主要采取程序制约,例如,规定会计凭证的处理程序和传递路线,一方面把单、证、账、表整个记录系统连接起来,使其能够及时、完整、准确地反映单位各项经济业务活动的全过程;另一方面则把各职能部门连成一个相互制约、相互监督的有机整体,从而也达到相互牵制的目的。

（2）簿记牵制。在账簿组织方面,利用复式记账原理和账簿之间的钩稽关系,互相制约、监督和牵制,一般主要指原始凭证与记账凭证、会计凭证和账簿、账簿与财务报表之间的核对。

（3）实物牵制,对某项实物须由两个或两个以上的人员共同掌管或共同操作才能完成一定程序的牵制。

（四）设立补救措施

现代港口经营企业是由人、财、物、信息技术等要素构成的复杂有机整体,其受时空变化和环影响较大,加之随机因素较多,既定的内部会计控制制度也就难以按照预期的目标发挥功效。此外,管理者还应充分认识到,再完善的内部会计控制制度也会因为以下原因而难以发挥有的功能:

（1）提供片面或错误的信息,制造内部会计控制的假象。

（2）直接或间接对抗某种制度,例如在成本费用控制中,个别部门经理为防止其所在部门的经费被削减,经常会虚报预算等。

（3）故意怠工与破坏。

（五）港口经营企业内部会计控制制度的设计方法

企业内部会计控制制度的设计是内部会计控制理论、原则、方法、内容的反映，是执行与评价内部会计控制制度的基础和依据。内部会计控制制度设计的好坏直接影响到内部会计控制制度执行的有效性。内部会计控制制度的设计方法，根据不同的适应性，可分为内部牵制法、一般控制法和业务循环控制法。在本书中，对港口经营企业的内部会计控制制度设计采用业务循环控制法。

业务循环控制法是 20 世纪 70 年代提出和运用的一种内部控制方法。所谓业务循环控制法就是按照企业内部某类经济业务事项的方法和程序的先后顺序而实施控制的方法。在设计港口经营企业业务循环时应遵循以下要求：反映经营活动全貌，符合企业经营特点；以价值运动为主线，以资金流为中心。

四、港口经营企业内部会计控制制度的设计

对于港口经营企业来说，企业的交易事项的处理过程可划分为装卸与收入循环、采购与付款循环、装卸循环、筹资与投资循环、货币资金循环 5 个关键性的环节。应据此设计和事实相关的控制措施。

（一）装卸与收入循环控制

本循环主要包括接受客户靠泊计划，核准信用条件，装卸作业，开列船舶费收清单及发票，记录收益和应收款项，开具账单，处理和记录收入现金等业务。具体包括：

（1）明确职责分工，实行职务分离。例如接受船舶靠泊计划、填制装卸作业指令、统计装卸量、核准信用期限、开具费收账单、收取装卸费用、会计记录及核对账目等应有不同的人别办理，防止错弊行为的发生。

（2）业务记录与处理记录控制。会计部门要利用会计科目和会计账簿，正确归集不同性质类型的业务（港口收入一般包括装卸收入、堆存收入、其他业务收入和代理业务收入 4 大类）。装卸收入包括重箱装卸包干费、空箱装卸包干费、中转箱装卸包干费、驳船箱装卸包干费。堆存收入包括重箱堆存费、空箱堆存费。其他业务收入是指除装卸、堆存和销售业务以外的各种其他业务所取得的收入。

（3）现金收入及应收款控制。必须建立严格的收入现金管理制度，要做到专人负责，收入正确，账款相符，保管安全，解交及时，交接清楚，手续完备，责任分明。实行账款分管的原则，费收开账员不得兼做收款工作。

（二）采购与付款循环控制

采购与付款循环由指定采购计划、签订采购合同或发出订货单、购买存货、其他资产和劳务货物验收入库及编制验收报告，记录应付债务，核准付款、支付

并记录现金发出等程序。构成其内部控制主要包括：

（1）对采购与付款循环中的各项业务建立职责分工，实行实物分离控制；

（2）建立采购申请审批制度。

（3）建立订货控制制度，如选择哪家供货单位，订货负责人，采购单发出时间、订单应连续编号、订单应详细登记，每次采购数量和批量，到货时间及违约责任。

（4）建立后续检查制度，定期检查未到货的订单。

（5）严格的货款支付制度，包括应付账款控制和现金支付控制等，编制付款凭单、记录现金与银行存款支出等。

（三）生产循环控制

港口经营企业的生产循环即装卸的全过程，这一循环包括了装卸的计划和控制，成本的归集，存货水平控制等。具体包括如下：

（1）生产过程中有关职务的必要分离，如燃料、备品备件的保管与记录相分离。

（2）装卸作业量的管理与控制，即通过船舶靠泊计划，结合本港口的装卸作业能力，编制装卸计划，经管理者批准后分解落实到有关部门和岗位。

（3）装卸成本控制，在生产过程中将燃料、材料、动力及照明、低值易耗品、折旧费、修理费、租赁费、外付劳务费、劳动保护费、事故损失、保险费、人工等成本费用指标分解到各部门予以实施和考核，以保证各项费用支出限制在规定的标准范围之内。

（4）财产物资与设备控制

为保证固定资产的完整无缺，防止其短缺和流失是各责任部门的最基本的经济责任。港口经营企业对固定资产应实行分级管理，固定资产的主管部门、使用部门和财务部各负其责，相互配合，共同做好固定资产的管理工作。

（1）固定资产主管部门。固定资产主管部门应为与生产相关的营运操作部、工程技术部和行政人事部。固定资产实行编码管理，编码按照《固定资产分类编号代码》分别不同类别顺序进行，由财务部在资产交付使用时予以编码，作为该资产以后管理、变动、清查时唯一识别标记，不可更改。

（2）固定资产的单证及卡片。具体包括固定资产验收单、固定资产动态通知单、固定资产内部调拨单、固定资产卡片、固定资产账册等。

（3）固定资产的清查。为保证固定资产的完整，必须每年对固定资产进行一次全面清查。清查工作由公司主管总经理负责，并组成公司固定资产清查领导小组，小组由公司总经理和各部、各码头经理组成。

（四）筹资活动内部会计控制制度设计

1. 筹资活动内部会计控制的控制目标与关键控制点

（1）筹资业务经过适当的授权审批，港口经营企业通常以银行贷款和发行股票进行筹资，它们都应经过董事会授权，有正式的审批程序，以保证企业的筹资方式符合成本效益原则。

（2）筹资业务应符合国家的有关法规。

（3）合理地摊销债券的折价和溢价。

（4）正确地计提并适当地支付利息和股利。

2. 筹资活动基本内部会计控制制度

（1）职务分离制度。筹资活动中，需要进行职务分离的业务包括：筹资计划的编制人员与审批人员适当分离；办理股票发行的人员不得接触会计记录，股票的保管一般应委托专门的机构进行；负责利息或股利计算及会计记录的人员应同支付利息或股利的人员分离。

（2）筹资业务的审批制度。筹资管理人员应定期进行企业经营情况的分析，根据企业的资金预测编制筹资计划。筹资计划应包括以下内容：筹资的原因、筹资时间计划、筹资规模、筹资方式的比较分析（包括财务状况影响程度、预期收益的影响情况）和筹资方式的建议等。

（五）货币资金循环控制

货币资金包括现金、银行存款和其他货币资金，是企业流动资金中最活跃的部分。货币资金循环与其他业务循环存在着直接或间接的联系，它一般包括对银行存款、借款、租赁，以及处理公司债务和股本等交易事项进行授权、执行和记录的程序。具体包括预算审核控制、付款和收入控制、库存现金控制、银行存款控制和备用金控制，有时也可将货币资金的内部控制简单分为收款内部控制、付款内部控制和备用金内部控制3种。

1. 货币资金的内部会计控制要点

一般而言，一个良好的先进内部控制制度应当包括以下内部会计控制要点：

（1）现金收支与记账的岗位分离；

（2）现金收入、支出要有合理合法的凭据；

（3）全部收支及时准确入账，并且支出要有核准手续；

（4）控制现金坐支，当日现金应及时送存银行；

（5）按月盘点现金，编制银行存款余额调节表，以做到账实相符。

2. 货币资金内部会计控制制度的设计

货币资金的内部控制，为了解决港口经营企业投资规模大、下属企业多、资金分散等问题，应对资金采取集中统一的管理模式，实行账户集中、统一调拨、收支两条线以及零余额管理方式。所有的银行结算业务必须集中由集团公司结算中心办理,未经集团同意,不得在金融机构另开账户进行收支结算,当日营业结束后将结算中心各账户余额(一万元以上)划至主账户,这样既加强了资金的内部控制,又提高了资金的使用效率。货币资金支付业务均按照申请、审批、复核、支付的程序办理,并严格执行"对无预算、无合同、无支付凭据的项目,一律不得支付,特殊情况必须经过必要的例外审批程序"的规定,保证货币资金支付的合理合法、安全可靠。

五、港口经营企业内部会计控制制度实施措施

(一)全面实行财务总监委派制度,强化对企业日常经济活动的监控

1. 制度设计

从制度上,应全面实行会计委派制,即财产所有者(国有资产管理委员会或国家财政部门)对各港口集团公司委派财务总监,集团公司向各直属基层公司委派财务主管,各基层公司向其所属的下级企业委派财务主管。财务主管由公司董事会聘任。

2. 会计委派人员的任职资格

会计委派人员必须能坚持原则,依法办事,廉洁奉公,熟悉国家财经法规等基本条件。

3. 委派人员的职责、权限和执行纪律

委派人员必须严格执行会计人员岗位职责,对被委派单位财务报告的合法、真实、正确、完整性与被委派单位负责人共同承担责任;对参与并表示同意的经济决策失误造成的经济损失,承担相应的责任;对未发现和制止不了而未及时汇报造成违反国家财经纪律的行为承担行政责任。委派人员应接受总公司及有关部门的监督检查。

4. 委派人员的管理制度

为了保证委派会计人员的独立性,其人事档案、工资关系统一由总公司管理;总公司必须对财务主管进行定期考核,委派人员每年年终应向总公司财务部作述职报告;总公司负责对委派人员进行定期考核,委派人员实行回避制度并按一定比例每2年交流一次,执行重大事项报告制度。

(二)加强内部审计

1. 港口经营企业内部审计的组织结构

港口经营企业总部应设立审计部,直接受董事会领导,二级公司也应设立审计部门,与财务部门平级,为保证审计的独立性,各审计部门主要对下一级的单位进行审计,对本级公司负责。

2. 内部审计工作的重点

(1) 开展对企业管理活动的审计,促进企业规范化管理。

(2) 全面开展经济责任审计,促进企业经营目标的实现和港口经营企业经营规模的不断扩大。

(3) 加大对基建项目审计力度,节约建设资金。

(4) 开展经济效益审计,使企业降低成本,增加效益。

(5) 开展对领导离任的审计。

(三) 建立资金结算中心

1. 结算账户集中

集团公司下属二级和三级单位只能开设 2 个账户,即基本账户和结算账户。结算账户全部集中到集团公司结算中心开设,基本账户可就近开设,但不能超过规定的基本限额。

2. 资金调度集中

在借贷上集团公司对外实行统借统还,下属单位一般不准向银行借款,集团内单位的资金需求统一由集团公司资金结算中心调剂。

3. 短期投资集中

资金结算中心在保证集团内各单位资金需求的前提下,按照日均资金保有量大小,将沉淀资金进行国债现购和国债回购等短期投资。采取上述措施,可以改善某些下属单位违章拆借资金、出借银行账户以及银行账户多、杂、银行票据使用保管混乱等情况;又可满足集团公司内各单位的资金需求,又利用资金的时间间隙进行短期投资,开拓了新的创收渠道。

(四) 执行财务预算管理

科学制定年度预算,各下属单位围绕收入、成本,集团公司总部各处室围绕管理费用,经过多次的测算、沟通、核对,最终确定预算指标、层层分解落实,严格执行;对预算执行过程严加控制,下属单位按季编制演算计划和上季度预算分析报告,某项指标的执行差异率在 10% 以上的必须立即查明原因,并提出控制方法,预算指标纳入经济责任制考核,与各单位的工资奖金挂钩,并与各单位党政负责人的个人年薪收入挂钩。

(五) 建设财会队伍,提高港口经营企业财务人员素质

必须实行财会队伍"准入制"和定期培训制度。企业在招聘、使用、培养、奖惩等方面对职工素质进行控制。注意人力资源的合理配置,积极引进竞争机制,推行优胜劣汰,激发员工的最大创造潜能。督促其提高自身业务素质,充分发挥单位内部的人力资源优势,提高企业的整体竞争力。

第五节　管理激励和业绩评价

绩效(performance)是组织期望的为实现其目标而展现在不同层面上的经过评价的工作行为、方式及其结果,它反映了组织和员工在一定时间内以某种方式实现某种结果的过程。绩效=实际结果+预期结果,即不仅关注实际收益,还要关注预期收益;不仅关注可以观察的外显行为,还关注那些不易察觉的能力和态度。

绩效评价(Performance Appraisal, PA),是指在绩效周期结束时,选择有效的评价方法,由不同的评价主体对组织、群体及个人绩效作出判断的过程。绩效评价是一个对客观绩效进行主观评定和估价的过程。目前常用的绩效管理工具有目标管理、标杆管理、关键绩效管理和平衡计分卡,随着绩效管理的发展,新型的绩效管理工具有 EVA 系统、作业成本法,等等,本章节主要介绍 EVA 评价系统。

一、管理激励的业绩评价方法

(一) 管理激励的目标

现代企业制度的基本特征就是所有权与经营权的分离,根据经济人假设,管理者和股东都为自身效用最大化行事,两者的利益冲突产生了股东与管理者的委托代理问题。代理问题的根源在于经理人与股东之间信息的不对称,因而管理者激励的主要目标就在通过对管理层的激励约束机制,使管理层的利益与股东的利益趋向一致,促使管理者能够按照股东的利益行事,充分发挥自身的能力与创造性,提高企业价值。一个科学合理的管理层激励方案对提升公司的竞争力有重要作用。

高级管理人员的激励约束体系是由相互联系的 3 个方面所组成的,包括市场竞争机制、业绩考核方法、薪酬激励体系,本书重点介绍管理激励的业绩考核方法。

(二) 管理激励的业绩评价方法

1. 财务评价模式

财务评价模式是根据财务信息来评价管理者业绩的方法,常见的财务评价指标有投资报酬率、剩余收益、净资产收益率等,财务评价模式是一种传统的评级方法。财务评价模式具有操作简便、易于理解的优点,能够综合反映企业的经营成果;同时它也具有其不足之处,例如无法反映企业的长期业绩改善,只重视财务结果而不重视达成目标的过程,还有就是会计核算受到公认会计原则的约束,可能无法反映管理层的真实业绩。

2. 价值评价模式

价值评价模式以股东财富最大化为导向,采用能够体现股东财富的市场指标、经过调整的财务指标或者根据未来现金流量得到的贴现类指标。价值评价的一个重要应用就是经济增加值指标,本章将在后文进行介绍。

3. 平衡评价模式

平衡评价模式是指从包括财务和非财务角度、短期与长期、领先与滞后指标等多方面进行综合业绩考核的一种方法。平衡模式以战略目标为向导,通过指标间的各种平衡关系以及战略指标或关键指标的选取来体现出企业不同利益相关者的期望,从而实现企业价值最大化的目标。平衡计分卡就是一种典型的综合业绩评价方法。

二、经济增加值体系介绍及计算方法

（一）经济增加值介绍及核心理念

经济增加值(Economic Value Added, EVA)是美国纽约斯特思·斯图尔特咨询公司所提出的一种绩效评价与激励系统,是公司经过调整的营业利润(NOPAT)减去公司现有资产经济价值的机会成本后的余额,其计算公式为:

$$EVA = NOPAT - WACC \times IC$$

式中,EVA 为经济增加值,单位,元;NOPAT 为税后经营业利润率,单位,元;WACC 为加权平均资本成本,单位,％;IC 为资本总额,单位,元。

EVA 是建立在经济利润概念基础之上的,经济利润与会计利润不同,指的是公司从成本补偿的角度获得的利润,要求公司不但将所有的营运费用计入成本,还要将所有的资本成本计入成本。这种资本成本不仅包括负债的利息等显而易见的成本,还包括公司股东所投资资本的机会成本。

由此可见,EVA 的核心理念是资本成本,资本成本取决于投资项目的预期风险收益,由资本使用决定。EVA 指标的核心理念反应了股东价值最大化的财务目标,只有当投资的预期收益高于资本成本时,才应该对该项目进行投资,业务单元才有继续经营的价值。在 EVA 理论下,投资收益率的高低并非投资决策和企业经营的评估标准,关键在于收益是否超过资本成本。

EVA 是企业收益中弥补了多项成本(包括经营成本和资本成本)后的剩余。当 EVA 大于零时,企业获得的收益超过了金融市场的一般收益,为股东增加了财富;当 EVA 小于零时,收益不能弥补投入的资金成本,股东的财富没有增加。

EVA 既考虑了债务资本成本,又考虑了权益资本成本,克服了传统会计指标只计算债务资本成本的缺陷,比较准确地反映了企业为股东创造的价值。它不断发展,被广泛应用于各个领域,例如应用于业绩评估、投资决策、价值评估、激励计划,等等,EVA 已经逐渐成为全面的财务管理体系,为公司各个方面的发展做出贡献。

(二)经济增加值的计算方法

1. 计算税后净营业利润

税后净营业利润,指的是在不区分资本来源的情况下,企业投入的全部资本在正常经营的条件下所获得的税后利润,即全部资本的税后投资收益,反映了企业全部的资本盈利能力。在计算税后净营业利润时,需要对利息费用、营业外收支、补贴收入、研发费用、商誉摊销额以及准备项目进行调整。

税后净营业利润=主营业务收入-销售折扣和转让-主营业务成本-其他业务利润-主营业务税金及附加-营业费用-管理费用-财务费用+各项债务的利息费用+当年各项准备的增加数-当年各项准备冲销数+本年已计入管理费用的研发费用-本年应分摊的研发费用+本年商誉摊销额+投资收益-EVA 所得税调整

EVA 所得税调整=利润表上的所得税+税率×(各项债务的利息费用+当年各项准备的增加数-当年各项准备冲销数+本年已计入管理费用的研发费用-本年应分摊的研发费用+本年的商誉摊销数+营业外支出-营业外收入-补贴收入)

2. 计算资本总额

资本总额指的是所有投资者投入公司经营的全部资金的账面价值,包括债务资本和股本资本。其中债务资本包括所有计息负债,不包括短期免息负债;股本资本为全部所有者权益;同时需要对部分会计事项如商誉、研发费用进行调整。

债务资本=所有计息负债-短期借款--年内到期长期借款=长期负债合计

股本资本=全部股东权益+累积商誉摊销+研发费用的资本化金额+各种准备金(坏账准备、存货跌价准备、资产减值准备等)

资本总额=债务资本+股本资本-在建工程

3. 计算加权平均资本成本

加权平均资本成本指的是债务资本的单位成本和股本资本的单位成本根据债务和股本在资本结构中所占的权重计算的平均单位成本。

加权平均资本成本=债务资本利息率×(1-税率)×(债务资本/总资本)+股本资本成本率×(股本资本/总资本)

4. 计算经济增加值

$$EVA＝税后净营业利润－资本总额×加权平均资本成本$$

（三）会计报表调整

1. 调整原因

经济增加值的概念中的经济利润概念与会计利润概念有着明显的不同,因此,计算经济利润的方法与计算会计利润的方法不同。会计准则扭曲了企业的真实经营情况,而经济增加值要反映的是企业真实的资本投入量,真实的获利情况。这样在计算经济增加值时就需要对使用传统方法编制的会计报表进行会计调整,以使信息更真实地反映企业创造的价值量,经营者为企业增加的价值量。这些调整项目主要是为了达到以下几个目的:

（1）避免把经营决策和融资决策混同起来;

（2）避免把存量和流量混同起来;

（3）将会计准则的权责发生制项目转换为以收付实现制为基础的项目。

常见的调整项目有:商誉和其他收购问题、战略性投资、重组费用、研究与开发支出、存货估值、坏账准备、无形资产、税收以及营销费用等,但这些只是一部分调整项目,并不是说每个企业都要调整所有项目。单独的一个企业可以根据自己的经营和财务情况进行适当地调整,能够达到比较精确地反映企业价值的增值情况。

2. 调整原则

斯腾斯特公司针对一般公认会计准则（GAAP）列举了一百六十多个项目,这将会消耗大量人力物力,不利于经济增加值的实际计算。所以,企业应根据成本效益原则来决定哪些项目需要调整,哪些项目不需要调整,使企业在计算经济增加值的过程中在准确性（反映真实经济利润的准确性）和计算简便性之间达到一种平衡。企业选择调整 10 个项目还是调整 5 个项目,还应根据企业所处的行业与企业特点来决定。在计算经济增加值时,实际上没有固定的调整模式,每一个企业应根据自己的特征来选择适合自己的模式。一般的原则是企业调整 5～15 个会计项目,就可以计算出最合适的经济增加值。因此企业在选择会计调整项目时的原则问题就显得十分重要了。根据斯腾斯特财务公司多年的实际计算经验,主要有如下几项原则:

（1）重要性原则,即拟调整的项目涉及金额应该较大,如果不调整会严重扭曲企业的真实经营情况。

（2）可影响性原则,即管理层能够影响被调整项目的相关支出。

（3）可获得性原则,即进行调整所需的有关数据可以获得。

（4）易理解性原则,即非财务人员能够理解,调整过程应是实务性的而不是学术性的。

（5）现金收支原则，即尽量反映企业现金收支的实际情况，避免管理人员通过会计方法的选择操纵利润。

（6）成本效益原则，即进行调整的工作成本应能被它所带来的收益弥补。

（7）这种调整能够使经济增加值与公司的真实价值更加一致。

（8）这种调整是确定的，且至少在3年中不必更改。

三、经济增加值的特点

EVA理论最明显的特点是注重资本成本，管理人员在运用资本时，必须为资本付费，只有收回资本成本之后的"经济增加值"才是真正的利润。

1. 用经济利润代替会计利润，更加真实地反映企业营业业绩

由于受到公认会计原则的约束，会计利润与反映企业创造财富的真实情况产生了偏差，计算EVA利润的过程中要将营业利润和权益资本进行调整，以纠正会计惯例所造成的偏差。

2. 将业绩评价与企业决策相联系

会计利润是一种短期指标，而EVA指标的设计着眼于企业长期的发展，促使企业经营者不仅注意所创造收益的大小，而且考虑所运用资产的规模及其成本，重视能给企业带来长期利润的投资，如新产品的研发设计等。

3. 能够建立有效的激励报酬系统

EVA指标是站在股东的立场上重新定义的企业利润，将管理者的报酬与股东的利益更紧密地结合起来，促使企业经营者充分关注企业的资本增值和长期经济效益。

4. 显示了一种新型的企业价值观

EVA业绩的改善是同企业价值的提高相联系的。为了增加市场价值，经营者就必须表现得比同他们竞争资本的那些人更好，因此他们一旦获得资本，他们在资本上获得的收益就必须超过其他风险偏好相同的资本资金需求者所提供的报酬率。

传统评价企业绩效的指标有投资报酬率（ROI）、权益资本收益率（ROE）、每股收益（EPS），等等。这些指标在评价绩效方面一直占主导地位，但是它们没有考虑权益资本成本，只考虑了债务资本成本，这样就无法衡量企业资本经营效益和公司价值的增加，而EVA则弥补了这一缺点，使绩效评价指标更准确更完善。EVA指标综合了公司的投入资本规模、资本成本和资本收益，因此它可以更好地反映公司资本经营增值的状况，它成为了度量和管理公司绩效的基本工具。

阅读文献

［1］陈家源:港口经营企业管理学[M],大连:大连海事大学出版社。

［2］井云:港口经营企业预算管理研究[D],上海海事大学,2005 年。

［3］张琦:港口经营企业应用作业成本法的研究[D],上海海事大学,2004 年。

［4］左佳,肖全芳:作业成本法在港口经营企业中的应用分析 [J],交通企业管理,2007 年第 3 期。

［5］叶飞:作业成本法在集装箱港口应用的实证研究[J],广东技术师范学院学报,2011 年第 4 期。

［6］李斌:财务管理精细化与作业成本法管理[J],港口经济,2008 年第 3 期。

［7］左佳:港口经营企业成本核算研究[D],武汉理工大学,2007 年。

［8］陈艳:精益运营模式下的港口经营企业成本管理[J],会计之友,2010 年第 6 期。

［9］于国梅:浅析作业成本法在港口经营企业单货种成本核算中的应用[J],科技风,2010 年第 11 期。

［10］王伟伟:港口经营企业"目标——作业"成本管理模式研究[D],燕山大学,2011 年。

［11］郭西锟:港口经营企业推行全面预算管理中的问题与建议[J],中国港口,2010 年第 4 期。

［12］徐晓红:港口经营企业全面预算管理体制问题与对策分析[J],中国经贸,2010 年第 20 期。

［13］张敬宇:浅议港口经营企业的全面预算管理 [J],交通财会,2009 年第 11 期。

［14］方信义,郑敏红:港口经营企业集团全面预算管理的实践与成效 [J],交通财会,2005 年第 10 期。

［15］李红玉:加强港口经营企业预算控制的几点建议[J],中国集体经济,2009 年第 4 期。

［16］陈凯生:港口经营企业执行全面预算管理存在的问题及对策[J],中国港口,2012 年第 5 期。

［17］李婷婷:加强港口经营企业内部会计控制措施[J],中国新技术新产品,2011 年第 15 期。

［18］吴钢:加强港口经营企业基本建设内部会计控制的探讨[J],港口科技动态,2005 年第 12 期。

［19］叶静:我国港口经营企业内部会计控制制度研究[D],上海海事大学.2004 年。

［20］吕长江:管理会计[M].上海:复旦大学出版社,2006 年。

［21］余绪缨,谢灵:管理会计:理论·实务·案例·习题[M],北京:首都经济贸易大学出版社,2011 年。

［22］徐延利:绩效管理——理论、方法、流程及应用[M],北京:经济科学出版社,2011 年。

［23］胡玉明,刘运国,林万祥:管理会计研究[M],北京:机械工业出版社,2008。

［24］赵治纲:EVA 业绩考核理论与实务[M],北京:经济科学出版社,2009 年。

［25］付维宁:绩效管理[M],北京:中国发展出版社,2012 年。

[26] 王也平:EVA 在我国港口上市公司绩效评价中的应用[D],大连海事大学,2006 年。

[27] 杨义萍:EVA 的理论研究及应用[D],北京对外经贸大学,2002 年。

复习思考题

1. 港口经营企业的经营特点是什么?

2. 港口经营企业的经营管理职能是什么?

3. 目前港口经营企业的成本核算方法有哪些?

4. 港口经营企业实施作业成本法应注意的问题有哪些?

5. 港口经营企业预算管理存在哪些问题?

6. 如何建立港口预算指标体系?

7. 港口经营企业内部会计控制的重点是什么?

8. 如何实施港口经营企业内部会计控制制度?

9. 平衡计分卡的四个维度是什么?

10. 港口经营企业的 EVA 如何计算?

第九章 管理会计学在航空运输企业的应用

【本章概要】

　　本章介绍了航空运输企业的概念及业务特点和航空运输企业应用管理会计的情况。民用运输企业的业务特点对其应用管理会计理论与方法具有重要的影响。受收集资料所限,本章根据管理会计的主要内容知识体系及管理会计的职能,主要介绍了航空运输企业的成本习性;作业成本在航空运输企业的应用;全面预算管理在航空运输企业的应用;平衡记分卡在航空运输企业的应用。①按成本习性分析(即成本总额与业务量的关系)将成本分为固定成本和变动成本;②航空公司涉及的各项作业中心包括销售作业中心、发送作业中心、飞行作业中心、支援作业中心;③我国航空公司普遍使用财务管理信息系统协助全面预算管理;④航空公司在应用平衡记分卡过程中,应该根据航空公司的行业特征、企业文化、员工特点等进行创新应用。⑤战略管理会计在航空公司的应用。

第一节　航空运输企业及其业务特点

一、航空运输企业的概念

　　民用航空运输业是国民经济的重要组成部分,是交通运输业(铁道运输、道路运输、水运、航空运输)的一个重要领域。它的发展水平反映一个国家交通现代化的水平,也反映一个国家的综合国力、市场经济的发展水平和人民的生活水平与质量。航空运输企业是依法自主经营、自负盈亏、自我发展、自我约束的以提供劳务使旅客、货物、邮件、行李等发生位移以及为工农业生产提供通用航空服务等来满足社会和消费者需要的社会主义市场经济经营单位,是独立享有民事权利和承担民事义务的企业法人。航空运输企业是以飞机作为生产手段承运旅客、货物、邮件、行李为主的运输企业,1996年3月1日起颁布实施的《中华人民共和国民用航空法》将航空公司定义为："公共航空运输企业,是指以营利为目的,使用民用航空器运送旅客、行李、邮件或者货物的企业法人。"航空运输企业具有以下特点:①确保飞行安全是航空运输企业的首要任务;②资金密集、技术密集与人才密集;③不生产有形物质产品;④风险大;⑤创汇多等。

二、航空运输企业的业务特点

航空运输业企业生产经营过程和其他类型的企业一样也由供应过程、生产过程和销售过程3个环节组成,其中生产过程是生产经营过程的中心环节。航空运输企业生产经营过程具有以下特点[①]:

(1) 在供应过程中,储备资金的需要量大且周转期长,航空运输企业(如航空公司)的储备资金主要用于器材物资的采购与储备。因航空运输企业所使用的飞机、设备大多从国外购买或租入,所需的器材也需从国外订货,订货周期长,且途中运输期也不短;其次,机型种类、设备种类多,而且不同机型、设备所需的器材物资基本上不能通用;再者,由于飞机、发动机器材和精密仪器器材的价值十分昂贵,所需资金的数额大,而且在器材物资中,高价周转件所占比重较大,周转期长;最后,保障飞机正常飞行的各种地面设备大多从国外引进且数量及价值较高,其维修所需器材物资的储备量大。

(2) 生产过程短,几乎不生产物质产品也几乎没有在产品。由于飞机的飞行速度快,生产过程短,不生产物质产品,航空运输的产品(运输周转量、飞行小时、劳务等)在生产的同时就被运输对象所消耗,除了极少数通用航空作业(如航空摄影、空中照相)有在产品与产成品以外,存货构成中几乎没有在产品与产成品。

(3) 销售在先,生产在后。航空运输企业由于不生产独立存在的物质产品,它几乎没有在产品与产成品,又由于它的产品在生产过程中就已经被生产对象所消耗;与此同时,这就决定了它不能像制造业、农业行业那样先进行生产且在生产过程终了之后再进行销售,而航空运输企业必须在开始生产之前或生产的同时进行销售;此外,航空运输企业生产过程的完成标志着销售过程的完成或实现,销售过程不能脱离生产过程而独立存在。

(4) 国内、国际航空运输生产和通用航空作业需要各地区、各部门及国外同行业共同协作完成,飞机在空中飞行,需要地面协作配合,需要飞行经过的国内各地区、各部门为飞机的飞行提供通讯、导航、指挥、调度、气象等各种保障,以保证安全完成飞行任务;还需要各地的飞行、机务、场站、油料、通讯、气象、服务等

---

① 孙新宪、李忠勋:民用运输企业会计,中国三峡出版社,2002.6。

各相关业务部门通力合作;此外,飞机飞行在国际航线上还需要国外航空同业的协作配合。通用航空虽然不是在航线上飞行,但是它的作业地区遍及全国各地,具有点多、线长、面广的特点,同样需要各地区、各部门的协作配合才能完成。

(5)固定成本高,变动成本低。航空运输企业是一个资本密集型、劳动密集型、技术密集型、信息密集型的服务行业,这使得航空运输业的固定成本在总成本中所占的比例大大高于其他行业。由于定期航班的离港时间确定,绝大部分成本已固定,多运载一个旅客的边际成本一般只是全部成本的15%~20%。

(6)航空运力过剩和航班座位易腐。航空公司总是根据高峰需求确定运力的趋势,在经济繁荣的时候,大批订购飞机,但是在经济萧条期运力将过剩。另外需求随每年中不同的季节、每星期中不同的日期,每天中不同的时刻不断发生着变化。航班空座位一旦飞机起飞,就像腐蚀的烂香蕉,一文不值。

(7)航空产品的无差别性。航空运输业还有一个显著的特点就是航空公司提供的服务没有本质性差别,如果没有美国美利坚航空公司创造性地发明了常旅客奖励计划,航空旅客的品牌忠诚几乎无从谈起。当然,现在越来越多航空公司都在开发不同特色的航空产品以改变产品同质的现状。

第二节　航空运输企业的业务特点对管理会计应用的影响

一、航空运输企业的成本习性

航空运输企业是以飞机为生产工具,一切生产经营活动都是围绕着飞机的飞行而进行的,营运费用也是由于飞机的飞行而产生的。由于航空公司并不生产物质产品,只是实现社会产品空中位置的转移和进行通用航空作业,因此,运输周转量吨公里或飞行小时和通用航空飞行小时或通用航空作业面积就是企业的产品。同时,社会产品空中位置的转移或通用航空作业是通过其主要生产工具飞机的飞行来实现的。由于各种机型飞机的经济技术性能不同,使其所产生的吨公里成本和飞行小时成本有很大差别。航空运输企业由与运输生产作业有关的直接营运费和间接营运费构成。其具体内容包括:①直接营运费用。直接营运费用是指企业在执行航空运输业务、通用航空作业过程中发生的能直接计入机型成本的营运费用。直接营运费用包括空勤人员及机务人员的工资与福利费、取暖降温费、上下班交通补贴、制服费、航空油料消耗、国外加油价差、飞机发动机折旧费、修理费、保险费、航材消耗件消耗、高价周转件摊销、飞机训练费、国内外起降服务费、经营性租赁飞机的租赁费、旅客餐宿供应品费、客舱服务费、赔偿费、营运过程中货物行李损失、丢失赔偿净损失、作业准备费、作业赔偿费以及其他直接飞行费用等。②间接营运费用。间接营运费用是指不能直接计入机型成本、需按照异地功能办法进行分摊计入成本的费用,如工资与福利费、折旧费、办公费、水电费、差旅费、保险费、机物料消耗、制服费、劳动保护费、票证印制费、警卫消防费、职工教育经费、地面运输费、租赁费等。

为了加强成本管理和便于进行经济效益分析,航空公司的成本核算必须以每种机型为成本核算对象,归集直接营运费用和分配间接营运费用,再进而计算任务成本,航线成本,以达到计算和考核吨公里成本或飞行小时成本的目的。航空公司的成本核算由以下内容组成。

(一)运输成本及通用航空成本计算

运输成本、通用航空成本是以航空公司所使用的每种机型按其执行运输生产与通用航空作业任务中所消耗的直接营运费用以及应分配的间接营运费用汇集而计算的成本。运输成本、通用航空成本计算是航空公司成本计算的基础与关键。

(二)机型成本计算

根据已计算出的分机型的运输成本和通用航空成本,按照各机型的飞行小时比例或运输周转量吨公里比例分配本期所发生的期间费用(管理费用、销售费用、财务费用),进而计算各机型总成本(完全成本)与机型单位成本。

(三)任务成本计算

任务成本是以每种机型的机型成本为基础,汇集因其执行不同任务而发生的特殊费用按不同的任务而分别计算的成本。

(四)吨公里成本

吨公里成本是将国内、国际航线运输飞行机型成本总额除以运输周转量吨公里,以计算运输飞行的每吨公里成本。吨公里成本是运输飞行的产品单位成本,综合反映了航空公司运输飞行的成本水平。

(五)飞行小时成本

飞行小时成本是将执行飞行任务的各种机型的机型成本,分别除以各种机型的飞行小时,以计算各种机型的飞行小时单位成本。各种机型的飞行小时成本综合反映了各种机型的成本水平。

按成本习性分析(即成本总额与业务量的关系)将成本分为固定成本和变动成本。固定成本是指在相关范围内,随着生产经营业务量(运输生产周转量吨公里、飞行小时)发生增减变动而保持固定不变的成本。如飞机、发动机以及其他固定资产的折旧费、管理人员月薪等就是这类费用。变动成本是指随着生产经营业务量(运输生产周转量吨公里、飞行小时)发生增减变动而相应发生增减变动的成本,如航空油料消耗、空勤人员飞行小时费、飞机起降服务费、旅客配餐费等随着飞行小时、起降架次以及旅客人数等的增减变动而相应发生增减变动。

表9-1　　　　　　　　　　　航空运输企业成本习性分析

变动运输成本	固定运输成本
1. 航空燃油费	1. 高价周转件摊销
2. 航材消耗件消耗	2. 飞机折旧费
3. 国内外机场起降服务费	3. 飞机大修理费
4. 航线餐食供应品费	4. 固定的飞行费
5. 货邮行赔偿费	5. 飞机经营性租赁费
6. 飞行小时补贴费	6. 固定的维修费
7. 机组餐费用	7. 其他固定费
8. 代理手续费	8. 期间费用
9. 进近指挥费	
10. 航路费	
11. 航班不正常费	
12. 其他变动费用	

二、航空运输企业的本量利分析

本量利分析即成本—产量—利润依存关系的分析,是对成本、业务量(产量、销售量)、利润相互间的内在联系所进行的分析。它是以成本习性分析为基础,确定企业的盈亏临界点,进而分析有关因素变动对企业盈亏的影响。它可以为企业改善经营管理和正确地进行经营决策提供有用资料。航空公司通过运用本量利分析,可以了解整个企业的航线结构、成本变化因素、航空公司所能提供的飞行小时总量以及各航线收益变化对企业整体效益的影响,从而有利于航空公司合理调整航线结构,合理安排运力,提高航班收益率,有利于改善航空公司的管理水平,提高企业盈利能力。航空公司进行本量利分析需以一些基本假设为前提,这些假设主要包括如下几方面内容:①假定机票价格水平不变企业的运输收入同运送旅客人数成正比例变动,小时的票价水平是均衡的。②假定所有成本都可分为固定成本和变动成本两类。其中固定成本是处于"相关范围"内,其总额在此期间内保持不变,不受飞行小时总量变动影响。单位飞行小时变动成本不变,变动成本总额同飞行小时成正比例变动或随旅客增减而成正比例变化。③假定航空公司飞行月、时总量是相对稳定的。④假定小时收益率为各机型的平均数,不考虑机型差异[①]。

[①]　黄惠忠:本量利分析在航空公司的运用,财政监察,2004.10。

（一）航空运输企业本量利分析模型

利润＝运输收入－总成本

运输收入＝乘机人数×平均票价水平

＝载客率×可提供座位总数×平均票价水平

或者　　　　　　＝小时收益率×飞行小时

总成本＝变动成本＋固定成本＝单位变动成本×飞行小时＋固定成本

这个方程式明确表达了本量利之间数量关系的基本方程式，包含有相互联系的变量，给定其中 4 个变量，即可求另一个变量的值。航空公司在规划利润时，通常把单位变动成本和固定成本视同稳定的常量，把平均票价水平和飞行小时视同变量。所以航空公司以飞行小时总量和平均票价水平变化来测算企业盈利水平。航空公司要完成经营目标必须从提高客座率、票价水平和飞机利用率入手。

（二）航空运输企业盈亏临界点分析

本量利分析中有一个重要的分析方法就是盈亏临界点分析。盈亏临界点是指在一定销售量下，企业的销售收入和成本相等，不盈不亏；当销售量低于盈亏临界点的销售量时，将发生亏损，反之，当销售量高于盈亏临界点的销量时，则会获得利润。保本是获利的基础，任何企业要获利必须先保本，先确定目标利润再定生产量。而航空公司利润实现有其特殊性，在生产量即飞机架次不变的前提下，不是通过提高飞行小时总量，而是通过提高小时收益率的方式获得。

三、作业成本法在航空运输企业的应用

（一）航空运输企业的成本特点

航空公司成本构成有以下特点：①航空公司成本构成中无存货成本。与制造企业不同，航空公司提供的产品是位移，其生产和销售是同一过程的，具有无形性、瞬时性、多样性等特点。②航空公司间接费用、跨期费用比重大。除了直接运营费以外，其他成本费用项目均为间接费用，这些费用涉及的项目范围广，种类多，且投入往往与其受益期并不匹配，如飞机的定期维护费用、修理费用等，这些费用占总成本的比重很大。③固定成本比重大。航空业是一个高技术、高投入的产业，航空公司的前期投入成本，如飞机、航材等固定资产的投入，筹措资金的财务费用，对飞机的定期维护保养等都数额巨大，分摊期长。④客货成本混合。航空运输包括客运和货运两部分，目前国内航空公司对这两部分的成本并未分开核算，而是统一归集后按吨公里标准进行分配。

（二）航空运输企业应用作业成本法的必要性及可行性

（1）航空公司传统的成本核算方法不够合理。航空公司传统的成本核算方

法，基本上是按飞行小时分摊间接费用的。虽然这种核算方法简单易懂、便于操作。但由于航空公司的间接费用包含的项目范围广，种类多，性质也不尽相同，需要分摊的成本费用占总成本很大比例，按照飞行小时分摊成本费用不仅分摊因素单一，而且缺乏理论根据，对成本进行控制时，无法找到资源耗费与其内在影响因素的数量关系，难以给公司高层管理者提供准确、可靠的成本信息，使其用于制定有效的生产决策。而作业成本法能够较合理地分配间接费用，在产品与其所耗资源之间建立较准确的对应关系，为管理者提供更准确的会计信息。

（2）作业成本法能有效解决航空公司定价难的问题。航空公司的产品是无形且多样的，定价比较困难。作业成本法的最大的特点之一就是可以将作业分析的观点应用于服务产品的定价决策。它能准确地计算出每一客户的服务成本及客户间的成本差异。

（3）企业拥有的现代化计算机技术为作业成本法的实施创造了条件。采用作业成本法必须首先做好基础数据的收集工作，数据处理量大。而航空公司是知识密集型企业，规模大，具有更多的计算机技术资源实施作业成本法，如利用收入结算系统（RAS）、Oracle 财务系统和生产统计系统（RSP），来收集加工处理相关数据。

（4）较好地实施了全面质量管理。目前航空公司大都较好地实施了全面质量管理。这种管理手段将管理深入到作业层面，因此也为作业成本法提供了基础。

（三）作业成本法在航空运输企业的具体应用

1. 作业成本法在航空运输企业成本核算中的应用

航空公司应用作业成本法核算成本，可分为以下 5 个步骤进行：

（1）界定航空公司涉及的各项作业。如销售作业中心、发送作业中心、飞行作业中心、支援作业中心。

（2）确认航空公司涉及的资源。如资金、劳动力、机队、航材储备、油料等。将其中可直接归属到客户的直接资源如航油、飞机折旧等与不可直接归属到客户的间接资源如广告费、利息费等分开，对于间接资源需要按照资源动因及作业动因分配到客户。

（3）将资源分配到作业。将归集起来的投入成本或资源分配到每个作业中心的成本库中，每个成本库代表的是它所在的那个中心执行的作业。比如，飞行作业中心的成本库为空勤人员工资津贴，油料消耗，飞机、发动机折旧，经营性租赁租金，机场起降服务费，餐食供应品费用，客舱服务费，其他直接运营费用等。对于那些无法在成本库中进行分配的资源，可以归集在一起设为其他成本库，其比例大小可在一定程度上反映作业成本核算系统的准确度。

(4) 确认作业动因,计算单位作业成本。将资源分配到作业成本库后,就可以开始确定作业动因,将作业成本分配给航班。作业动因可以划分为:批次动因、数量动因和工时动因。所选的作业动因变量的数据应易于收集,具有代表性与全面性,应与作业成本库中的资源消耗情况有高度的相关性。航空公司成本库的作业动因如表 9-2 所示。各种运营成本分机型归集各类作业量,用其除以该机型的各类成本总额得出单位作业成本。

(5) 计算出某一航班的成本。以各成本动因所对应的单位成本作为分配标准,将各成本库中归集的费用按各航班的作业量进行分配,得出该航班每一作业所耗用的成本,加总后则是该次航班的总成本。计算公式为:

$$C_i = \sum d_{ij}$$
$$V_j = Q_j \div A_j$$

式中,C_i 表示 i 航班的总成本;d_{ij} 表示 i 航班耗用成本库 j 的成本动因量;V_j 表示单位作业成本;Q_j 表示 j 成本库发生的作业成本;A_j 表示 j 成本库的成本动因总量。

表 9-2 航空公司作业中心、成本库及作业动因参考

作业中心	成本项目(成本库)	作业动因
销售作业中心	人工费、广告费等	机票张数
	代理售票手续费	票款金额
发送作业中心	航材消耗件费用	轮挡小时
	高价周转件费用	轮挡小时
	行李等赔偿费用	旅客人数
	其他间接运营费用	轮挡小时
飞行作业中心	机组人员工资、福利费	直接归集
	航空油料消耗	飞行小时
	飞机、发动机折旧	直接归集或飞行小时
	经营性租赁租金	直接归集或飞行小时
	机场起降服务费、航路费	起降架次
	飞机/发动机保险费	直接归集或飞行小时
	餐食供应品费用	旅客人数
	客舱服务费	旅客人数
	其他直接运营费用	飞行小时

（续表）

作业中心	成本项目（成本库）	作业动因
支援作业中心	飞机/发动机修理费	一部分是轮挡小时，另一部分直接归集
	飞行训练费	轮挡小时
	地勤人员费用	可用吨公里
	管理费用	
	财务费用	
	主营业务税金及附加	

【例9-1】[①] 某航空公司经营一条国内旅游航线，航程1 340公里，飞行时间为1.93小时，采用X机型，票价为1 000元，淡季A班载运客人数为10名，旺季B班载运客人数为100名（为了便于分析，不考虑货邮行收入及成本，并假设所有客人均为成人），每客重量按0.075吨计算，A班和B班的经营成果见表9-3。

表9-3　　　　　　　　　　A、B航班经营成果计算表

项目	吨公里单位成本（元）	A航班运输周转量（吨公里）	B航班运输周转量（吨公里）	A航班经营成果（元）	B航班经营成果（元）
一、运输收入	.			10 000	100 000
1. 客运收入				10 000	100 000
2. 货邮行李收入					
二、航空基础建设基金(4.8315%)				483.15	4831.5
三、成本费用	8.187151	1 005	10 050	8 228.09	82 280.86
1. 直接运营成本	5.593294	1 005	10 050	5 621.26	56 212.60
2. 间接运营成本	0.247591	1 005	10 050	248.83	2 488.29
3. 销售费用	0.950050	1 005	10 050	954.80	9 548.00
4. 管理费用	0.202744	1 005	10 050	203.76	203 758
5. 财务费用	1.193472	1 005	10 050	1 199.44	11 994.39

---

① 罗朝晖，石祖义：作业成本法在航空企业的应用，财会通讯，2002.07。

（续表）

项目	吨公里单位成本（元）	A航班运输周转量（吨公里）	B航班运输周转量（吨公里）	A航班经营成果（元）	B航班经营成果（元）
四、营业税金及附加(3.3%)				330	3 300
五、经营利润				958.76	9 548.64

表9-3中A航班958.76元的经营利润令人困惑，X机型每小时的油料消耗据统计为8 393.82元，10 000元的运输收入连A航班的油料消耗16 200.07元(8 393.82×1.93)都无法弥补，利润从何而来？再看看B航班9 587.64元的经营利润，刚好是A航班的10倍，等于100人与10人之比，难道所有的成本都是只与客人人数相关的变动成本，难道载100人的油料消耗会是载10人的10倍？

作业成本计算：

(1) 划分作业，设立成本库，找出作业成本动因；

(2) 归属于直接营运成本的成本项目以该机型发生额为基数计算出单位作业成本，归属于间接营运成本和期间费用的成本项目因未分机型核算而以总发生额为基数计算出单位作业成本；

(3) 以各成本动因所对应的单位成本作为分配标准，将各成本库中归集的费用按各航班的作业量进行分配，得出该航班每一作业所耗用的成本，加总后则是该航班的总成本。计算结果见表9-4。

表9-4　　　　　　　　　　A、B航班作业成本计算表

项目	成本项目（成本库）	作业成本动因	A航班作业量	B航班作业量	X机型单位作业成本		A航班作业成本(元)	B航班作业成本(元)
					数值	单位		
销售作业	代理手续费	票款金额	10 000	100 000	9.33	%	933.00	9 330.00
	其余销售费用	旅客人数	10	100	30.46	元/人	304.60	3 046.00
发送作业	航材消耗件消耗	飞行小时	1.93	1.93	557.17	元/小时	1 075.34	1 075.34
	高价周转件摊销	飞行小时	1.93	1.93	852.57	元/小时	1 645.46	1 645.46
	货邮行李赔偿费	旅客人数	10	100	0.16	元/人	1.60	16.00
	间接运营成本	飞行小时	1.93	1.93	1 727.76	元/小时	3 334.58	3 334.58

（续表）

项目	成本项目（成本库）	作业成本动因	A航班作业量	B航班作业量	X机型单位作业成本 数值	X机型单位作业成本 单位	A航班作业成本（元）	B航班作业成本（元）
飞行作业	空勤人员工资津贴	飞行小时	1.93	1.93	1 310.66	元/小时	2 529.57	2 529.57
	航空油料消耗	飞行小时	1.93	1.93	8 393.82	元/小时	16 200.07	16 200.07
	飞机、发动机折旧	飞行小时	1.93	1.93	5132.52	元/小时	9 905.76	9 905.76
	经营性租赁费	飞行小时	1.93	1.93	1 983.14	元/小时	3 827.46	3 827.46
	机场起降服务费	起降架次	2	2	3 624.08	元/人	7 248.16	7 248.16
	航线餐食供应品费	旅客人数	10	100	38.62	元/人	386.20	3 862.00
	客舱服务费	旅客人数	10	100	1.76	元/人	17.60	176.00
	其他直接运营成本	飞行小时	1.93	1.93	1 801.79	元/小时	2 736.06	2 736.06
支援作业	飞机、发动机修理费	飞行小时	1.93	1.93	1 801.79	元/小时	3 477.45	3 477.45
	飞机、发动机保险费	飞行小时	1.93	1.93	311.38	元/小时	601.16	601.16
	飞行训练费	飞行小时	1.93	1.93	286.81	元/小时	553.54	553.54
	管理费用	飞行小时	1.93	1.93	1 414.81	元/小时	2 730.58	2 730.58
	财务费用	飞行小时	1.93	1.93	8 328.40	元/小时	16 073.81	16 073.81
合计							73582.00	88369.00

表9-5　**作业成本法下与传统成本法下A、B航线经营成果对比表**

项目	传统成本法下经营成果 A航班	传统成本法下经营成果 B航班	作业成本法下经营成果 A航班	作业成本法下经营成果 B航班
一、运输输入	10 000	100 000	10 000	100 000
1. 客运收入	10 000	100 000	10 000	100 000
2. 货邮行李收入				
二、民航基础建设基金（4.8315%）	483.15	4 831.5	483.15	4 831.5
三、成本费用	8 228.09	82 280.86	73 582.00	88 369.00

（续表）

项目	传统成本法下经营成果		作业成本法下经营成果	
	A 航班	B 航班	A 航班	B 航班
1. 直接运营成本	5 621.26	56 212.60	50 205.43	53 854.03
2. 间接运营成本	248.83	2 488.29	3 334.58	3 334.58
3. 销售费用	954.80	9 548.00	1 237.60	12 376.00
4. 管理费用	203.76	203 758	2 730.58	2 730.58
5. 财务费用	1 199.44	11 994.39	16 073.81	16 073.81
四、营业税金及附加(3.3%)	330	3 300	330	3 300
五、经营利润	958.76	9 548.64	−64 395.15	3 499.50

表 9-5 清晰地显示出作业成本法计算出的成本明显更为合理:A 航班的经营成果为亏损 64 395.15 元,不再是莫名其妙的盈利 958.76 元,成本计算的差异在这里形成了质的区别。产生这种差异的表面原因是:传统的航线成本计算方法将周转量作为唯一的成本动因分配成本,作业成本法选取了更多的成本动因(如飞行小时、旅客人数等)分配成本。其深层原因是:通过作业这一载体,选择出更为合理的成本动因,使成本的归集更真实准确地反映了成本的去向及金额。

2. 作业成本法在民用运输企业成本管理控制中的应用

(1)基于作业成本法的改进低效作业。作业成本管理是通过增值与非增值作业的比较,分析出无效作业或低效率作业的水平及改善的潜力。具体有以下4 种改进方式。一是作业消除,一旦断定某些作业是非增值性的,就必须采取措施予以消除。二是作业选择,是指在由相互竞争的策略决定的不同作业之间作出选择,因为每种作业消耗的资源量不同,应选择较低的。三是作业减低,指降低作业所需的时间和资源。通过改善必要作业的效能,或作为短期策略改善非增值作业直至能够将其消除。四是作业分享,是指通过达到经济规模来提高必要作业的效能,在不增加作业本身的总成本的前提下增加该成本动因的数量。

(2)将作业管理引入全面预算及战略成本管理。以传统成本法为基础的预算控制在市场多样化、组织扁平化的时代,已不能满足企业战略成本管理的需要,其日益暴露的不足主要体现在以下几个方面:①预算制定时基本依赖于价值指标,而这些价值指标往往是在原有成本水平基础上进行的修正,其最初来源仍是按传统成本计算方法获得的已被扭曲的成本信息;②预算的结构体系是组织的结构体系而非经营过程的反映,不能给控制者提供对工作内容到成本动因的认识,不可能反映成本产生的技术性原因;③预算的制定过程在企业中仿佛是一个政治权力斗争的过程,组织中各部门在企业中的权力因素而非效率因素成为了预算分配即资源分配的主要标准;④预算控制往往诱使部门负责人将预算资金在预算期内全部花完,否则其部门预算将在下一期面临被削减的压力,预算执行者没有主动降低成本的动力,这样的机制实际上是与成本控制的目标相背离的。

将作业管理引入全面预算有助于克服传统预算在以上几个方面的不足。首先,作业管理不仅依赖于价值指标,它更多地采用作业量指标,这有利于在技术上对作业进行改进以降低成本;其次,作业成本的分析逻辑是"产品耗用作业,作业耗费资源",这一思路体现了产品生产过程,在客户价值的指导下,有利于克服各部门的本位主义;其三,控制作业以控制成本具有更大的灵活性,通过作业量和价值量的双重考核,能够加强对部门浪费的控制在预算的编制工作上。

作业成本法的全面运用也更能配合零基预算的编制方法,传统的预算编制方法通常是以原有的费用水平为基础进行差量分析加以确定的,它的出发点是认为前期的费用开支在规模和结构等方面是合理的,而这种假设往往是不符合实际的。零基预算是在编制预算时抛开既往数据的影响,一切以零为起点,视企业为新创一样,重新对每一项费用的发生进行"成本—效益"分析,并在此基础上编制的预算。零基预算在对费用的考察上同作业成本法的思路是一致的,它也有利于克服传统预算编制方法对费用评审不合理等诸多问题,然而由于其工作量大,需要的基础数据复杂,在实际工作中很少得到全面的运用。但如果企业全面推行作业成本法后,其在管理理念上的改进和在基础数据上的翔实都将给零基预算更广泛的使用带来可能[①]。

3. 作业成本法在民用运输企业绩效考核中的应用

传统的成本考核体系将各部门按成本、收入、投资的可控程度划分为成本中心、收入中心和投资中心,对成本中心只考核可控成本、不考核收入,这种考核制度在日益激烈的市场竞争中变得越发死板,员工的积极性和创造力不断地被内部争斗所消耗,而企业管理当局越来越失去人心,这方面的弊端可以归结为下面3个方面:其一,责任成本的划分不能做到与各部门的可控成本完全一致,这时各部门经常因责任的归属发生矛盾,这势必造成企业的内耗;其二,传统成本管理下的考核指标多是价值量指标,注重成本降低的数据,而忽视成本后面的作业动因以及由此给客户价值带来的影响;其三,忽视所谓成本中心对收入的贡献,

---

①　吕剑敏:作业成本法在民航业中的应用研究,硕士论文,2002.4。

只有支出压力,没有收入的成就,不利于激发员工努力。在这种体系下,各部门往往专注于部门自身利益,而缺乏共同合作一致对外的主动性。

运用作业成本法建立合理标准的绩效考核体系,航空公司可以将成本动因量作为绩效考核体系的一部分,对成本产生的源头进行控制,减少部门间扯皮的情况,从而调动各部门自觉从成本效益出发改进作业,增加客户价值。而且在作业基础成本控制中,全面考虑了作业时间的缩短、作业效率的提高、作业质量的提高对业绩的影响,有利于降低成本,增加转移给顾客的价值。

4. 作业成本法在航空运输企业客户关系中的运用

客户关系是航空公司的宝贵资源,以客户为中心的客户关系管理,能够使企业保持市场占有率、获取稳定盈利。利用作业成本法的原理对客户关系管理的重要方面——客户导向的获利能力相关决策提供依据。冯玉娥、吴菁(2004 年)认为,目前航空公司的成本特点表现为与旅客直接相关的成本较低,因此利用作业成本法来计算某一类型顾客的成本,其主要与舱位设置座位的数量和空间有关,而与具体的旅客人数关系很少有关,某舱位增加一位旅客,归集给此类旅客的成本几乎没有变化,但收入却随旅客人数线性增加。对于同一类型的座位,不管有无旅客占用,作业都提供了服务,其耗费都应相等,只不过空置的无收入而已,最终都要按顾客类型进行归集,因此成本动因可以看作是空间位移量,单位作业成本为此航班的作业耗费。通过作业成本法分析,不同类型旅客对经营利润的贡献是不同的,其中商务旅客的经济利润率最高,头等舱旅客的最低,这与各类舱位的客座率情况正好吻合。

5. 作业成本法在民用运输企业产品设计定价中的运用

从作业成本管理角度来分析,低价支线客运的客户价值是快速、便捷与低价,乘客对机上附加服务的要求很小,而在进行构成产品的作业链分析时,可以知道机上餐饮和其他类似服务并非构成产品所必需,应视其为不必要作业同时该作业不增加客户价值,或可以说增加的客户价值大于客户将要支付的成本(高出的部分票价) 即增加的客户价值为负,所以这一作业是应被视为非增值作业,将其从作业链中优化出去,同时把节约下来的成本部分让利于客户,这实际上是一个厂商与客户双赢的战略。同样,对于高收益旅客的客户价值更强调舒适和服务,因此公司提供的附加作业被认为是增加客户价值的,对客户价值来说可将其视为不必要但却是增值作业,同时对公司来说增加的成本也远低于价格的提升。例如,某航空公司经营一条旅游航线,在对客户价值分析中,认为舒适安全和方便是目标客户所看重的价值,该公司在努力提高服务水平的同时积极考虑客户的各种困难和需要,经考察发现,在旅游区当地机场距离汽车总站尚有好几公里路程,且这一段的运输经营混乱,常有旅客被宰的事件,该公司遂决定在当地租用一辆大巴将本公司航班的到港旅客送至汽车总站,这一作业实际上增加了客户价值,该公司也因此获得了这条航线的更多市场。作业成本管理的出发点在于作业创造客户价值,企业在新产品设计和定价中,下面的分析步骤是必要的:第一,分析市场找出目标客户;第二,分析产品价值链,认识构成产品价值的作业;第三,分析竞争对手价值链,找出其优势和不足;最后,确定自己的竞争战略,以作业管理配合价格,使新产品能抓住市场契机。①

四、全面预算管理在航空运输企业的应用

(一)国外航空运输企业全面预算管理的情况及特点

1. 国外航空运输企业全面预算管理的情况

杰罗尔德·L·齐默尔曼的《决策与控制会计》一书中,曾对美国 400 家大型公司的管理情况进行调查,结果显示 94％的交通运输企业都运用了预算管理。国外介绍航空公司预算管理的著作中,比较著名的有彼特的《航空公司财务》,约翰的《航空运营与管理:基于需求的航空运输》,奈翰尔的《航空公司计划:组织,财务和营销》等,这些著作为研究国外航空公司的预算管理提供了许多有价值的资料,值得我国航空公司借鉴。国外航空公司的飞行部门使用两种类型的预算:业务预算和资本预算。

(1)业务预算通过详细的账目种类提供预计成本和收入的细节问题,而且业务预算通常都是弹性预算。成本费用预算是按可变成本和固定成本分别进行编制的。有些航空公司的预算,还另外提供每架飞机各自的直接成本,以便更准确地计算每架飞机的使用成本。根据飞行部门实际的费用账簿来编制预算是很重要的。国外航空公司的飞行部门在编制预算时,不局限于财务部门根据企业业务链而设置的编码,因为如果仅仅使用这些科目,将很难决定部门的资金该怎样分配,所以飞行部门通常在大的科目分类下设置自己特殊的科目。实际编制预算时,航空公司会根据实际的科目来估计开支,然后汇总并与工作单上的大分类相对应。影响预算的主要因素是对飞机年度飞行小时的估计。虽然飞行小时不会直接影响预算的固定成本部分,但对其有间接影响。比如,如果飞机的使用时间延长了,会相应的增加机组人员和机务人员工资,增加培训费和维修设施等费用,因此同时增加了可变成本和固定成本。

(2)资本预算是对投资永久性资产的资金进行的预算,包括获得新机库、购买地面支持设备、飞机设备更新和内部装修、购买支援车辆等。资本项目必须是

---

① 吕剑敏:作业成本法在民航业中的应用研究,硕士论文,2002.4。

正当的,而且要与企业其他部门提出的其他资本项目进行竞争。任何增加或扩大资本资产价值的投资行为都应资本化。除了上面提到的项目以外,一些维修项目也满足资本化的条件,虽然有时并不明显。如发动机、推力转向器、新型飞机辅助动力装置(简称 APU)的修理就属于资本预算的范围,因为修理过程中的服务公告和其他改进可能增加资产的价值。做资本预算时,这些支出首先利用净现值法,内部收益率法等进行财务评估,之后做书面的申请报告。

2. 国外航空运输企业全面预算管理特点

全面预算管理的概念在国外航空公司中早已深入人心,管理者也习惯于利用预算管理中产生的数据、报告进行分析,预算编制、执行到预算控制都与实际工作需要紧密相连。国外航空运输企业全面预算管理的特点主要有以下 4 点:

(1) 预算方法多样。预算方法包括固定预算、弹性预算、零基预算、滚动预算、概率预算等。弹性预算适用于管理人员对数量不可控时使用,一项对 219 家美国上市公司的调查显示,48％的公司在对生产成本进行预算时使用的是弹性预算,这表明弹性预算在生产部门得到了广泛的应用。零基预算冲破了传统预算方法的框框限制,以"零"为起点来观察分析一切费用开支项目,确定预算金额。滚动预算能使企业管理当局对未来一年的经营活动进行持续不断的计划,并在预算中经常保持一个稳定的视野。国外航空公司根据需要选用不同的预算方法,比如飞行部门采用弹性预算,其中个别项目采用概率预算;对某些管理费用项目采用零基预算;而差异报告则借鉴了滚动预算。

(2) 预算科目灵活。这一点在飞行部门预算中尤为明显。与国内航空公司预算科目基本按照会计科目不同,国外航空公司拥有更详尽的账目表,根据需要设置自己特殊的科目。

(3) 重视业务预算和资本预算。全面预算包括业务预算、资本预算和财务预算。国外航空公司可能不会把"全面"两字明确地说出来,但是其预算内容确实包含这 3 类预算。对于资本预算,不仅用未来现金流证明,还必须有充分的书面报告讲明情况。因此也减少了"拍脑袋"进行投融资决策的做法。

(4) 重视预算分析。从以上关于国外航空公司全面预算管理的介绍中可以看到,不论申报新的预算项目,编制资本预算,预算控制,还是重大预算变动,都必须伴有预算分析,分析的形式有预算分析工作单,资本预算报告,差异分析报告,预算论证等。各种报告与实际情况紧密相连,分别说明一定问题,非常实用,为企业管理层决策提供了重大参考。

(二) 我国航空运输企业全面预算管理的情况及特点

1. 我国航空运输企业全面预算管理的情况

由于竞争愈加激烈,我国大部分航空公司都建立了与其相应的全面预算管理体系,且已初见成效。中国国际航空股份有限公司建立了全面预算管理制度——中国国际航空股份有限公司预算管理办法,年度预算按程序经董事会审批后生效。国航所有经营活动均已纳入预算进行管控。国航定期对资产负债、现金流、损益、资本性开支实施全程跟踪管理分析。对经营成果、大项成本、费用预算等建有明确的预算目标,对各类费用开支建立了严格的单位标准,对主要的经济指标层层分解、责任到人。国航按月召开经济效益分析会,将业绩与预算情况进行比较、及时分析差异及原因,定期改善生产经营状况。国航制定了规范的工程项目决策程序和项目审计办法,对工程项目的预算有相应的控制。中国南方航空股份有限公司也将加强财务预算管理,完善内部控制系统作为加强公司管理的重点之一。通过细化财务预算管理,完善航材、维修一体化等措施严格控制成本。尽一切可能抵减航油成本的影响。中国东方航空公司于 2006 年借助Oracle 企业计划与预算系统,对其财务管理的各部分进行了一次全面的整合,加强了全面预算管理。借助全面预算管理,中国东方航空公司的成本明显降低,并且优化了资源配置。海南航空公司于 2001 年开始建立全预算管理体系,严格控制各项运营成本特别是管理费用支出。虽然预算管理系统只是海航财务管理体系中 5 大业务系统之一(其他 4 大业务系统分别为资金管理系统、资产管理系统、核算管理系统、综合管理系统),但海航已将其放在财务管理的龙头地位。通过强化全面预算管理,编制覆盖各层面各单位的全面预算,监督各单位预算执行情况,及时发现并纠正偏差,并将其作为衡量业绩的标准,奖优罚劣,重奖重罚,以此作为推进改善各方面的工作。深圳航空有限公司在 2001 年正式提出实施"低成本预算管理",低成本预算管理的基本内涵在于:以降低成本为公司管理主线,将公司预算管理与目标成本管理进行有机结合,强调科学合理规划公司的目标成本水平,然后分解到涉及成本发生的所有责任部门或责任人;通过预算控制,对公司生产经营活动中影响成本的各种因素加以管理,一旦发现与预定的目标成本之间产生差异,就立即采取有效的措施加以纠正,最终以预算为目标,科学考查责任部门和责任人的业绩。与此相适应,深航构建了以预算管理委员会为主导的 4 级预算管理体制——预算管理委员会、预算综合管理部门、预算归口管理部门及预算责任部门。

2. 我国航空运输企业全面预算管理的特点

(1) 实行以成本控制为核心的预算管理模式。航空运输业是个微利行业,成本居高不下一直是我国航空公司经营的一大特点。同时,受历史因素影响,航空公司在价格制定、航线准入等方面一直受限制,这就决定了我国航空公司要想在竞争态势日趋激烈的航空运输市场中获得经济效益就必须通过预算管理来严格控制和有效降低成本。成本预算和控制是航空公司全面预算管理的核心,是航空公司财务工作的重点。通过科学的划分可控成本和不可控成本、制定明细的成本预算编制方法、实行全程跟踪和动态分析、进行严格地考核和奖惩,成本预算管理为航空公司带来了较大的效益。以海南航空公司为例,从 2001 年起海航开始进行"全面预算管理",将机票销售、飞机飞行、服务链条中的每一个点都进行精细的财务成本分析,例如,计算已精确到飞机滑行时间要达到多少秒才是最经济的。仅 2001 年一年的时间里,海航通过"全面预算管理"共节省成本 8000 万元。

(2) 预算细化到每种机型和每条航线。我国航空公司会计核算的对象主要是"飞机机型"和"航线",因此,预算的编制不仅仅按照会计科目进行,而且将预算指标分配到每架飞机和每条航线,即按照航线编制收入预算,并且对于可以直接划分机型、航线的成本项目,预算到机型和航线,对于不可以直接划分机型、航线的成本项目,按规定的分摊方法分配到机型和航线。这种预算编制模式符合民航行业特点,有利于对航空公司经营成果的分析与考核。

(3) 普遍利用财务管理信息系统。目前,我国航空公司普遍使用财务管理信息系统协助全面预算管理,三大国有航空公司都使用 Oracle 信息管理系统,其中东航引进了 Oracle 财务管理解决方案,南航则自行研制开发了财务全面预算管理系统 FBM,国航也于 2007 年年底开始引入预算管理系统。而深圳航空公司、厦门航空公司、上海航空公司、四川航空公司、吉祥航空公司的全面预算管理系统都选择用友 NC 预算管理解决方案,海南航空公司、山东航空公司分别与久其软件、浪潮通软合作开发了全面预算管理系统。这些航空公司大多实现了系统的成功建设与应用,在成本控制、预算管理、实时效益分析、航线规划、销售决策等方面取得了显著成效。

(4) 以销售计划为起点,无期末产成品核算。航空公司的全面预算以航班计划和生产量计划为全面预算的编制起点,不存在期末产成品预算。航空公司的规划部、客运部和货运部根据公司的经营目标、运力和航线网络资源制定预算年度的航班计划,同时,市场销售部门根据各地区的市场发展情况和公司的销售政策制定公司生产量计划(主要包括承运人数和货邮运输量),在此基础上进行航空公司的收入预算和各项成本费用的预算。由于航空运输服务的生产与消费是同时进行的,所以,航空公司的生产预算中不需要考虑产成品存货因素。

3. 我国航空运输企业全面预算管理:编制、控制与考评[①]

(1) 预算编制。预算通常是由财务部门做的,但是它的准备工作却需要各个部门的合作。

---

① 陈俣秀:航空运输企业预算管理研究,中国民航学院学报,2004.6。

①市场部:客货市场份额预测;②货运部:货运预测;③市场部/财务部:收益和收入规划;④市场部、运营部、工程项目部:航班计划;⑤所有部门:资源和人力计划;⑥所有部门:成本预测;⑦财务部:预算的最终编制。预算的编制有助于航空公司各部门间的协调配合。例如,航班经营/计划要与飞机维修计划和进度保持紧密联系。

选择恰当的预算编制方法。随着预算管理水平的不断提高,预算编制的方法也在不断丰富,形成了包括固定预算、弹性预算、定期预算、滚动预算、增量预算、零基预算和概率预算等一系列方法。

预算编制包括利润预算、经营预算、资本预算、现金预算和财务预算等。利润预算是对企业目标利润的规定,是最具综合性的预算,利润预算包括销售预算和成本费用预算。编制成本预算时应尽快归集到航线,以便比较各航线的经营成果,这是评价取消、整合以及增加航线对航空公司影响的工作起点。然而需要强调的是应采用在全系统内或航线网络内分配的方法,因为一个旅客的收入通常是由几条航线共同创造的,同样,成本也要分摊到若干航线上。经营预算根据航空公司生产计划指标编制。资本预算主要反映企业负债资本和权益资本结构的预计变动以及资本的投向。因此,资本预算必须按照投资和筹资两大内容编制。现金预算对于决定将来经营所需的营运资金是至关重要的,在"现金至上"的经营环境中,尤其是资产负债率高达85%以上的中国运输企业必须给予现金预算以足够的重视。财务报表(资产负债表、损益表和现金流量表)的编制由财务部门完成,它主要根据各预算使用单位上报的预算期间的数据来编制,从整体上反映航空公司在预算年度内的预期资产、负债、权益、损益和现金流量的总体财务状况。

(2)预算控制。企业预算控制必须深入到各业务过程、各经营环节,覆盖企业所有部门和岗位,并运用计算机网络系统,实现对预算执行情况的动态查询和控制,变事后反映为事前分析、事中控制。同时运用外部监控措施,如审计等,使企业的预算监控内外结合,实现预算监控措施的多元化。而对于那些计划外的费用支出,企业要建立预算审批控制制度,先提出申请,做出详细预算,审批后才能支出,做到没有预算不开支,杜绝超预算开支现象,以确保支出控制在预算范围以内。

(3)预算考评。预算的考评与激励机制是预算管理的关键,是保证预算管理体制发挥作用的重要手段。建立综合考核评价体系,构建合理的激励机制,首先要遵循可控性原则、风险收益对等原则、总体优化原则、分级考评原则和公平公开原则。其次要选择适合各责任中心的财务指标(成本增减额或成本升降率、贡献毛利或经营利润、投资报酬率和剩余收益)和非财务指标(市场占有率、产品质量与服务指标)共同作为评价标准。随着企业经营环境的日益复杂多变,单纯的财务指标考评的局限性越来越明显,主要表现在:会计资料失真容易导致考评不真实;注重过去的已实现的业绩而忽视未来的发展能力易导致长、短期利益的失衡;片面的评价可能导致经营者的行为更倾向于内部化,忽视市场的竞争地位等。非财务指标注重企业的成长与战略性,注重于收益的稳定与长期增长,因而促使经营者注重市场的开拓、内部管理的有序和学习、激励员工的积极性等。

4. 全面预算管理在航空运输企业的具体实践

深圳航空有限责任公司在中国民航公司里是个小公司,但就是这个"小公司"却创造了大效益。深航连续 12 年保持盈利,是目前中国单位成本最低、盈利能力最强的航空公司之一。在深航的管理管理实践中,其"低成本预算管理"被评为国家创新成果二等奖①。深航实行低成本预算管理的主要内容是:以公司的战略规划和综合计划为依据,以降低成本为主线,将公司的预算管理与目标成本管理有机结合,强调科学合理规划目标成本,并将其作为预算标准分解到责任部门或责任人;通过预算控制,对企业生产经营活动中影响成本的各种因素加以管理,一旦发现与目标成本之间存在差异,立即采取有效的措施加以纠正;最终,以预算目标考核责任人和责任部门。与此相适应,在公司内部变革预算管理的组织结构,构建以预算管理委员会为主导的 4 级预算管理体制——预算管理委员会、预算综合管理部门、预算归口管理部门及预算责任部门。

预算编制方面,按照"上下结合、分级编制、归口管理、逐级汇总"的程序,把成本预算细化到每架飞机或每条航线下的每项支出,费用预算细化到费用的每一个项目,并对每项支出进行部门和费用的双重控制。

预算控制方面,对不同阶段采用不同手段,重大决策过程实行预算源头控制,对飞行运营过程和日常管理过程采用事中控制,及时对预算差异进行分析并建立预算反馈制度。成本控制是公司战略的核心内容。具体做法是,首先组建成本控制机构,公司级的成本控制委员会由公司总裁挂帅,总会计师具体负责;在财务部门设立成本控制工作小组,负责日常管理;在各部门和分公司设立成本控制专员,负责成本控制工作的组织、协调和报告等。其次,实施成本项目管理,针对可控性最强的航油、维修、配餐、后勤等成本成立专门控制小组,对相关成本进行研究分析,提出具体措施。通过这些具体措施,降低了公司成本,例如,人均旅客餐食份数降低了 10%,机供品回收率控制在 20% 以下。

成本控制过程中,我们把控制方式向流程化、系统化转变,通过改善流程来提高管理效益。航空运输是资金密集型行业,资金的管理是保证企业发展的重

---

① 张春光:深航总会计师谢云双畅谈低成本财务管理模式,中国财经报,2007-4-20。

要一环。深航除积极扩大融资渠道、降低成本等传统方式外,还积极应用创新金融工具来降低财务费用。比如,在公司购买飞机时需要大量贷款,这时,我们经过深入分析,感觉到人民币升值不可避免,于是在人民币汇率放开前将所有人民币长期贷款转为美元贷款,为公司节省了大量财务费用。

另外,根据市场的发展,深航利用金融衍生工具进行外币保值业务。经过与多家银行的沟通、谈判,设计了符合深航用汇情况的结构性短期美元债务保值交易方案,成功进行了一年期结构性保值交易,成为国内航空界最早开展金融衍生品利率掉期业务的航空公司之一。同时,深航还积极与银行和供应商合作,推广买方贴息票据支付结算业务,财务成本比传统贷款降低 50%以上。

五、平衡记分卡在航空运输企业的应用

(一)平衡记分卡的概念和内涵

平衡记分卡是 1992 年由哈佛大学商学院教授 Robert S. Kaplan 和复兴国际方案总裁 David P. Norton 设计的。平衡记分卡最突出的特点是:将企业的远景、使命和发展战略与企业的业绩评价系统联系起来,把企业的使命和战略转变为具体的目标和评测指标,以实现战略和绩效的有机结合。平衡记分卡以企业的战略为基础,并将各种衡量方法整合为一个有机的整体,它既包含了财务指标,又通过顾客满意度、内部流程、学习和成长的业务指标来补充说明财务指标,这些业务指标是财务指标的驱动因素。这样就使组织一方面能够追踪财务结果,另一方面密切关注能使企业提高能力并获得未来增长潜力的无形资产等方面的进展,这样就使企业既具有反映"硬件"的财务指标,同时又具备能在竞争中取胜的"软件"指标。平衡记分卡不仅仅是一种新的绩效评价系统,更重要的是它是企业管理过程的核心组织框架,并且只有在平衡记分卡被从衡量系统改造为管理系统时,它才具有更大的威力。

平衡记分卡在实施过程中注重"平衡"2 字,"平衡记分卡"所指的平衡,是一种综合的平衡,动态的平衡,战略的平衡,增量的平衡,它不仅提出了一项战略,而且在寻求该项战略提出的各种因果关系的落实和实证。具体表现如下:

(1)外部衡量和内部衡量之间的平衡。平衡记分卡将评价的视线范围由传统上的只注重企业内部评价扩大到企业外部,包括股东、顾客;同时以全新的眼光重新认识企业内部,将以往只看内部结果扩展到既看结果,又注意企业内部流程及企业的学习和成长这种企业的无形资产。另外,平衡记分卡还把企业管理层和员工的学习成长视为将知识转化为发展动力的一个必要渠道。

(2)所要求的成果和这些成果的执行动因之间的平衡。企业应当清楚其所追求的成果(如利润、市场占有率)和产生这些成果的原因——即动因(Drivers,

如新产品开发投资、员工训练、信息更新),只有正确地找到这些动因,企业才可能有效地获得所要的成果。平衡记分卡正是按照因果关系构建的,同时结合了指标间的相关性。

(3)强调定量衡量和强调定性衡量之间的平衡。定量指标(如利润、员工流动率、顾客抱怨次数)所具有的特点是较准确,具有内在的客观性,这也正是其在传统业绩评价中得以应用的一个主要原因。但定量数据多基于过去的事件而产生,与它直接相联系的是过去,因此,定量数据的分析需要以"趋式可预测"为前提条件。但目前企业所面临的未来越来越具有不确定性,导致基于过去对未来所做的预测其实际意义趋于递减。而定性指标由于其具有相当的主观性,甚至具有外部性,比如顾客满意度是在企业内部无法获得的,所以往往不具有准确性,有时还不容易获得,因而在应用中受到的重视不如定量指标。但这并不影响定性指标的相关性、可靠性,而这两个性质正是我们业绩评价中所需要的。平衡记分卡正是借引入定性的指标以弥补定量指标的缺陷,使评价体系具有新的实际应用价值。

(4)短期目标和长期目标之间的平衡。众所周知的情况是企业发展的速度越来越快,现实已经使企业不但要注意短期目标(如利润),而且还必须将未来看得更远些,以制定出长期目标(如顾客满意度、员工训练成本与次数),相应地则需要有一套监督企业在向未来目标前进的过程中的位置和方向的指标。平衡记分卡则正是根据这一情况而设计的,它完全能够使企业了解自己在未来发展的全方位的情况。

财务层面:企业财务层面评价业绩的方法虽已经很成熟,但仍有局限性。平衡记分卡之所以保留了财务层面的指标,就是它能显示出事后的经济统计结果。财务业绩评价方法显示了企业的战略实施和执行后的最终经营结果,而这些结果表明了战略的实施是否对企业的利润产生了积极的影响。因此,财务方面是其他3个方面的出发点和归宿。其评价指标一般包括:投资收益率、资产收益率、净资产利润率、成本费用利润率等。

顾客层面:在平衡记分卡的顾客层面,企业要确定实现战略的目标客户和目标市场,并且要制定在目标客户和目标市场中有较强的竞争力的对策,以及为实现这些战略目标的企业业绩评价方法。其评价标准一般包括:顾客保持率、顾客增长率、顾客满意度和顾客利润率等。

内部经营层面:内部经营评价方法所重视的是对客户满意程度和实现企业财务目标影响最大的那些内部过程。传统的内部经营业绩衡量方法试图监督和改进现有的经营流程,它们所重视的仍然是现有流程的局部改善。而平衡记分卡是把流程再造引入到内部经营过程之中,为获得长期的财务成功,要求企业创

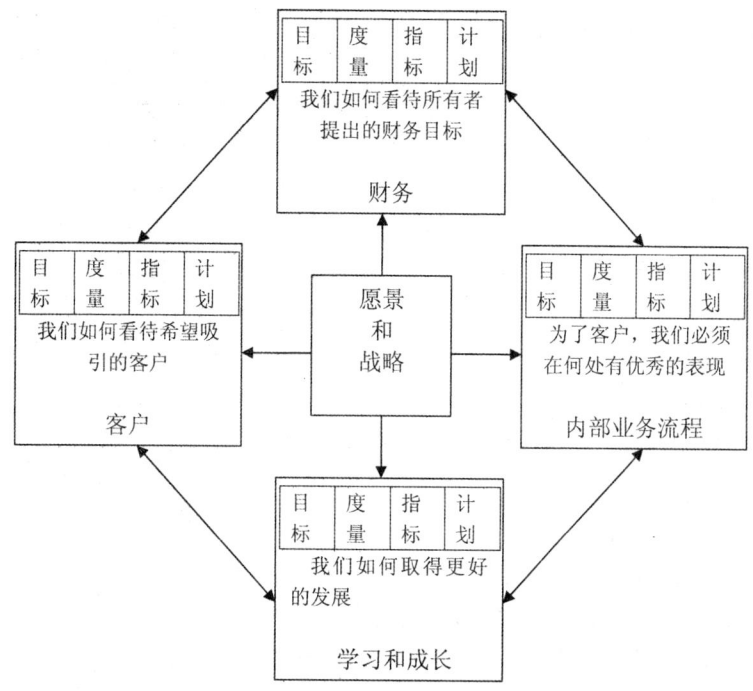

图 9-1 平衡记分卡四方面及其相互关系

造全新的产品和服务,以满足现有和潜在目标客户的需求。其评价指标一般包括:交货敏捷性、库存资金占用、产销率、运作费用和质量效益率等。

学习和成长层面:此层面是企业创造长期成长和实现改善的基础。企业的学习和成长有 3 个主要的来源:人才、系统和组织程序。平衡记分卡的前 3 个层面一般只能揭示人才、系统和程序的现有能力和实现突破性绩效所必需的能力之间的巨大差距。为了弥补这些差距,企业必须投资,以使员工获得新的技能,加强信息技术及系统,并理顺企业的流程和日常工作,提高员工满意度。其评价指标一般包括:员工生产效率、建议采纳效益、员工满意度、信息系统效率等。

(二)平衡记分卡在航空公司绩效研究的具体指标设定

平衡记分卡的核心是愿景与战略。针对平衡记分卡 4 方面的具体要求,我们可以看出在财务方面,具体战略目标是增加利润、降低成本、提高盈利能力和水平,为了财务的成功,公司对股东应如何表现的问题,具体到考核指标可以从营业总额、可利用客公里、资产负债率、销售增长率、总资产周转率、资本保值增值率、股东权益报酬率来考虑;在客户方面,具体战略目标是准时起飞降落,使顾客满意,提高运载率,为达到愿景,对客户应如何表现,具体到考核指标是航班准点率、运载率、乘客运载率、运输货邮量、收入吨公里、收入乘客千米数;在学习与成长方面,具体战略目标是地上工作人员相互合作,机上人员高质量服务,提高员工技能和生产效率,为了达到愿景,如何维持改变和改进的能力,具体考虑的考核指标是每职员之可用千米数、飞行人员数、飞行员受训毕业人数;在业务流程方面,具体战略目标是增加实际运营时间,为了满足顾客和股东,哪些流程必须表现卓越,具体考核指标是飞机使用量、起飞架次、运输总周转量、总飞行小时。

（三）平衡记分卡在航空公司的应用实践

平衡计分卡是西方先进的管理方法,但在国内很多企业应用得并不好,大多是照搬照抄,没有进行本土化处理。航空公司在平衡记分卡应用过程中,应该根据航空公司的行业特征、企业文化、员工特点等进行创新式地应用。深圳航空有限公司推行平衡计分卡效果较显著,归纳起来除了平衡记分卡本身的四个特征外,还具有如下特征:①领导支持与公司文化给力。深航善于接受外来新鲜事物,从公司老总到下面员工对新的管理方法都非常接受,没有像其他公司那么大的阻力,在推行过程中进展顺利。深航的文化注重执行力,当公司确定战略和具体措施后,下面的部门和员工都能够迅速响应,快速执行。②深航注重企业人才培养。深航财务部门推行了多种创新的人才培养模式,一是跨部门合作,打破财务系统各部门的局限,在公司培训部设立财务专职培训岗位,建立由培训部负责,各组织落实的培训体系;二是在行业财务系统中首推"新员工导师制"、"在职培训学分制"等;三是主张人才的"360度全方位学习",倡导员工向领导、下属、同事、顾客等身边所有的人学习与借鉴的风气。③深航还提出人才管理的"三三"制,即财务管理人员1/3的时间从事核算,1/3的时间进行财务分析,1/3的时间参与合同谈判。通过这些措施,使财务部门的员工开始将大量精力转向处理财务规划、成本控制、航线效益分析、飞机引进、资金管理等专业管理方面,进而真正提升公司价值[①]。

六、战略管理会计在航空运输企业的应用

战略成本管理是战略管理和成本管理在新的竞争环境下有机结合的产物,其实质就是将成本管理置身于战略管理的广泛空间,从战略的高度对企业的成本行为及成本结构进行分析,并为企业管理决策服务,帮助企业形成竞争优势。战略成本管理方法的基本分析工具有:价值链分析、成本动因分析和战略定位分析[②]。

---

① 张春光:深航总会计师谢云双畅谈低成本财务管理模式,中国财经报,2007-4-20。
② 优秀论文:战略成本管理在中国民航业中的应用,2008-12-20。http://wenku.baidu.com/view/e055d90902020740be1e9b85.html。

(一)价值链分析

从战略成本管理的层面看,由于企业成本的发生与其价值活动有着共生的关系,所有的成本都能够分摊到每一项价值活动之中。价值链分析的核心就是分析企业各项活动的成本,进而与竞争对手的各项活动成本进行比较,看是否具有竞争优势,进而采取相应的竞争战略。具体来讲,航空公司价值链分析包括内部价值链分析、竞争对手价值链分析和行业价值链分析3个方面的内容。通过价值链分析,航空公司可以确认自己公司的各项活动处于什么样的分布状态、在整个行业价值链的位置,并将价值活动的所耗成本与其价值及与竞争对手相关活动成本进行比较,确定其是处于竞争优势或劣势,进而决定对其是消除还是改进,采取什么样的竞争策略。例如,A航空公司在成本管理过程中通过分析发现,在总成本与竞争对手相当的情况下,航油成本所占比重过大,与B公司相比处于劣势,A公司即需对公司内部航油购买使用的各个流程进行分析,确定是哪个环节影响了航油成本的增加进而采取措施,如果是因为航油进价导致成本劣势,该航空公司就需要同供应商进行协商谈价、改选其他供应商或者采取后向整合策略自己组织生产。美国西南航空公司在价值链改造方面为我们做了典范。该公司通过管理入口周转率(公司的入口周转率仅为15分钟,而竞争对手为45分钟),由于入口的周转时间较短,可以使飞机每天的飞行次数增加,以相对较少的飞机完成了相对较多的飞行次数。因为砍掉了高成本的座位安排、旅途餐饮及行李转运等活动,使得公司的成本远远低于竞争对手,同时顾客也得到了更为低廉的机票价格实惠。

(二)战略定位分析

航空公司的竞争环境是决定其战略的重要因素,如机票价格、服务质量、安全飞行保障等。从战略成本管理的角度看,战略定位分析就是要求通过战略环境分析,结合自身的资源和能力,明确成本管理的方向,实际上也就是确定资源的配置方式及相应的管理运行机制。航空公司外部环境变化日新月异,航空公司要想在动态的环境变化中生存和发展下来就必须对自己的战略进行恰当的定位。常见的战略定位分析有SWOT分析、五力竞争分析和pest分析。无论采用哪种分析方法,其实质都是要在一定的时期内,在特定环境中,在保证不显著影响产品质量的前提下,有针对性地采取措施降低成本,确保航空公司成本优势。

(三)成本动因分析

成本动因分析就是找出影响成本的关键因素,同时指出企业应采取什么方法来控制这些因素,以更好地为战略成本管理服务,实现战略成本管理的目标。成本动因可以分为结构性成本动因和执行性成本动因两部分。结构性成本动因分析包括选择企业的规模、业务范围、经验、技术、多样性和厂址等,它针对的是如何通过基础经济结构的合理安排,形成竞争优势。执行性成本动因分析强化企业的劳动力参与、全面质量管理、生产能力利用、工厂布局的效率性、产品外观、联系等方面的作业程序安排,为战略成本管理目标的实现提供效率保证。航空企业要求生存、求发展就必须在成本的源流上寻找出路,设法降低生产运营成本。不同行业或同行业不同类型公司在成本的影响因素上也都不同。在航空公司新的体制之下,对影响成本竞争力的关键因素进行分析挖掘,并通过杠杆学习进行完善是十分重要的。当前许多航空公司一味地扩大机场基础设施建设和机队规模,造成大飞机严重过剩,运力闲置,生产成本、机场成本一度攀升和资金的无端浪费。

阅读文献

[1] 孙新宪,李忠勋主编:民航运输企业会计[M],北京:中国三峡出版社,2002 年 6 月。

[2] 国务院发展研究中心海航发展战略课题组:海航现象[M],北京:中国民航出版社,2004 年 3 月。

[3] 彼德·F·德鲁克等:公司绩效测评[M],北京:华夏出版社,2000 年。

[4] 威廉·罗奇:管理会计与控制系统案例[M],大连:东北财经大学出版社,2000 年。

[5] 孙新宪,朱慧:作业成本法在航空公司成本核算中的运用[J],财务通讯,2008 年第 5 期。

[6] 谢双云:大力推进预算管理细化财务控制[J],特区财会,2003 年第 10 期。

[7] 朱慧:我国航空公司全面预算管理研究[D],硕士论文,2008 年 3 月。

[8] 吕剑敏:作业成本法在民航业中的应用研究[D],硕士论文,2002 年 4 月。

复习思考题

1. 航空运输企业的含义及特点是什么?

2. 航空运输企业和一般企业相比,经营过程有何不同?

3. 航空运输企业的业务特点对应用管理会计有影响吗? 如何影响?

4. 航空运输企业的成本按习性如何分类?

5. 航空运输企业应用作业成本的必要性和可行性分析。

6. 航空运输企业应用作业成本的步骤有哪些?

7. 航空运输企业作业成本中心有哪些? 其作业动因如何确定?

8. 我国航空运输企业应用全面预算管理的情况如何?

9. 我国航空运输企业应用全面预算管理有哪些特点?

10. 平衡记分卡在我国航空运输企业的应用情况如何?

第十章　管理会计学在机场经营企业的应用

【本章概要】

　　本章介绍了机场经营企业的概念及业务特点,在此基础上介绍了机场经营企业应用管理会计的情况。由于民用运输企业的业务特点,可能会对其应用管理会计理论方法产生影响。本章根据管理会计的主要内容知识体系及管理会计的主要职能,受收集资料所限,主要介绍了机场经营企业的成本习性;作业成本在机场经营企业的应用;全面预算管理在机场经营企业的应用;平衡记分卡在机场经营企业的应用。①按成本习性分析(即成本总额与业务量的关系)将成本分为固定成本和变动成本;②确认机场涉及的作业根据服务对象分类可以分为为航空器、货邮和客户提供的作业,如旅客、航空公司、租赁客户和驻场单位等;③我国机场应用全面预算管理的情况因机场而异,由于机场属性及区域特征、机场管理水平高低及运营模式等不同,有些机场也有预算,但是不能称全面预算管理;有些机场的预算管理,和企业的资金管理系统、资产管理系统、核算管理系统等构成财务管理系统的子系统;④机场在应用平衡记分卡时和KPI结合以加强机场绩效管理。

第一节　机场经营企业及其业务特点

一、机场经营企业的概念

　　民航机场是我国基础设施的重要组成部分,机场经营企业是以为飞机提供起降服务与为旅客、货物、邮件、行李提供候机过港服务为主的企业。机场除了跑道之外,机场通常还设有塔台、停机坪、航空客运站、维修厂等设施,并提供机场管制服务、空中交通管制等其他服务。《中华人民共和国民用航空法》将机场定义为:"本法所称民用机场,是指专供民用航空器起飞、降落、滑行、停放以及进行其他活动使用的划定区域,包括附属的建筑物、装置和设施。"21世纪,我国民航经过十几年的快速发展,也进入了管制放松的时期。新中国成立后,我国民航整体隶属空军,至 1980 年整体转编,成立民航总局,直接管理民航各单位。为了满足航空运输发展的需求,自 2001 年起,民航总局开始进行机场属地化改革,除北京首都国际机场和西藏自治区机场以外,中国民航总局直属的其他机场全部移交地方政府管理,实行企业化运作和专业化的经营管理。

二、机场经营企业的业务特点

机场是一个特殊的行业,它是航空运输业的基础设施,具有社会性和公益性,同时它又是普通的企业,具有盈利性。机场具有自然垄断性,但是竞争日益激烈,所以从本质上看,机场具有多重经济特性,与其他行业相比,具有与众不同的特点。

(一)公益性、社会性和安全性

机场是航空运输业的公共基础设施,类似于铁路和公路,具有公共事业性。2009 年 4 月 1 日国务院第 55 次常务会议通过的《民用机场管理条例》第三条明确规定民用机场是公共基础设施。机场是发展地方商业的重要门户,其服务能力和其自身的地理位置所处区域的经济关系很大,对所在地社会经济发展具有重要影响,对相关产业能产生很大的连带作用。机场提供的优质服务,会使该地区其他经济主体或社会成员受益。由于机场与公众利益和国家利益密切相关,所提供的基本服务必须具有稳定性、可靠性和可信赖性,在保证安全等方面的专业技术要求很高,具有特别技术要求,因此各国政府都会对机场的收费进行管制,以避免其赚取过高的垄断利润,损害公众的利益。

(二)自然垄断性

机场建设经营关系到国家利益、社会安全,往往属于国家强制性保护的公共事业。在民航机场规模和布局上,政府要综合考虑宏观经济发展水平,各地区经济、文化、旅游等各种因素,因此机场因不可替代和不可增设性而具有较明显的区域垄断特征。

(三)竞争性和规模经济特征

随着航空业的不断发展,机场业竞争性日渐增加。一方面它们需要面对占大比例市场份额的航空公司、航空公司联盟以及低成本航空公司对机场的选择的压力;另一方面,旅客也越来越具有选择权,他们会根据便利性和舒适性选择出发机场、到达机场和中转机场。面对激烈的竞争,机场不断追求优质高效的航空公司服务和旅客服务,以吸引航线和旅客,扩大业务量。机场另一个显著特征就是规模经济特性,当一个机场的客流量上升到一定规模时,机场的资源效用和效率会大大增加。

（四）资金密集性和投资回收期长

机场是资金密集型交通基建行业，进入壁垒较高，由于其业务特点和设施、设备要求，机场建设需要一次性投入大量的资金。按目前的价格水平，新建一个机场，少则几个亿，多则百多亿元。机场建成之后在多年的使用中分期收回投资，资金回收期长。机场作为基础设施。其建设是根据对未来运输量的预期设计规划的。规划具有长期性特点，建设时会为容量预留空间，因此建成后效益不可能在短期内实现，这又加长了其投资回收期。

（五）成本结构复杂

（1）机场企业二级部门生产环节相对独立性强，资产相互替代性弱，流动资金需求量大，资金成本高。

（2）机场机坪、跑道、围界内土地成本和管理成本大，回报率低，候机楼、货运楼、配餐楼及机库的建设成本回报率虽高，但有部分是航空公司建设或合资建设的。

（3）由于机场地域广、价值高、技术含量大，跑道、停机坪设施安全系数要求严格，所以维护费用在机场生产性开支中占较大的比例。

（4）机场成本中人工成本相对较高，这主要是，中国的机场业经营职能和管理职能、服务职能、企业职能与政府职能，企业职能和社会职能相融的混合体制，加上改革不到位，使得管理成本和人工成本居高不下。

（5）机场企业成本投入与收入不对应，其他行业可以搭便车。如机场客货流量给餐饮业、地面运输业、广告业、旅店业、电信业等带来的收益，航空业没有全部收到特许经营费的收入，使其他相关行业受益。

第二节　机场经营企业的业务特点对管理会计应用的影响

一、机场经营企业的成本习性

机场经营企业从事机场服务等生产营运活动，就必然要发生各种生产耗费。机场的主营业务成本是指机场为航班直接提供地面服务的各部门发生的各项支出，包括候机楼服务费、场道管理费、安检消防费、航行调度费、通讯气象费、机务代理维修费、客货代理费、急救服务费。其具体内容由工资、奖金、津贴及补贴、福利费、制服费、各种燃料及动力、器材配件和工具、低值易耗品、水电消耗、折旧费、修理费、急救费、防汛防灾及防疫费、行李货物损失赔偿费、业务费、差旅费、运输费、除雪除冰费、环境检测费等构成。机场本身并不创造产品，而是为航空公司飞机起降提供服务和为旅客、货物、行李、邮件进出港提供服务。因此,以每个机场所保障的飞机起降架次和旅客、货物、行李、邮件的进出港吞吐量(人次、吨)作为机场的成本核算对象,并以此对机场的成本费用进行归集和分配,从而计算出飞机标准起降架次成本和换算吞吐量成本。飞机标准起降架次成本是通过对场道管理费、航行调度费、通讯气象费、机务维修费、消防费、急救服务费等费用汇集而计算的成本。换算吞吐量成本是通过对候机楼服务费、安全检查费、客货代理费等费用汇集而计算的成本。

按成本习性(即成本总额与业务量的关系)将成本分为固定成本和变动成本。固定成本是指在相关范围内,随着生产经营业务量(飞机标准起降架次以及换算吞吐量)发生增减变动而保持固定不变的成本。如跑道、候机楼、停机坪以及其他固定资产的折旧费用、管理人员月薪等就是这类费用。变动成本是指随着生产经营业务量(飞机标准起降架次以及换算吞吐量)发生增减变动而相应发生增减变动的成本,如机务大队或航修厂结转的飞机维修费、运行服务费、员工费用等。有的成本费用属于部分变动、部分固定的,它的总额随业务量的增减发生一定的增减,但不是成比例地变动,这样的成本,通常称为混合成本或半变动成本。如营运费用中的水电费、航空安全及保险费、绿化及环卫费等,对它们要进行分解,分别归入固定成本和变动成本。

二、机场经营企业的本量利分析

本量利分析就是根据成本、业务量和业务利润 3 个因素之间的内在联系,在已知其中两个因素的条件下,推测另一个因素,以寻求满意的方案的一种方法。这种分析方法的应用范围很广,既可以用来预测业务量和业务收入,又可以用来预测成本费用,也可以用来预测业务利润。根据机场的实际情况我们对本量利模型作了以下假设:①年度进港与出港旅客量相等,年度进港与出港航班量相等;②起降收费只依据航空器类别,如,飞机的最大起飞重量;③客舱清洁与航油供应收费依据航空器类别;④货运服务不在考虑范围之内;⑤因中转旅客无需办理登机手续,所以中转旅客收费低于普通旅客收费;⑥所有类别的地面服务中,外包的地面服务所占比例与特许权收费水平相等;⑦只有离港航班需收取航食配餐费;⑧的士、公交车以及有轨列车公司无需为各自站台设施交纳特许权费;⑨办公场所有两种平均租金。高租金适用于较佳地点,低租金适用于较次地点;⑩机场酒店车辆与员工车辆的停车费分别包含在酒店房费和每平方米场租内;⑪对于飞机停场费不分机型;⑫场道系统和停车场所不需要设施服务,只有候机楼区域(包括机场当局办公区域)和供第三方租赁的办公区域需要。

（一）机场企业本量利分析模型

$$利润＝总收入－总成本$$
$$总收入＝航空性收入＋非航空性收入$$
$$＝\sum 机场业务量×单位收入$$
$$总成本＝变动成本＋固定成本$$
$$＝\sum 机场业务量×单位变动成本＋固定成本$$

这个方程式明确表达了本量利之间数量关系的基本方程式，包含有相互联系的变量。总的来说本量利模型考虑的是机场经营的经济学问题。它通过旅客量与航班量来计算机场的各项收益（如旅客收费、起降费、停场费、地面服务收费、零售、停车费、房地产、公用服务，等等）、运作成本（员工、折旧、维护、服务、利息、管理等成本）以及机场投资（各种更新和扩建的投资）。机场经营企业较为特殊之处在于非航空性业务占的比重较大，该部分业务的本量利分析因其涉及内容较复杂不易分析，故此处的本量利分析以航空性业务为主。

（二）机场企业盈亏临界点分析

本量利分析作为管理会计内容的一个重要方面，它是成本—业务量—利润关系分析的简称。盈亏临界点是指企业的经营规模（销售量）刚好使企业达到不盈也不亏的状态。盈亏临界点分析就是研究当企业恰好处于保本状态时本量利关系的一种定量分析方法。它是确定企业经营安全程度和进行保利分析的基础。盈亏临界点所提供的信息，对企业合理计划和合理控制经营过程极为有用，如预测成本、收入、利润和预计售价、销量、成本水平的变动对利润的影响，等等。

（1）做好保本点分析的第一步是对成本分解。可以将成本分为两部分：固定成本与变动成本。

$$总成本＝固定成本＋变动成本＝固定成本＋业务收入×变动成本率$$

（2）做好保本点分析的第二步是确定盈亏临界点，它是保本分析的关键。

保本点的业务收入＝固定成本÷（1－变动成本率）

保本点的业务量＝固定成本÷（单位收费价格－单位变动成本）

保本点的负荷率＝固定成本÷正常业务量的业务收入×（1－变动成本率）

由于我国机场具有公益性特征，大多处于亏损状况，靠地方政府补贴生存，不是真正意义上的经营，他们存在的意义除了经济效益外还有社会效益等，单纯从财务角度进行盈亏临界点分析意义不大。但是对于新建机场进行可行性研究时，进行盈亏临界点测算对于机场建设吞吐量规模等有重要的参考价值。

三、作业成本法在机场经营企业的应用

北京首都国际机场股份有限公司的彭耀武和山巾（2006）在"作业成本法在

国内民用机场的应用"一文中对我国机场成本管理的特点、存在问题及应用作业成本的可能性作了较全面的阐述。

（一）机场经营企业的成本特点

国内民用机场成本管理的特点：首先，民用机场作为服务业，和制造业相比，没有中间产品的核算；其次，和一般竞争性服务企业相比，自然垄断地位能保证其稳定的收入，从而缺乏降低成本的动力；再次，机场运行不仅需要大量的人力投入，更多需要资本性投入；最后，民用机场带有社会公益性的特点决定其财务目标不仅要定位于收益，更要兼顾社会公益性和安全性。

（二）机场经营企业应用作业成本的必要性及可能性

近年来中国民航业务量的迅猛增长极大地推动了国内民用机场的发展，同时，机场的服务设施和管理水平的瓶颈也凸现出来。未来机场的竞争将是管理水平的竞争和成本的竞争，提高成本优势是形成核心竞争力的重要手段。机场属地化后，出现了多元化的产权结构，枢纽地位的争夺将更加激烈，各个机场各自为政将无法降低成本和提高管理水平以面对激烈的竞争，这就需要通过机场间的联合兼并，建立机场集团，实现低成本扩张和规模效益。为此，必须制定相应的成本战略和成本管理措施。目前国内机场的成本管理水平还不尽如人意，成本信息无法为公司决策层提供更多的支持，具体表现在以下几个方面：

（1）成本信息无法满足多维度盈利分析的需要。对于航空性业务，没有将成本和收入细分到不同航空公司、航班、航线和机型等维度来分析盈利水平；对于非航空业务，也没有将成本和收入细分到不同客户、地点和业务类型（商业、餐饮、广告等）等维度来分析盈利水平。

（2）缺乏相关成本信息用以判断哪些业务为企业创造价值，哪些在浪费企业资源。比如，对于大型机场，我们可以估计，航空性业务中的起降业务的盈利性高于特殊业务（要客、专机、摆渡车），而非航业务，如商业、广告等业务的盈利性强于航空性业务。但由于缺乏量化的成本数据进行比较，所以难以决定哪些业务应该投入更多资源，那些业务应该适当节省资源，以及投入和节省的资源量应该是多少。

（3）产品或服务定价缺乏相关的成本依据。机场收入按航空性业务和非航空性业务划分，成本按员工成本、折旧费、修理费、能源动力等划分，只将成本和收入划分到责任中心，没有将成本和收入进行配比，所以无法准确得知机场为提供某项业务所付出的代价。比如机场很难回答诸如"客桥服务的收入和成本相比，到底是赚是亏"、"每位出港旅客的安检成本是多少"、"起降费收入是否能弥补场道维护、灯光照明、驱鸟、除雪除冰等成本"、"自主定价下的起降费标准定多少合适"等问题。

（4）机场间信息不可比造成降低业务成本、提高运营效率的困难。不同规模、不同地区机场的盈利性差别很大,原因何在? 会计报表上的盈利指标高的机场运营效率就一定高么? 效益指标并不完全反映效率,主要原因在于不同规模机场的业务量不同,而规模和业务量相近机场打包上市的资产项目和成本项目也不同,所以核算的口径不一致造成行业内企业间的信息不可比。将盈利性高的资产和业务注入上市公司,而将盈利性低的资产和业务剥离,其会计报表显示的盈利自然就高。

（5）缺乏成本信息支持非核心业务的决策。对于许多非核心业务,如,楼宇设施维修、电子设备维护、物业管理、场道维护检修、保洁、绿化等,如何根据成本信息决定是自营还是外包? 如果外包,如何与专业化管理公司就外包价格进行谈判?

（6）根据机场的成本特点及目前成本管理中存在的问题,适时引进作业成本法,加强作业管理,能提高机场成本管理水平,实现集团规模效益。国内民用机场业务较为稳定,生产运营流程逐步成熟,高新电子技术广泛地应用于生产和管理,可以方便处理更丰富、精细的成本核算资料,也能提供更多的生产参数,用于满足作业成本计算需要,时代的背景使目前国内民用机场实施作业成本法具有现实可能性。

（二）作业成本法在机场经营企业的具体应用

机场经营企业应用作业成本法核算成本,可分为以下5个步骤进行:

（1）界定机场涉及的资源,如资金、劳动力、能源动力等。将其中可直接归属到对象的直接资源与不可直接归属到对象的间接资源分开,对于间接资源需要按照资源动因及作业动因分配到客户。

（2）确认机场涉及的作业。作业是指可重复进行的、为特定目的而耗费资源的工作,机场作业根据服务对象分类可以分为为航空器、货邮和客户提供的作业,如旅客、航空公司、租赁客户和驻场单位等。

（3）将资源分配到作业。将归集起来的投入成本或资源分配到每个作业中心的成本库中, 每个成本库代表的是它所在的那个中心执行的作业。

（4）确认作业动因,计算单位作业成本。将资源分配到作业成本库后,就可以开始确定作业动因分配作业成本。作业动因可以划分为:批次动因、数量动因和工时动因。所选的作业动因变量的数据应易于收集,具有代表性与全面性,应与作业成本库中的资源消耗情况有高度的相关性。成本动因选择的主观性较强,但是其选择的好坏直接影响到成本分配的准确性。

（5）计算出某一起降架次的成本。以各成本动因所对应的单位成本作为分配标准,将各成本库中归集的费用按起降架次的作业量进行分配,加总后则是该起降架次的总成本。

表 10-1 　　　　　　机场作业中心、成本库及作业动因参考

作业服务区域	作业服务对象	作业中心	成本项目（成本库）	作业动因
飞行区	航空器作业中心	起降	场道管理费、航行调度费、通讯气象费	起降架次
		停场	机务维修费、消防费、急救服务费等	起降架次
		廊桥	廊桥费用、维护费用、电费等	使用次数
航站区	旅客作业中心	行李	搬运费、折旧等	旅客人数/吞吐量
		安检	安检人员工资、福利费、设施费等	旅客人数/吞吐量
		问询	工资福利费等	旅客人数/吞吐量
		保洁	人工费、设施费等	旅客人数/吞吐量
		手推车	设施费	旅客人数/吞吐量
	航空公司作业中心	离港系统	折旧、系统维护费等	旅客人数
		值机	值机人员工资、福利费等	旅客人数
	租赁客户作业中心	餐饮商业	飞机/发动机修理费	可用吞吐量
		广告	飞行训练费	
		停车	地勤人员费用	
	检查和航站楼内设施维护维修		人工费、维修费等	吞吐量
其他			管理费用	可用吞吐量
			财务费用	

四、全面预算管理在机场经营企业的应用

（一）我国机场应用全面预算管理的情况

我国机场应用全面预算管理的情况因机场而异，由于机场属性及区域特征、机场管理水平高低及运营模式等不同，有些机场也有预算，但是不能称全面预算

管理。全面预算管理体系应包括预算组织制度、预算指标体系、预算编制程序与方法体系、预算监控与调整制度、预算报告制度、预算考评制度等。有些机场的预算管理,和企业的资金管理系统、资产管理系统、核算管理系统等,构成财务管理系统的子系统。

2003年新疆机场集团公司实施全面预算管理。新疆机场集团公司预算包括业务预算、损益预算、投资预算、筹资预算和总预算,其中运输生产计划由规划发展部牵头,根据各航空公司预计生产量,按机场分机型来确定每个机场的运输起降架次,同时按相关收费标准确定各机场的航空性收入;销售计划由客票销售部牵头制定各机场客票销售指标;固定资产投资和大修理计划由规划发展部牵头,根据集团公司发展规划,按固定资产投资项目和资金来源渠道(自筹、民航基金、财政拨款、建设费留成)等要素进行编制;人力资源计划由人力资源部牵头根据各单位上报人力资源需求综合平衡后编制;损益预算由各预算执行单位根据顶算办公室下达的指标进行分解后报预算办公室汇总编制;筹资预算由财务部根据各预算编制后的现金余缺进行编制,最后形成集团公司年度总预算。2006年大连机场为适应实现企业战略目标、实现企业规范化管理和企业生存发展的需要,在已经逐步完善的"宪章"式管理(对子公司、成员企业、二级机构的管理约束系统)、规范化管理(对员工职责划分、业务流程、工作行为的管理激励系统)、ISO900质量管理体系(对工作标准的检验评价系统)的基础上,实行全面预算管理,建立起以机场整体战略为出发点,以市场需求为导向,全体员工共同参与,涉及机场生产经营全部内容的科学的预算体系。大连机场实施全面预算管理要达到"四个目标",即:实现事前控制、事中监控和事后总控的有效结合;实现各责任单位之间的有效沟通;适应环境的变化,促进机场持续发展;通过建立预算考评激励约束机制,实现企业与员工共同发展。积极发挥"七个作用",即:使大连机场东北亚门户枢纽机场战略目标得以实现;使企业的有限资源得到最佳配置,收到最高的收益;增强员工的工作预见性,使领导心中有底、职工心中有数;强化经营控制,做到全过程控制、全方位预算、全员参与;协调各部门之间的关系;最大限度地调动员工的积极性和创造性;最大限度地增强员工的成本意识。2009年8月,首都机场上线厚盾全面预算管理系统,厚盾全面预算管理软件包含完整的预算管理体系,形成了计划制定、预算编制、预算审批、预算生效发布、预算调整、预算执行控制、预算差异分析、预算考核等完整的一个闭环系统。1998年,白云机场作为民航总局财务管理信息系统建设的试点单位,开始采用Oracle ERP系统部署企业财务管理信息系统,并在1999年7月正式上线运行。通过四年多时间的运行,基于Oracle ERP 10.7的财务管理信息系统在提高白云机场财务管理手段及财务人员计算机应用水平,更新财务人员观念,提高收入核算的自动化程度,提高会计核算总体水平,加强财务管理等方面产生了积极的影响。2003年2月,白云机场决定将财务管理系统从 Oracle ERP 10.7 版本整体升级到最新 Oracle 电子商务套件11i 版本,并把数据库升级到 Oracle8i,历时 5 个多月,对白云机场下属 30 个单位完成了包括总账、固定资产、应收款、应付款、现金流量表、财务分析、会计报表汇总与合并、预算管理在内各会计核算功能模块和管理模块的升级和实施,在 2003 年 7 月 18 日,新系统正式上线并交付使用。

（二）我国机场经营企业预算管理的特点

我国民用机场按照中央政府批准的《民航体制改革方案》实行体制改革后,逐步走上了企业化运作轨道,面对日益激烈的市场竞争,许多机场都意识到运用先进管理手段的重要性。

而实施预算管理则是民用机场实行企业化管理的必然选择。这些民用机场的预算管理主要有以下 4 个特点:

1. 以成本控制为核心

企业效益的增长主要来源于两个方面:一方面是增加收入,另一方面是降低成本。从民用机场增加收入的情况来看,主要收入来源分为两大块:一是航空性收入,二是非航空性收入。航空性收入包括起降服务收入、旅客服务收入、地面服务收入、安检收入、指挥收入等。非航空性收入主要是房地产出租收入和广告牌位收入。这些收入是目前我国民用机场收入的主要来源。目前,从民用机场主要收入来源的两个方面来看,收入的增加都有很大的难度。一方面,航空性收入尤其是起降服务收入,受到的制约因素大多是气候、自然条件等客观条件,是机场自身无法克服的,因而从这方面提高效益受到了很大的限制;另一方面,通过增加租金、广告费等非航空性收入来提高经济效益同样是有限的。而随着机场规模的扩大和竞争加剧,机场的成本费用却在不断地增加,因此,要提高效益必须从控制成本这方面下工夫。一些财务管理有成效的机场都以成本控制为核心,其预算管理也是以成本控制为核心的预算管理模式。例如,深圳机场编制预算时采用成本比例减法,成本控制效果显著。

2. 大部分机场以减亏为总预算目标

我国现有的民用机场,根据其经营定位可划分为 3 类:第一类,业务量大,收益性好,机场的业务收入完全可以弥补全部运营成本,具有完全的盈利性质。第二类,具有一定的业务量和能取得一定的收益,同时具有较强的公益性质。在不考虑资产折旧的情况下,此类机场的业务收入可以弥补其他运营成本,可维持日常运营,但不具备自我发展的能力,机场改扩建等重大工程项目缺乏投资能力,需要得到政府公益性支持。第三类,业务量较小,即使机场的建设项目全部由政府作为公益性建设项目予以投资,机场的主营业务现金流仍为负值,这类机场应定位为完全的公益性质机场,需要得到政府的日常运营补贴。而从近几年我国民用机场的生产经营数据和财务数据来看,约有 70% 的机场都属于第三类,其预算总目标往往是减亏,而非增利。

3. 预算细化到标准起降架次成本

民用机场主要围绕航空客货飞机提供服务,因此机场编制预算不仅要细化到会计科目,而且要细化到标准起降架次成本。飞机最大起飞成本占机场成本的权重最大,它能较全面地反映机场为飞机起降所提供的人力、物力耗费,并涵盖客、货机型。因此,机场通常先根据主营业务成本与最大起飞成本权重总和的比值来计算平均吨位成本,然后按飞机最大起飞成本权重计算标准起降架次成本。标准起降架次成本符合机场的成本特点,有利于考查机场为每一起降架次提供服务的耗费。

4. 实行归口管理

目前我国不少民用机场都建立起了"归口管理"预算制度,这一预算制度的特点是:机场在财务部和责任部门之间设立一个中间环节部门——归口管理部门,一般按专业管理职能划分为 6 个归口管理部门,即办公室、规划发展部、基建部、综合保障部、人力资源部、通信站。各预算归口管理部门负责对该归口管理的部门实行项目预算的编制、控制及跟踪管理和考核。例如,办公室归口管理办公用品、招待费等;规划发展部归口管理固定资产审批及计划投资项目等;基建部归口管理水电、设备维修等;综合保障部归口管理运费、油耗、资产购置等。财务部对归口管理部门实行总量控制,归口管理部门根据预算定额指标分部门、分项目对各责任部门进行归口控制,各责任部门制定具体的预算及实施措施。

(三)我国机场经营企业预算管理存在的问题

虽然我国民用机场的规模大小、管理方式等差别很大,但是在预算管理方面,各类机场存在的问题有相似之处,归纳起来有以下 5 个方面。

1. 机场缺乏战略,预算目标缺少科学依据

预算管理是将机场战略转为行动的有效工具,预算管理的过程就是将战略分解、实施、控制和实现的过程。我国机场属地化改革以后,要求机场实行企业化运作,但是很多机场依然没有建立起企业化运作的机制,没有根据机场环境制定相应的战略。没有战略,预算目标就无法合理地分解并落实,就会出现按历史经验下达的利润或亏损指标为起点的现象,预算自然会流于形式。有些机场虽制定了预算战略,但其预算目标的分解却与战略脱节,没有将预算战略层层分解落实到预算指标上。一些机场之所以战略观念淡薄,其原因是:

(1)我国机场在属地化改革以前,长期处于无战略状态,改革以后没能及时转变。

（2）机场兼具公益性质与收益性质以及机场内部不同功能区域的经济特性的差异,造成了机场定位难、制定战略也难。

（3）有关人员没有意识到预算管理是实现战略的有效工具,也没有找到科学有效的方法将战略转化为预算。

2. 预算的编制过程缺乏监督

一些机场在编制本单位的预算草案时,采用的大都是由基层人员上报预算项目,再由本单位的财务部门审批的方法。这种方法虽然能够调动基层人员参与预算的积极性,比起单纯自上而下预算编制的方法更合理一些。但是基层人员接触面都比较窄,了解的情况有一定的局限性,如果听任下面自报自议,不加以引导和监督,必然会导致基层各打各的算盘,高估冒算,造成资源的浪费。这是因为,大部分财务人员并不懂得诸如飞行区、安检、保安等专业知识,基层上报的成本费用项目往往都能通过审批,使得一些基层人员认为报得越多,得到的"实惠"就会越多,于是滋长出一种不健康的心理和行为:一方面,在报预算计划时宽打窄用,以便在绩效考核时不至于因为超出预算而受到惩罚;另一方面,批准的预算费用,基本上都赶在年底之前用完,认为不用完,在下一年的预算审批会将多余的预算"砍掉",这就造成大量本来可以节省的成本费用也被浪费了。

3. 预算的执行缺少控制,例外审批习以为常

预算管理的有效实施需要机场建立相应的组织机构和责任中心,形成预算管理的责任网络。虽然我国许多民用机场都实行了归口管理,但是由于缺乏完善的预算组织体系,没有建立起责任网络,责任没有落实到个人,而且很多机场没有专门的机构对预算的执行过程进行及时反馈分析,查找原因,因而预算执行效果并不好。有的机场由于对预算不重视,预算报告制度形同虚设,预算执行过程中的差异没有得到应有的重视,且例外审批现象泛滥,超支的费用在很多情况下都能通过例外审批而轻易地给予报销,致使预算控制效果很差。

4. 忽视预算考评的作用,考评指标不健全

一些机场由于对预算管理不够重视,因而在预算编制、预算执行方面很不得力,其预算考评工作更是马虎,往往使被考评者的努力程度和预算完成好坏不对称,这不仅导致对经营成果的考核兑现难度增加,使得管理者与执行者都对预算考评产生抵触心理,而且严重地挫伤了广大员工的积极性,造成预算管理失去意义。机场预算考评效果不好的一个重要原因是考评指标体系不够健全,多数考评只重视财务方面的指标,而且没有为不同的责任中心设置相应的考评指标。

5. 对业务预算、资本预算和筹资预算重视不够

我国一些民用机场的预算管理还仅仅停留在成本费用的预算控制上,缺少

业务预算、资本预算和筹资预算的编制和控制,预算管理的范围很狭窄。造成这一状况的原因在于:一方面,机场的航空收入受客观因素影响很大,一般很难控制,且一定时期之内收入增长具有局限性,业务预算的重要性容易被忽视,机场要想减少亏损或增加赢利只能靠控制成本费用;另一方面,机场的固定资产投资巨大,由于机场的特殊地位和自身资金有限,所以其投资通常表现为政府行为,这就在客观上降低了机场实施资本预算和筹资预算的主动性。

（四）机场经营企业应用全面预算管理的建议

1. 完善预算管理组织体系,明确责任中心,落实预算目标

预算管理的组织机构是预算管理过程中起主导作用的集合体,是实施预算管理的主体,它由预算管理委员会、预算职能部门以及预算责任层级体系构成。预算管理委员会直接对公司董事会负责,由董事会主要成员、公司高级管理人员组成,以预算会议的形式审批预算。预算管理委员会下设预算管理领导小组,由公司总经理和总会计师担任正、副组长,具体负责预算管理的日常工作。各预算执行单位设置预算管理办公室,具体负责各执行单位预算管理的日常工作。

2. 加强预算编制监督

预算的编制过程实际上就是预算目标、责任落实的过程。加强对预算全过程的监督,应努力做好以下几个方面的工作:

（1）培育企业文化。预算管理作为企业的一种内部控制手段,有相应企业文化支撑才能取得事半功倍的效果。机场应该培育一种"节约预算为荣,浪费预算为耻"的氛围,对采用科学管理方法编制节约预算的单位和个人予以表彰;对编制浪费预算,或不思进取的单位和个人给予严惩。

（2）对财务人员加强机场专业知识方面的培训,财务人员不但要掌握业务知识,而且应掌握机场管理的专业知识,这样,在编制预算草案的时候,方能对基层上报的预算项目有所分析,有所取舍。可在基层技术人员中选拔管理人员,培训其财务方面的知识,在预算编制时作为顾问,或直接作为财务人员使用。

（3）上级可派专家对基层编制的预算进行审议,或同级之间互相审议,把好预算编制关。

（4）要避免平均分配绩效奖,废除以前干好干坏一个样的奖罚制度。

3. 加强预算控制

民用机场应对不同的区域采用侧重点不同的预算控制,飞行区应以成本控制为主,盈利性较好的航站区和延伸区应以目标利润控制为主。无论以哪种控制为主,机场都应对预算管理实行实时控制。编制预算前,进入预算的资源应接受事先审核,做好事前控制。预算执行中及时将结果与预算目标比较,据以采取纠正、调整行动。比如,机场当天起降架次是多少,有多少延误航班,分别是什么

原因;本机场又增减了哪些航线、航班,这些情况都应当很快就反映在机场的信息系统中,相关责任中心的负责人应该能较容易地调出权限内的有关资料,及时分析、调查、改进或纠正。发生重大差异时,应及时反馈。对于差旅费、业务招待费等与销售直接相关且主观性很强的费用项目,必须在按照变动成本费用率制定弹性指标或固定与弹性相结合指标的基础上,按照下管一级的审批程序来控制,严格控制例外审批的数量。虽然这些需要相关管理信息系统的支持,但就目前的技术水平来看是不难做到的,关键是权限的设置以及责任的划分要明确。

4. 完善预算考评指标体系

为明确各责任中心的责任,机场应针对不同层级、不同类型的责任中心设置不同考评指标,并根据预算年度管理重心调整指标的类型及权重,设置加权平均指标。比如,公司总经理考核可以主要设计公司总量指标、效益指标。考评指标包括利润总额、收入总额、净资产收益率、资产负债率、总资产周转率、主营业务利润率等。公司副总经理等高管层考核内容中 30%～40%与公司总量指标、效益指标挂钩,60%～70%与分管业务责任部门预算指标完成效果挂钩,这样可以保证其既为公司整体经营服务,又能有效地管理所负责的业务和部门。机场整体是利润中心,对全机场的收入和成本负责。一个机场的收入指标包括单位吞吐量总收入、航空性总收入、非航空性总收入等;成本指标包括部门可控费用、单位换算吞吐量运营成本、单位换算吞吐量资本成本等;利润率指标包括"盈利额÷吞吐量","亏损额÷吞吐量","收入÷费用"等。此外,还应增加劳动生产率指标和资本使用效率指标,包括每个员工的吞吐量、每个员工的总收入、每个员工的增加值、单位资本成本增加值、单位净资产值的吞吐量、单位净资产值的总收入等。当然,如果企业按照平衡计分卡分解战略目标,那么其考评指标体系也应根据平衡计分卡来设计。

5. 加强业务预算、资本预算和筹资预算

业务预算,主要包括生产预算、销售预算、成本费用预算。做好业务预算要对机场吞吐量进行预测,针对淡季、旺季以及机场所在城市的重大活动作出调整,做好业务预算有利于机场对各项工作作出安排。很多民用机场的建设规模存在超前、超大的现象,主要是机场在改、扩建时没有做好预测工作,也没做好投资预算,现在应该重视这项工作了。机场的固定资产价值巨大,要控制成本,应用科学的方法对各种设备的更新改造进行计算。资本预算常用到的计算方法有回收期法、净现值法、内部收益率法和盈利指数法等,应根据各机场的实际情况加以运用。做好预算管理工作的关键是要制定科学的决策程序,采用科学、合理的指标体系和权责分明的编制方法以及严明的奖罚措施。预算作为一种控制手段,并不是要通过预算目标把企业控制在某一个收入或利润点上,而是要把企业

的运营和发展控制在一个区间或是一种趋势之中,通过科学预算,使机场企业保持一种稳定的发展趋势。

五、平衡记分卡在机场经营企业的应用

（一）平衡记分卡在机场经营企业绩效研究的具体指标设定

平衡记分卡的核心是愿景与战略,机场经营企业的愿景与战略是为客户(顾客、航空公司等)提供卓越的服务,获得持续的盈利,成为某地区最重要的区域性机场。针对平衡记分卡四方面的具体要求,我们可以看出在财务方面,具体战略目标是增加利润、降低成本、提高盈利能力和水平。为了财务的成功,公司对股东应如何表现的问题,具体到考核指标可以从营业总额、资产负债率、销售增长率、总资产周转率、资本保值增值率、股东权益报酬率、现金流、非航空性收入的比重等来考虑;由于机场的主要收入来源是航空性收入和非航空性收入,在客户方面,具体战略目标是为航空公司、进港离港旅客和租赁商户等提供满意的服务,具体到考核指标是航空公司收费增长率、吞吐量增长率、运输货邮量、商户保持率与增长率等;在学习与成长方面,具体战略目标是地上工作人员相互合作,提高员工技能和生产效率,为了达到愿景,如何维持改变和改进的能力,具体考虑的考核的指标是职工人数、员工培训费支出比率;在业务流程方面,具体战略目标是加强地面保障能力,为了满足顾客和股东,哪些流程必须表现卓越,具体考核指标是起降架次、旅客吞吐量等。

（二）平衡记分卡在机场经营企业的应用实践

从上述平衡记分卡的发展历程看,平衡记分卡在推广与应用的过程中,其理论的体系也在不断地丰富与完善,它的一个最为突出的特点就是:集测评、管理与交流功能于一体。下面我们介绍重庆机场为了打造西南地区的枢纽机场和全国的精品机场,在 KPI 体系重构过程中是如何应用平衡记分卡的。

1. 重庆机场集团原有 KPI 体系存在的问题

机场集团沿用的 KPI 体系形成于 20 世纪 90 年代中期,由于所有制的国有属性和经营上的垄断性,其岗位说明书的制定更多体现了事业单位的特点,以此为基础建立起来的 KPI 指标体系也因此具有鲜明的事业单位特征,显然已不适应当前的企业化运作要求。

（1）关键指标体系与企业战略严重脱节。机场集团固定的财务、安全和运输生产 3 大指标的形成只是基于一种"传统",并没有充分考虑企业战略。现实中,机场集团战略的变化几乎影响不到其 KPI 体系,体系缺乏动态显然是极不科学的。这样一来,也就很容易造成公司、部门和个人的活动与企业战略背道而驰。

（2）关键指标比较单一。就机场集团现状，为谋求持续的跨越式发展，除财务指标外，有效支持财务指标优化的客户、内部流程和学习与成长等指标也应在绩效因果链上被充分考虑。

（3）相关指标尚未形成体系。现有的指标间缺乏内在关联，形成了较强的"孤岛现象"，企业经常为了优化某一指标而关注某一业务领域，结果却无法提升组织的整体绩效。另外除与上述3类指标有直接联系的部门外，组织层面的KPI尚未分解到其他部门，这使得对指标有间接支持的部门工作绩效无法量化，集团内部公共职能部的绩效贡献被弱化就是KPI未形成体系的直接后果。

2．以平衡记分卡为基础重构机场集团的KPI体系

结合重庆机场集团经营模式以及"打造精品机场"的企业战略愿景确定几个关键绩效领域（KPA）：航空市场的开发，机场保障能力（安全和服务）的提升，机场产业的发展。而在职能层面上，由于民航产业的垄断性和人才需求的特异性，其相应选择了一种投资型与累积型人力资源战略，即采用长线行为，强调通过培养和开发来获取高素质的员工。在企业战略和人力资源战略共同作用下，在选择KPI时，应以行为导向与结果导向相结合的原则进行。从平衡记分卡的四个层面将其战略目标按因果关系进行分解。

（1）财务层面。这个层面上，重庆机场集团选择的是企业经济附加值（EVA）作为评价指标，为了有效支持EVA最大化，财务层面上的两个具体目标是"核心资源收入"和"其他资源收入"的增加。

（2）客户层面。核心资源收入需要的客户支持来自航空公司，故应增强航空公司对于重庆机场的信心。而其他资源收入需要的客户支持来自进机场经营者，故还应增强经营者对重庆机场这个商圈的信心。而在两种客户的关系上，航空公司信心加强后必然加大投入运力，也巩固了重庆机场作为地区枢纽机场的地位，进而就可吸引更多的人流、物流，最终达到吸引商流和资金流的效果。

（3）内部层面。对航空公司的吸引，要求机场集团能在产销价值链的几个环节作出努力：第一，通过对市场和客户的了解为其量身定做航线；第二，依靠加强地面保障能力，提高主要产品——重庆机场飞机起降权的品质，机场实现向"管理型"的过渡后，由于从事该业务的代理公司之间的竞争会产生"鞭子作用"，使其自觉提高经营业绩，因此机场不必再直接对其中部分业务领域（如地面服务、安全检查）进行绩效管理，而应进行宏观监控；第三，通过多渠道的销售完成产销流程；第四，加强与航空公司就航空市场的信息反馈。对经营者的吸引，除通过航空公司运力的投入巩固枢纽机场地位外，同样也需要在产销价值链的几个环节作出努力：首先，了解客户群的相关情况；其次，对重庆机场的经营环境和资源进行合理规划，培育市场；再次，将机场内的特许经营权通过招商的方式授

予资质优良的专业公司；最后，进行规范化管理，发挥规模经济效应。

（4）学习与成长层面。重庆机场集团内部的 3 大问题是管理体制老化、战略执行较差和人员素质有待开发。这些问题不仅制约了其高品质产品（有吸引力的飞机起降权和其他资源经营权）的生产，也严重阻碍了其战略目标的达成。因此，其内部流程的改进，关键在于提高员工生产率。为解决 3 大问题，机场设置了由 BSC 系统中三大指标（员工战略执行能力、战略执行信息反馈系统、战略目标与个人目标的匹配度）驱使的员工满意度指标（反映员工与战略间的关系），并以此作为提高员工生产率的最直接动因。

在上述基础上，机场按照战略目标进一步分解 KPI，并确定 4 个层面之间的权重从而制定出机场集团组织层面的平衡记分卡，然后进一步延伸，将企业战略目标分解到每个二级部门，制定部门层面平衡记分卡，最后将其 KPI 进一步分解到岗位，制定员工层面平衡记分卡，使员工明确工作方向。只有这样，才能进一步化战略为行动，防止战略被架空。

阅读文献

[1] 潘飞：管理会计[M]，上海：上海财经大学出版社，2003 年。

[2] 朱沛主编，机场规划与运营管理[M]，北京：兵器工业出版社，2003 年 9 月。

[3] 罗伯特，巴泽尔，等：战略与绩效管理－PIMS 原则[M]，北京：华夏出版社，2000 年。

[4] 张建国：绩效体系设计——战略导向设计方法[M]，北京：北京工业大学出版社，2003 年。

[5] 孙新宪，朱慧：我国民用机场预算管理探讨[J]，财会月刊，2008 年第 3 期。

[6] 彭耀武，山巾：作业成本法在国内民用机场的应用[J]，中国民用航空，2006 年第 8 期。

[7] 吴勇军：基于 ABC 理论的机场服务作业成本研究[J]，中国民用航空，2007 年第 3 期。

[8] 穆胜：平衡记分卡在 KPI 体系重构中的应用——以重庆机场集团为例，中国人力资源开发，2006 年第 5 期。

复习思考题

1. 机场经营企业的含义？
2. 机场经营企业的特点？
3. 机场经营企业的业务特点对应用管理会计有影响吗？如何影响？
4. 机场经营企业的成本按习性如何分类？
5. 机场经营企业应用作业成本的必要性和可行性分析。
6. 机场经营企业应用作业成本的步骤有哪些？

7. 机场经营企业作业成本中心有哪些? 其作业动因如何确定?

8. 我国机场经营企业应用全面预算管理的情况如何?

9. 我国机场经营企业应用全面预算管理有哪些特点?

10. 平衡记分卡在我国机场经营企业的应用情况如何?